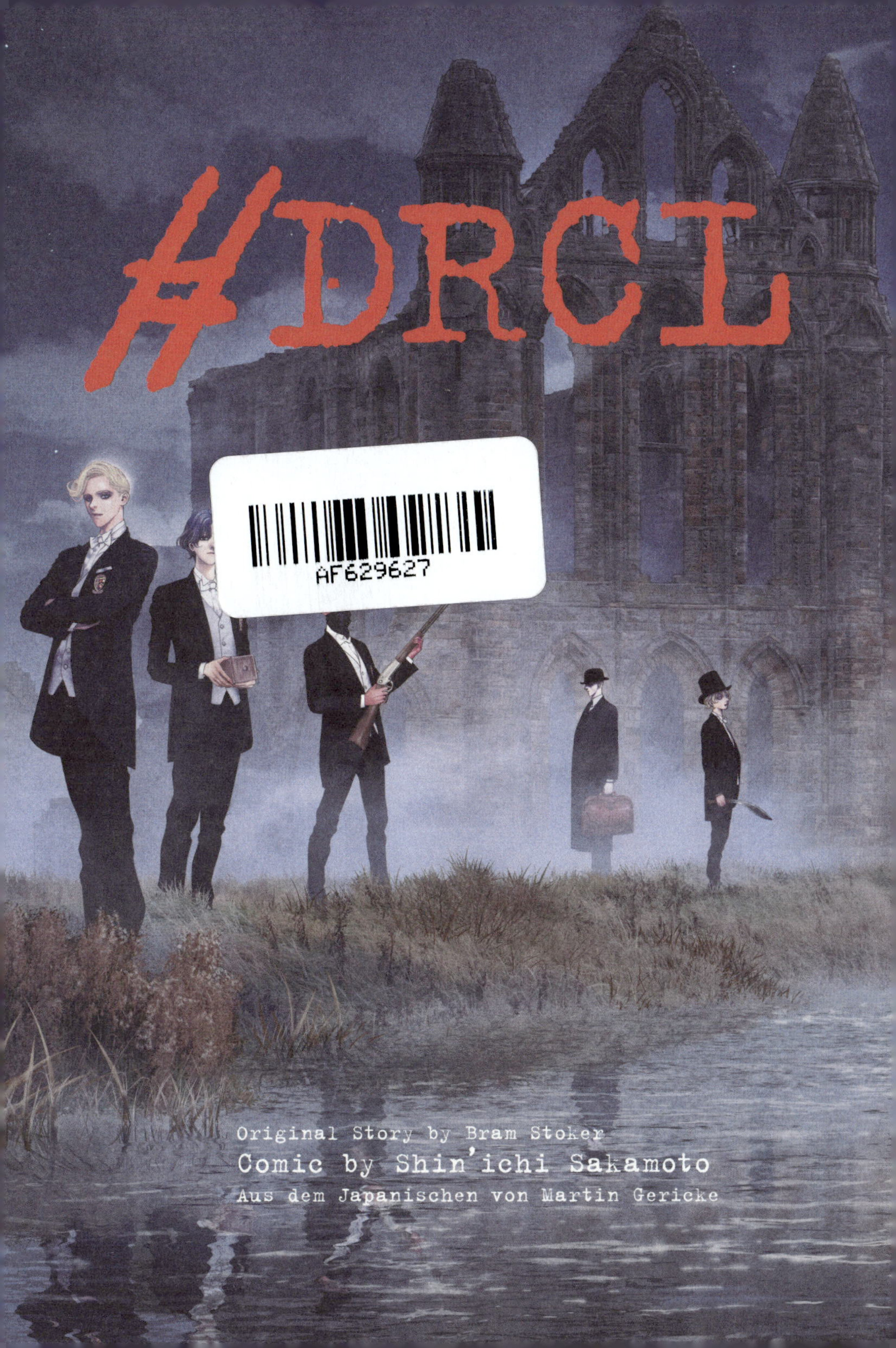
#DRCL
Original Story by Bram Stoker
Comic by Shin'ichi Sakamoto
Aus dem Japanischen von Martin Gericke

#DRCL midnight children 01

CONTENTS

Aufzeichnungen werden
von jeher verfälscht.

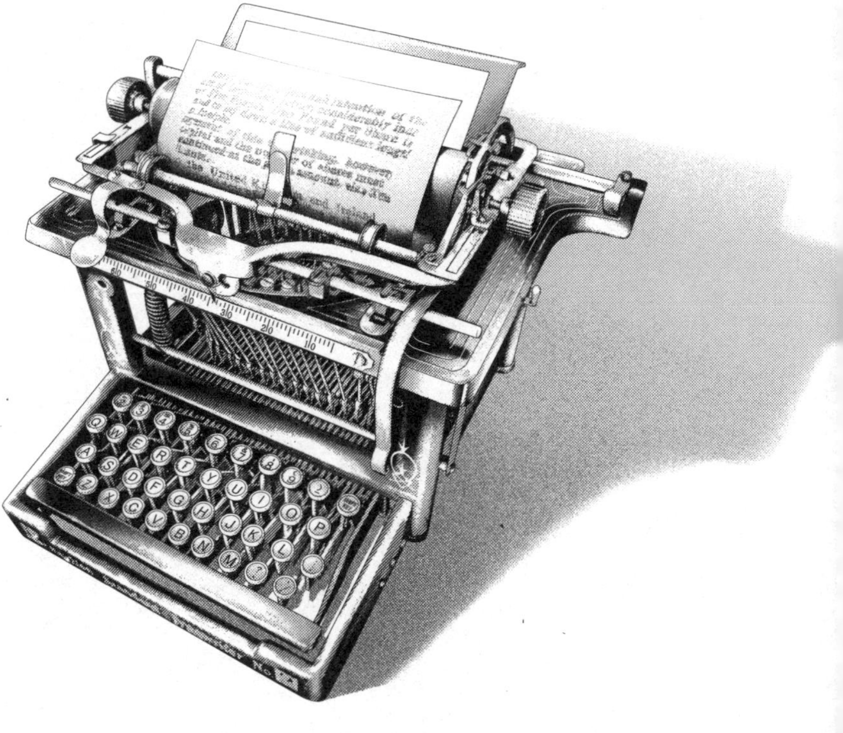

#DRCL

Memorandum der derzeit verfügbaren Informationen zu DRCL.

1. DRCL agiert hauptsächlich nachts.

2. DRCL kann seine Kräfte nicht in der Sonne ausüben.

3. DRCL kann sich nicht in Spiegeln oder auf Wasseroberflächen spiegeln.

4. Nicht nur Kreuze, sondern auch Talismane, die heilige Oblate, sowie sämtliche Gegenstände, die den Atem Gottes beherbergen, sind unerträglich.

5. Nachdem ein Pflock in das Herz gerammt wurde, kann dem Leichnam der Kopf abgetrennt, und ihm Knoblauch in den Mund gestopft werden, um die Wiederbelebung zu verhindern.

6. DRCL ist ohne Rücksicht auf kulturellem Hintergrund, sozialem Status, Alter oder Geschlecht ansteckend. Kein Mensch kann sich DRCL entziehen.

Die oben genannten Punkte sind für uns, den Kamelien-Klub, allgemeines Wissen.

Wilhelmina Murray

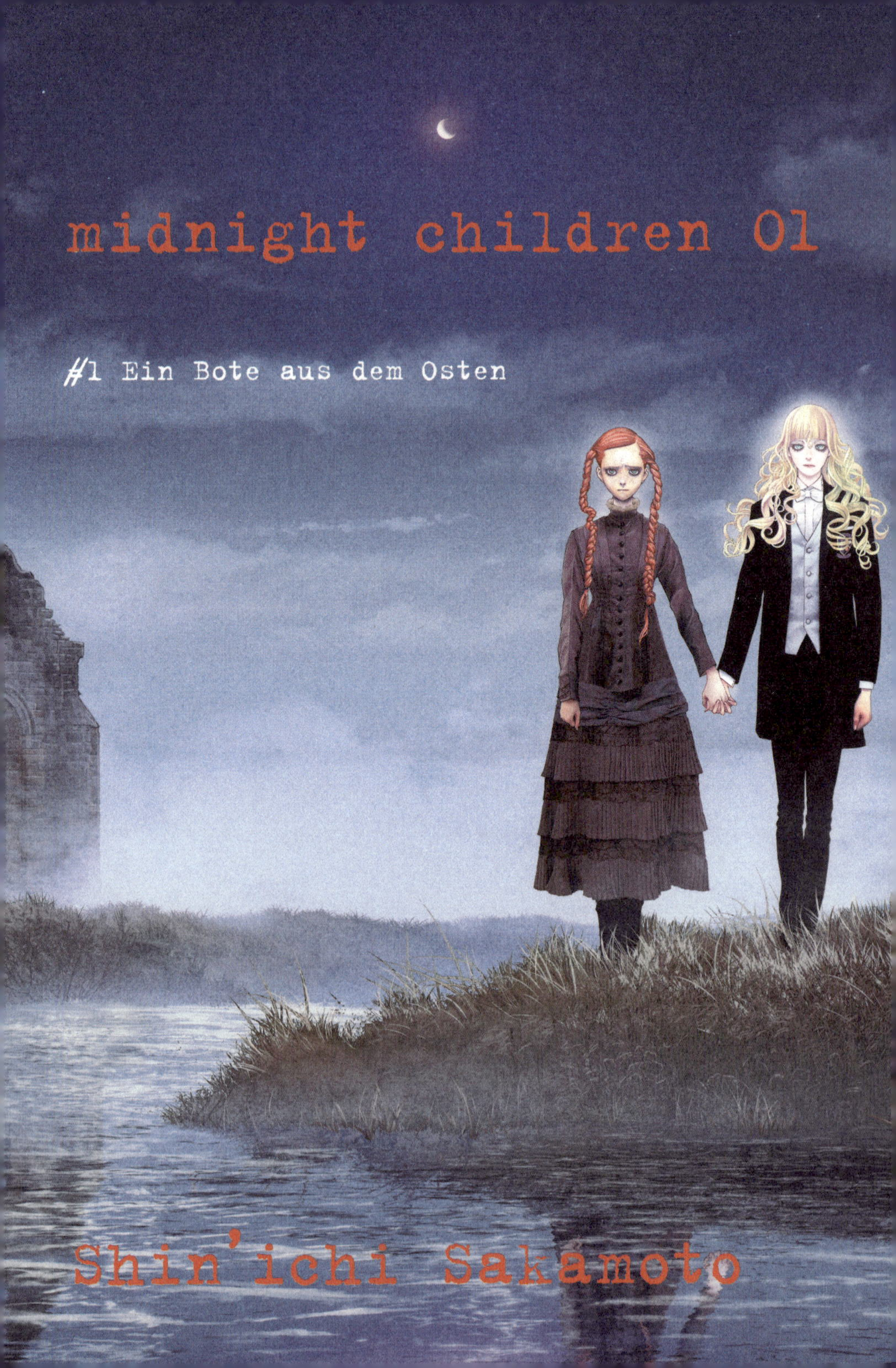
midnight children 01
#1 Ein Bote aus dem Osten
Shin'ichi Sakamoto

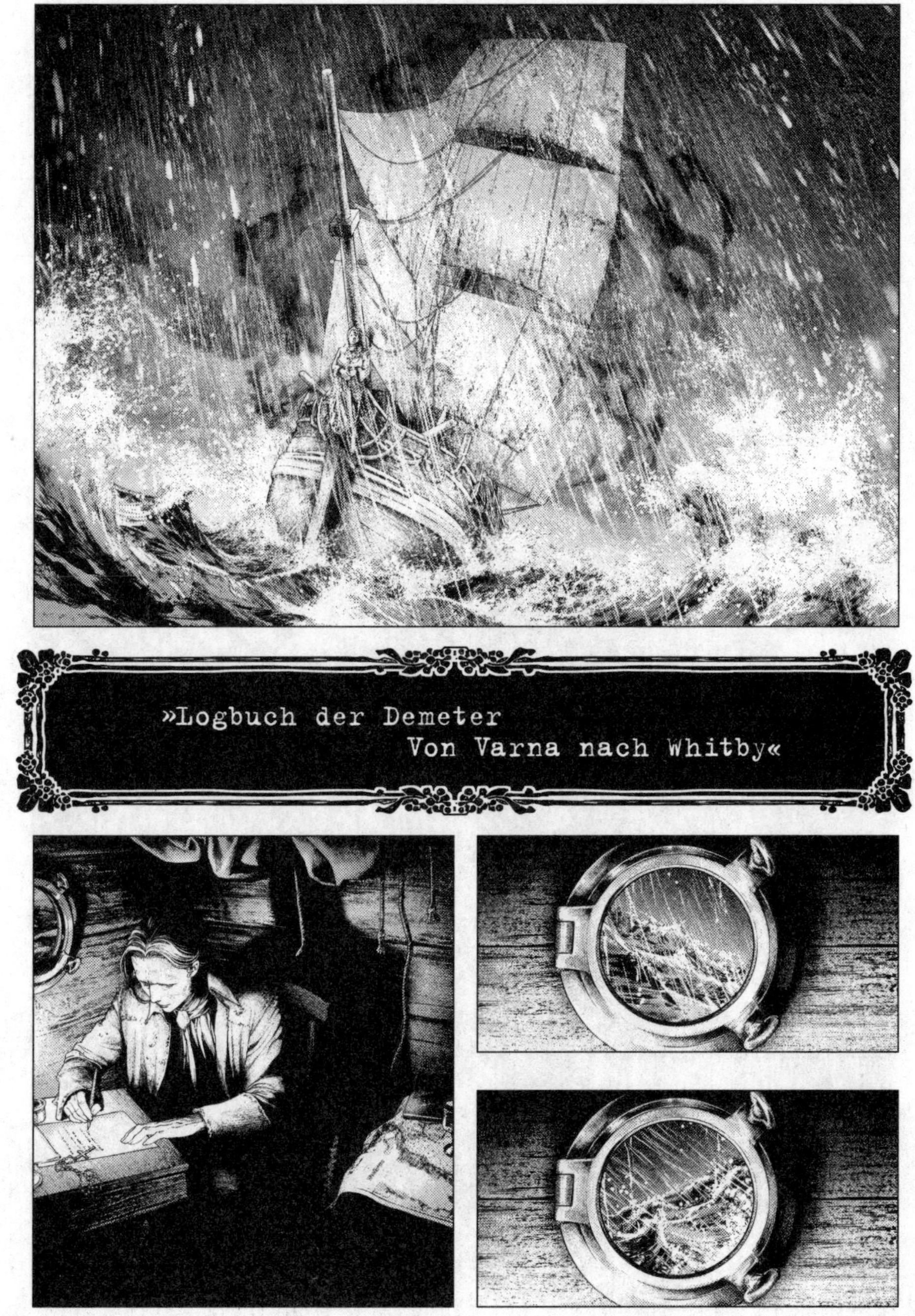
»Logbuch der Demeter
Von Varna nach Whitby«

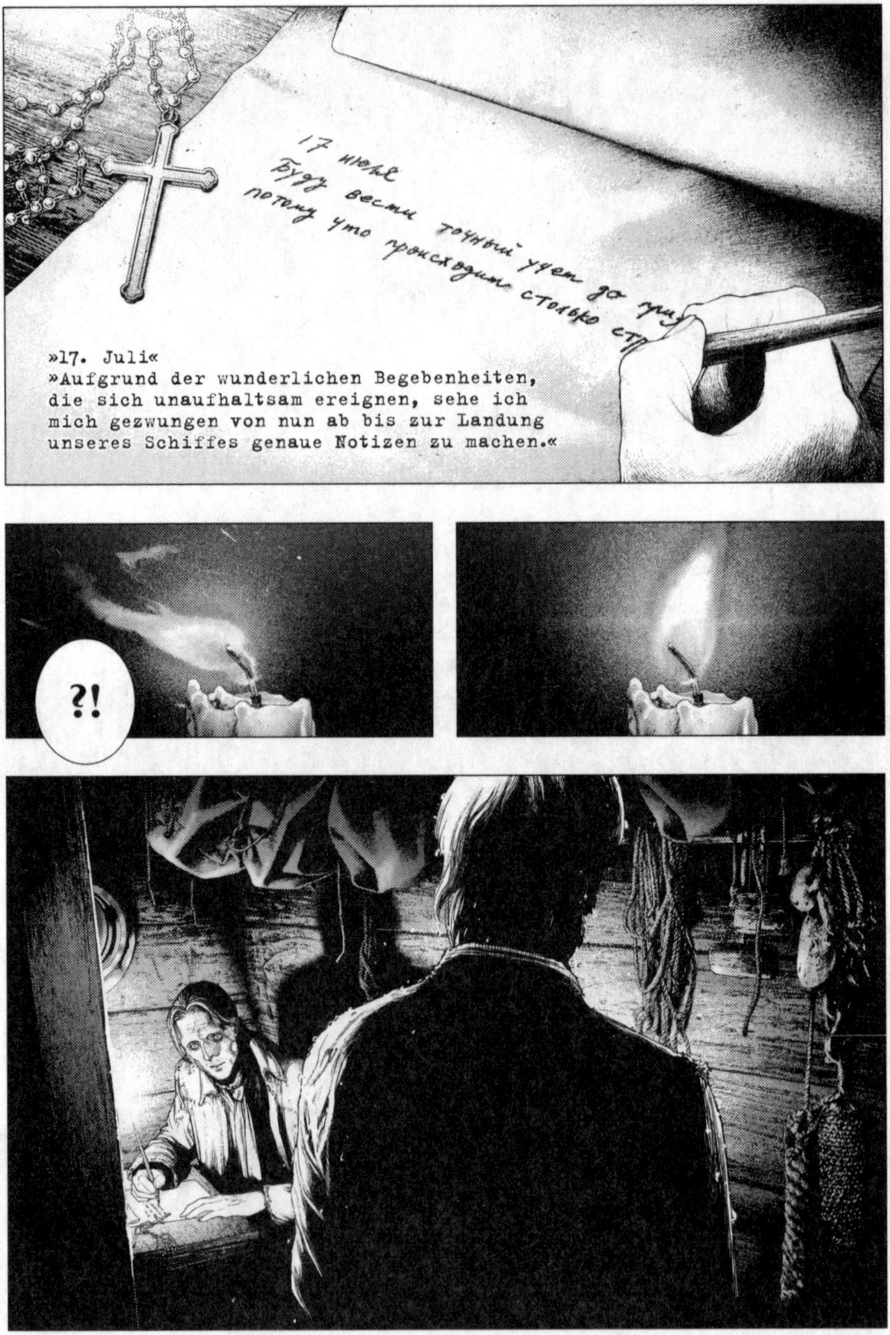
»17. Juli«
»Aufgrund der wunderlichen Begebenheiten, die sich unaufhaltsam ereignen, sehe ich mich gezwungen von nun ab bis zur Landung unseres Schiffes genaue Notizen zu machen.«
?!

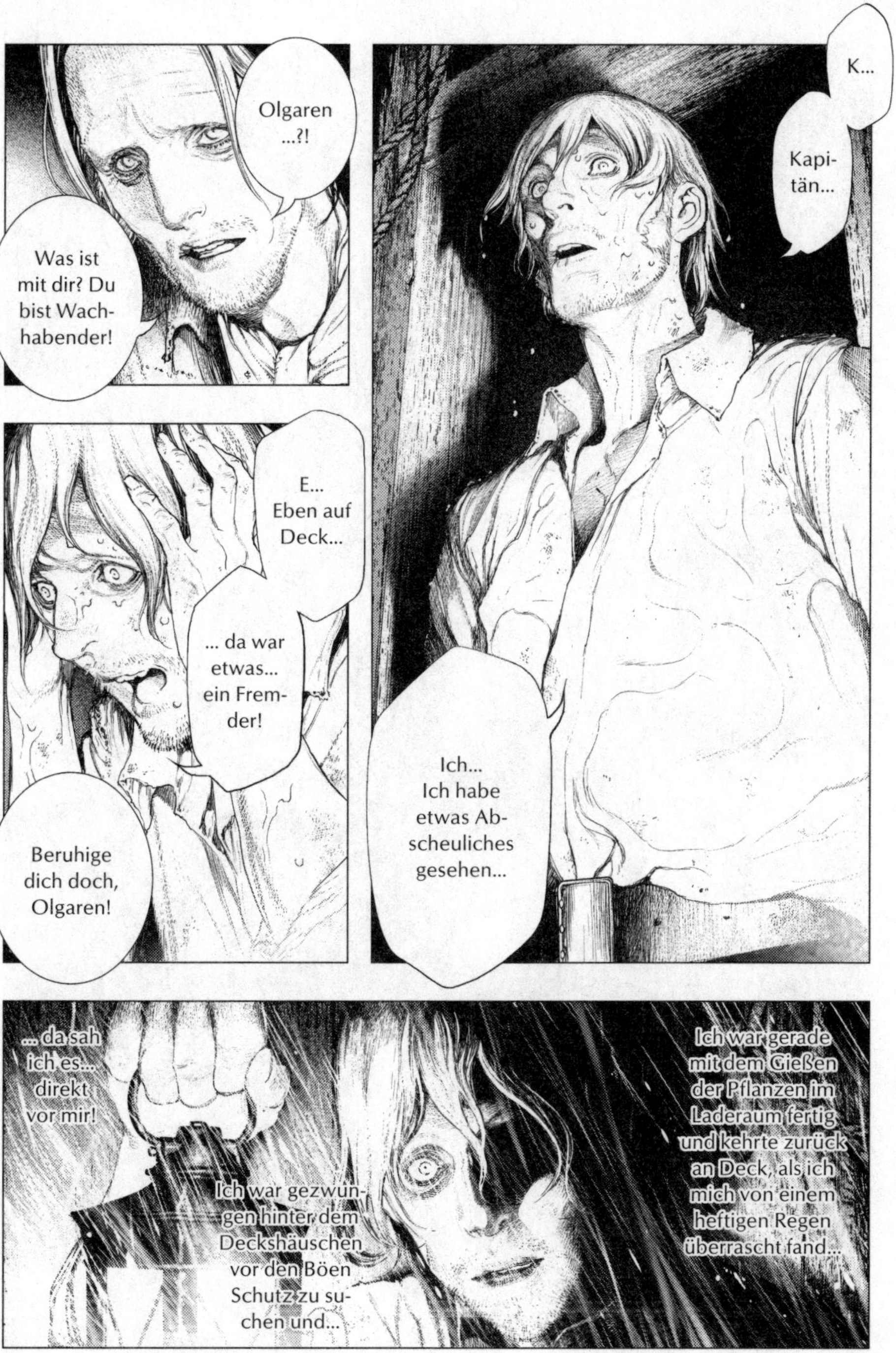
K...
Kapitän...
Ich... Ich habe etwas Abscheuliches gesehen...
Olgaren ...?!
Was ist mit dir? Du bist Wachhabender!
E... Eben auf Deck...
... da war etwas... ein Fremder!
Beruhige dich doch, Olgaren!
Ich war gerade mit dem Gießen der Pflanzen im Laderaum fertig und kehrte zurück an Deck, als ich mich von einem heftigen Regen überrascht fand...
Ich war gezwungen hinter dem Deckshäuschen vor den Böen Schutz zu suchen und...
... da sah ich es... direkt vor mir!

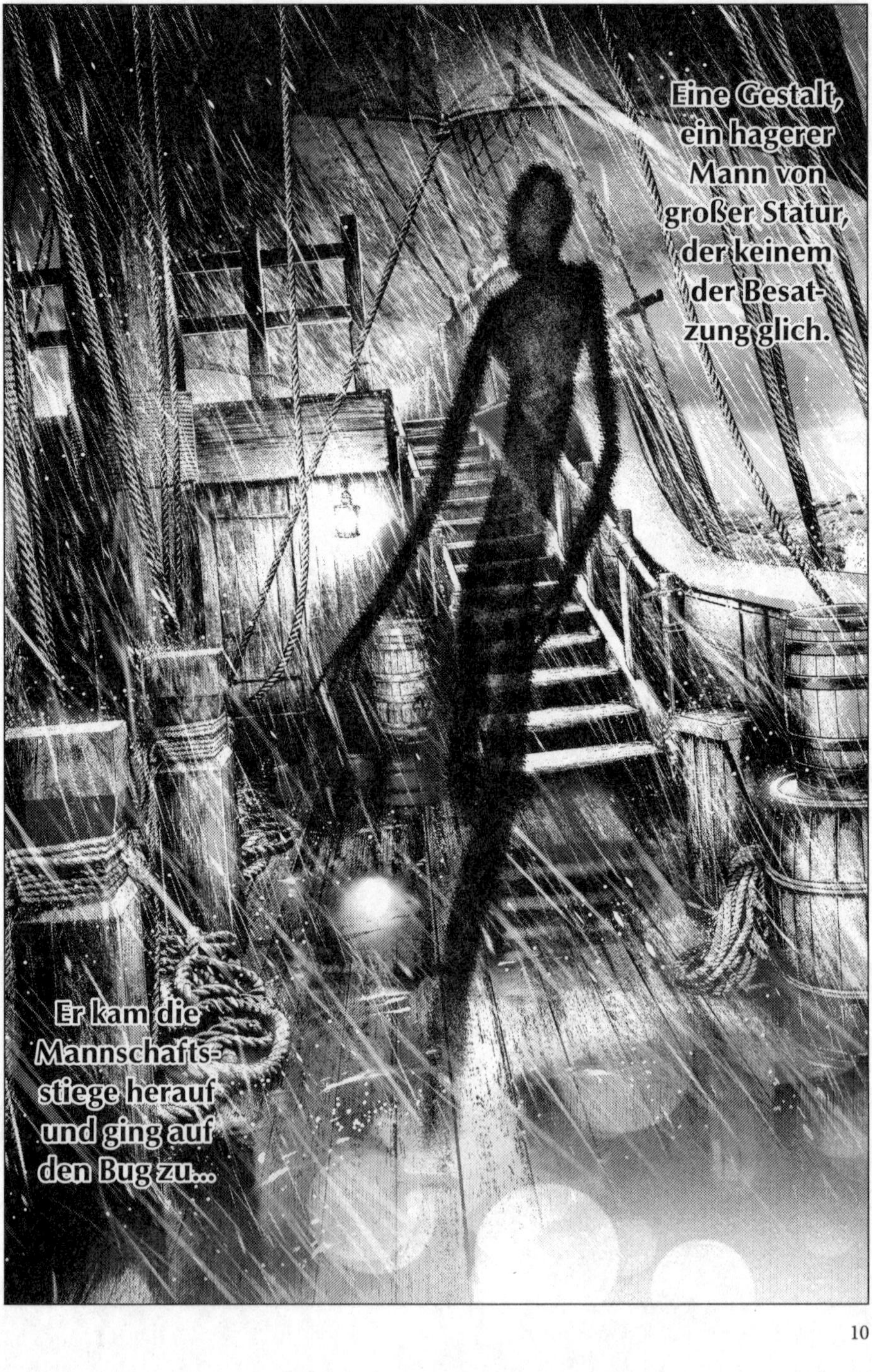
Eine Gestalt, ein hagerer Mann von großer Statur, der keinem der Besatzung glich.
Er kam die Mannschaftsstiege herauf und ging auf den Bug zu...

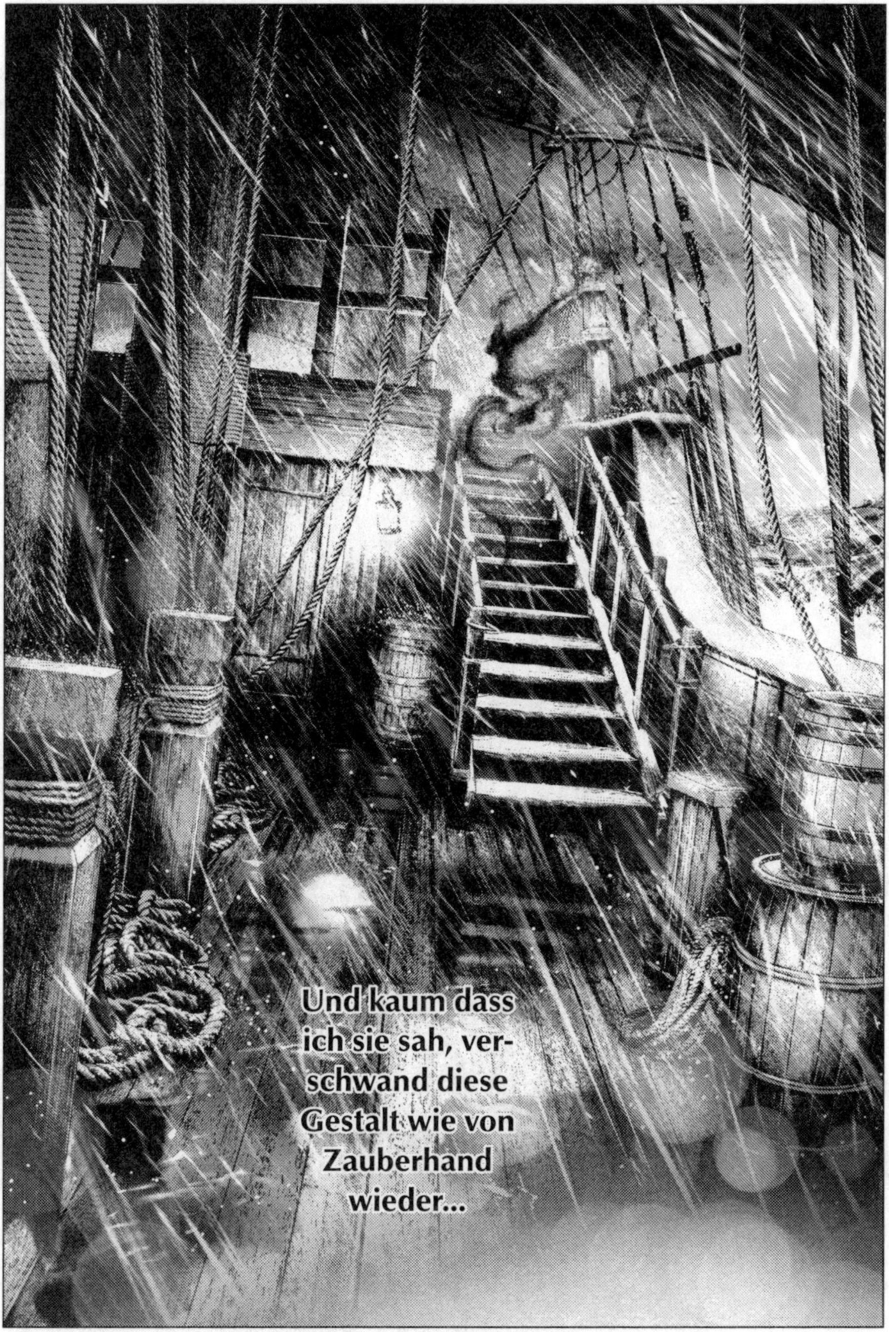
Und kaum dass ich sie sah, verschwand diese Gestalt wie von Zauberhand wieder...

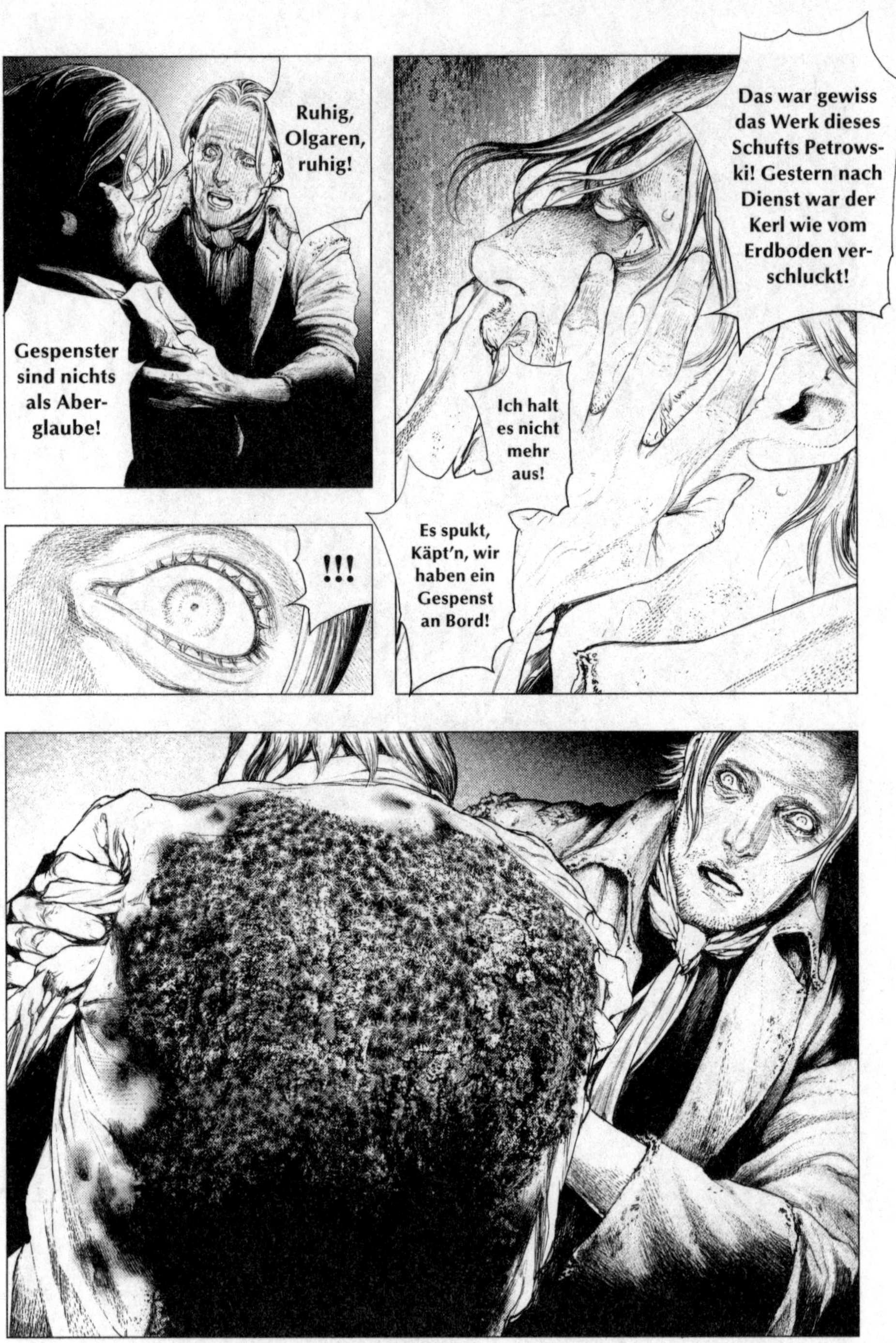
Ruhig, Olgaren, ruhig!
Gespenster sind nichts als Aberglaube!
Das war gewiss das Werk dieses Schufts Petrowski! Gestern nach Dienst war der Kerl wie vom Erdboden verschluckt!
Ich halt es nicht mehr aus!
Es spukt, Käpt'n, wir haben ein Gespenst an Bord!
!!!

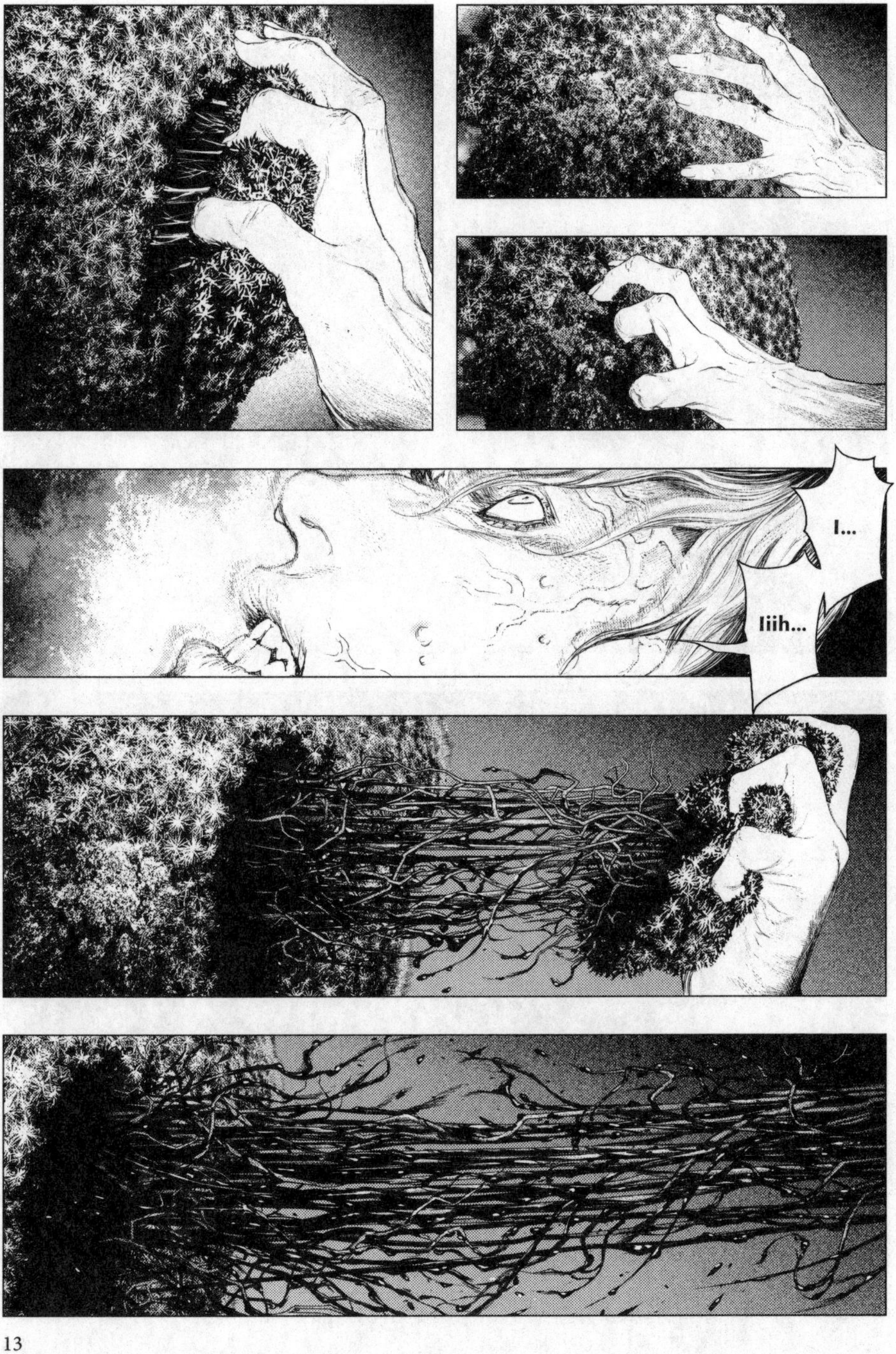
I...
Iiih...

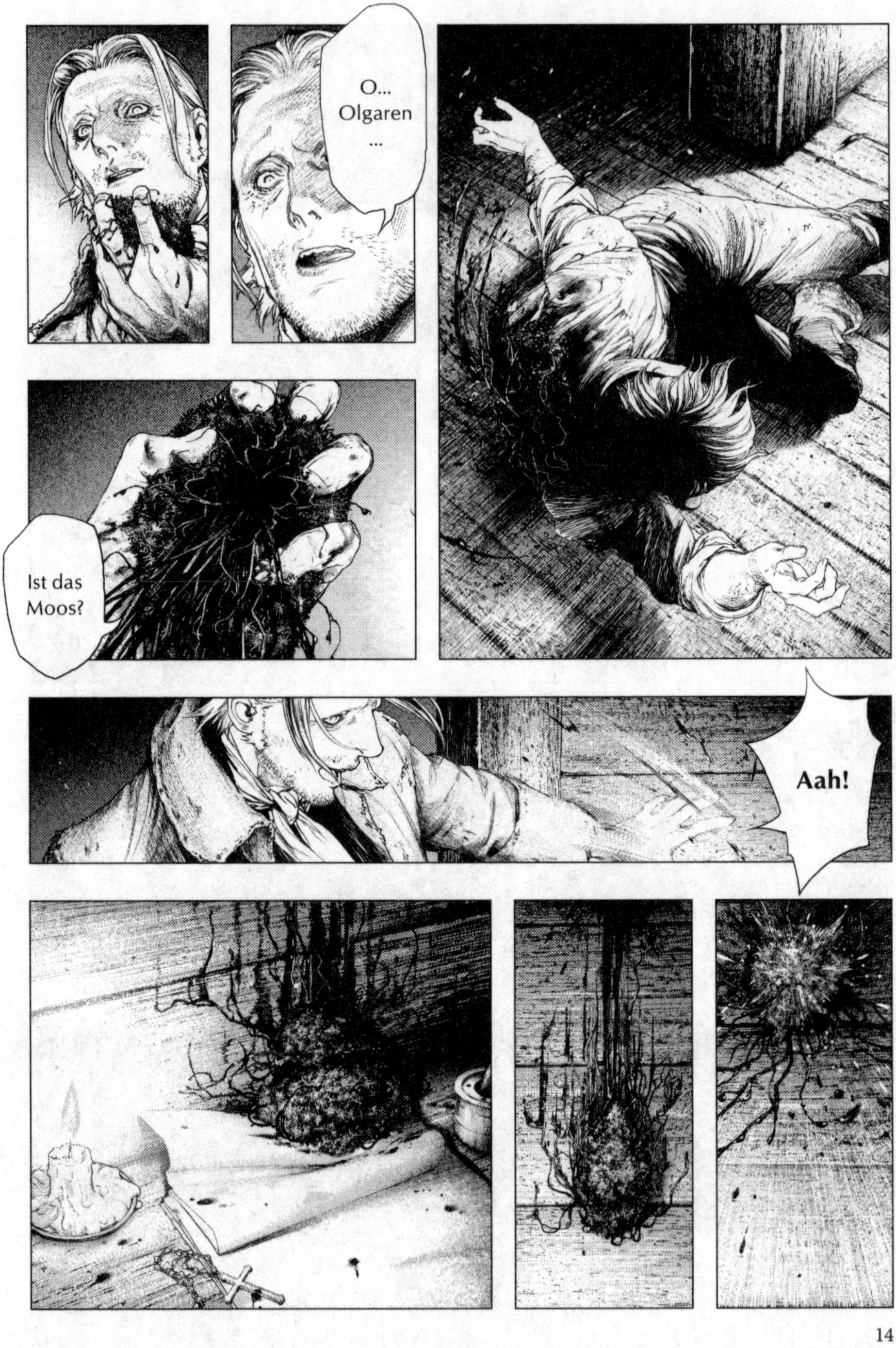
O...
Olgaren
...
Ist das
Moos?
Aah!

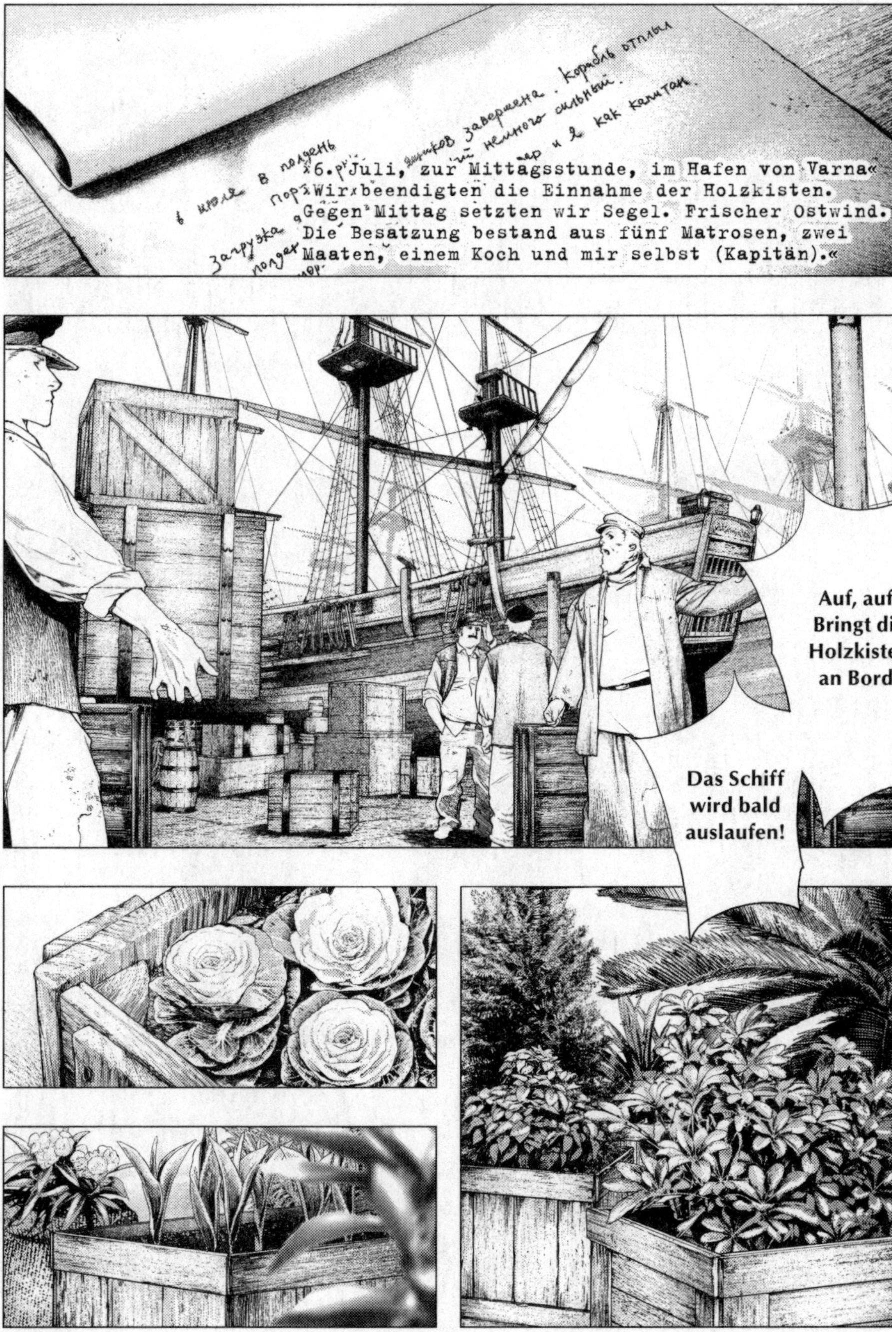
»6. Juli, zur Mittagsstunde, im Hafen von Varna«
»Wir beendigten die Einnahme der Holzkisten.
Gegen Mittag setzten wir Segel. Frischer Ostwind.
Die Besatzung bestand aus fünf Matrosen, zwei
Maaten, einem Koch und mir selbst (Kapitän).«
Auf, auf! Bringt die Holzkisten an Bord!
Das Schiff wird bald auslaufen!

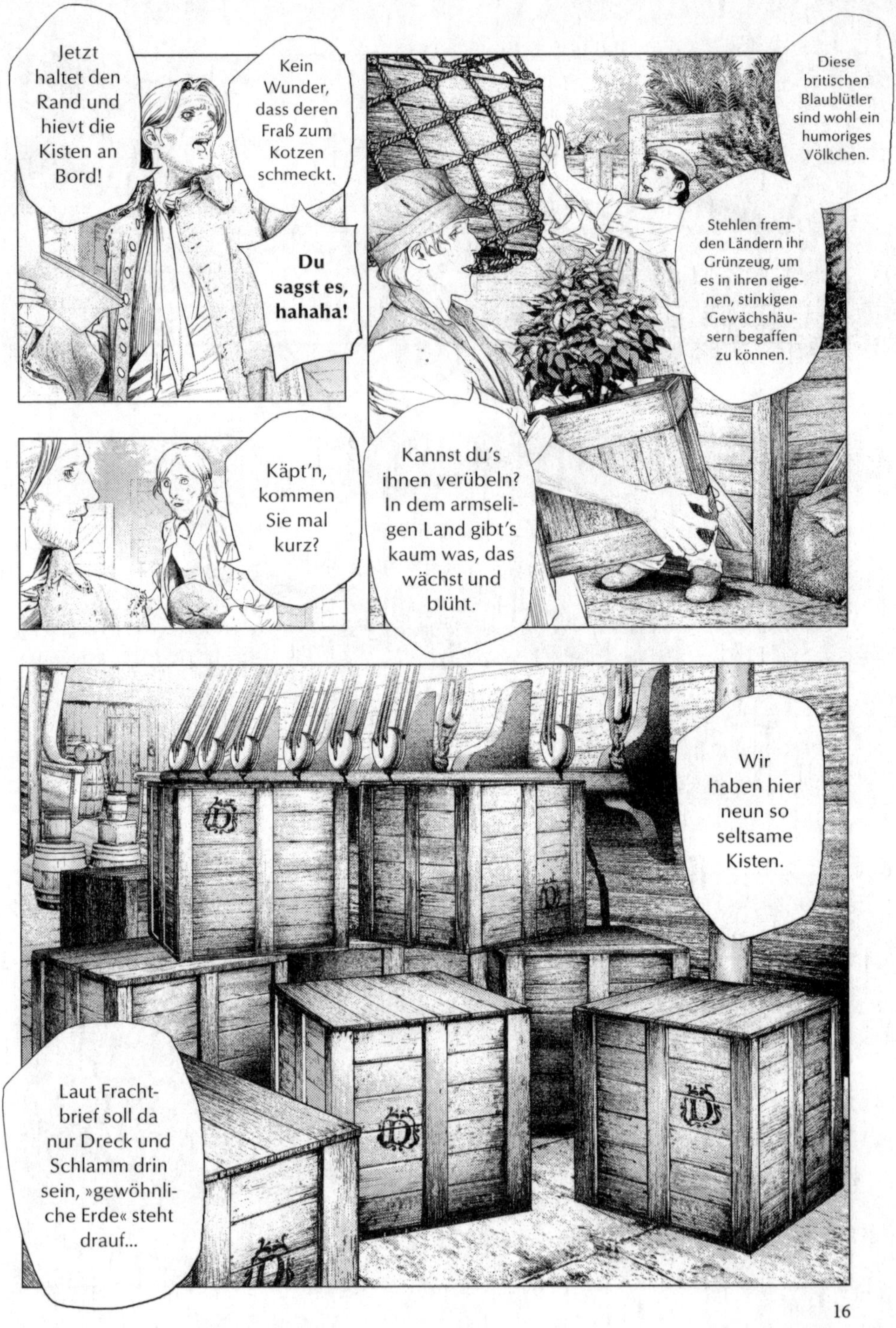
Jetzt haltet den Rand und hievt die Kisten an Bord!
Kein Wunder, dass deren Fraß zum Kotzen schmeckt.
Du sagst es, hahaha!
Diese britischen Blaublütler sind wohl ein humoriges Völkchen.
Stehlen fremden Ländern ihr Grünzeug, um es in ihren eigenen, stinkigen Gewächshäusern begaffen zu können.
Kannst du's ihnen verübeln? In dem armseligen Land gibt's kaum was, das wächst und blüht.
Käpt'n, kommen Sie mal kurz?
Wir haben hier neun so seltsame Kisten.
Laut Frachtbrief soll da nur Dreck und Schlamm drin sein, »gewöhnliche Erde« steht drauf...

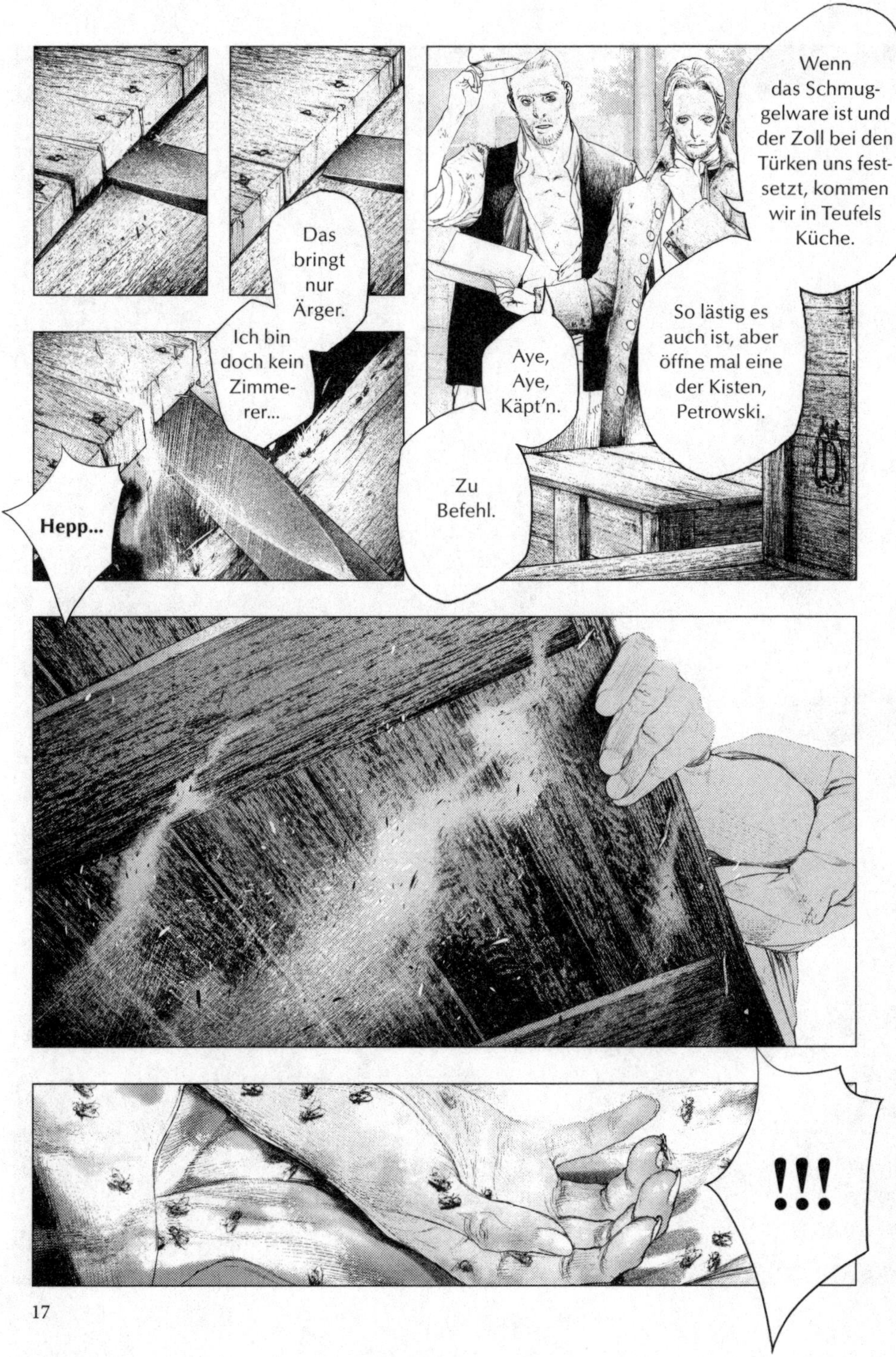
Wenn das Schmuggelware ist und der Zoll bei den Türken uns festsetzt, kommen wir in Teufels Küche.
So lästig es auch ist, aber öffne mal eine der Kisten, Petrowski.
Aye, Aye, Käpt'n.
Zu Befehl.
Das bringt nur Ärger.
Ich bin doch kein Zimmerer...
Hepp...
!!!

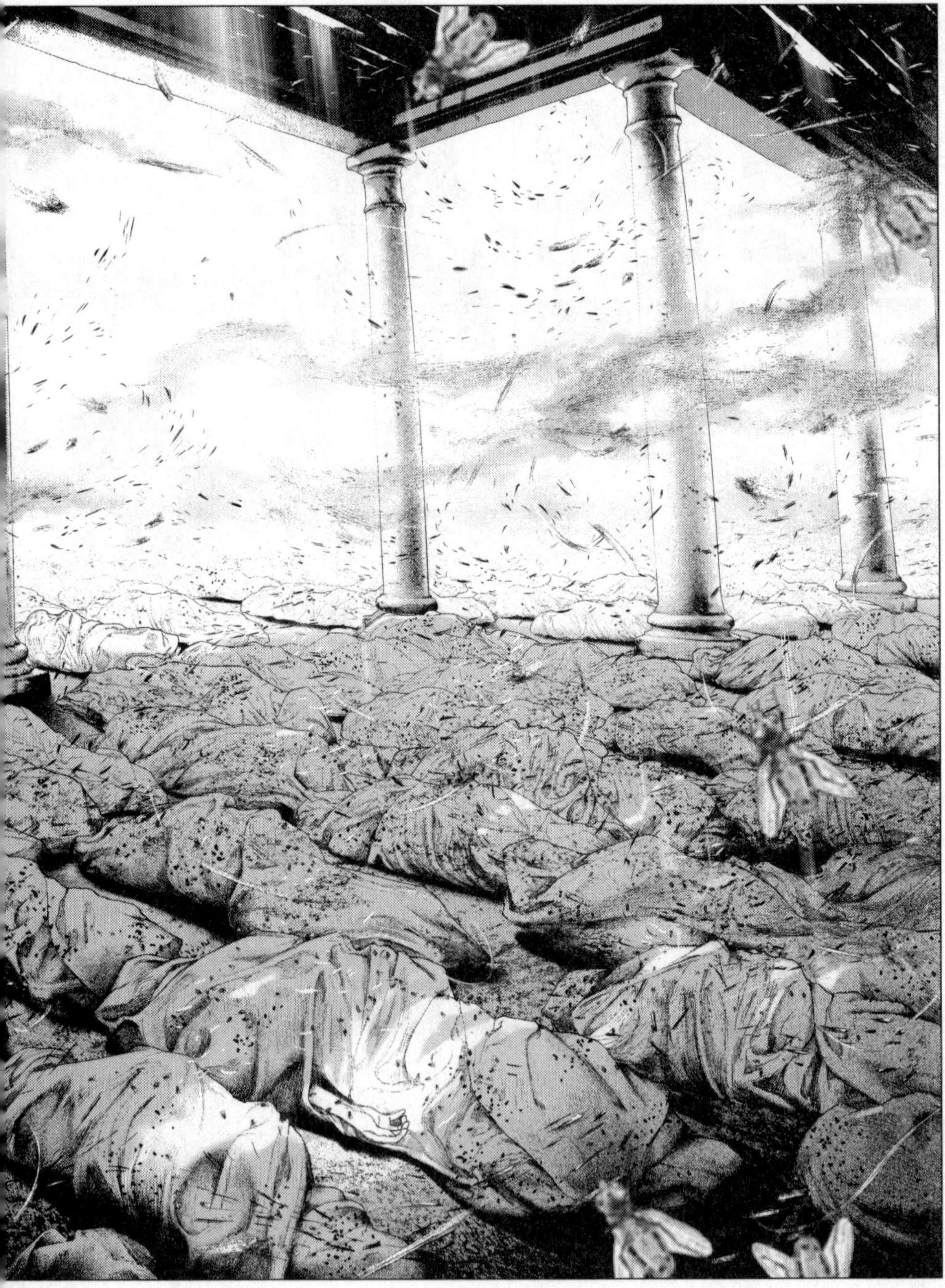

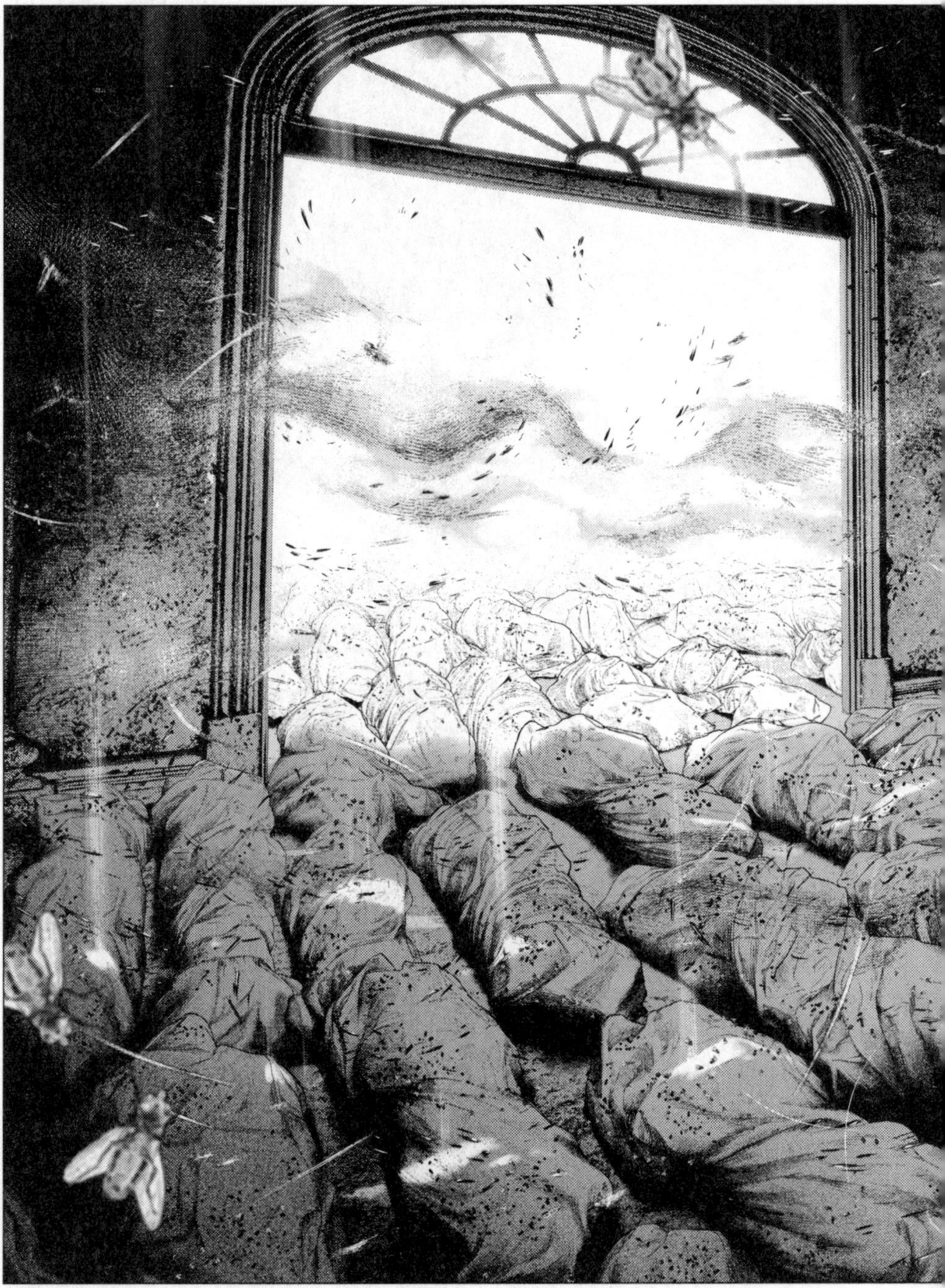

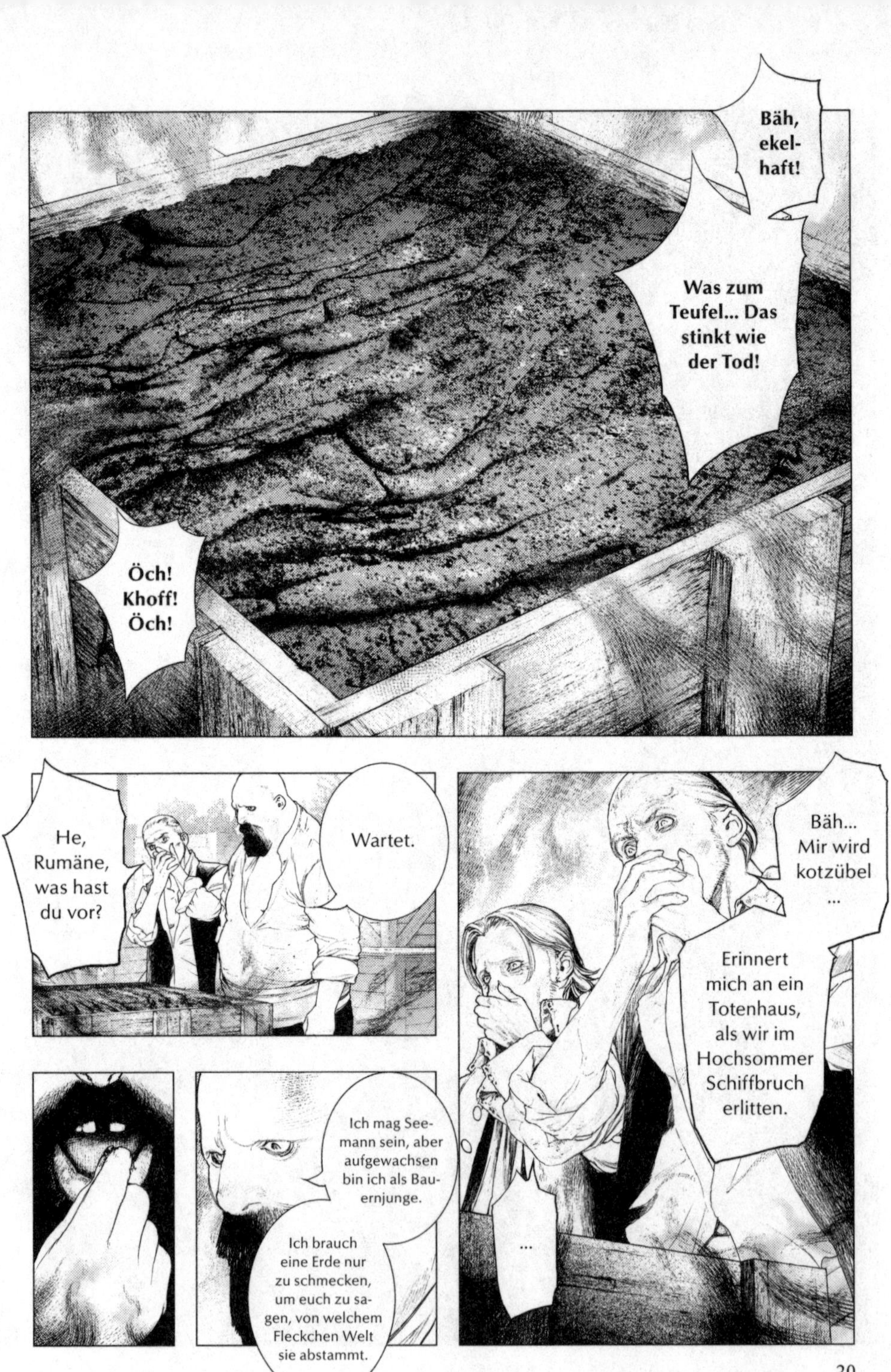
Bäh, ekel- haft!
Was zum Teufel... Das stinkt wie der Tod!
Öch! Khoff! Öch!
He, Rumäne, was hast du vor?
Wartet.
Bäh... Mir wird kotzübel ...
Erinnert mich an ein Totenhaus, als wir im Hochsommer Schiffbruch erlitten.
...
Ich mag Seemann sein, aber aufgewachsen bin ich als Bauernjunge.
Ich brauch eine Erde nur zu schmecken, um euch zu sagen, von welchem Fleckchen Welt sie abstammt.

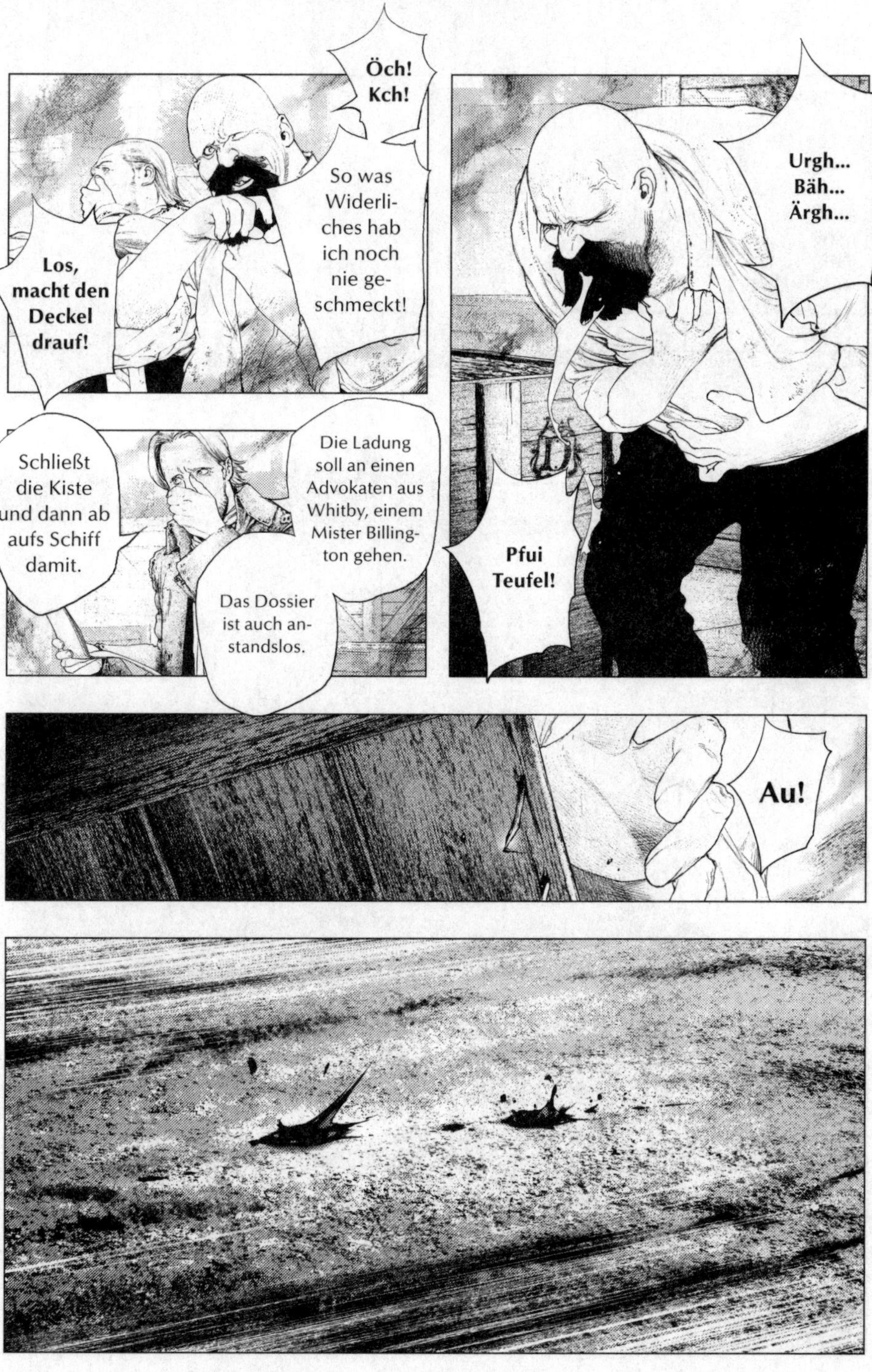
Urgh... Bäh... Ärgh...
Pfui Teufel!
Öch! Kch!
So was Widerliches hab ich noch nie geschmeckt!
Los, macht den Deckel drauf!
Die Ladung soll an einen Advokaten aus Whitby, einem Mister Billington gehen.
Schließt die Kiste und dann ab aufs Schiff damit.
Das Dossier ist auch anstandslos.
Au!

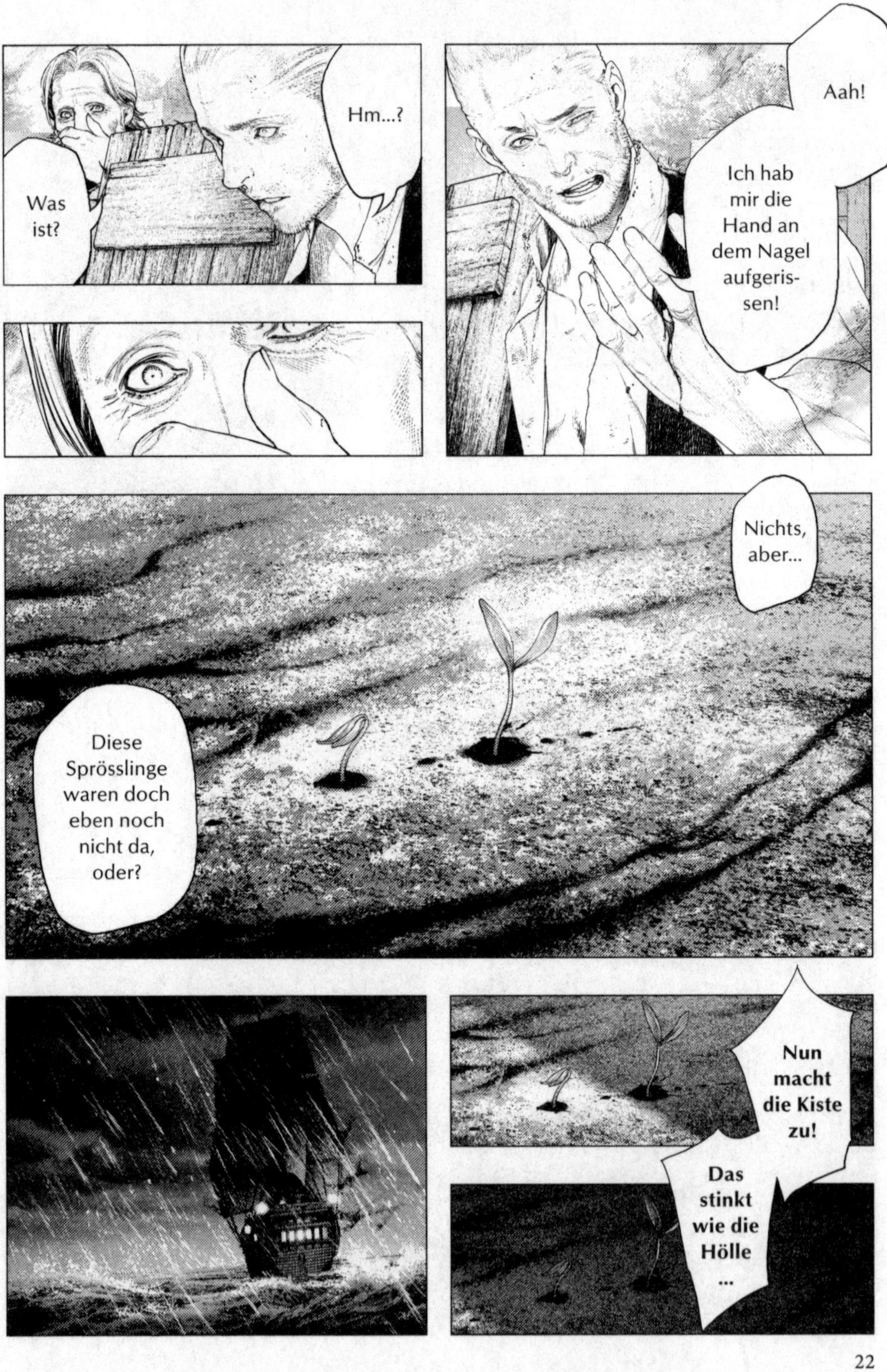
Hm...?
Was ist?
Aah!
Ich hab mir die Hand an dem Nagel aufgeris-sen!
Nichts, aber...
Diese Sprösslinge waren doch eben noch nicht da, oder?
Nun macht die Kiste zu!
Das stinkt wie die Hölle ...

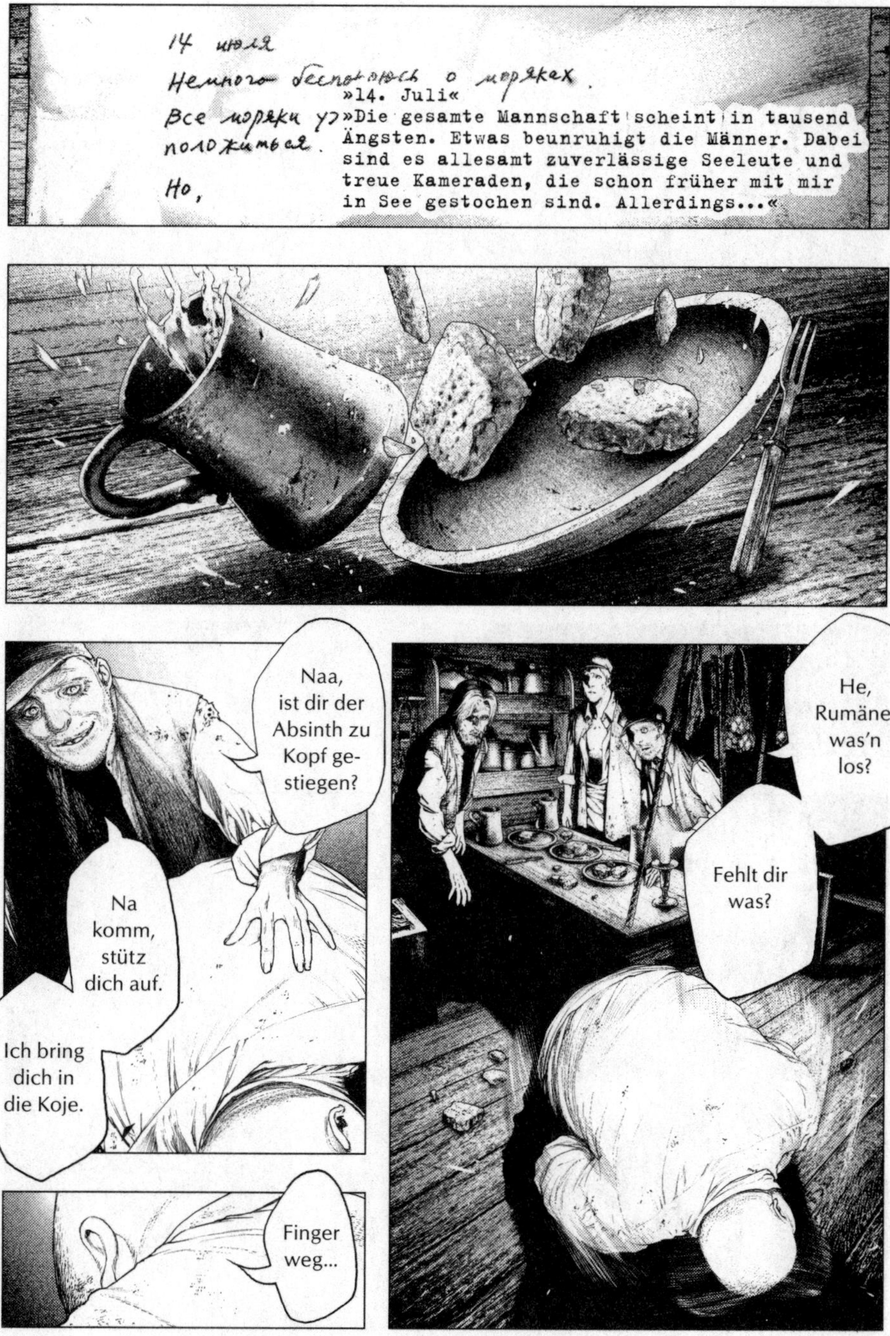
14 июля
Немного беспокоюсь о моряках.
Все моряки уз
положиться.
Но,
»14. Juli«
»Die gesamte Mannschaft scheint in tausend Ängsten. Etwas beunruhigt die Männer. Dabei sind es allesamt zuverlässige Seeleute und treue Kameraden, die schon früher mit mir in See gestochen sind. Allerdings...«
He, Rumäne, was'n los?
Fehlt dir was?
Naa, ist dir der Absinth zu Kopf gestiegen?
Na komm, stütz dich auf.
Ich bring dich in die Koje.
Finger weg...

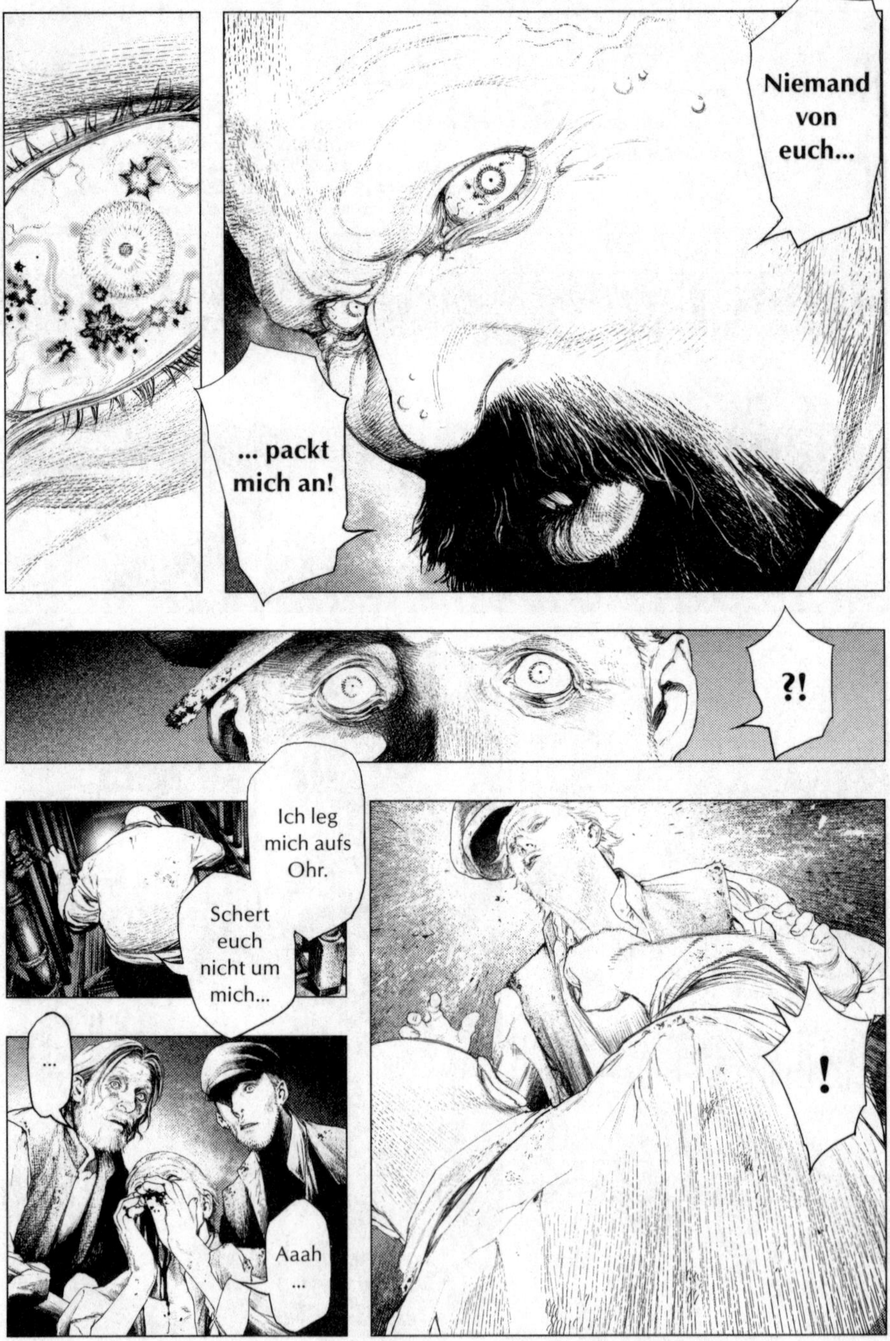
Niemand von euch...
... packt mich an!
?!
!
Ich leg mich aufs Ohr.
Schert euch nicht um mich...
Aaah ...
...

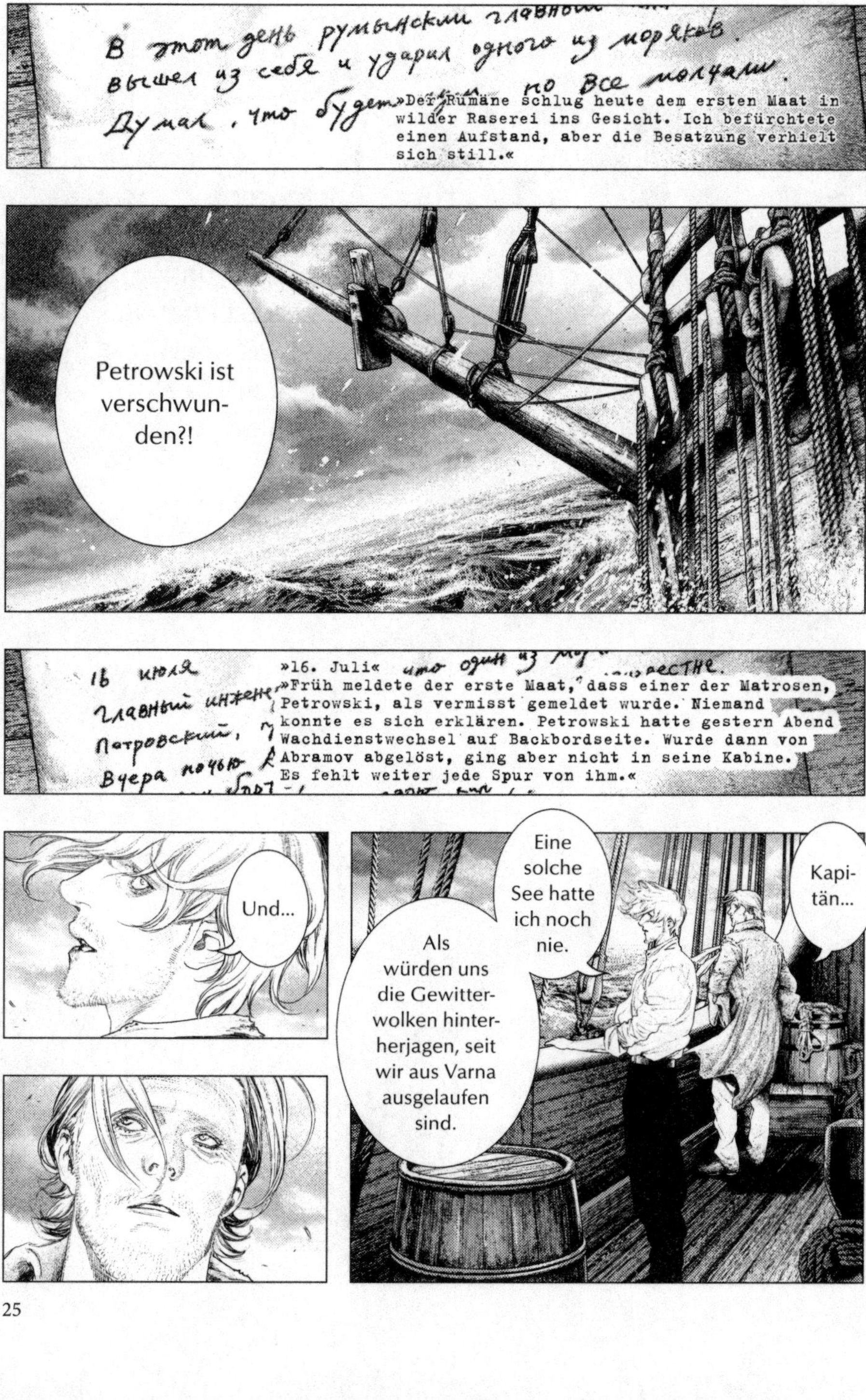
»Der Rumäne schlug heute dem ersten Maat in wilder Raserei ins Gesicht. Ich befürchtete einen Aufstand, aber die Besatzung verhielt sich still.«
Petrowski ist verschwunden?!
»16. Juli«
»Früh meldete der erste Maat, dass einer der Matrosen, Petrowski, als vermisst gemeldet wurde. Niemand konnte es sich erklären. Petrowski hatte gestern Abend Wachdienstwechsel auf Backbordseite. Wurde dann von Abramov abgelöst, ging aber nicht in seine Kabine. Es fehlt weiter jede Spur von ihm.«
Und...
Kapitän...
Eine solche See hatte ich noch nie.
Als würden uns die Gewitterwolken hinterherjagen, seit wir aus Varna ausgelaufen sind.

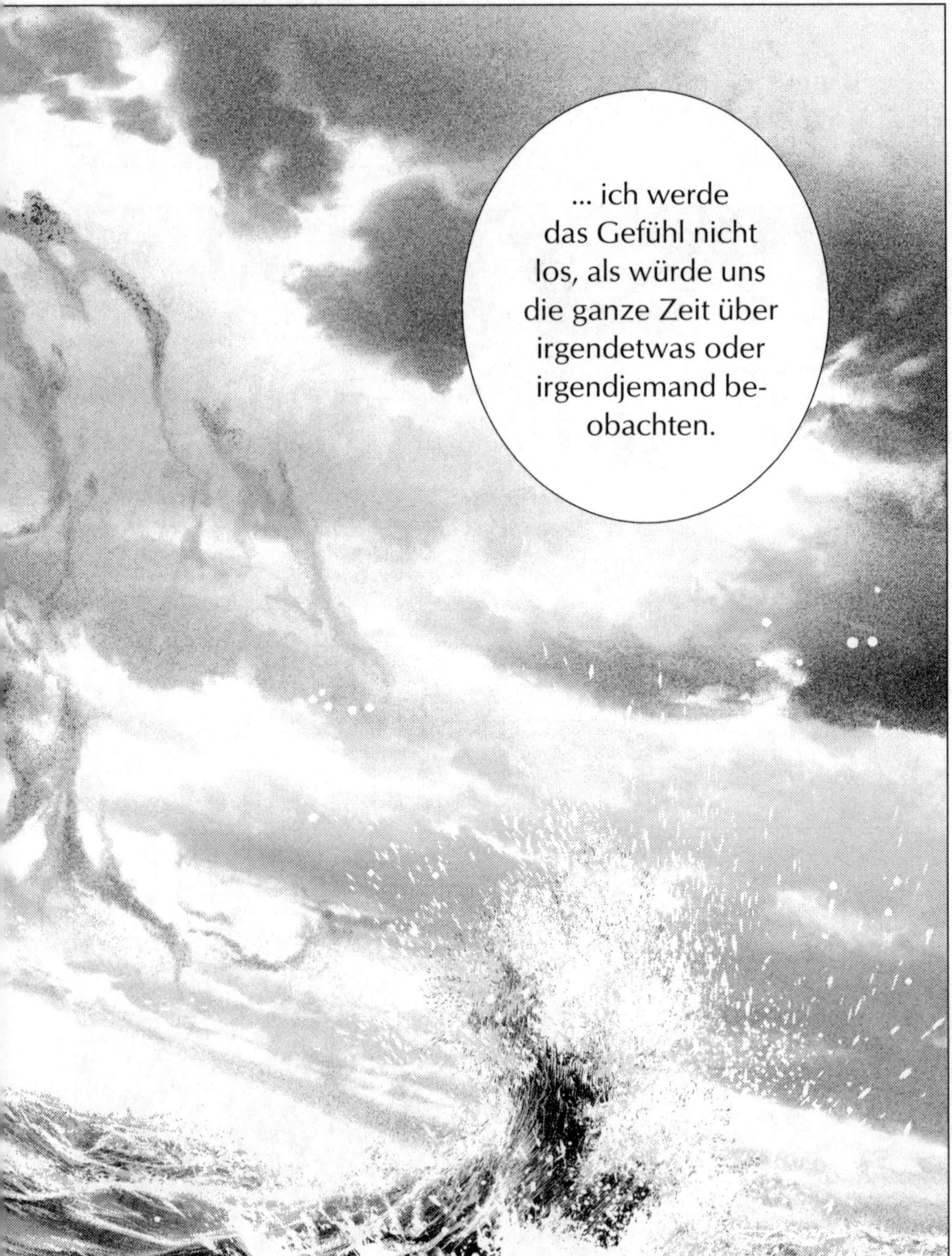
... ich werde das Gefühl nicht los, als würde uns die ganze Zeit über irgendetwas oder irgendjemand be-obachten.

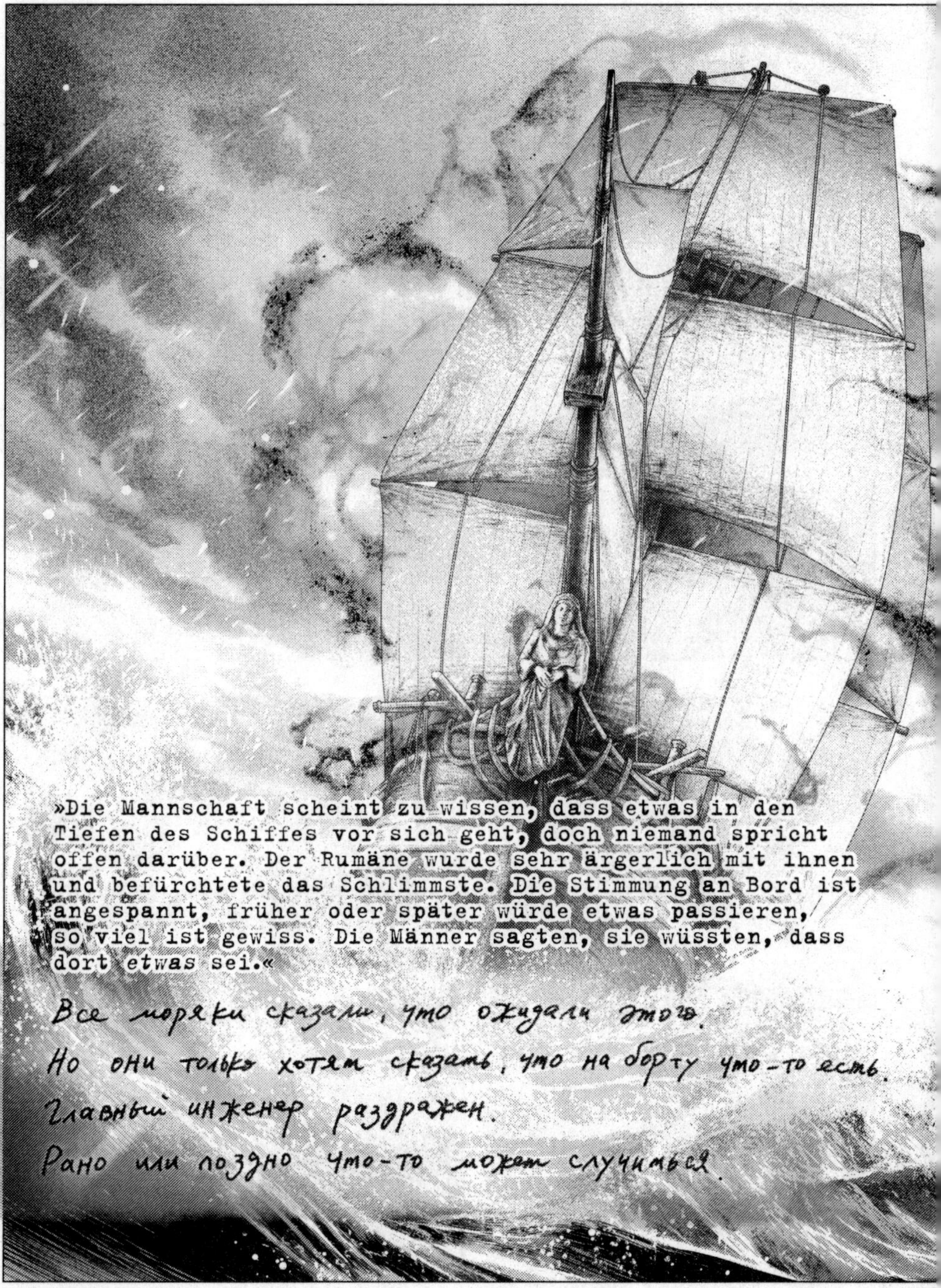
»Die Mannschaft scheint zu wissen, dass etwas in den Tiefen des Schiffes vor sich geht, doch niemand spricht offen darüber. Der Rumäne wurde sehr ärgerlich mit ihnen und befürchtete das Schlimmste. Die Stimmung an Bord ist angespannt, früher oder später würde etwas passieren, so viel ist gewiss. Die Männer sagten, sie wüssten, dass dort etwas sei.«
Все моряки сказали, что ожидали этого.
Но они только хотят сказать, что на борту что-то есть.
Главный инженер раздражен.
Рано или поздно что-то может случиться.

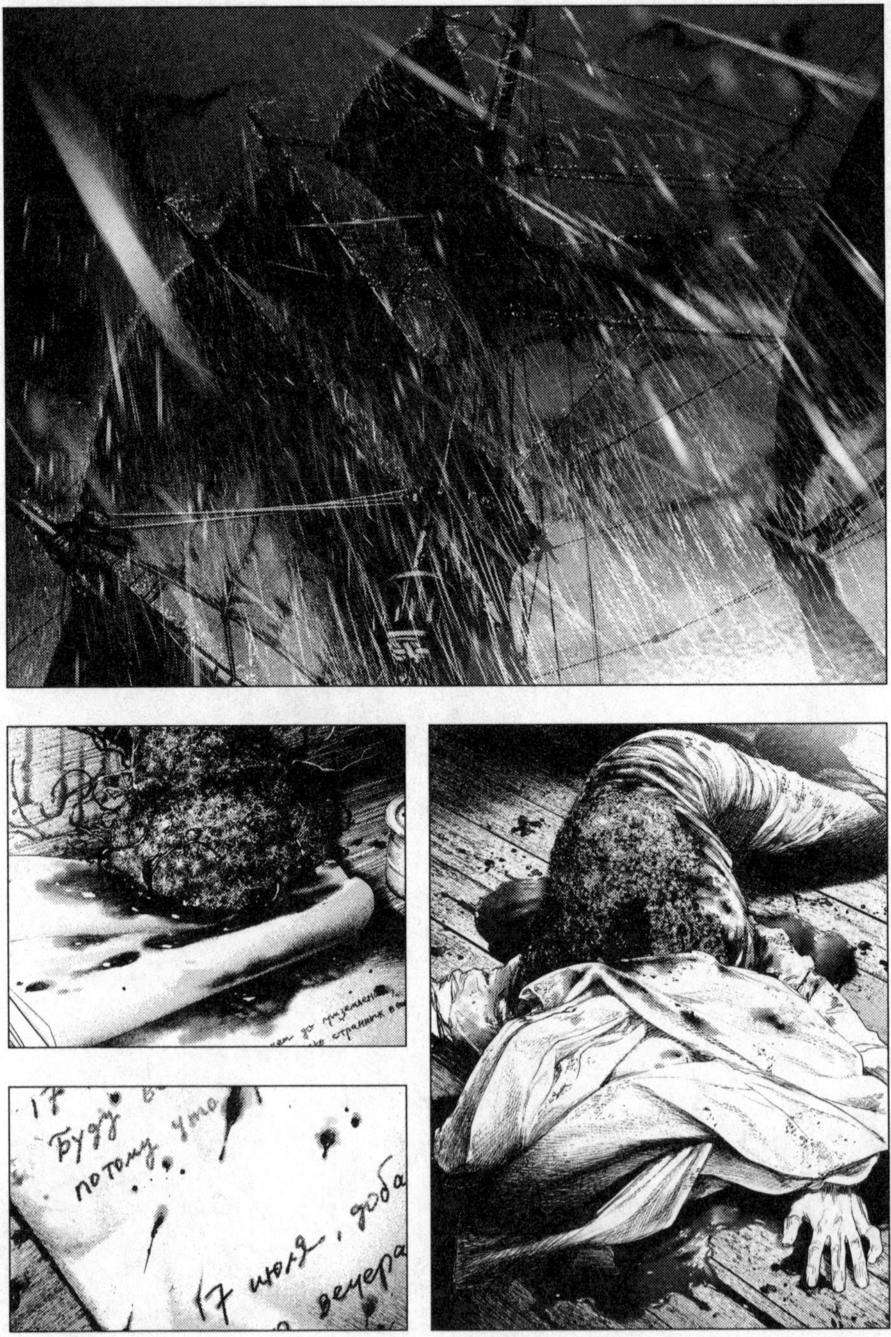
17
Буду
потому что
17 июля, доба
вечера

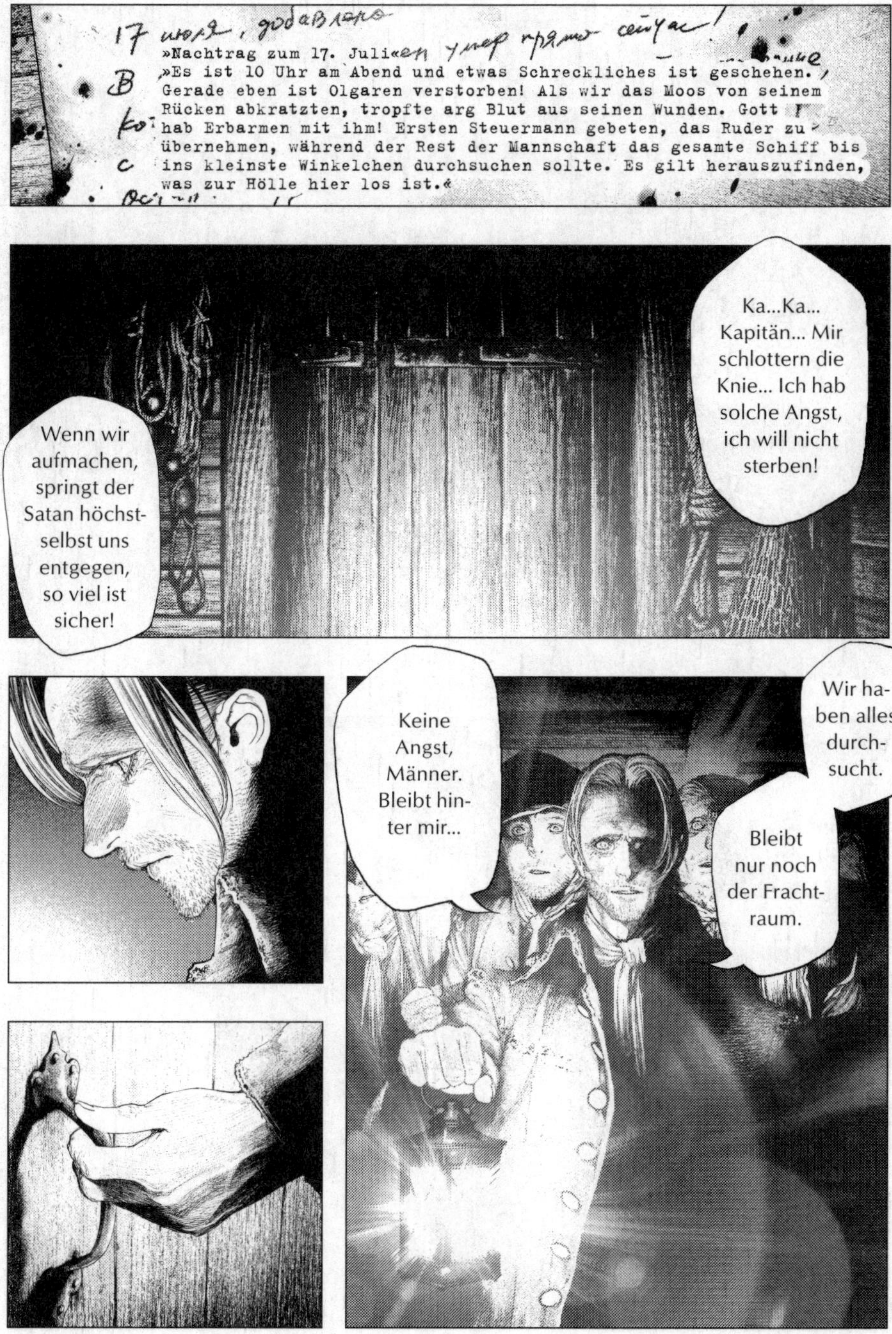
»Nachtrag zum 17. Juli«
»Es ist 10 Uhr am Abend und etwas Schreckliches ist geschehen. Gerade eben ist Olgaren verstorben! Als wir das Moos von seinem Rücken abkratzten, tropfte arg Blut aus seinen Wunden. Gott hab Erbarmen mit ihm! Ersten Steuermann gebeten, das Ruder zu übernehmen, während der Rest der Mannschaft das gesamte Schiff bis ins kleinste Winkelchen durchsuchen sollte. Es gilt herauszufinden, was zur Hölle hier los ist.«
Ka...Ka... Kapitän... Mir schlottern die Knie... Ich hab solche Angst, ich will nicht sterben!
Wenn wir aufmachen, springt der Satan höchstselbst uns entgegen, so viel ist sicher!
Wir haben alles durchsucht.
Bleibt nur noch der Frachtraum.
Keine Angst, Männer. Bleibt hinter mir...

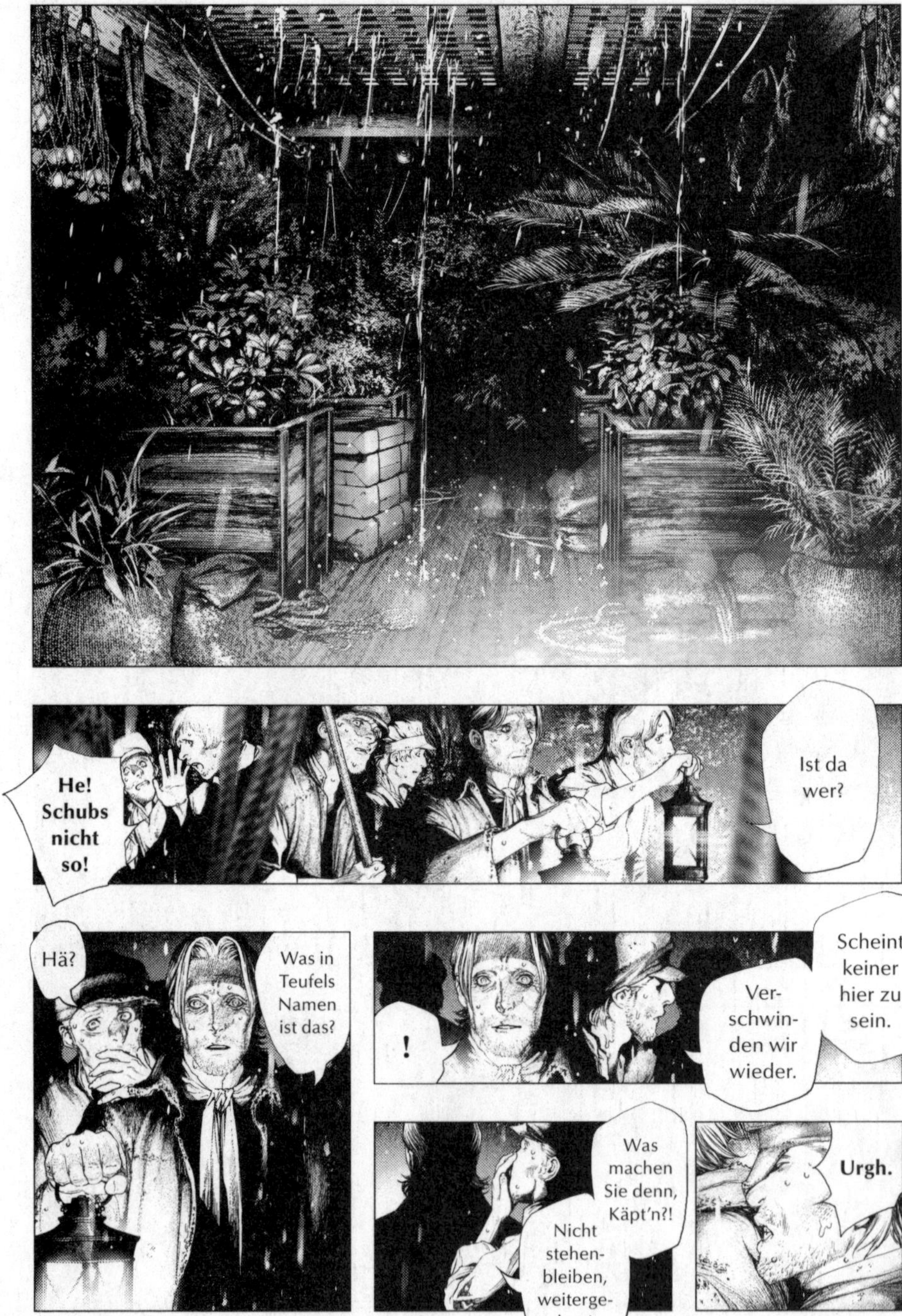

Ist da wer?
He! Schubs nicht so!
Scheint keiner hier zu sein.
Verschwinden wir wieder.
!
Was in Teufels Namen ist das?
Hä?
Urgh.
Was machen Sie denn, Käpt'n?!
Nicht stehenbleiben, weitergehen!

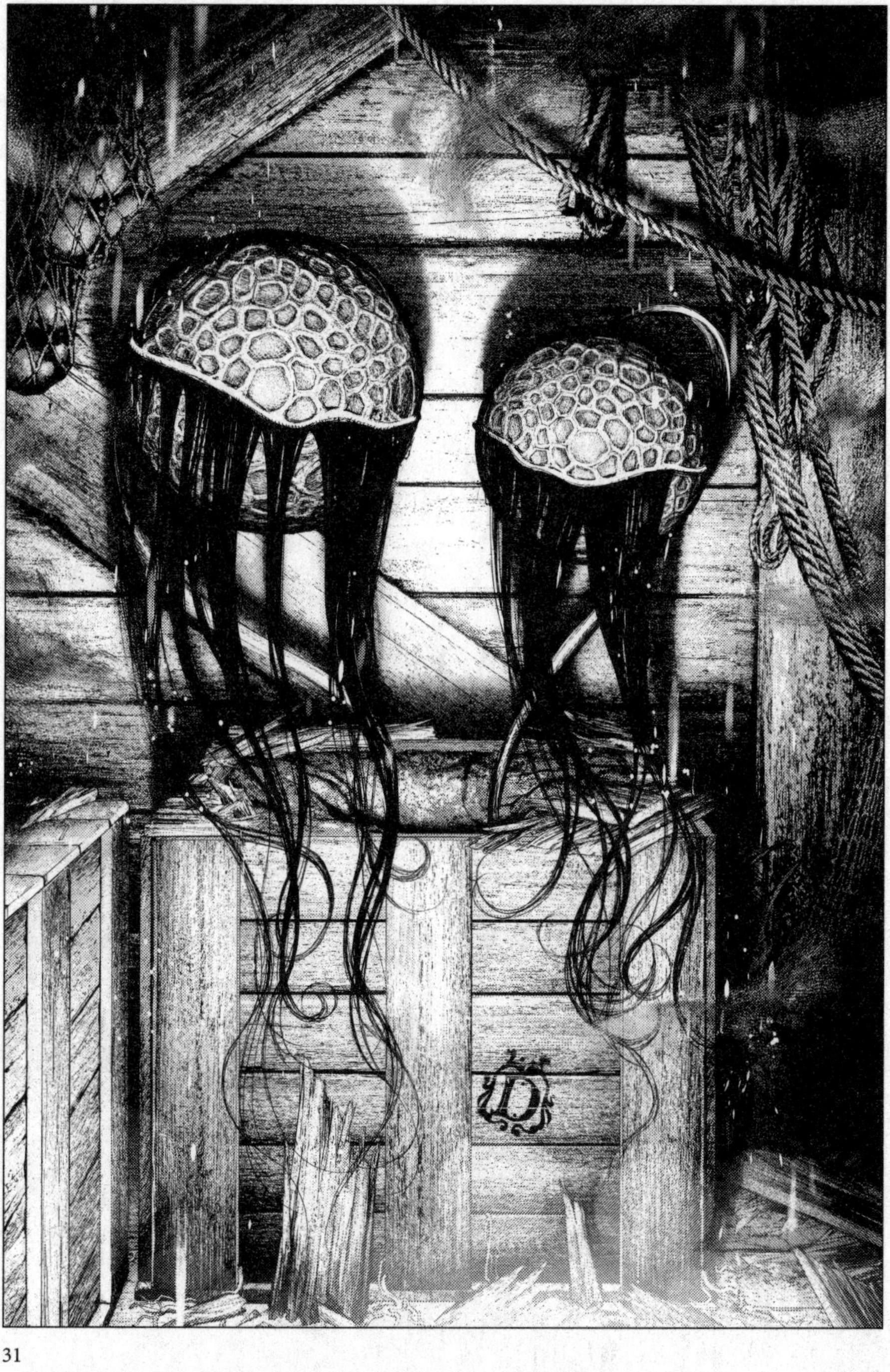

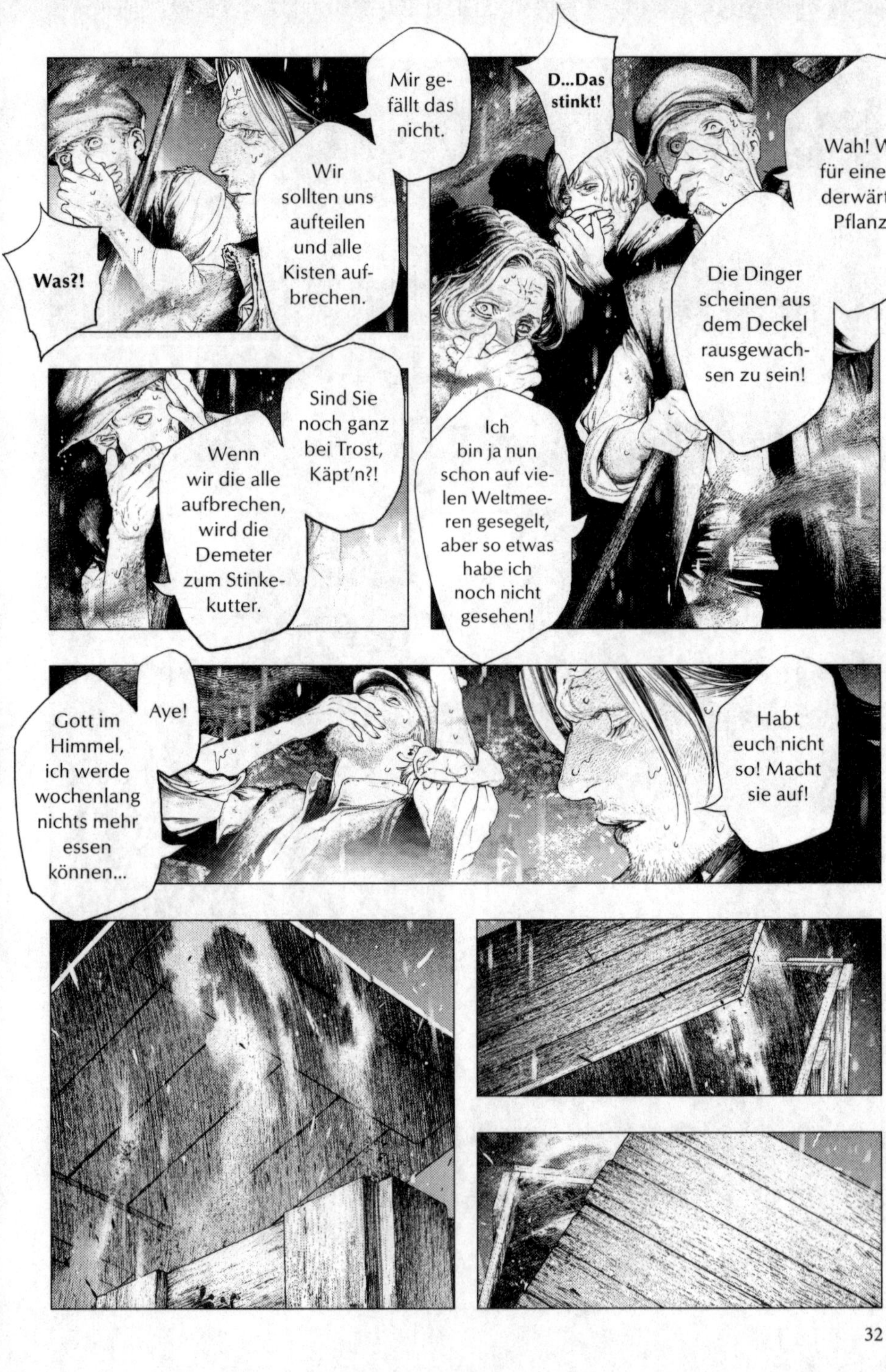
D...Das stinkt!
Wah! Was für eine widerwärtige Pflanze!
Die Dinger scheinen aus dem Deckel rausgewachsen zu sein!
Ich bin ja nun schon auf vielen Weltmeeren gesegelt, aber so etwas habe ich noch nicht gesehen!
Mir gefällt das nicht.
Wir sollten uns aufteilen und alle Kisten aufbrechen.
Was?!
Sind Sie noch ganz bei Trost, Käpt'n?!
Wenn wir die alle aufbrechen, wird die Demeter zum Stinkekutter.
Habt euch nicht so! Macht sie auf!
Aye!
Gott im Himmel, ich werde wochenlang nichts mehr essen können...

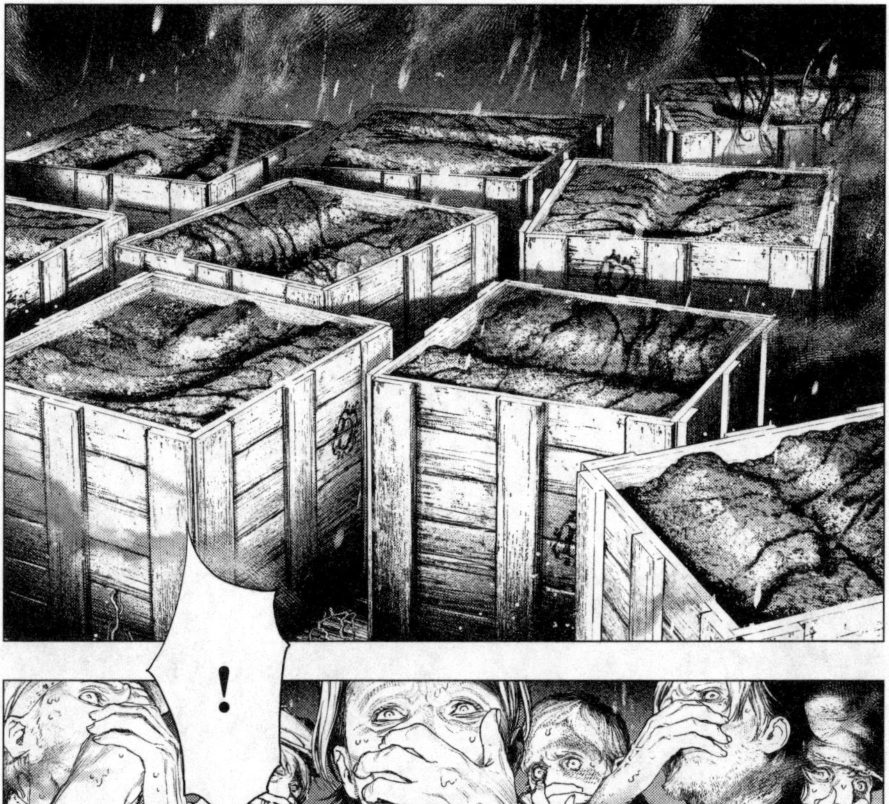
!
Merkwürdig... In der Erde sind überall solche Einbuchtungen...
Ist wohl während der Überfahrt eingetrocknet und in sich zusammengesackt.
Egal, machen wir die Kisten schnell wieder zu und dann nichts wie raus hier, Käpt'n.
Nein... wartet...

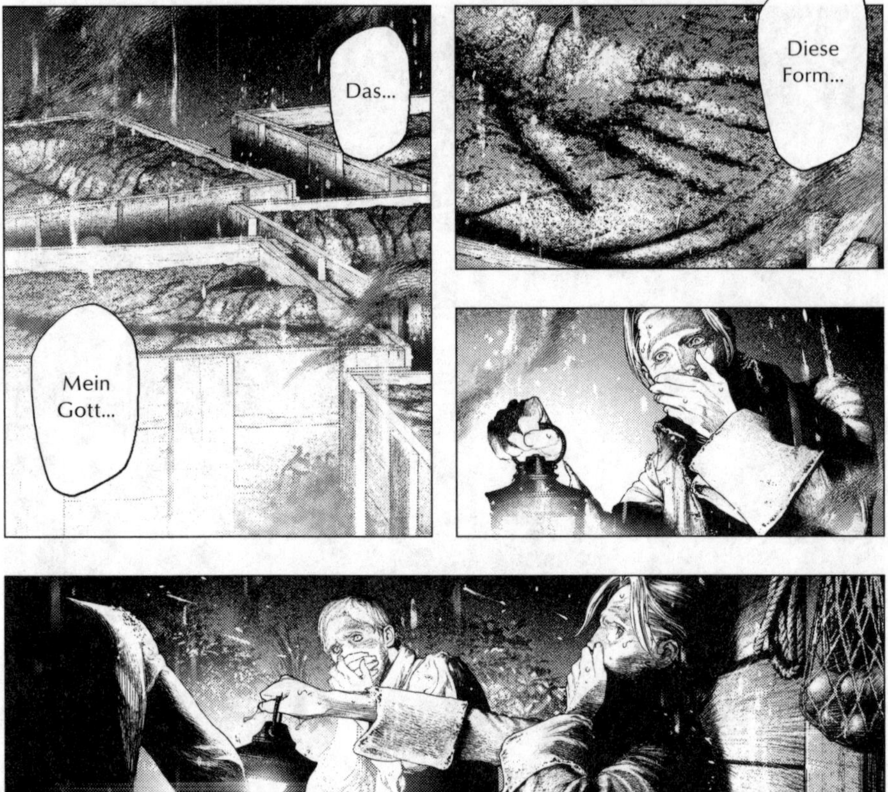
Diese Form...
Das...
Mein Gott...
Was haben Sie, Käpt'n?
Ihr Gesicht... Sie sind kreideweiß.
?!
M...Männer... schiebt die Kisten so zusammen, wie ich es euch sage...

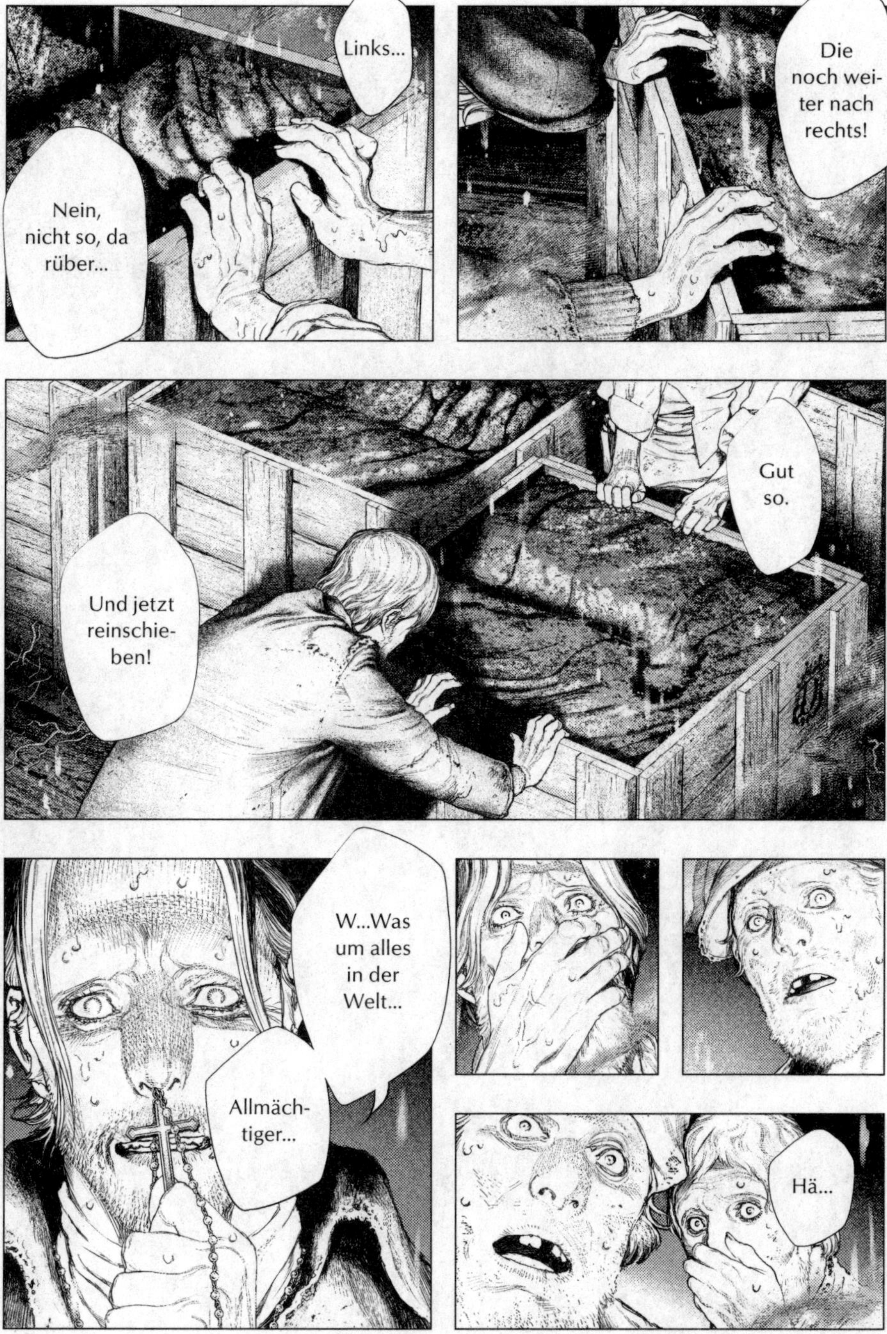
Die noch weiter nach rechts!
Links...
Nein, nicht so, da rüber...
Gut so.
Und jetzt reinschieben!
Hä...
W...Was um alles in der Welt...
Allmächtiger...

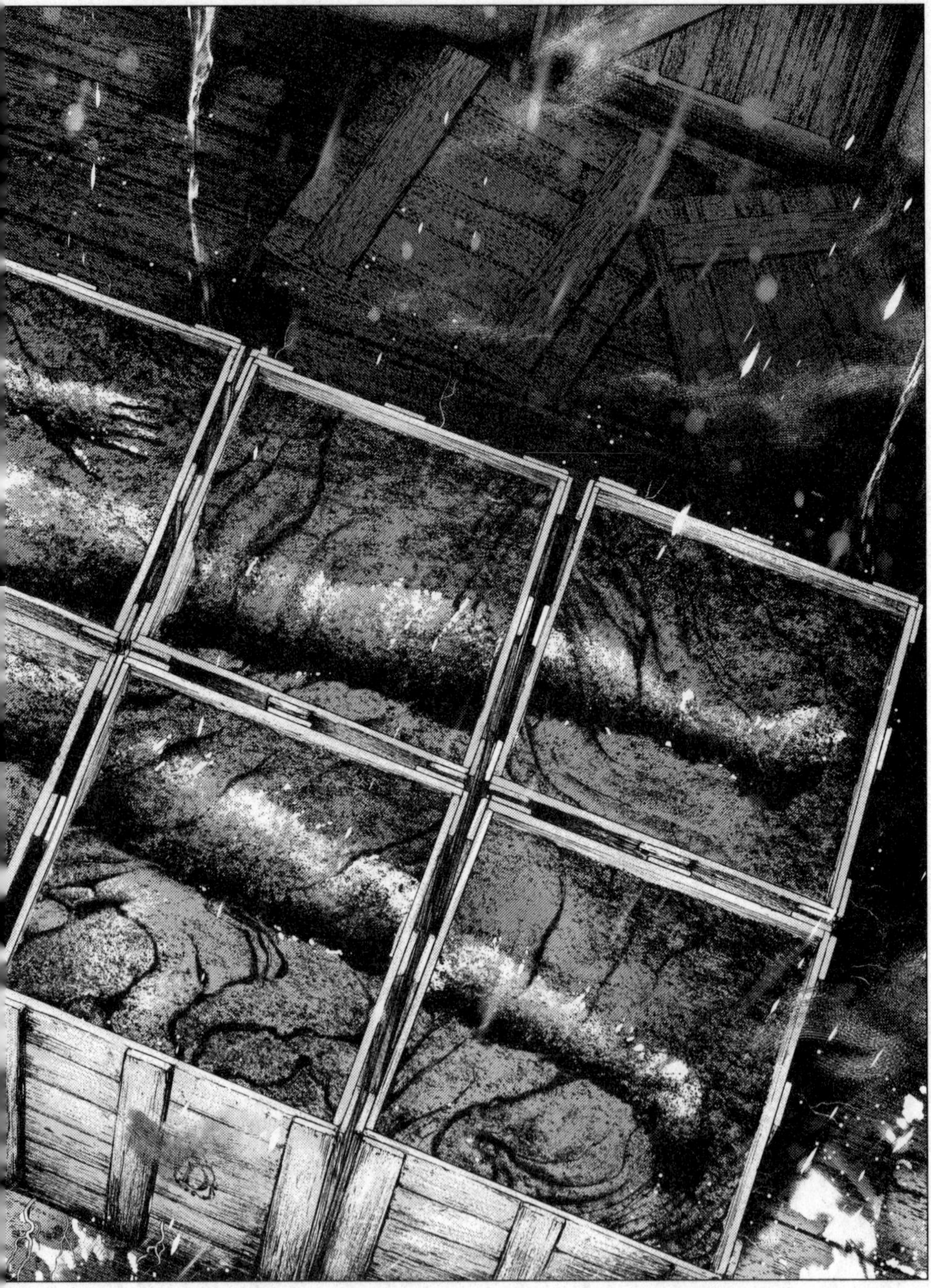

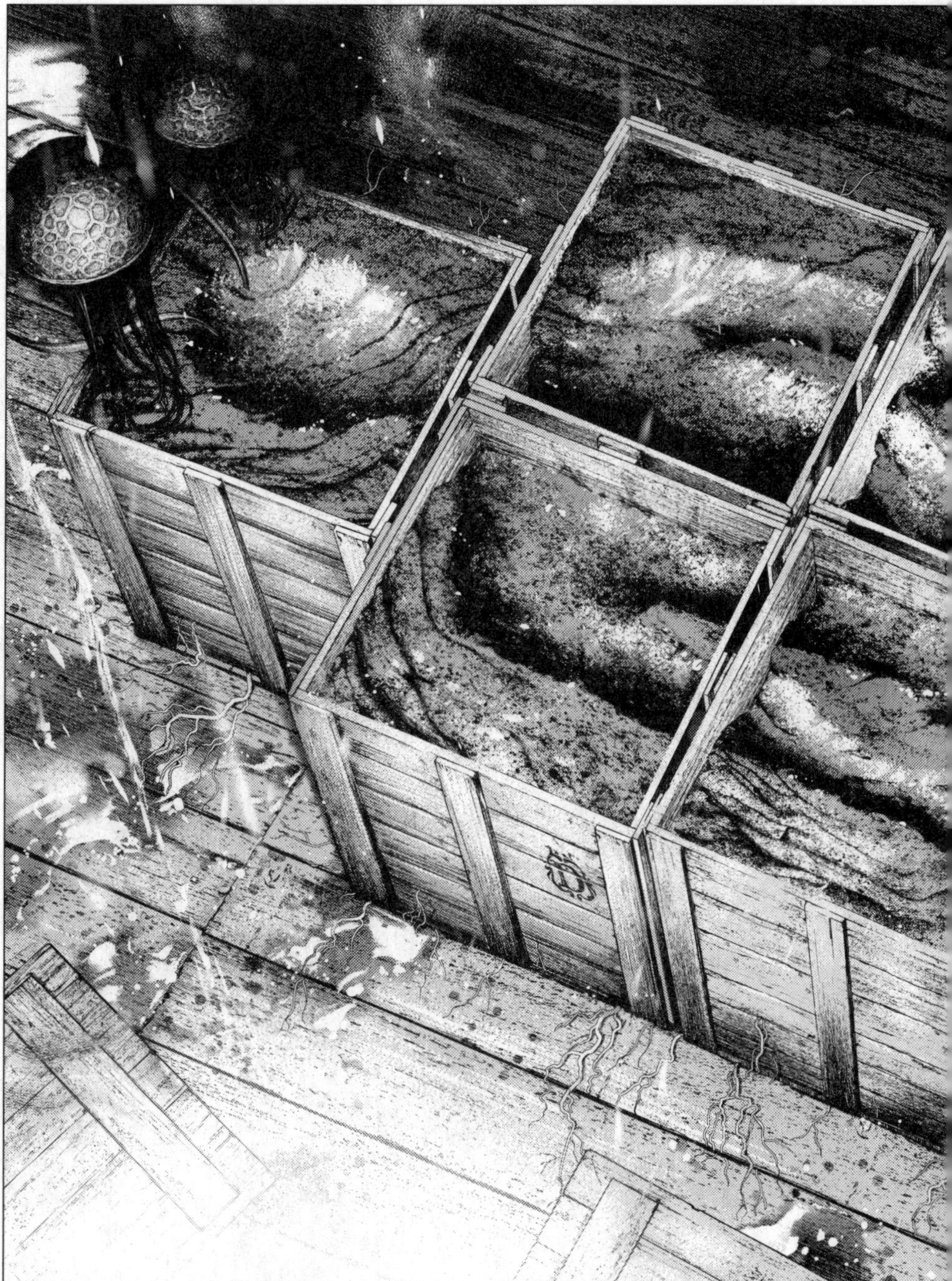

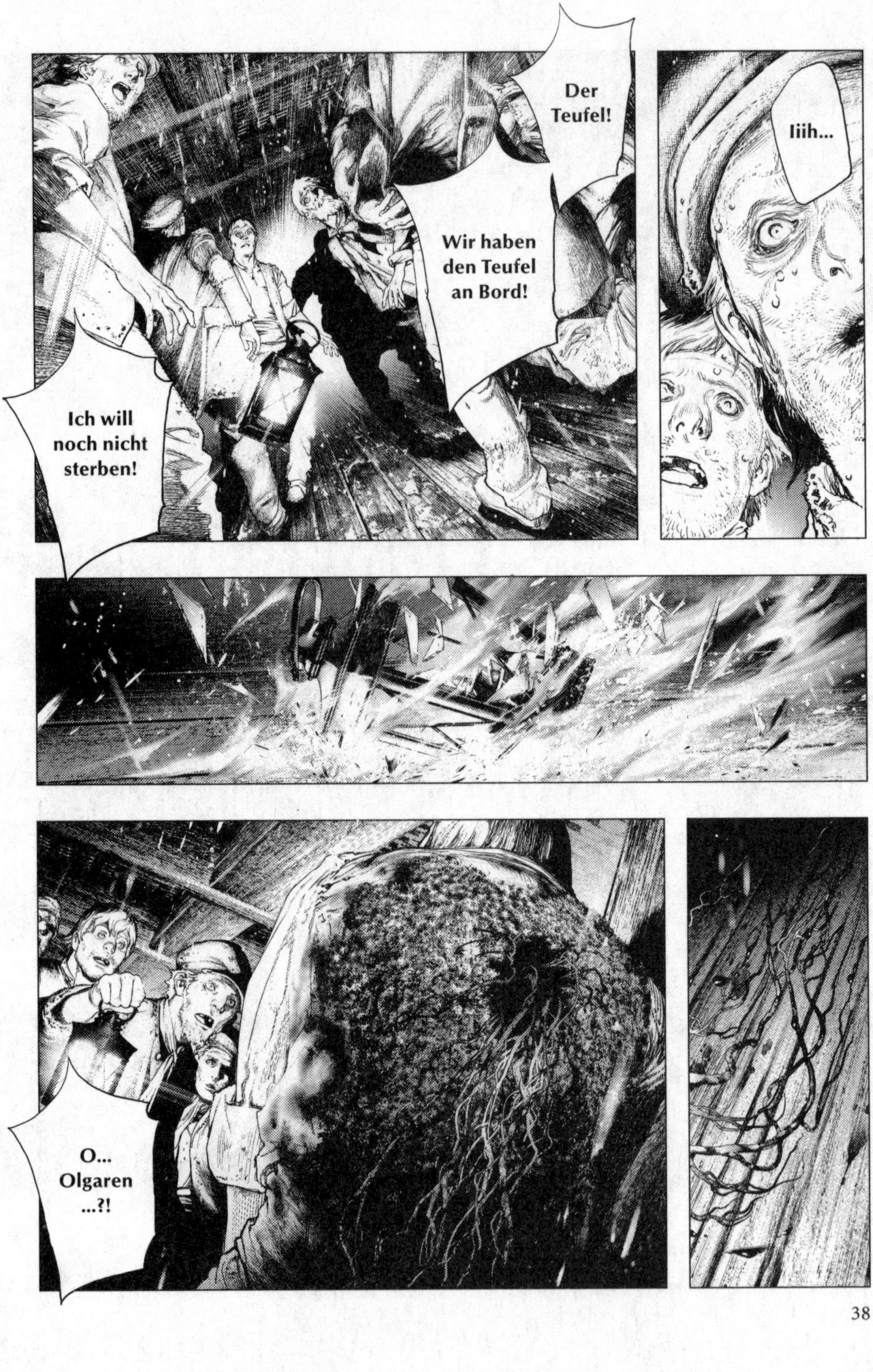
Iiih...
Der Teufel!
Wir haben den Teufel an Bord!
Ich will noch nicht sterben!
O... Olgaren ...?!

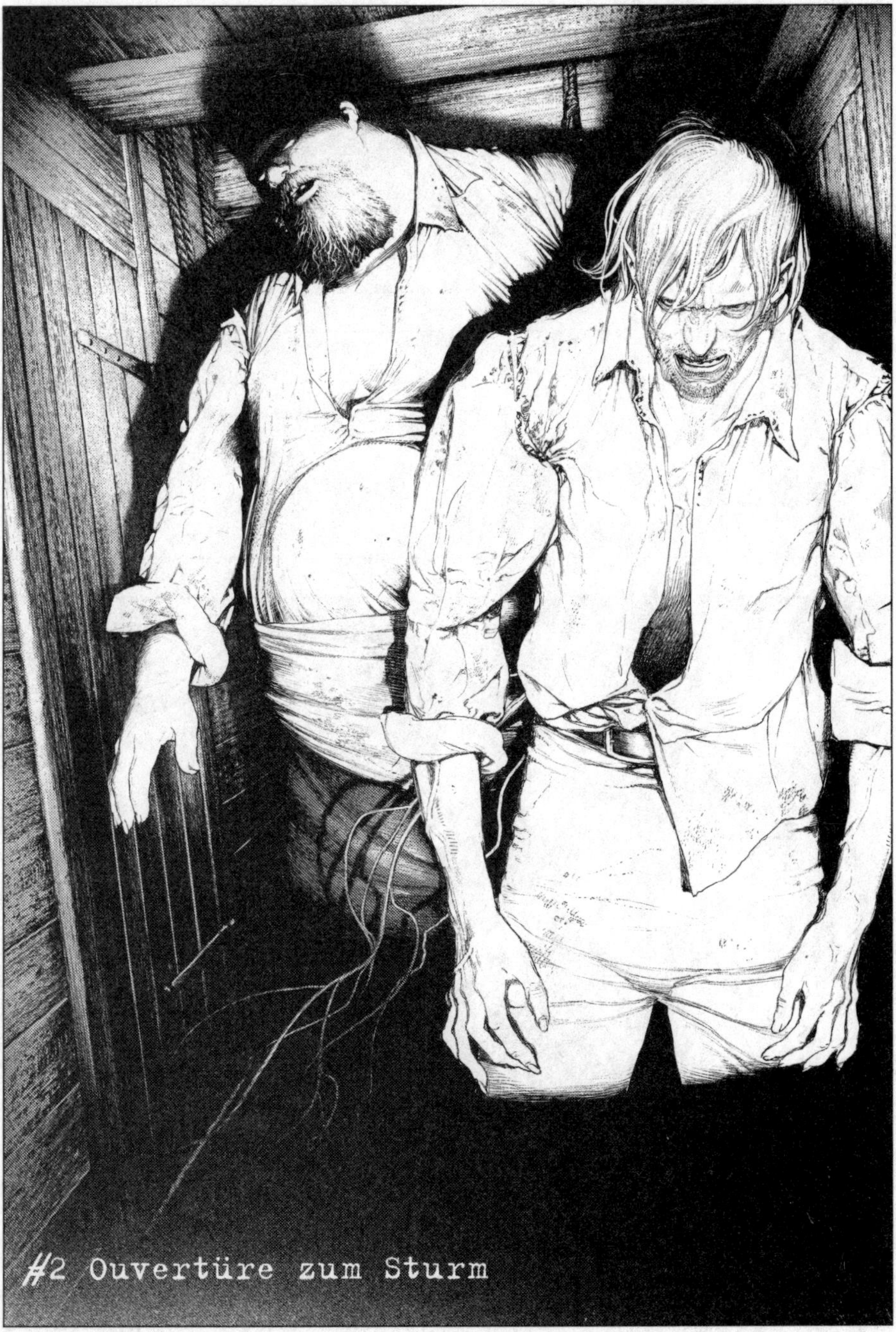
#2 Ouvertüre zum Sturm

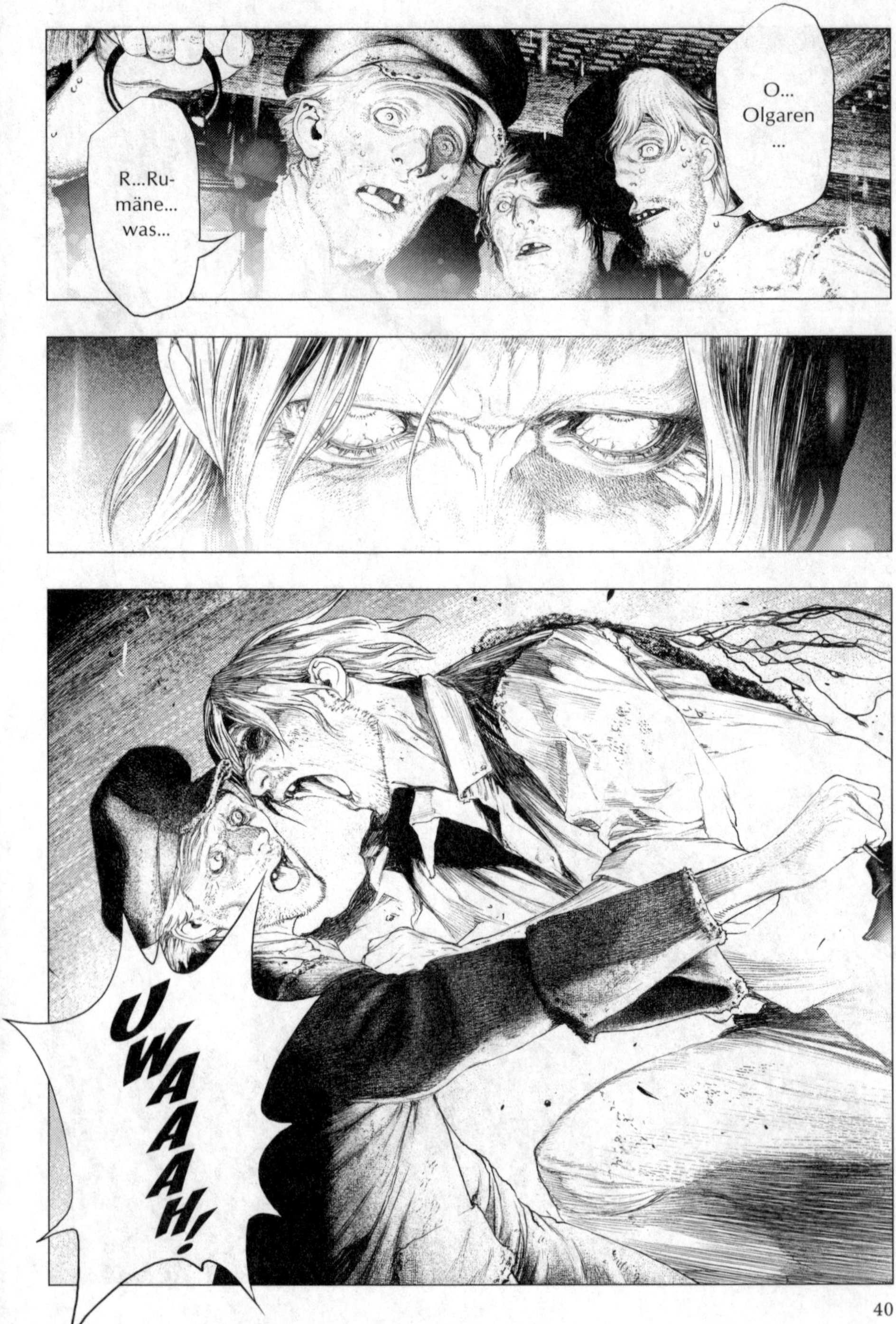
O... Olgaren ...
R...Rumäne... was...
UWAAAH!

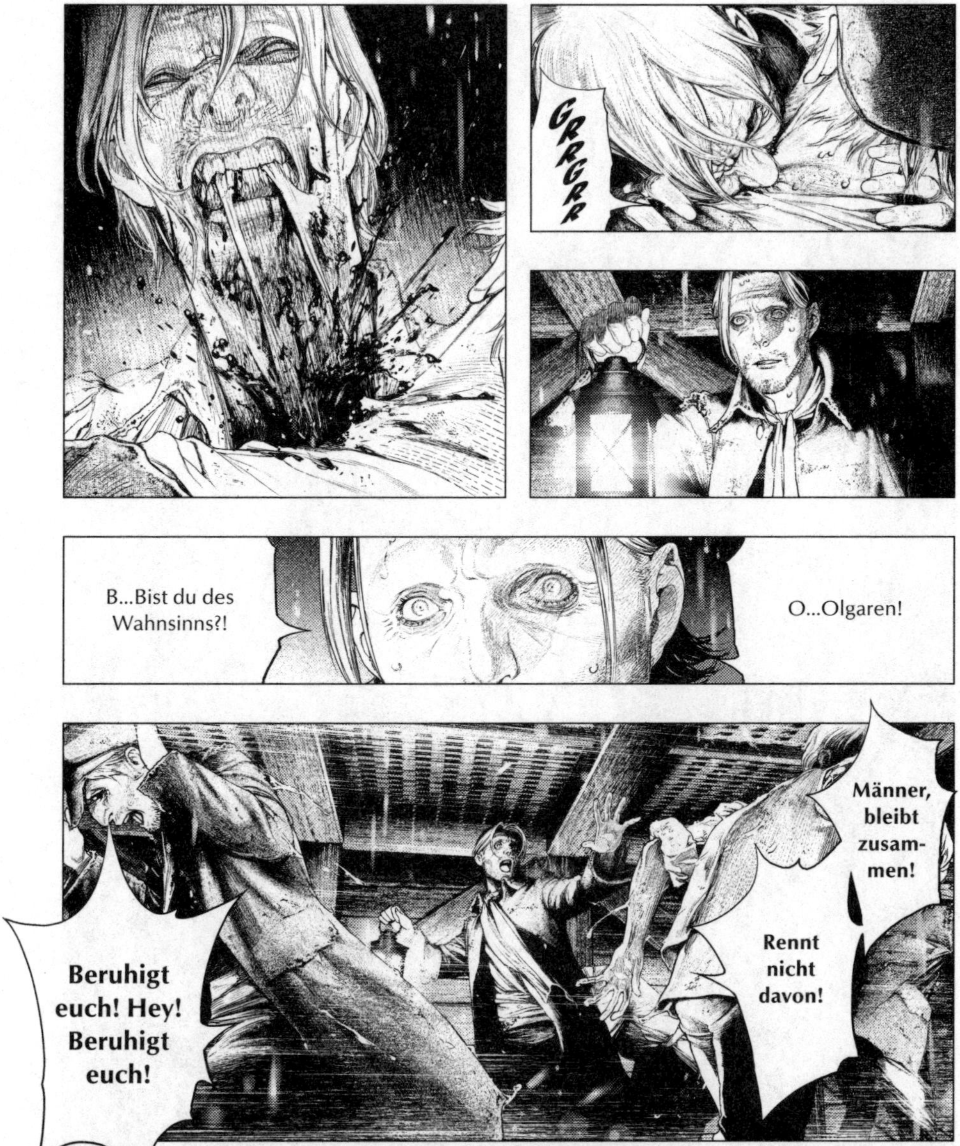
GRRGRR
O...Olgaren!
B...Bist du des Wahnsinns?!
Männer, bleibt zusammen!
Rennt nicht davon!
Beruhigt euch! Hey! Beruhigt euch!

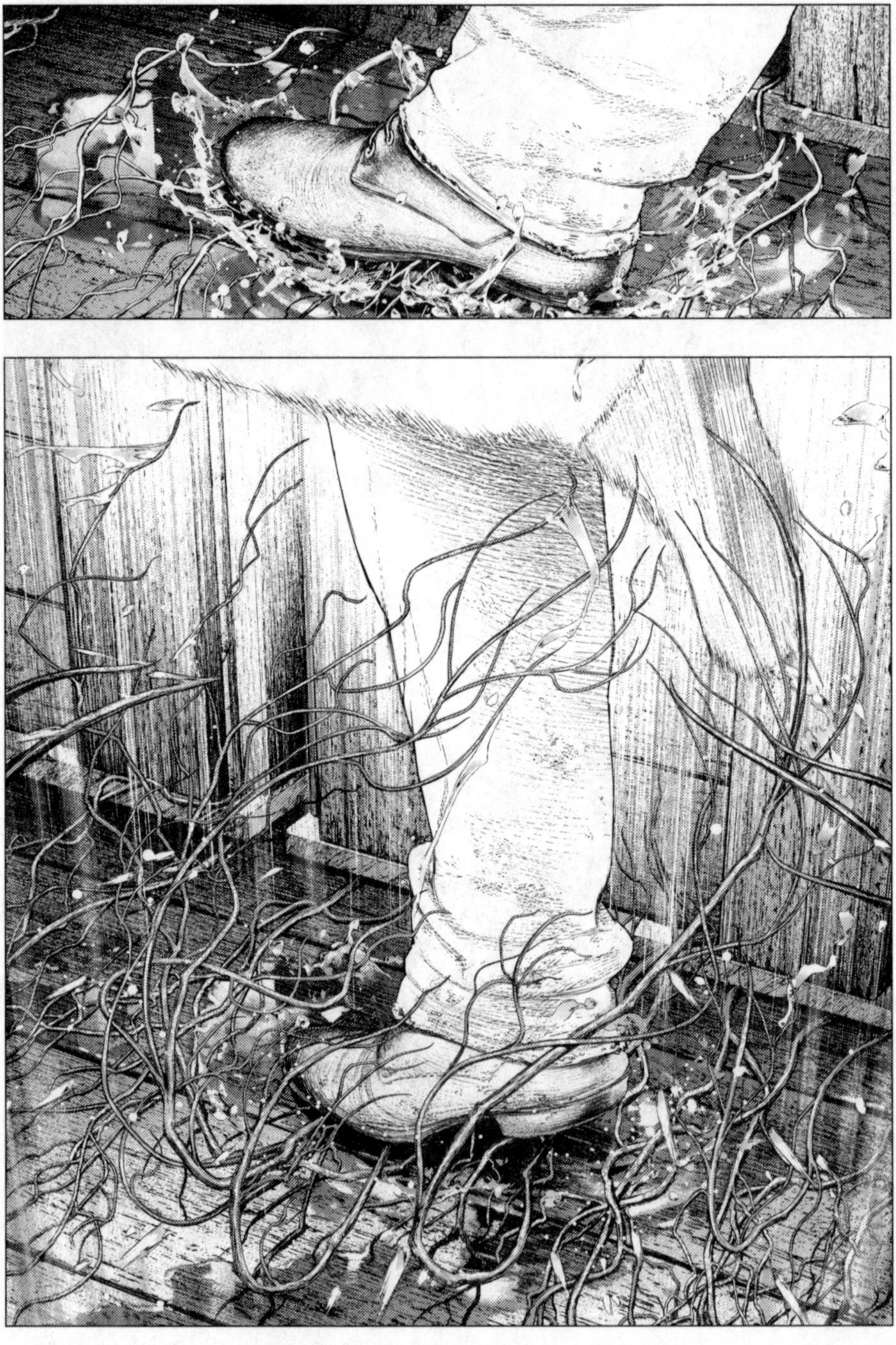

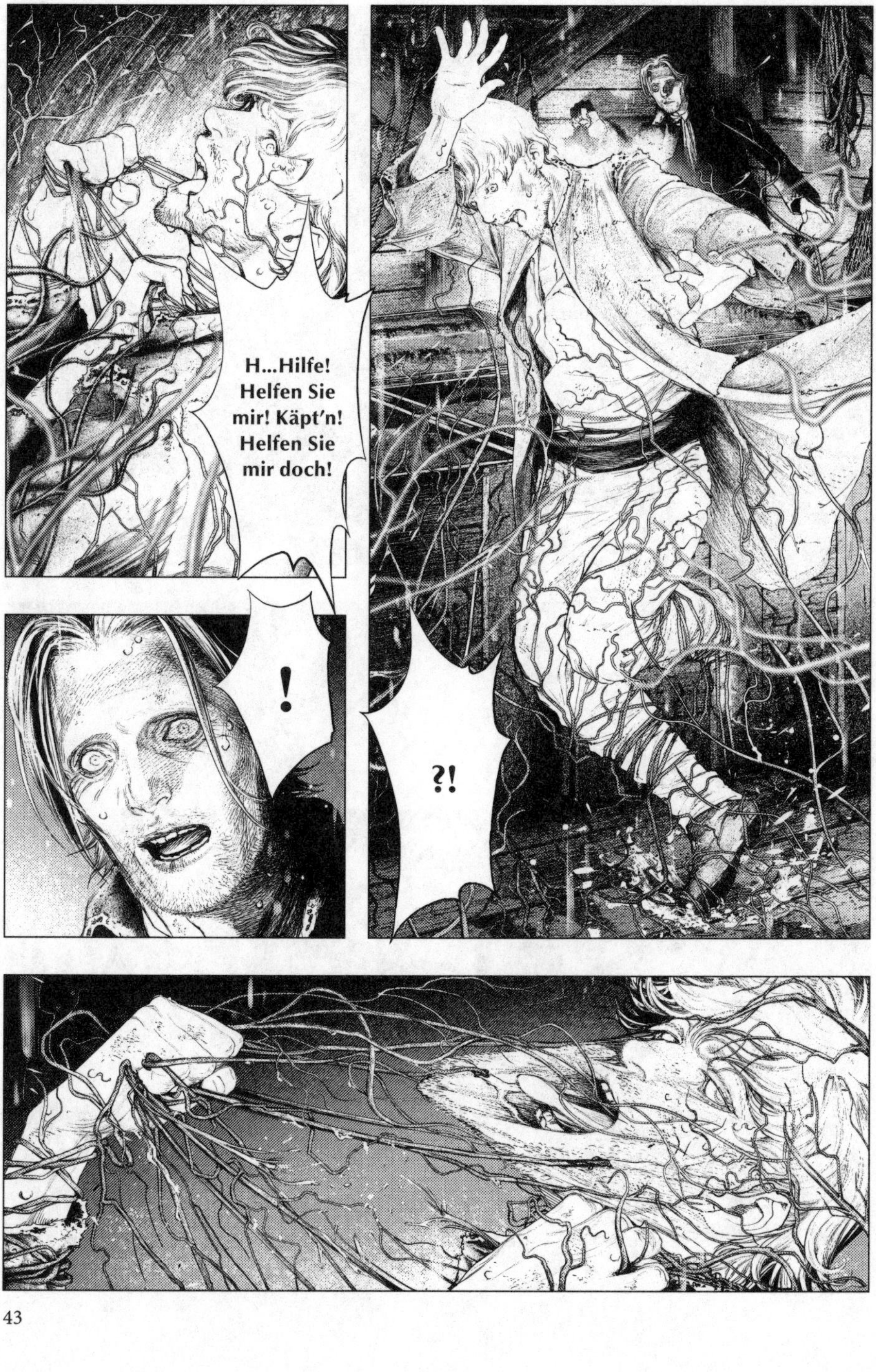
H...Hilfe! Helfen Sie mir! Käpt'n! Helfen Sie mir doch!
!
?!

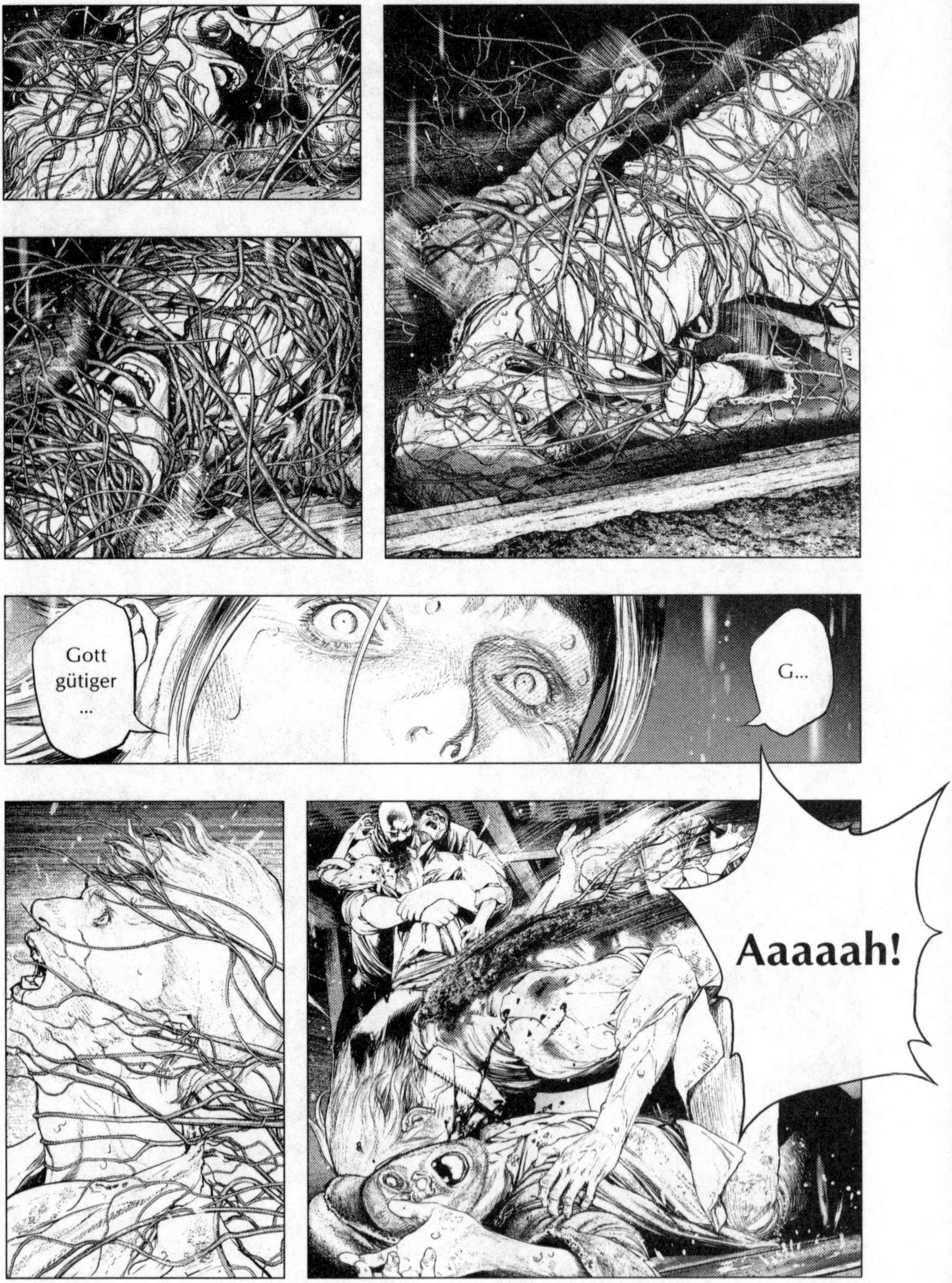
G...
Gott gütiger ...
Aaaaah!

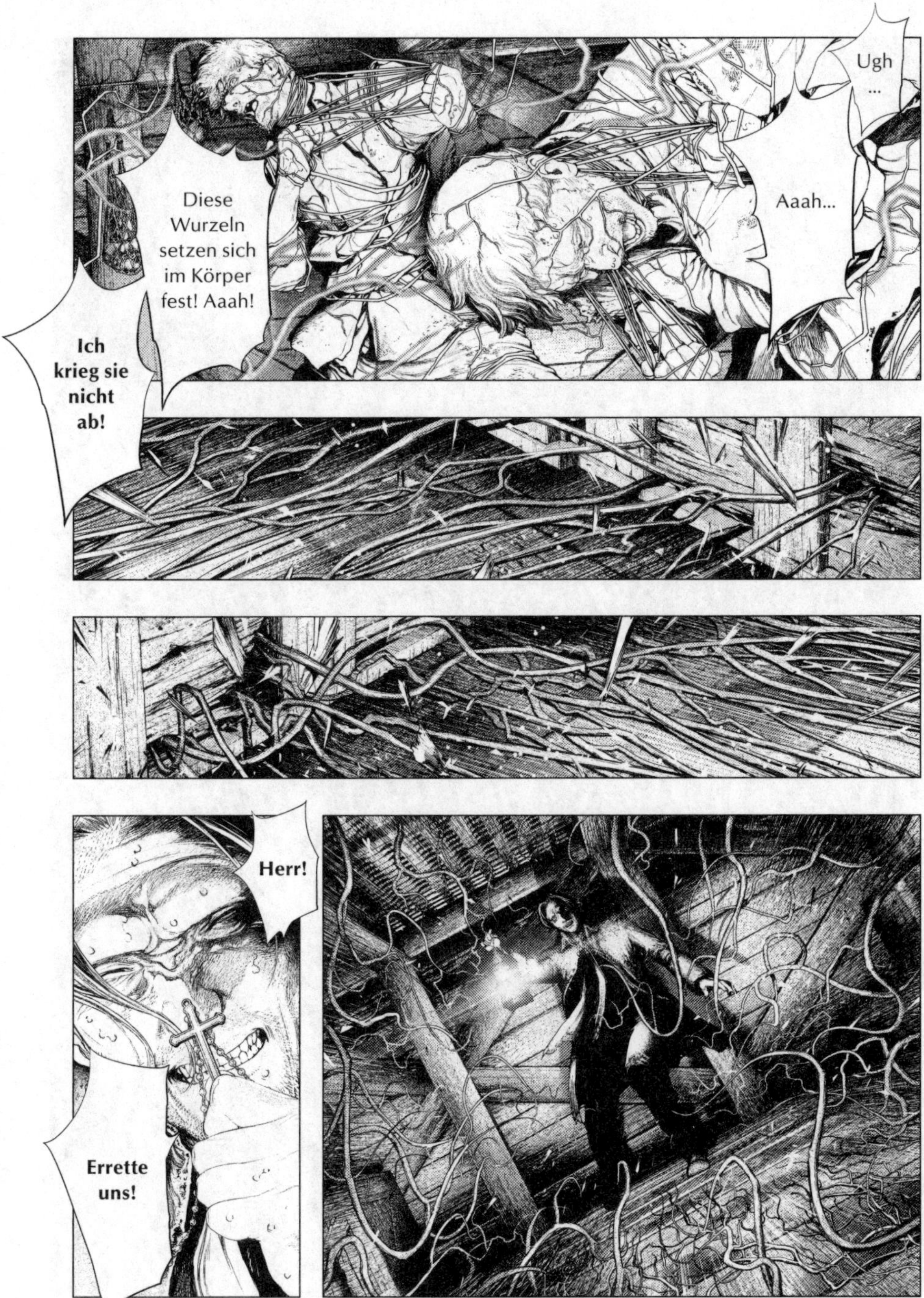
Ugh ...
Aaah...
Diese Wurzeln setzen sich im Körper fest! Aaah!
Ich krieg sie nicht ab!
Herr!
Errette uns!

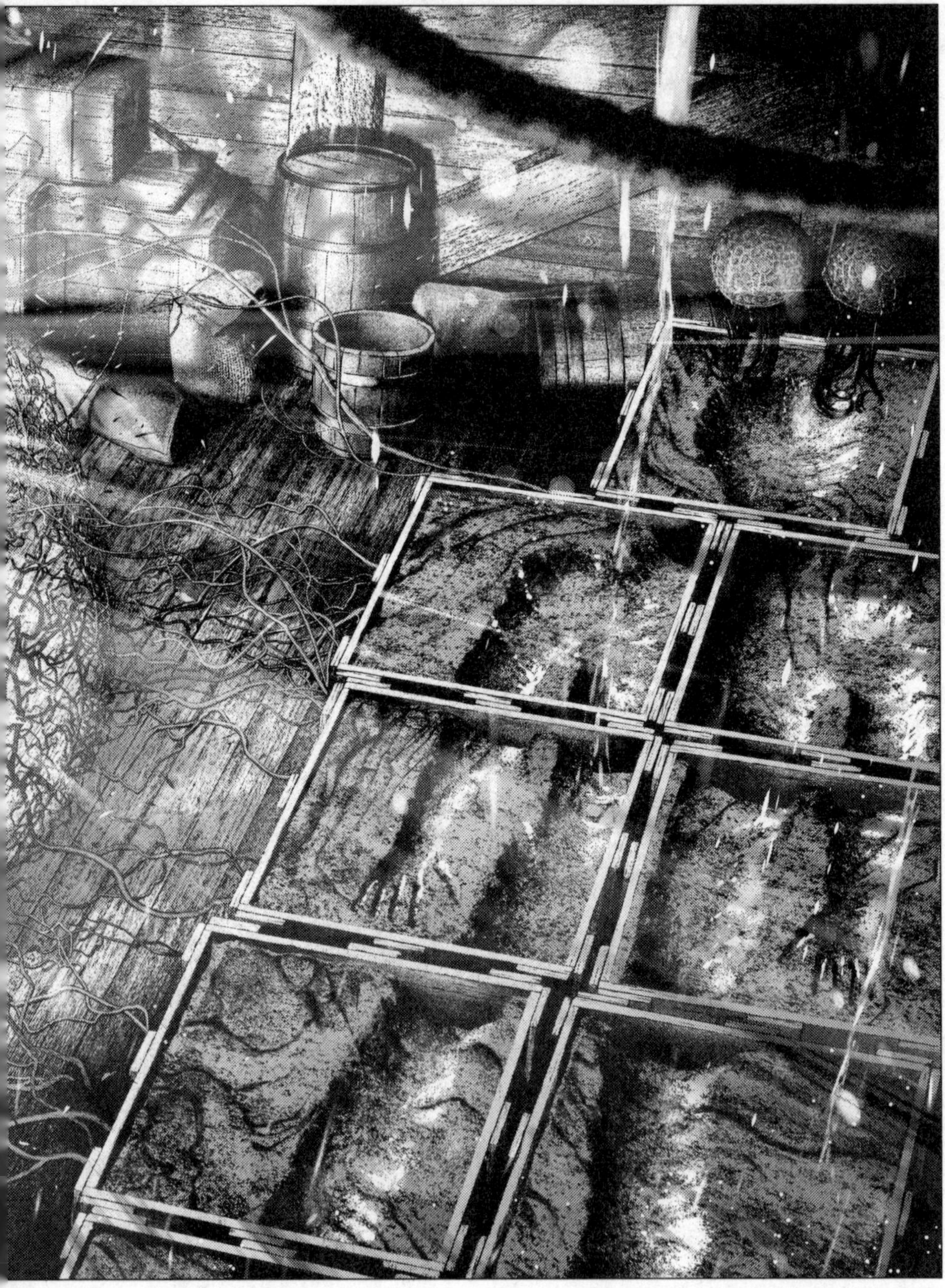

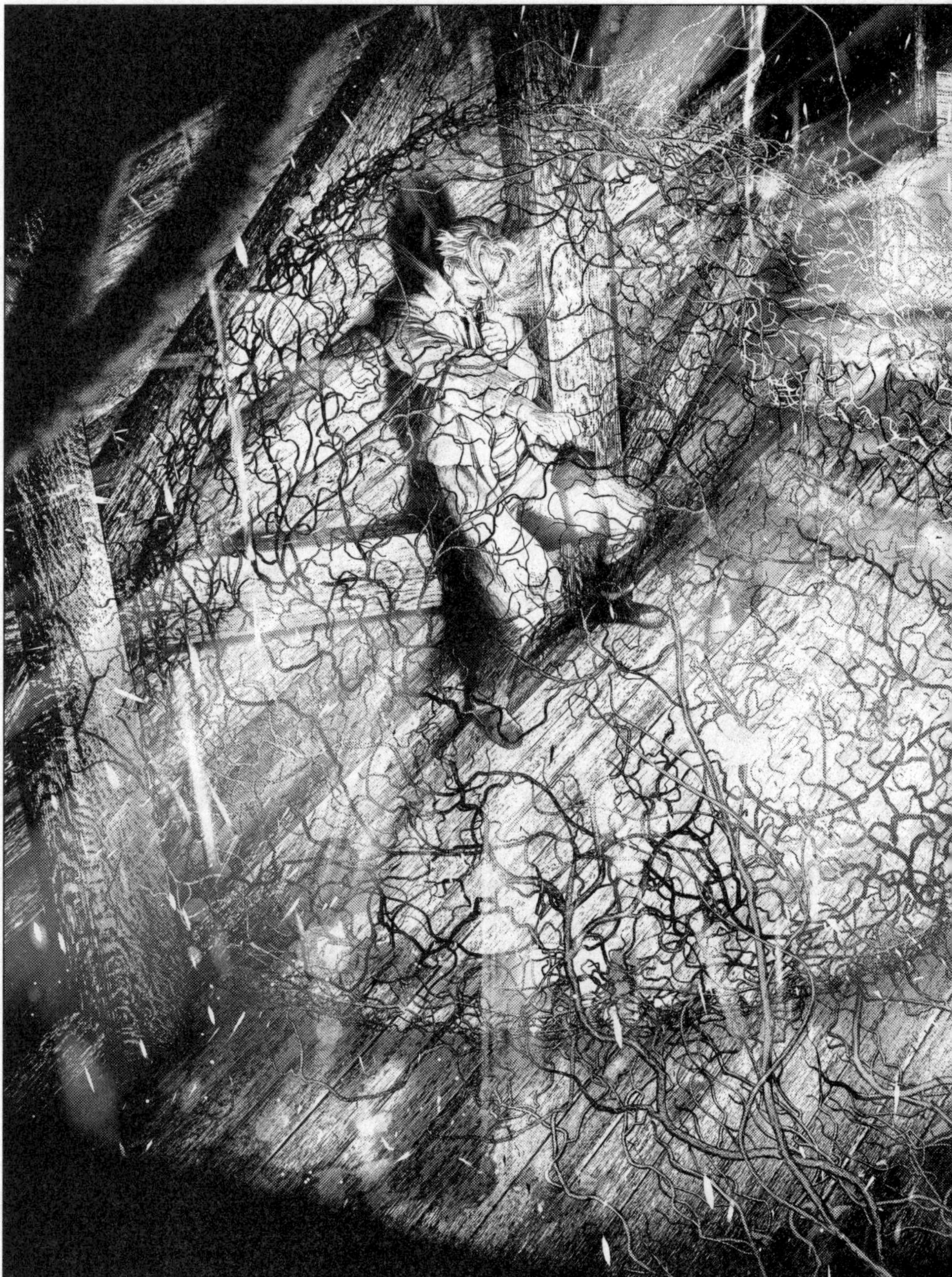

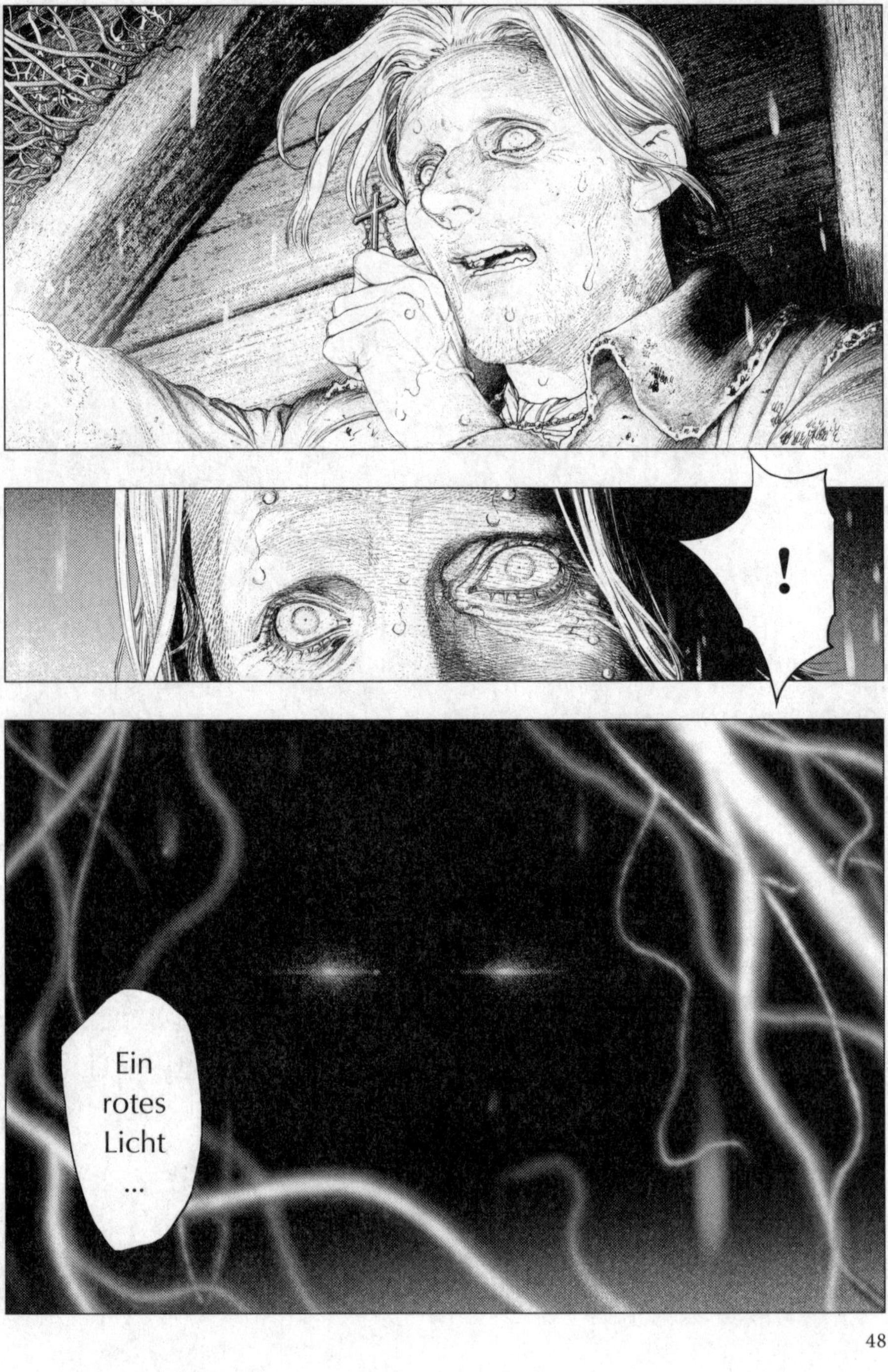
!
Ein rotes Licht ...

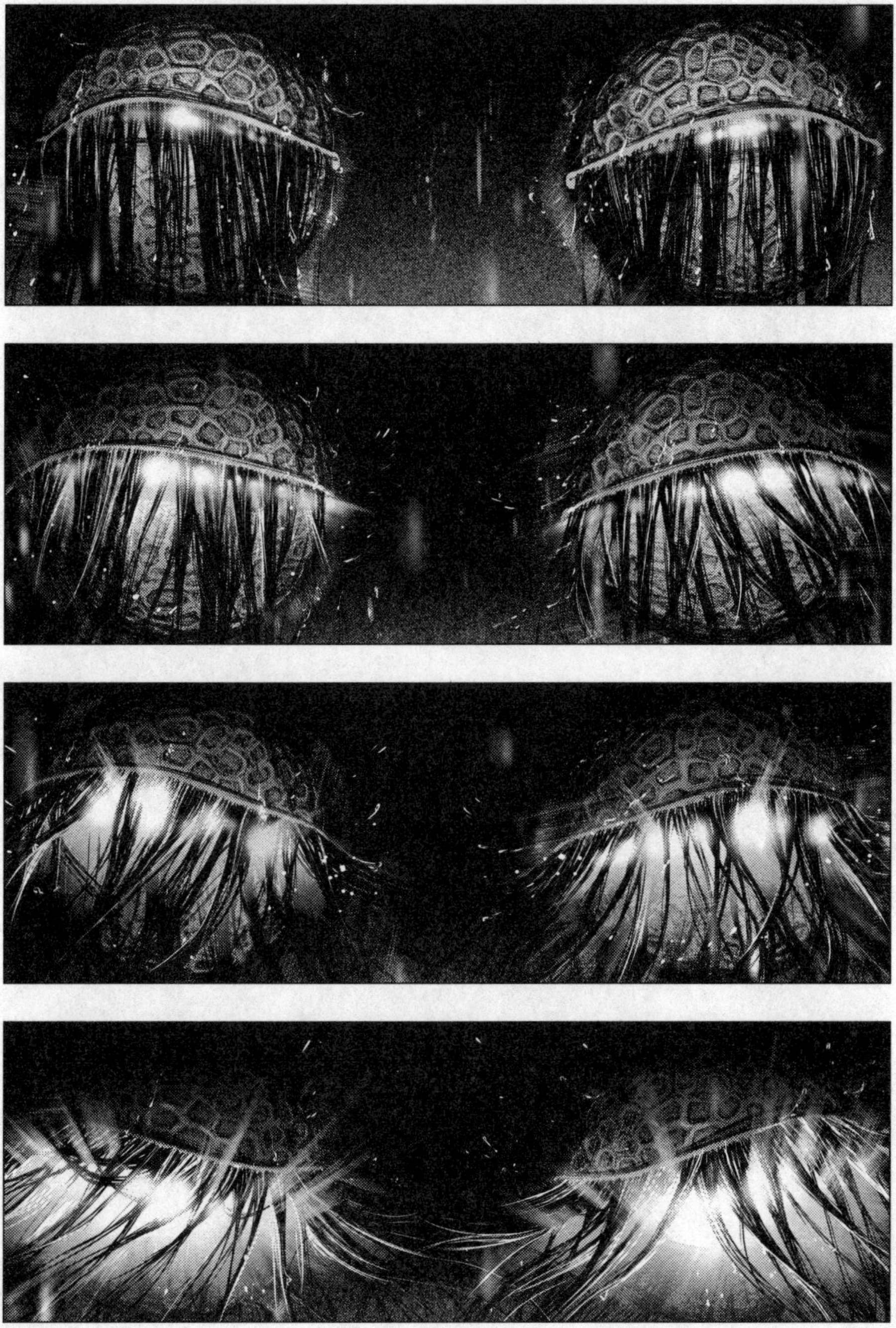

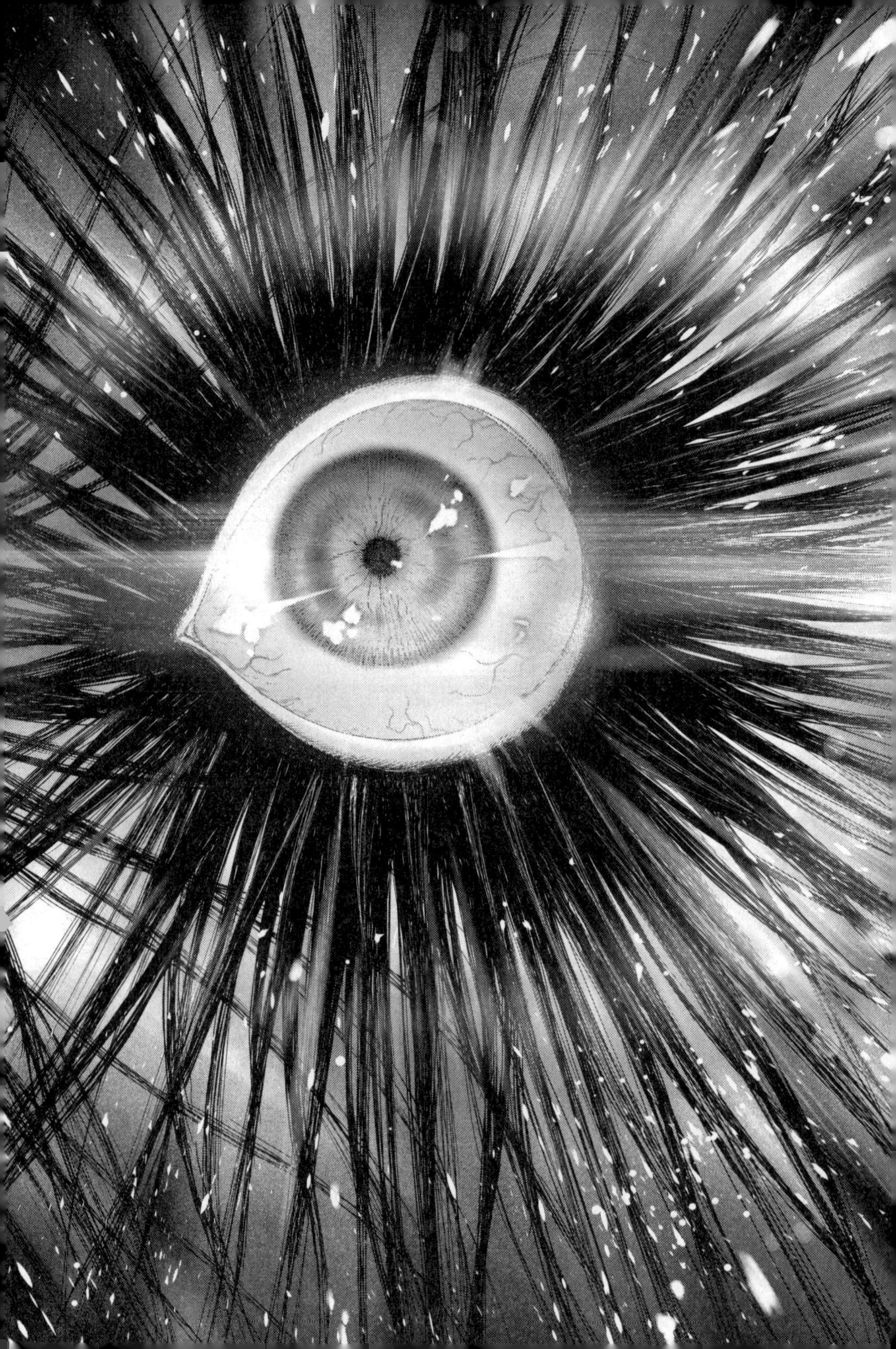

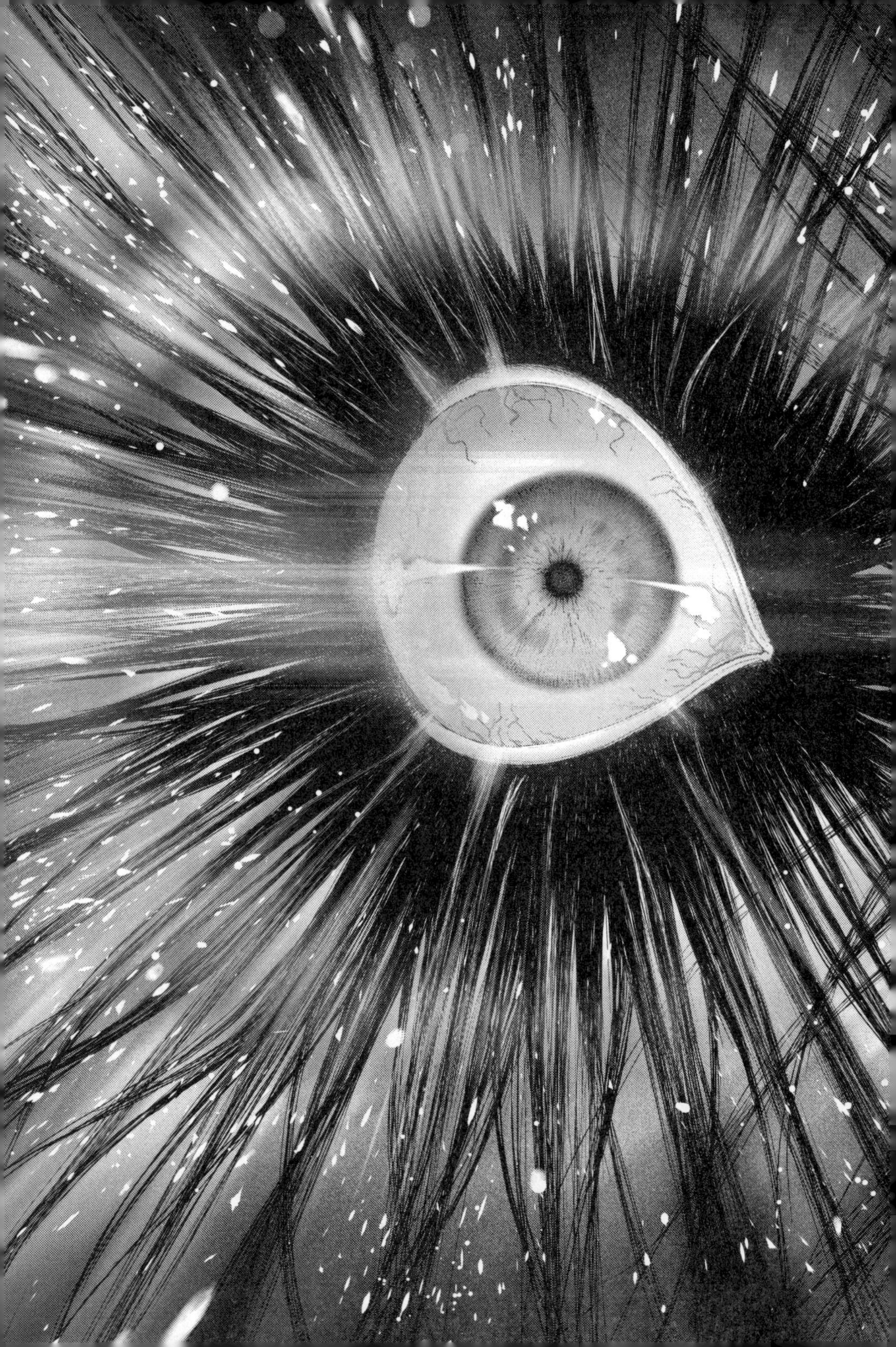

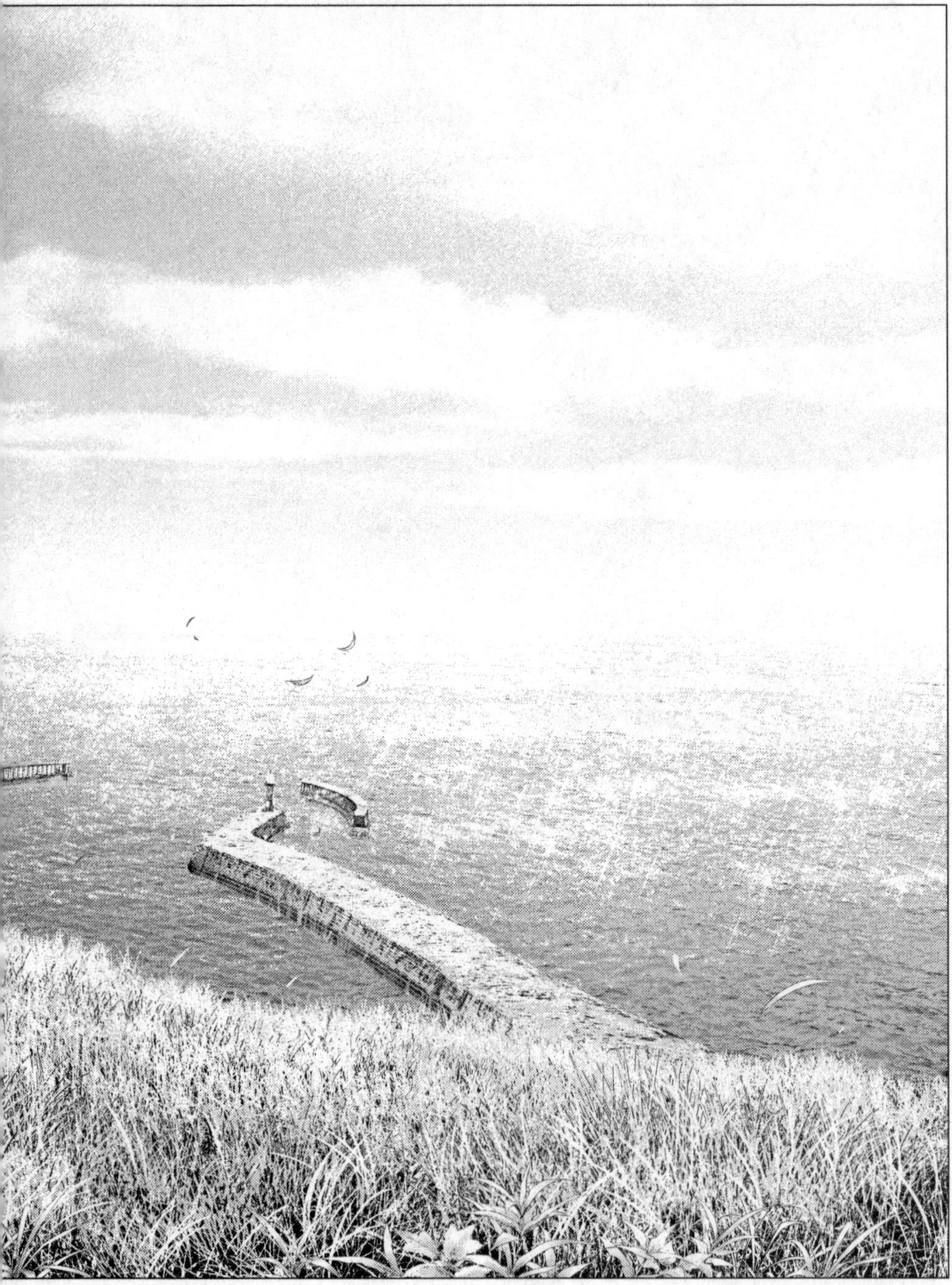

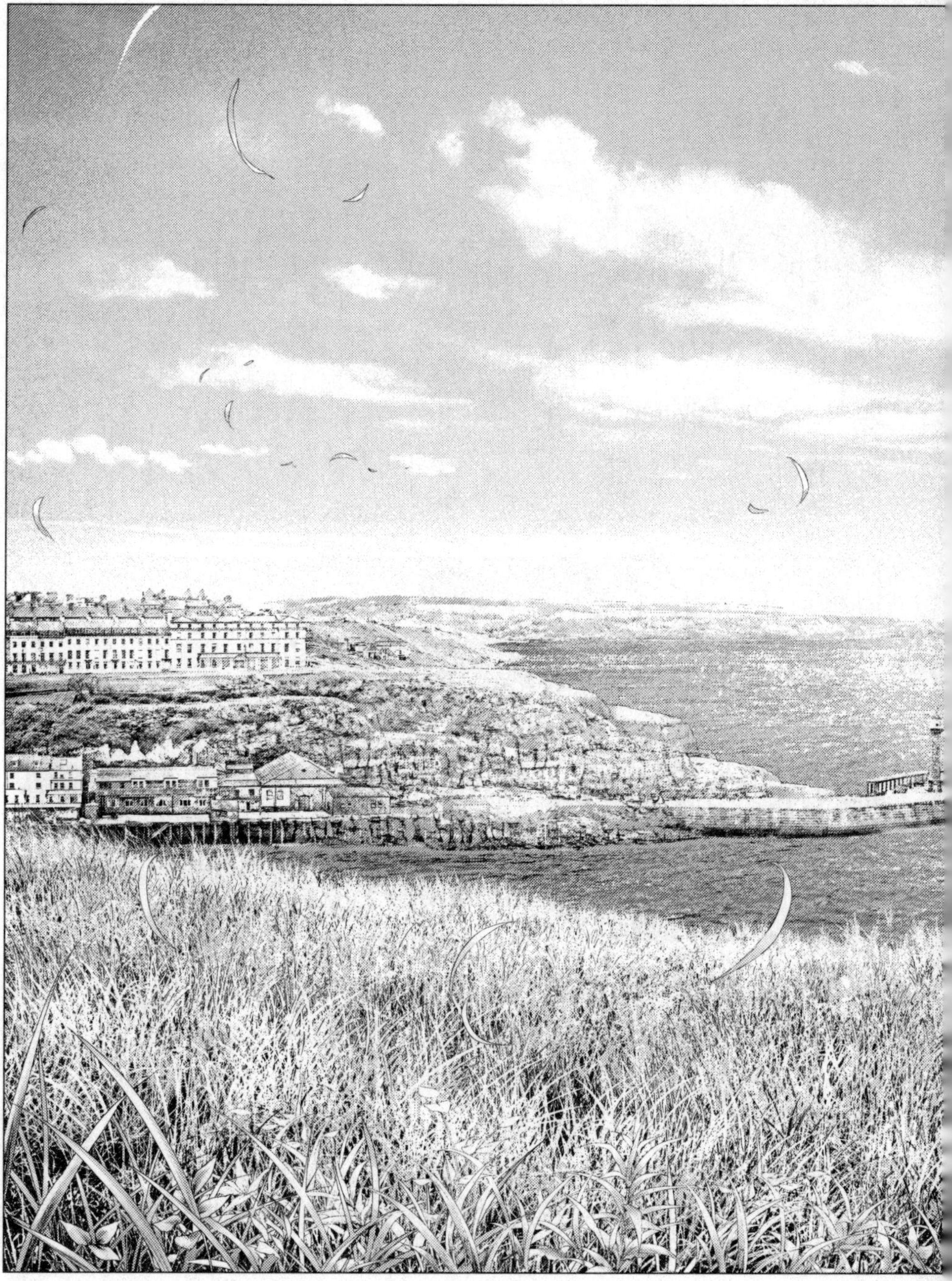

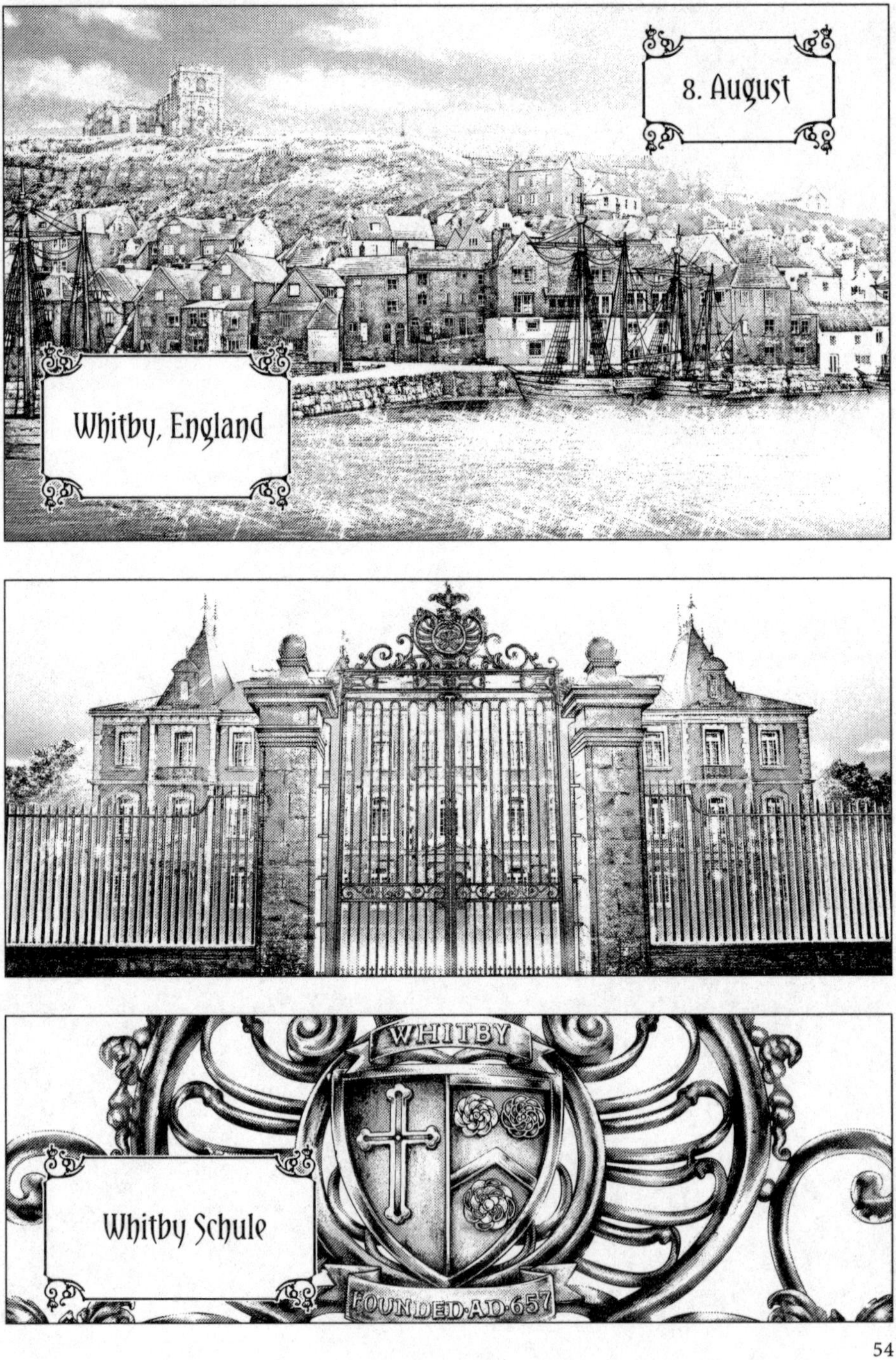
8. August
Whitby, England
Whitby Schule
WHITBY
FOUNDED·AD·657

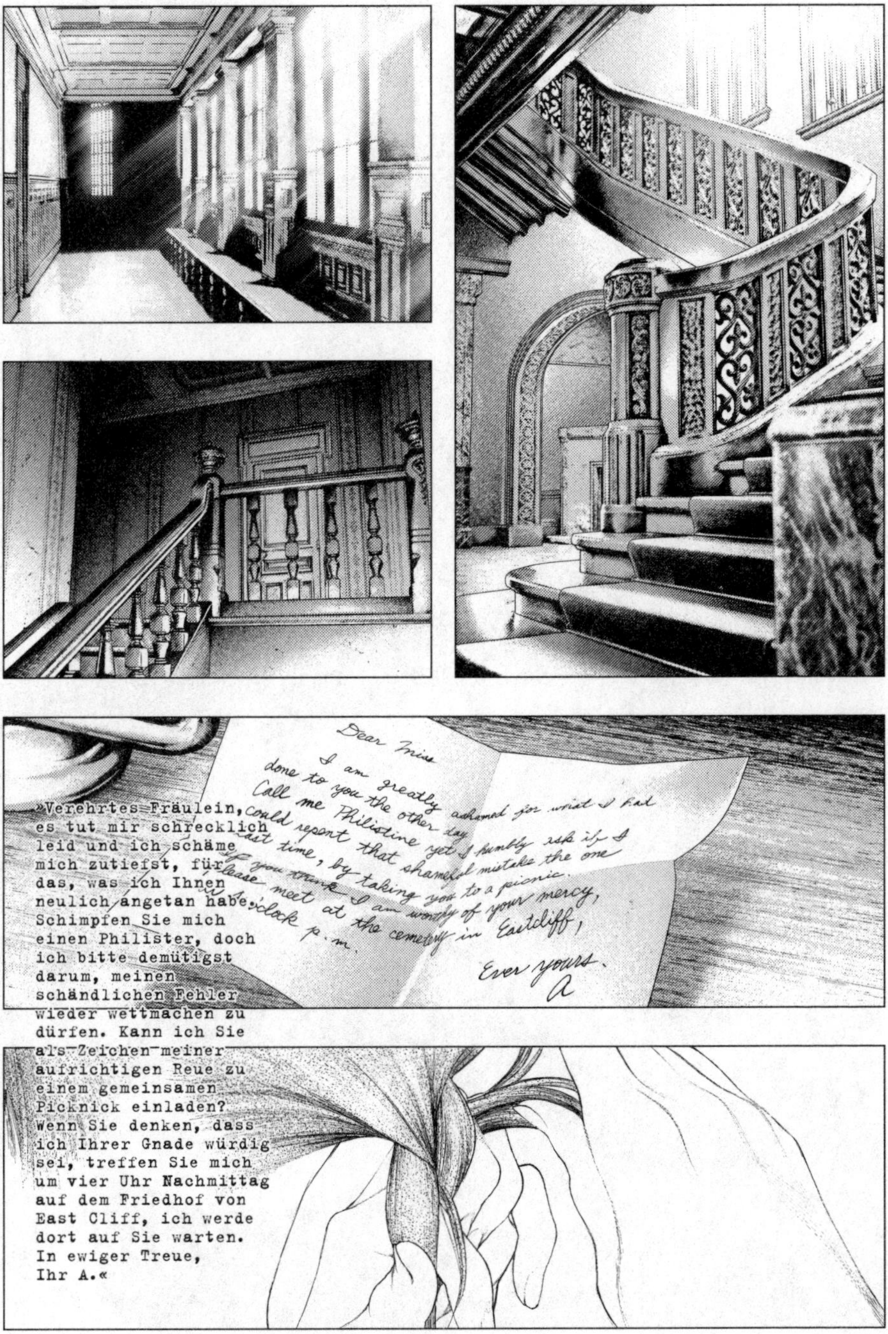
»Verehrtes Fräulein,
es tut mir schrecklich
leid und ich schäme
mich zutiefst, für
das, was ich Ihnen
neulich angetan habe.
Schimpfen Sie mich
einen Philister, doch
ich bitte demütigst
darum, meinen
schändlichen Fehler
wieder wettmachen zu
dürfen. Kann ich Sie
als Zeichen meiner
aufrichtigen Reue zu
einem gemeinsamen
Picknick einladen?
Wenn Sie denken, dass
ich Ihrer Gnade würdig
sei, treffen Sie mich
um vier Uhr Nachmittag
auf dem Friedhof von
East Cliff, ich werde
dort auf Sie warten.
In ewiger Treue,
Ihr A.«

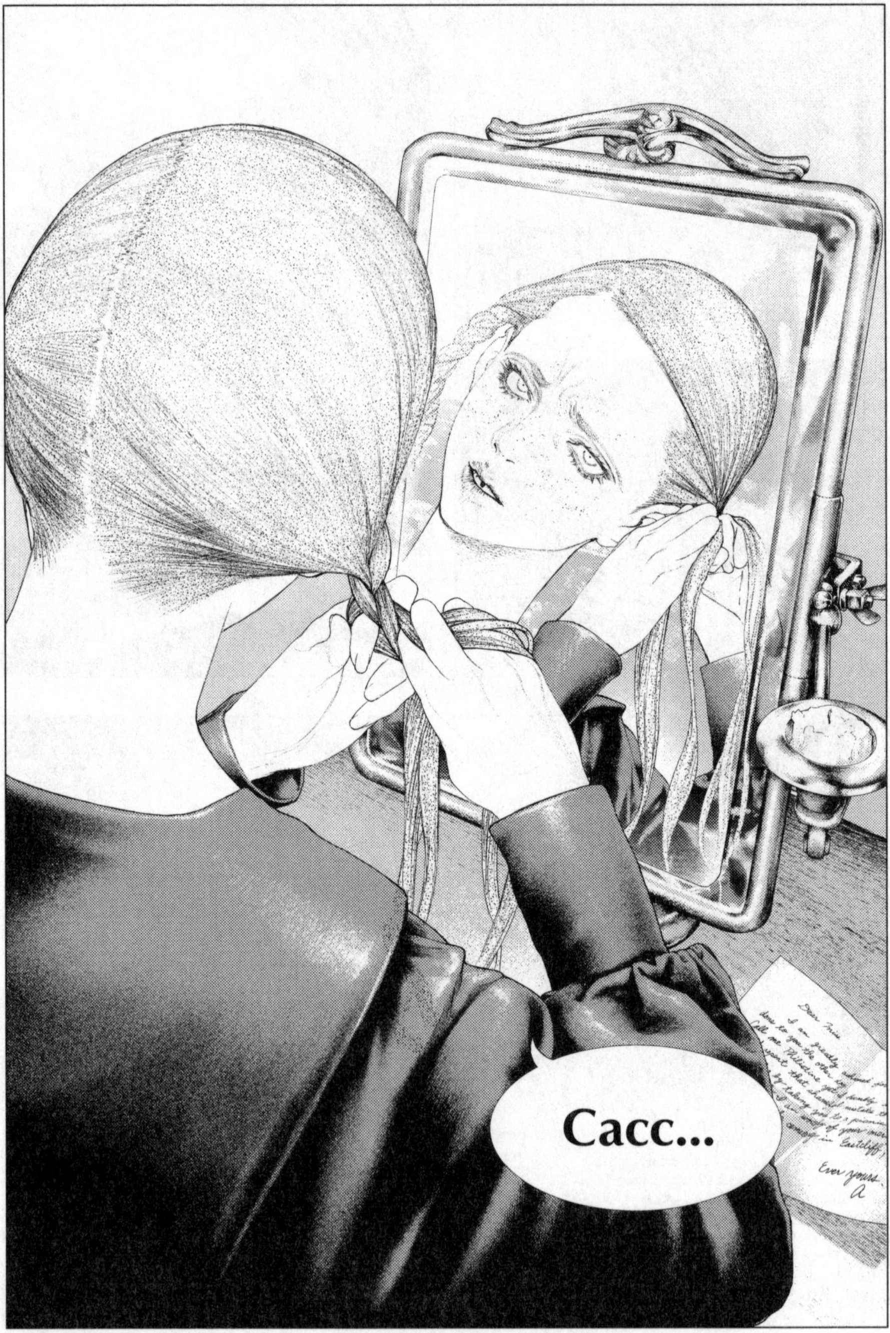

* »Catch as catch can«, von Berufsringern ausgeübte Abart des Freistilringens, aber auch Handlungsweise, bei der jeder für sich das meiste und Beste zu erringen sucht unter Einsatz sämtlicher Mittel

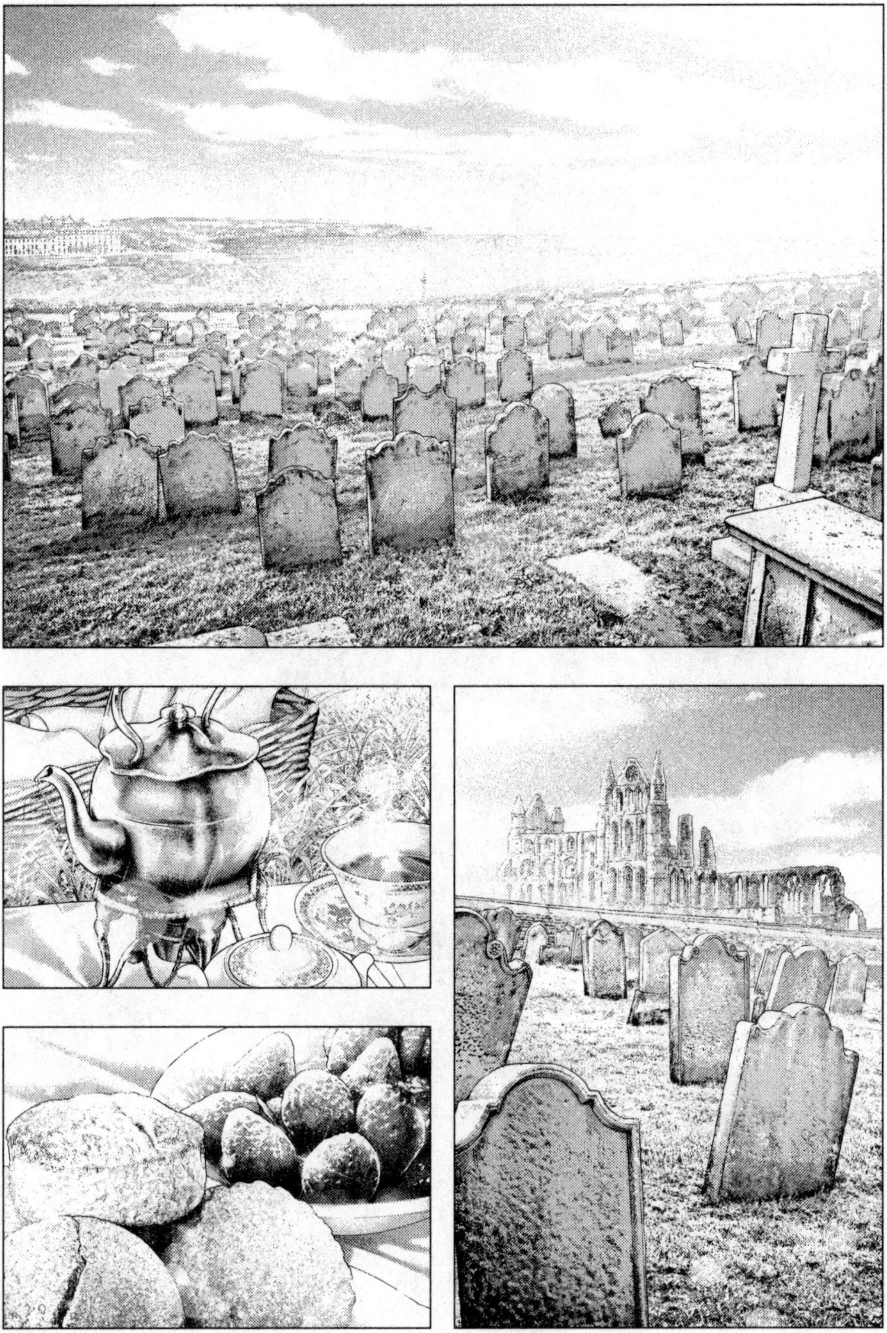

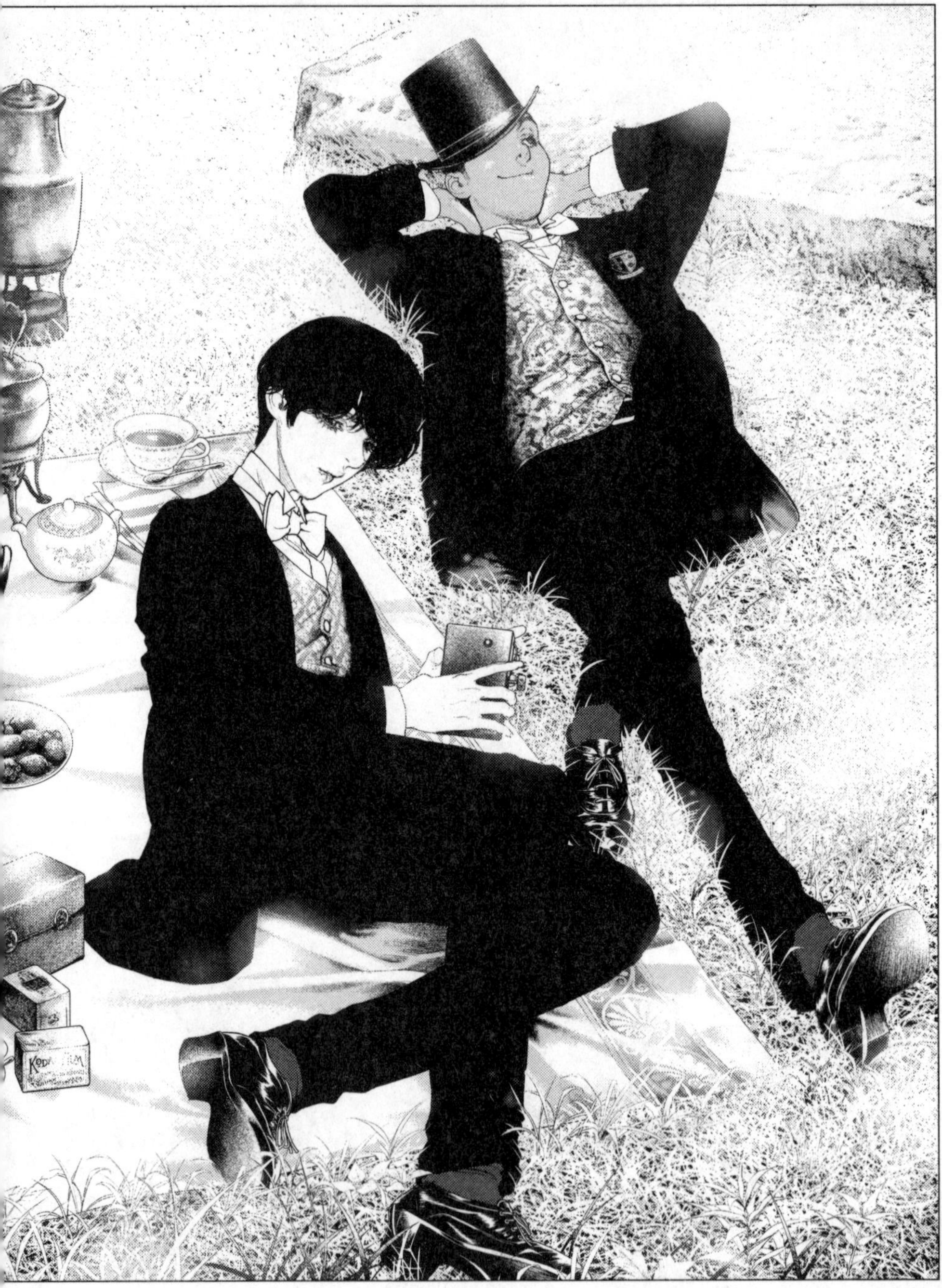

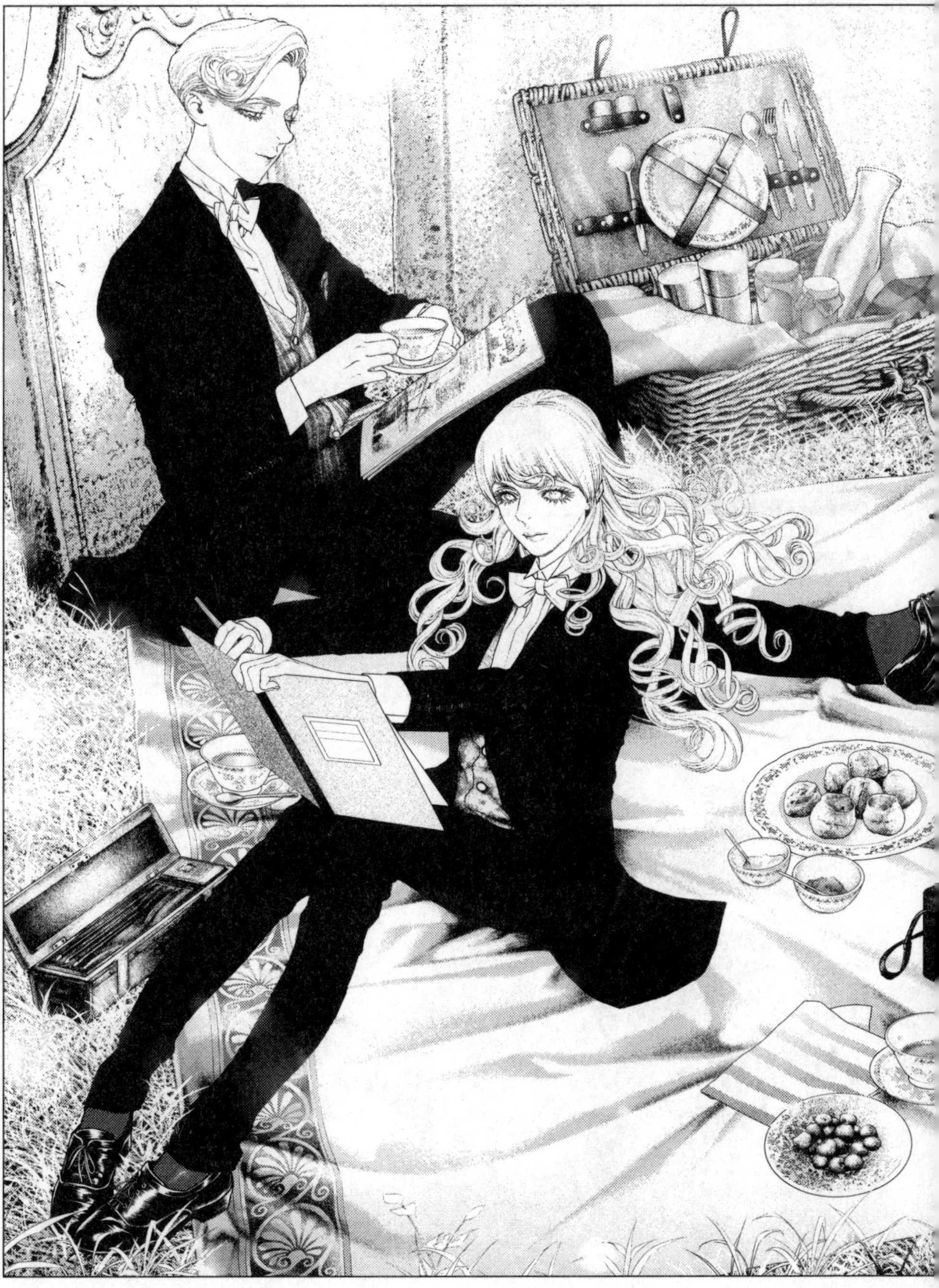

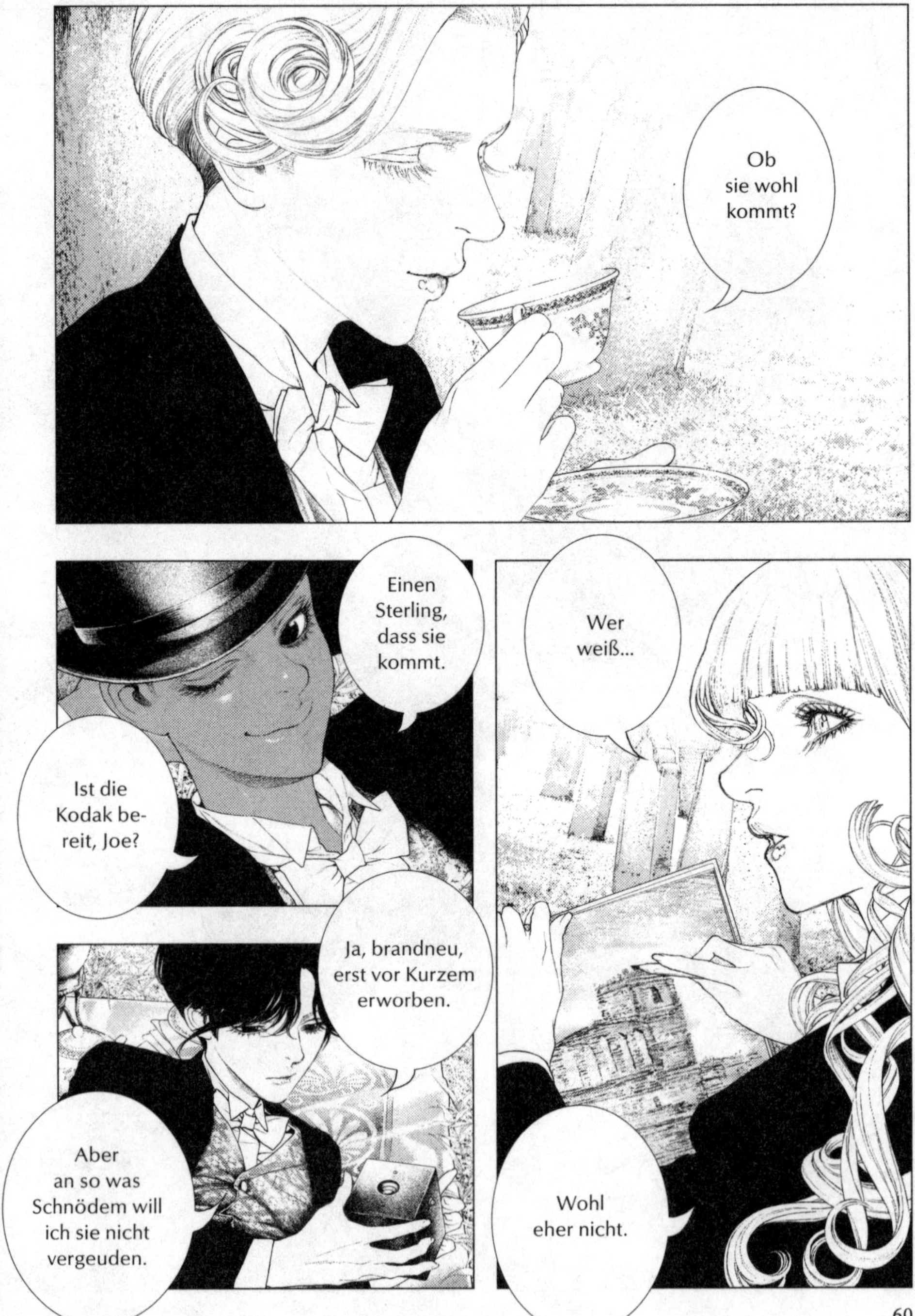
Ob sie wohl kommt?
Wer weiß...
Wohl eher nicht.
Einen Sterling, dass sie kommt.
Ist die Kodak bereit, Joe?
Ja, brandneu, erst vor Kurzem erworben.
Aber an so was Schnödem will ich sie nicht vergeuden.

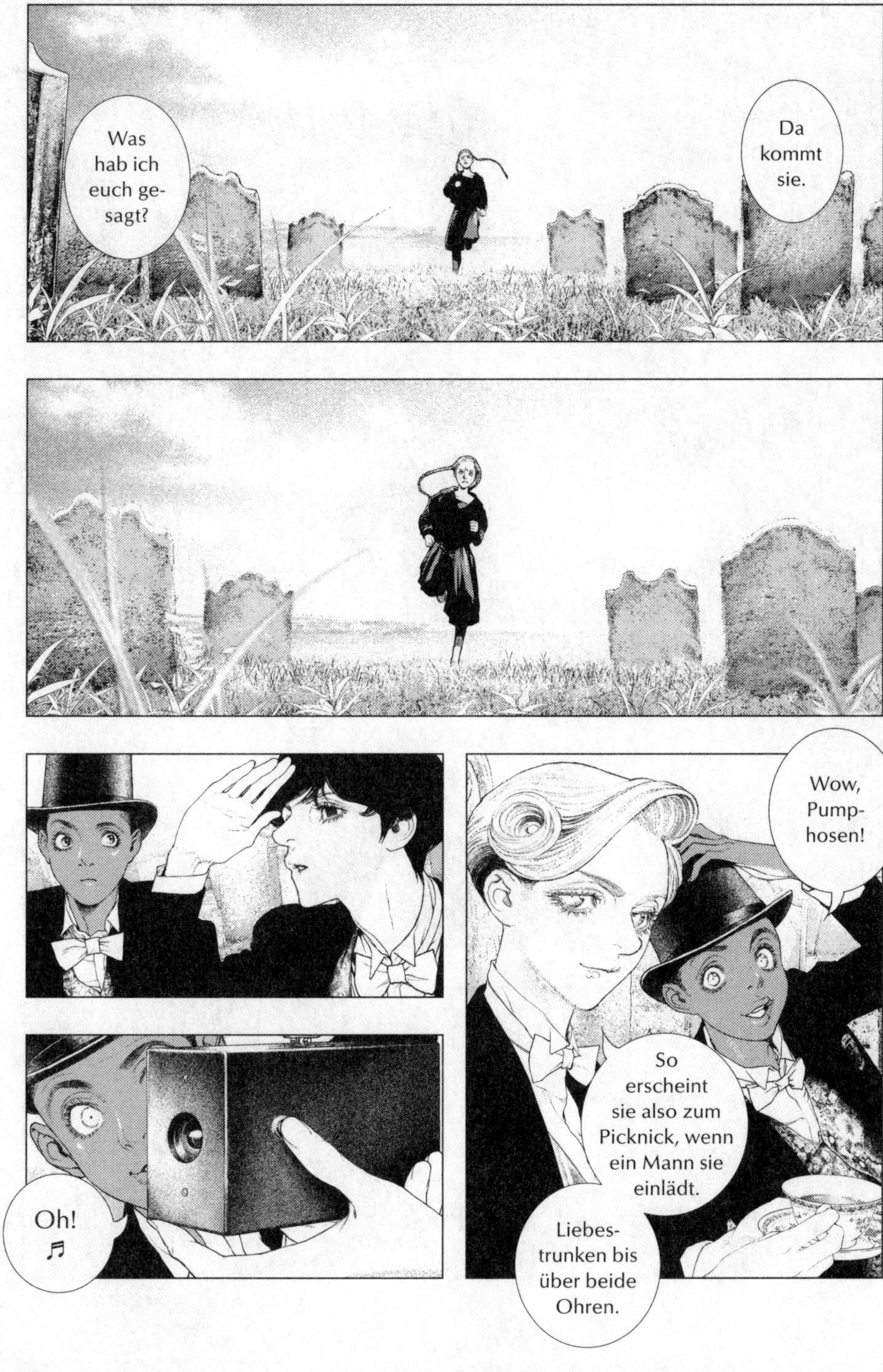
Da kommt sie.
Was hab ich euch gesagt?
Wow, Pumphosen!
So erscheint sie also zum Picknick, wenn ein Mann sie einlädt.
Liebestrunken bis über beide Ohren.
Oh! ♬

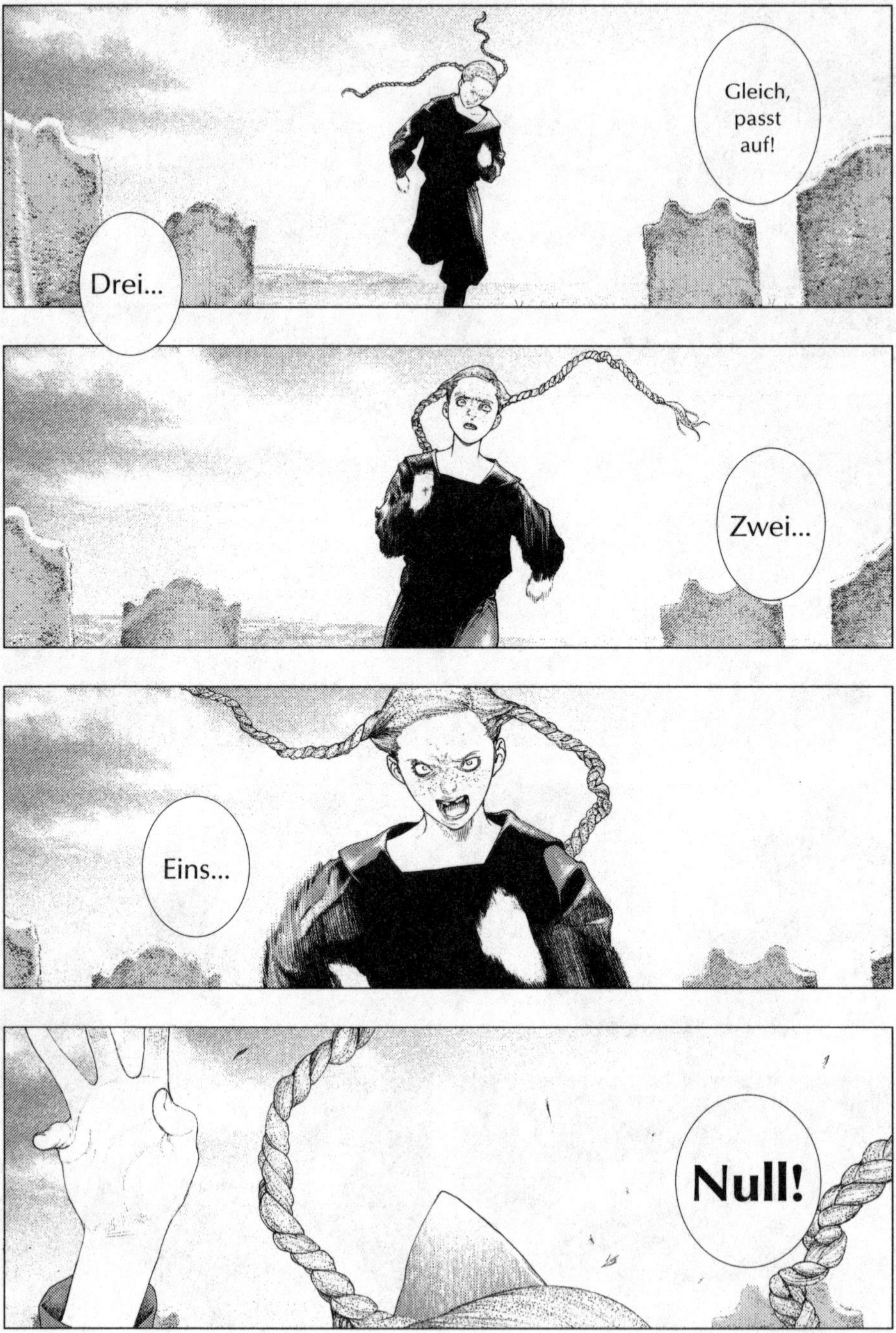
Gleich, passt auf!
Drei...
Zwei...
Eins...
Null!

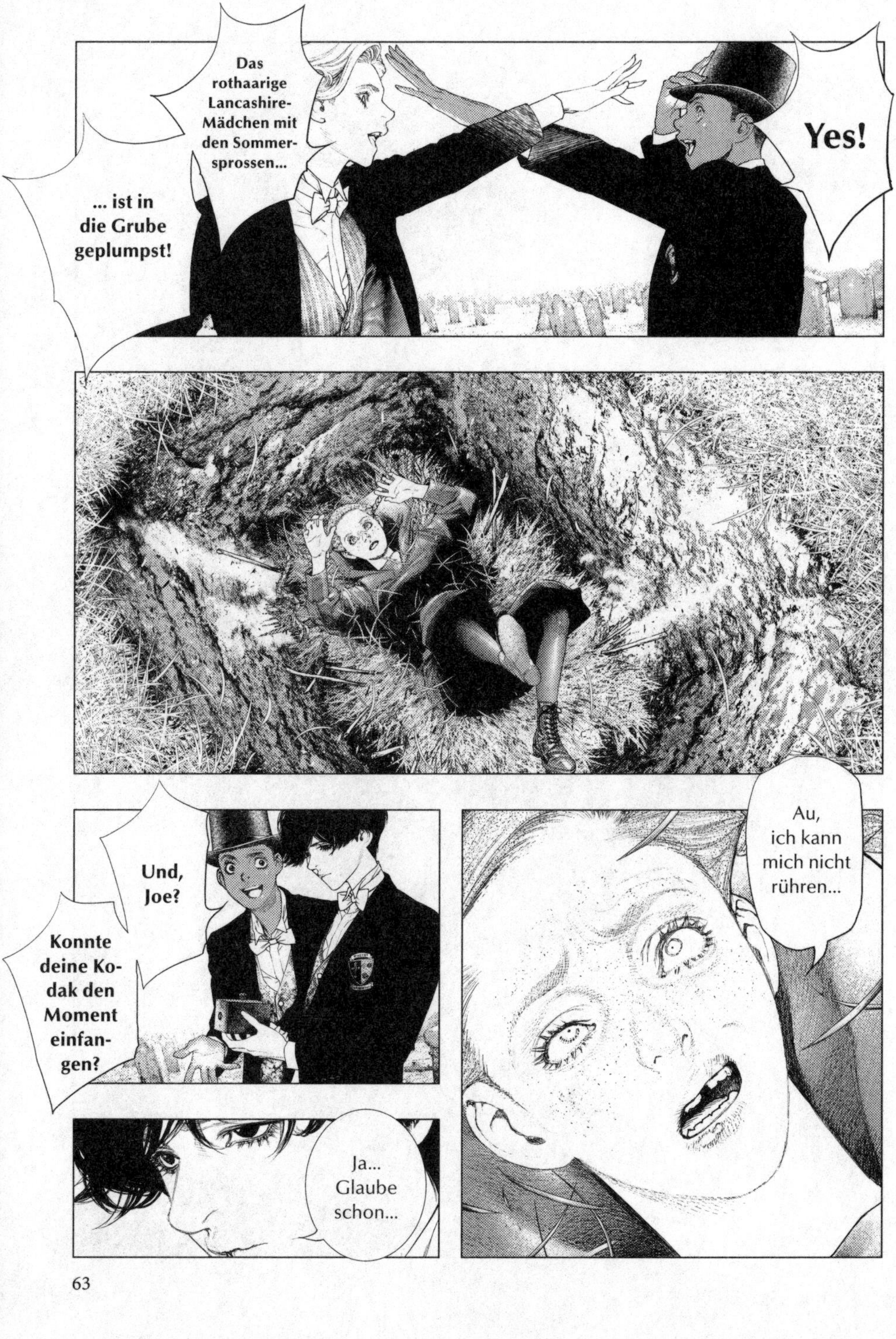
Das rothaarige Lancashire-Mädchen mit den Sommersprossen...
... ist in die Grube geplumpst!
Yes!
Au, ich kann mich nicht rühren...
Und, Joe?
Konnte deine Kodak den Moment einfangen?
Ja... Glaube schon...

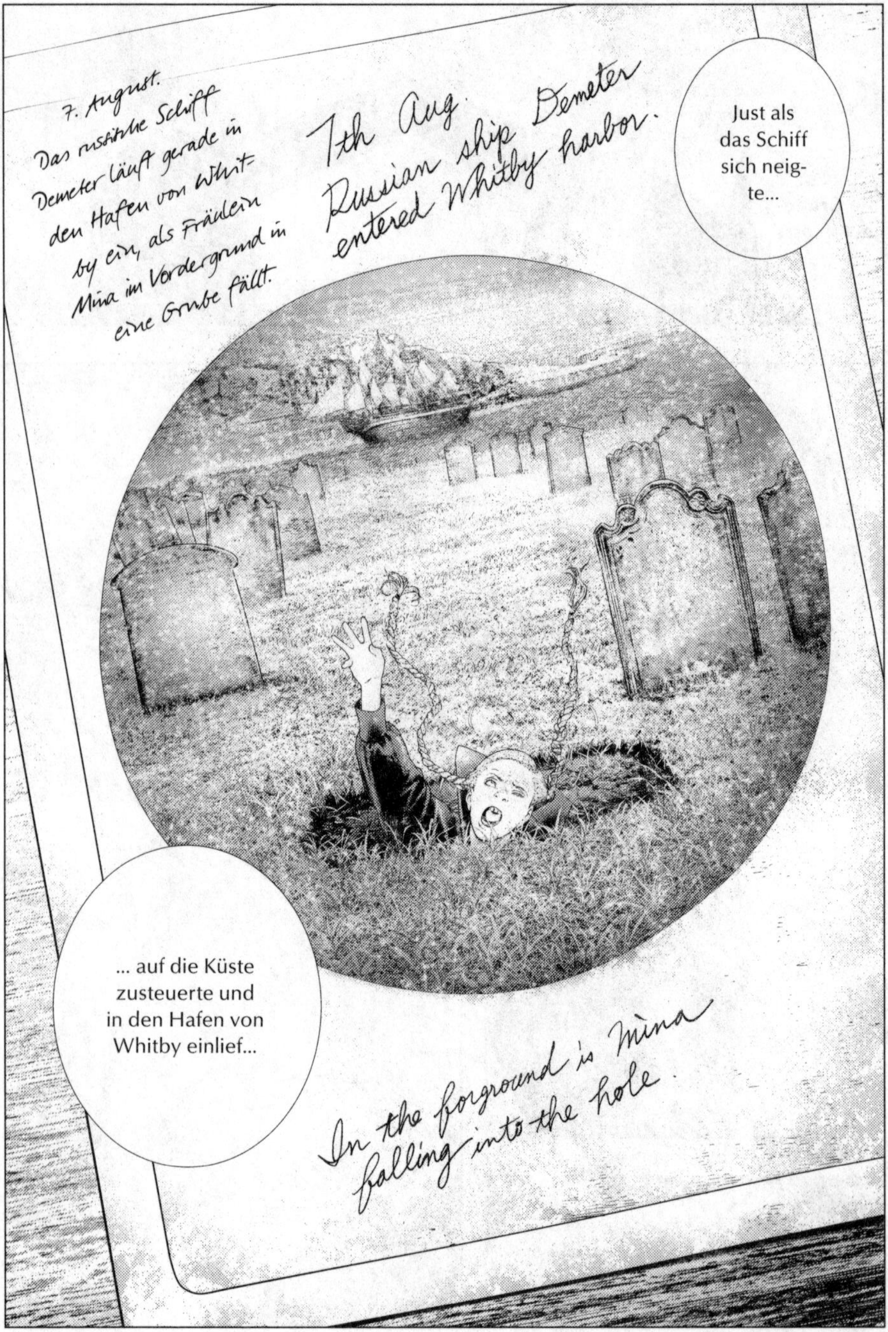

7. August.
Das russische Schiff Demeter läuft gerade in den Hafen von Whitby ein, als Fräulein Mina im Vordergrund in eine Grube fällt.
7th Aug.
Russian ship Demeter entered Whitby harbor.
Just als das Schiff sich neigte...
... auf die Küste zusteuerte und in den Hafen von Whitby einlief...
In the forground is Mina falling into the hole.

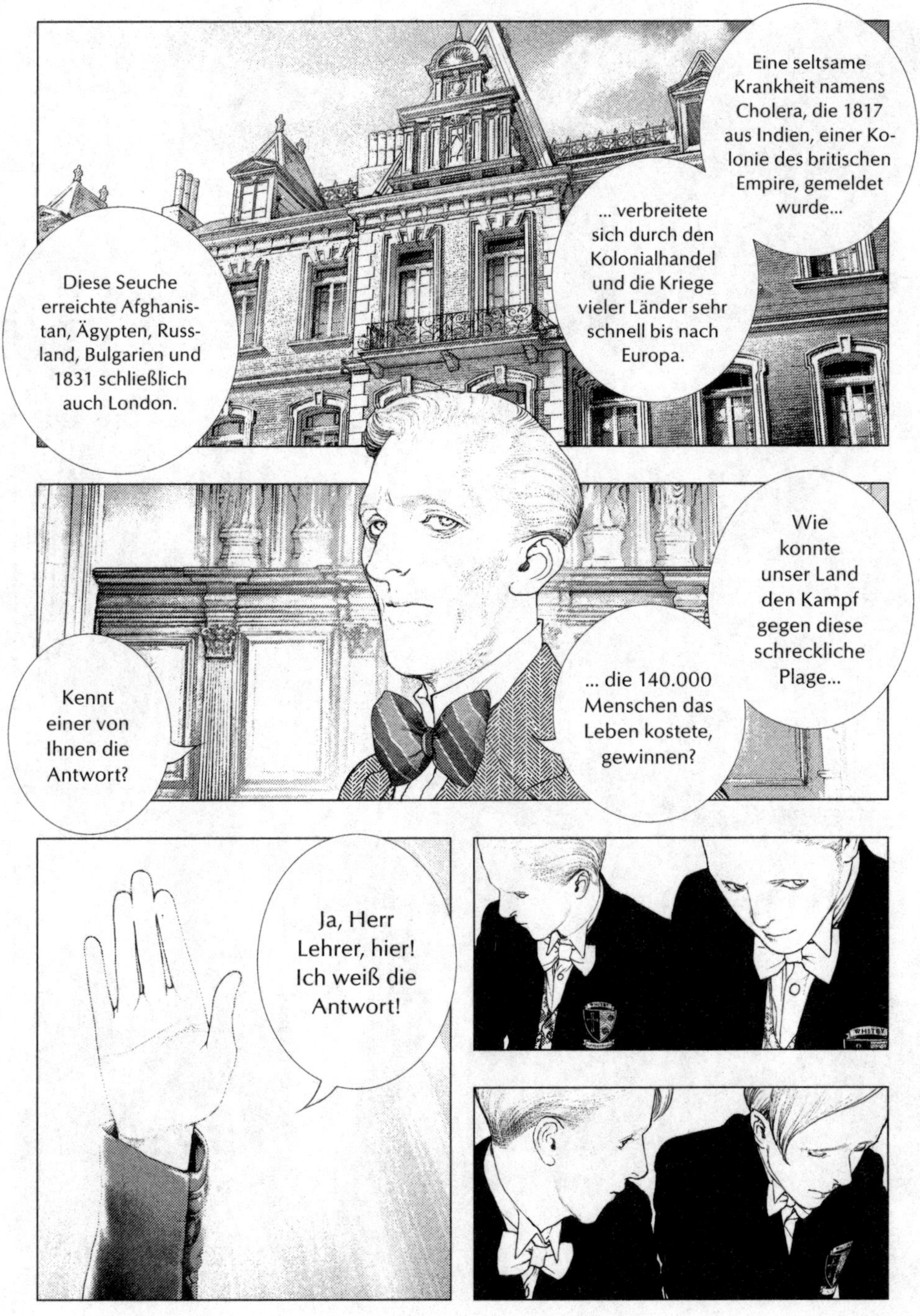
Eine seltsame Krankheit namens Cholera, die 1817 aus Indien, einer Kolonie des britischen Empire, gemeldet wurde...
... verbreitete sich durch den Kolonialhandel und die Kriege vieler Länder sehr schnell bis nach Europa.
Diese Seuche erreichte Afghanistan, Ägypten, Russland, Bulgarien und 1831 schließlich auch London.
Wie konnte unser Land den Kampf gegen diese schreckliche Plage...
... die 140.000 Menschen das Leben kostete, gewinnen?
Kennt einer von Ihnen die Antwort?
Ja, Herr Lehrer, hier! Ich weiß die Antwort!

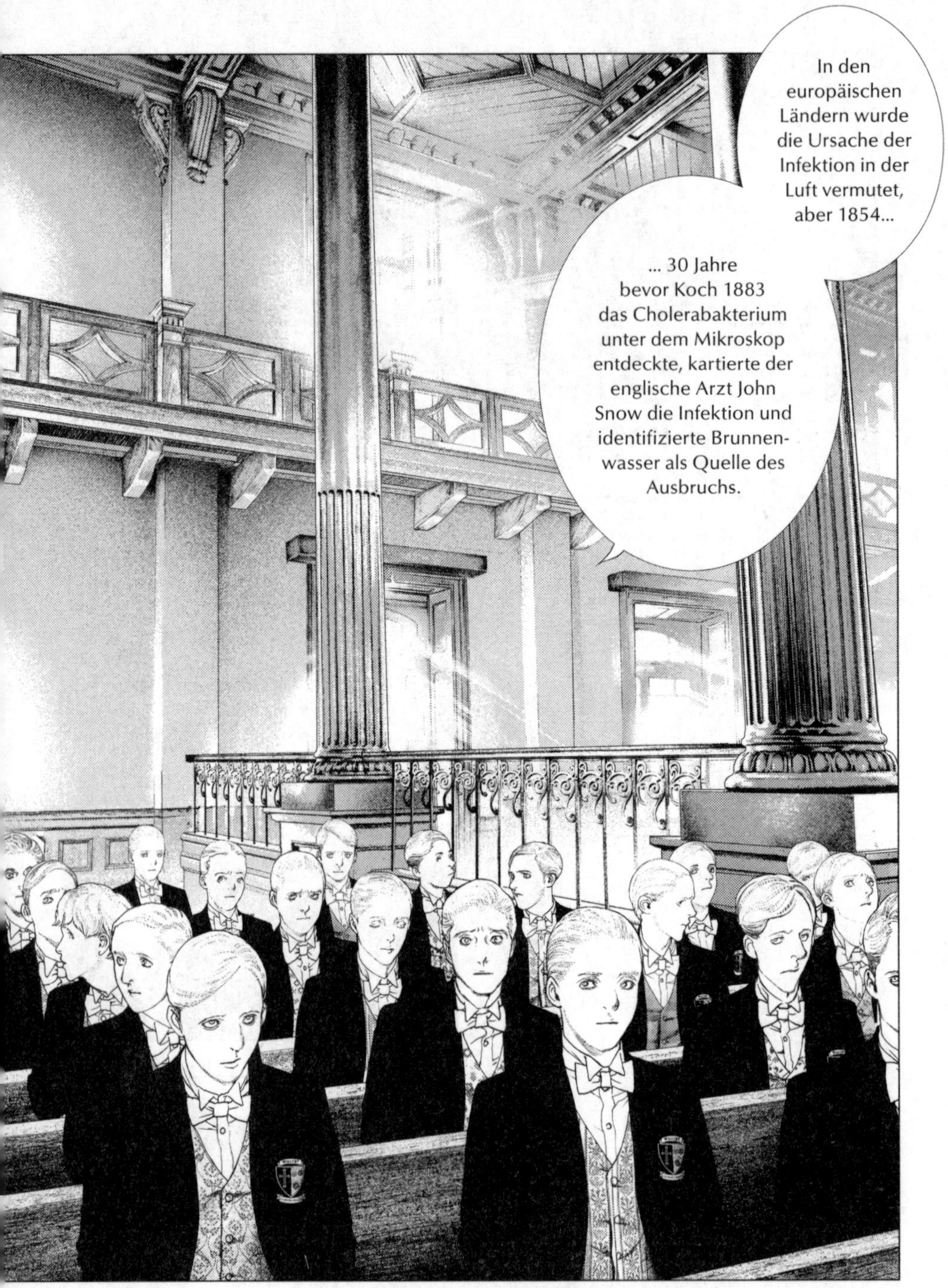
In den europäischen Ländern wurde die Ursache der Infektion in der Luft vermutet, aber 1854...
... 30 Jahre bevor Koch 1883 das Cholerabakterium unter dem Mikroskop entdeckte, kartierte der englische Arzt John Snow die Infektion und identifizierte Brunnenwasser als Quelle des Ausbruchs.

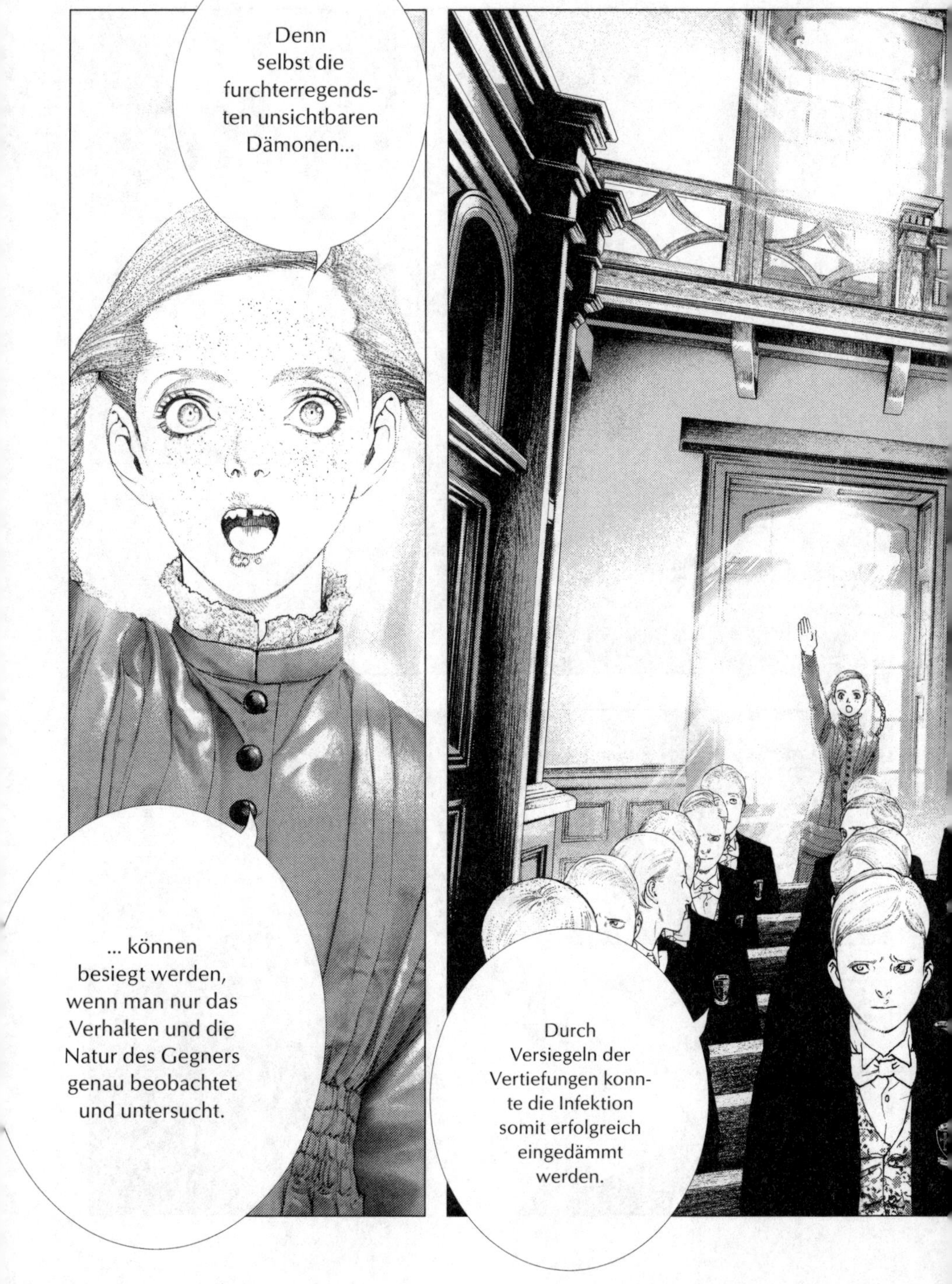
Denn selbst die furchterregendsten unsichtbaren Dämonen...
... können besiegt werden, wenn man nur das Verhalten und die Natur des Gegners genau beobachtet und untersucht.
Durch Versiegeln der Vertiefungen konnte die Infektion somit erfolgreich eingedämmt werden.

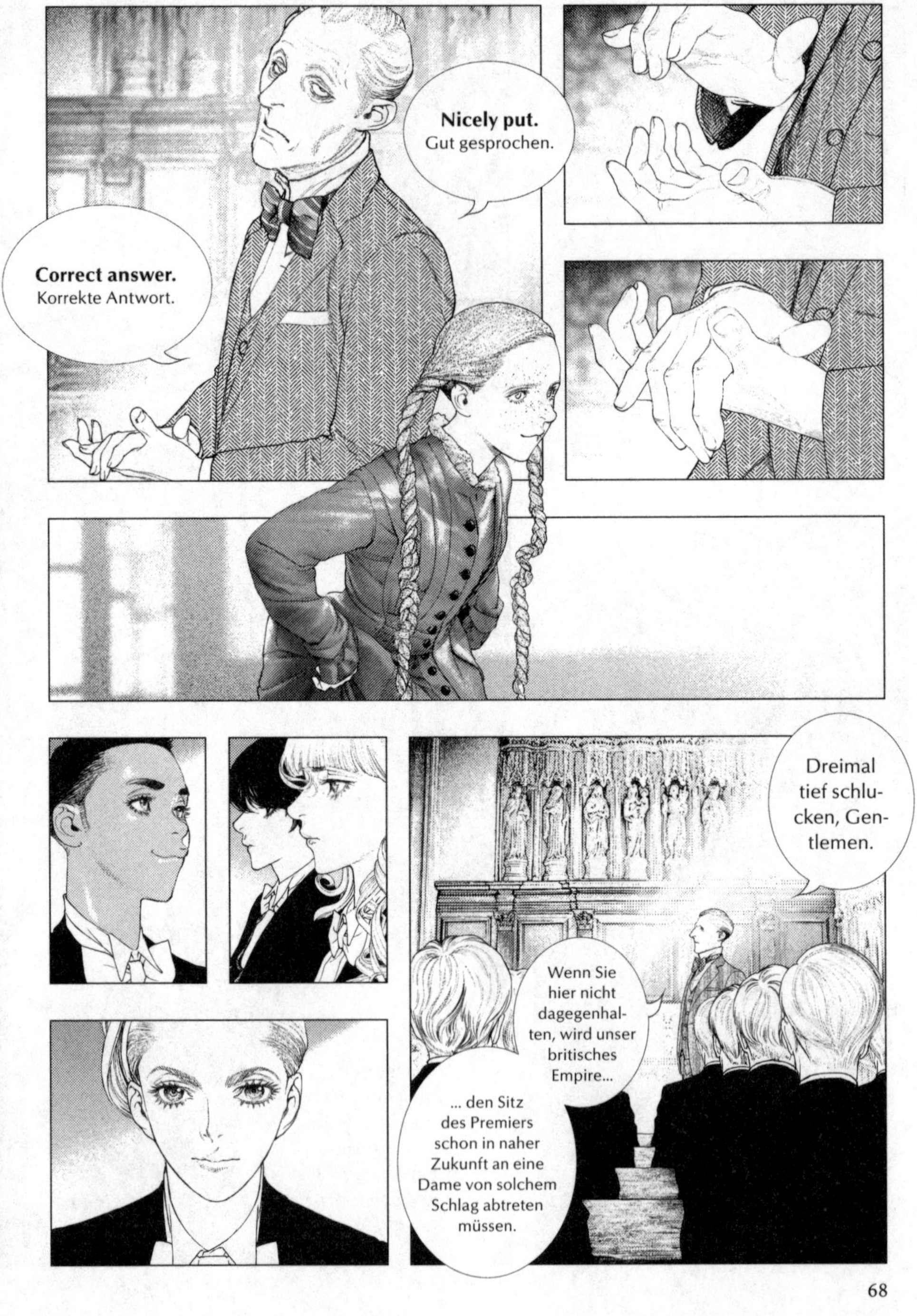

Nicely put.
Gut gesprochen.
Correct answer.
Korrekte Antwort.
Dreimal tief schlucken, Gentlemen.
Wenn Sie hier nicht dagegenhalten, wird unser britisches Empire...
... den Sitz des Premiers schon in naher Zukunft an eine Dame von solchem Schlag abtreten müssen.

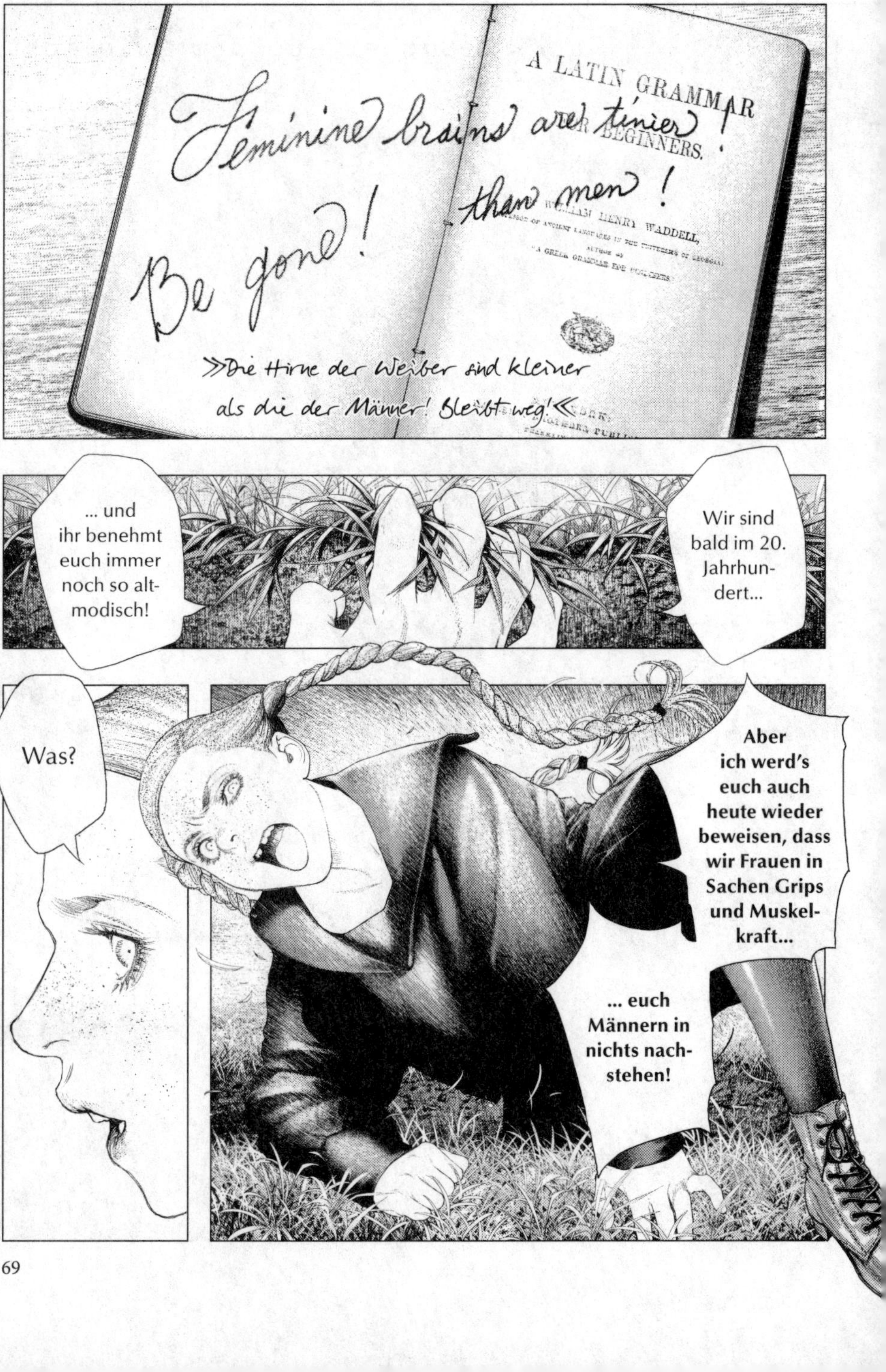
A LATIN GRAMMAR
BEGINNERS.
WILLIAM HENRY WADDELL,
Feminine brains are tinier than men! Be gone!
»Die Hirne der Weiber sind kleiner als die der Männer! Bleibt weg!«
Wir sind bald im 20. Jahrhundert...
... und ihr benehmt euch immer noch so altmodisch!
Aber ich werd's euch auch heute wieder beweisen, dass wir Frauen in Sachen Grips und Muskelkraft...
... euch Männern in nichts nachstehen!
Was?

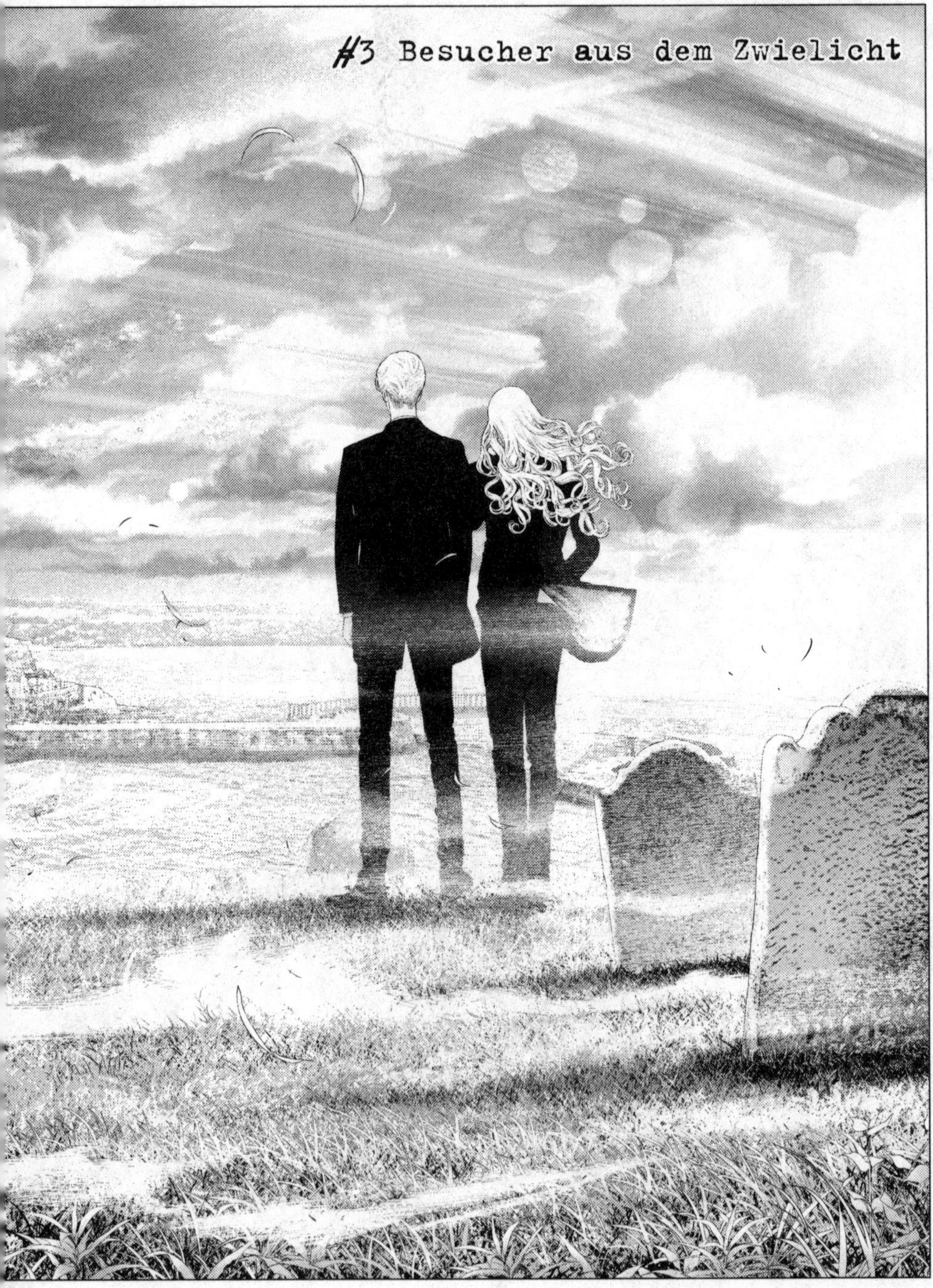
#3 Besucher aus dem Zwielicht

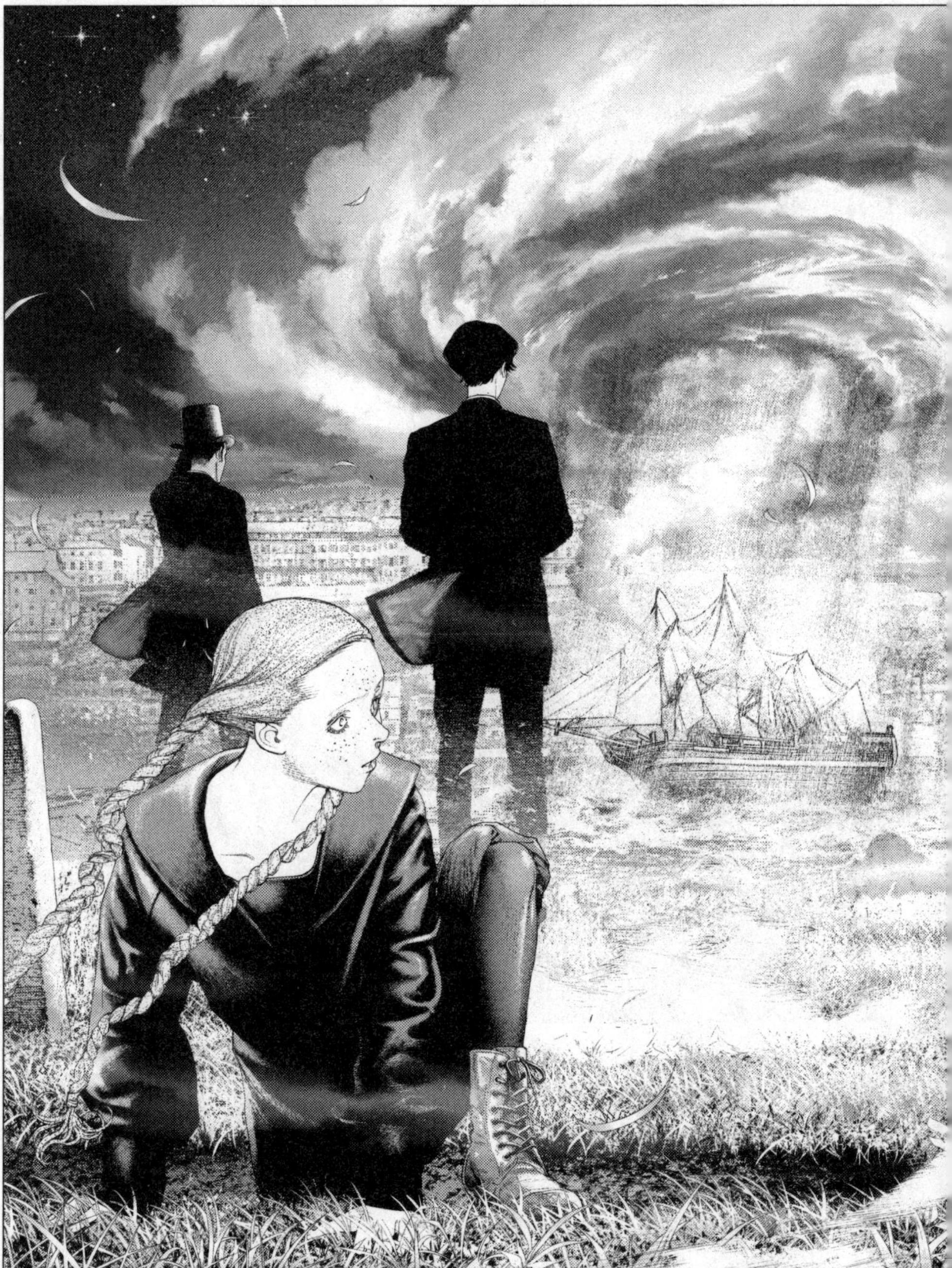

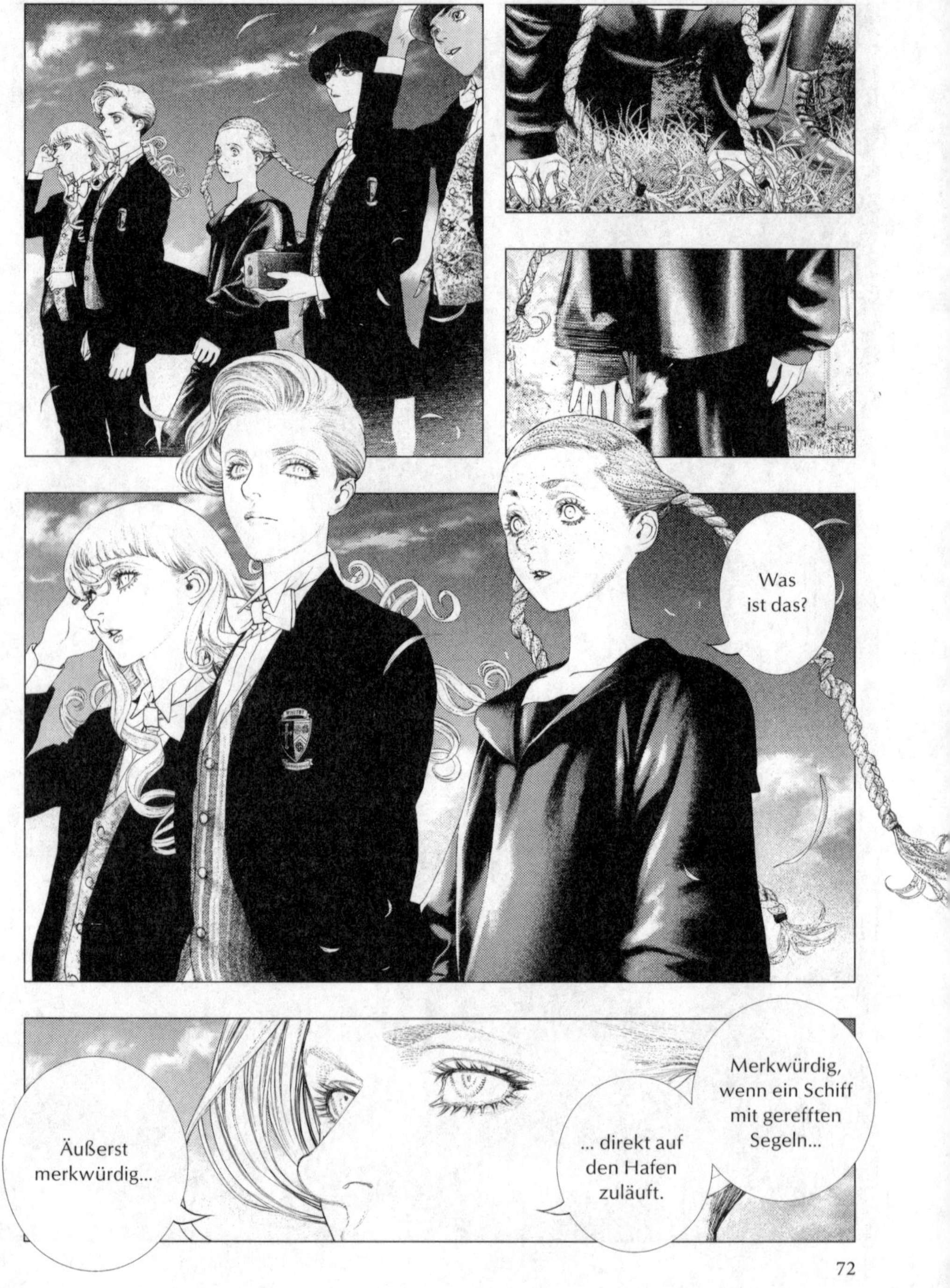
Was ist das?
Merkwürdig, wenn ein Schiff mit gerefften Segeln...
... direkt auf den Hafen zuläuft.
Äußerst merkwürdig...

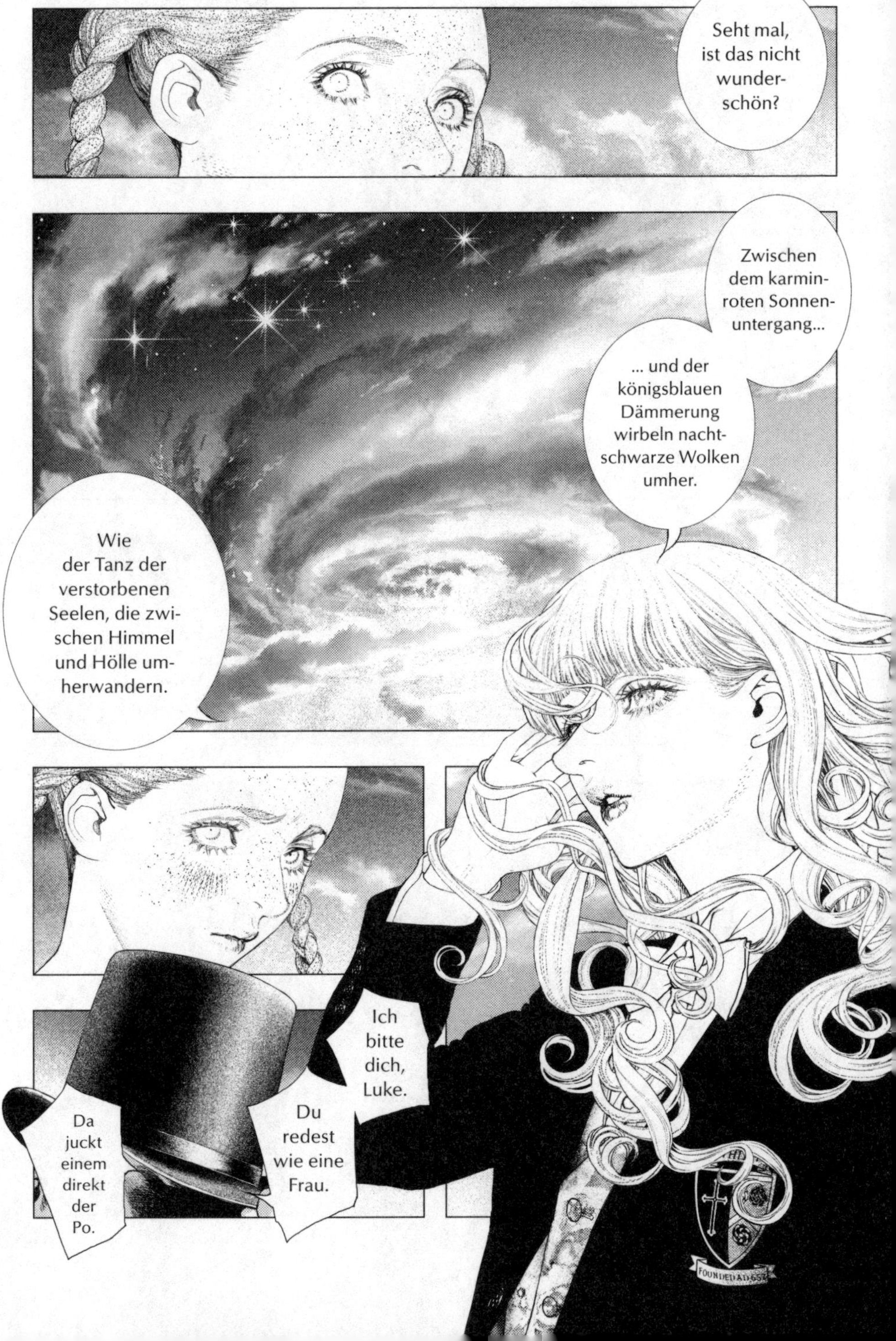
Seht mal, ist das nicht wunder-schön?
Zwischen dem karmin-roten Sonnen-untergang...
... und der königsblauen Dämmerung wirbeln nacht-schwarze Wolken umher.
Wie der Tanz der verstorbenen Seelen, die zwi-schen Himmel und Hölle um-herwandern.
Ich bitte dich, Luke.
Du redest wie eine Frau.
Da juckt einem direkt der Po.
FOUNDED A.D. 652

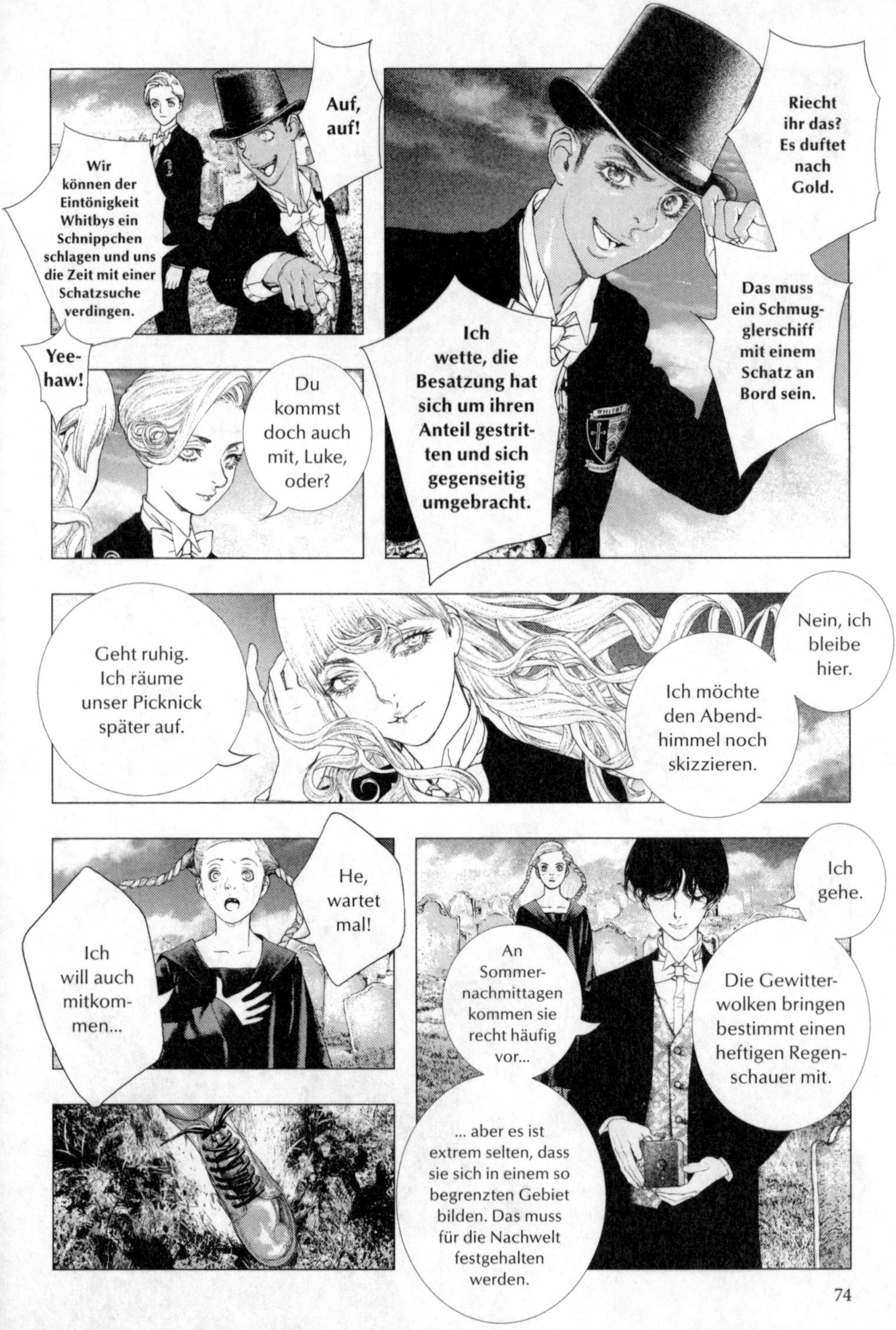

Wir können der Eintönigkeit Whitbys ein Schnippchen schlagen und uns die Zeit mit einer Schatzsuche verdingen.
Auf, auf!
Yee-haw!
Du kommst doch auch mit, Luke, oder?
Riecht ihr das? Es duftet nach Gold.
Das muss ein Schmugglerschiff mit einem Schatz an Bord sein.
Ich wette, die Besatzung hat sich um ihren Anteil gestritten und sich gegenseitig umgebracht.
Geht ruhig. Ich räume unser Picknick später auf.
Nein, ich bleibe hier.
Ich möchte den Abendhimmel noch skizzieren.
He, wartet mal!
Ich will auch mitkommen...
Ich gehe.
Die Gewitterwolken bringen bestimmt einen heftigen Regenschauer mit.
An Sommernachmittagen kommen sie recht häufig vor...
... aber es ist extrem selten, dass sie sich in einem so begrenzten Gebiet bilden. Das muss für die Nachwelt festgehalten werden.

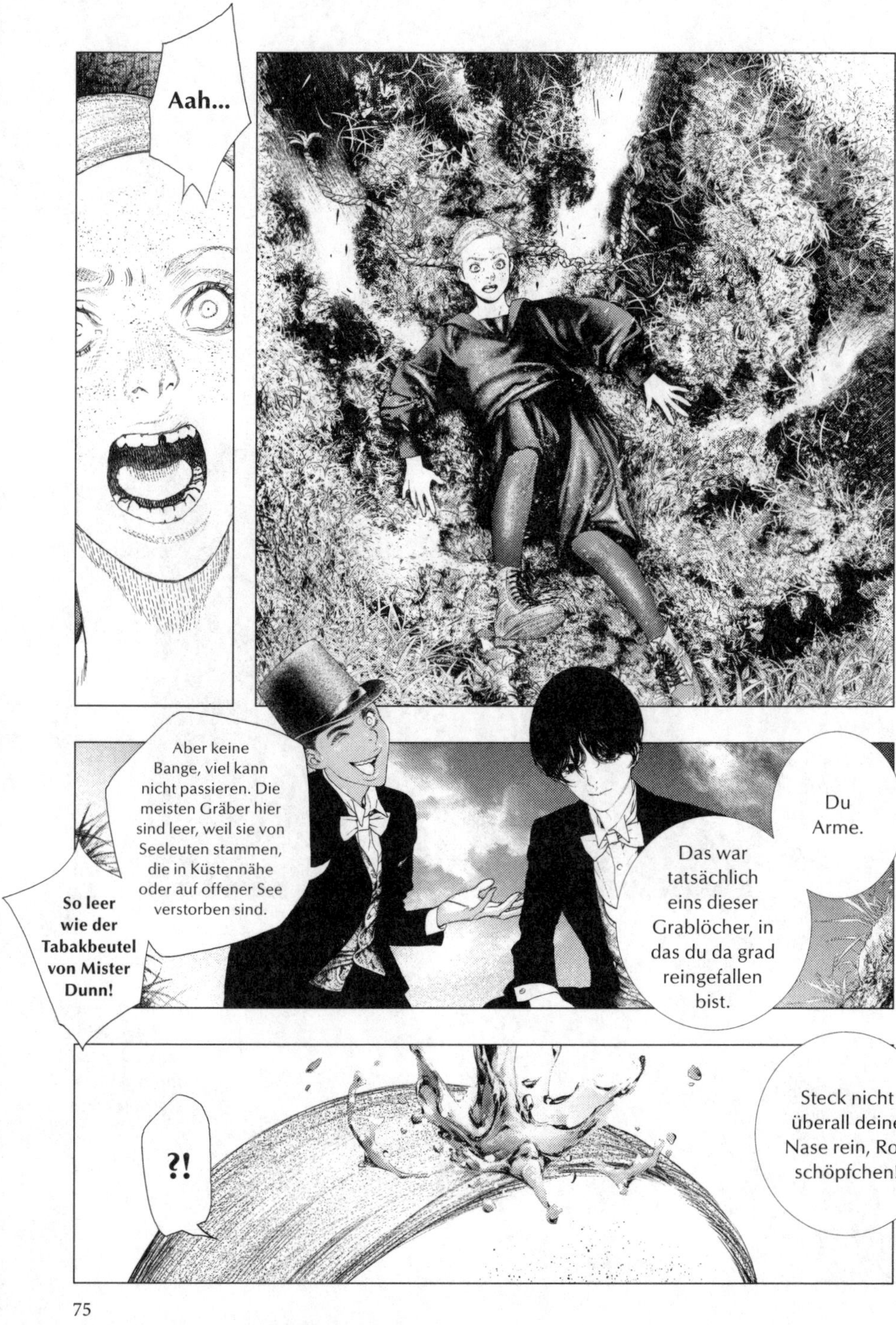
Aah...
Du Arme.
Das war tatsächlich eins dieser Grablöcher, in das du da grad reingefallen bist.
Aber keine Bange, viel kann nicht passieren. Die meisten Gräber hier sind leer, weil sie von Seeleuten stammen, die in Küstennähe oder auf offener See verstorben sind.
So leer wie der Tabakbeutel von Mister Dunn!
Steck nicht überall deine Nase rein, Rotschöpfchen!
?!

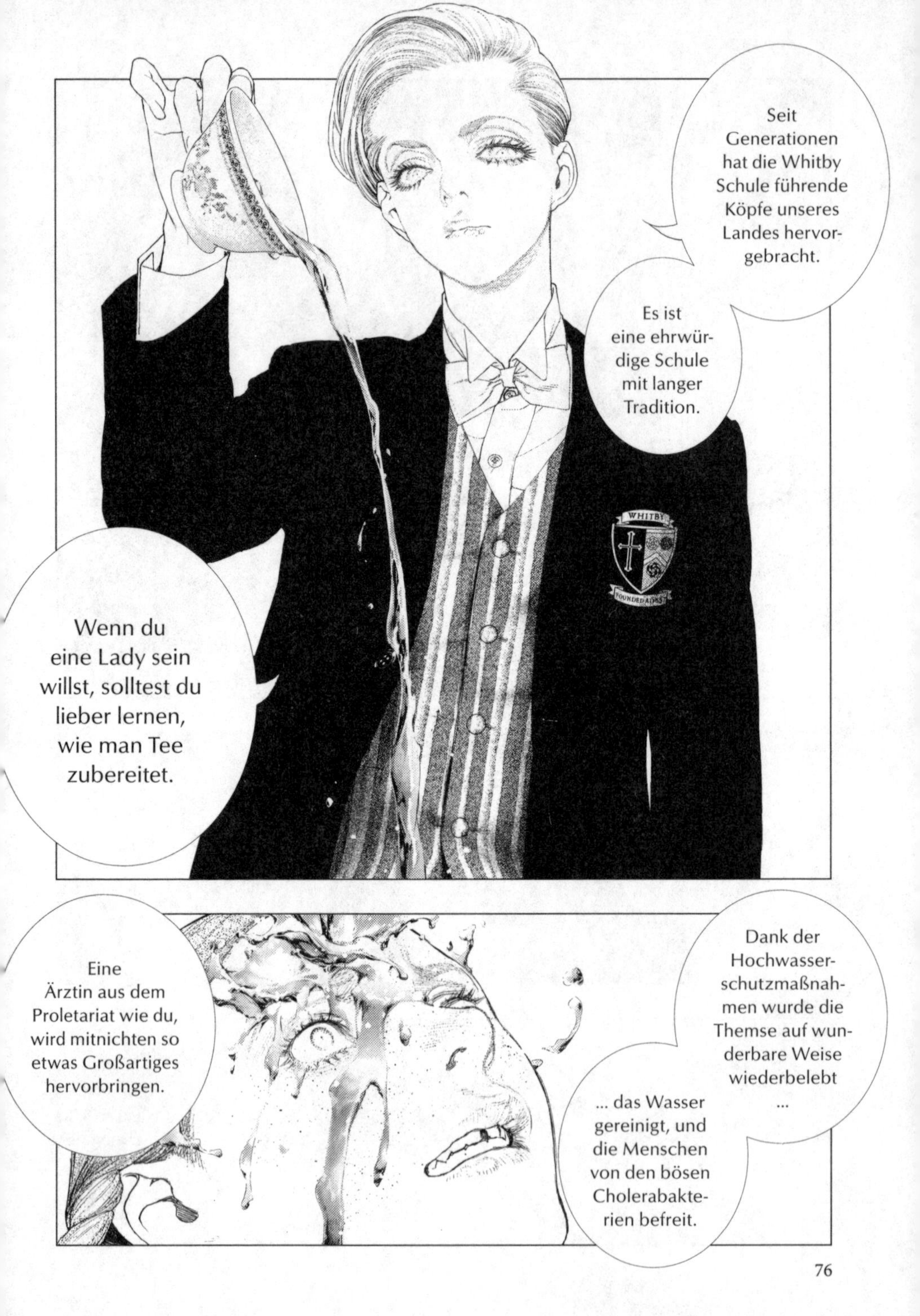
Seit Generationen hat die Whitby Schule führende Köpfe unseres Landes hervorgebracht.
Es ist eine ehrwürdige Schule mit langer Tradition.
WHITBY
Wenn du eine Lady sein willst, solltest du lieber lernen, wie man Tee zubereitet.
Dank der Hochwasserschutzmaßnahmen wurde die Themse auf wunderbare Weise wiederbelebt ...
... das Wasser gereinigt, und die Menschen von den bösen Cholerabakterien befreit.
Eine Ärztin aus dem Proletariat wie du, wird mitnichten so etwas Großartiges hervorbringen.

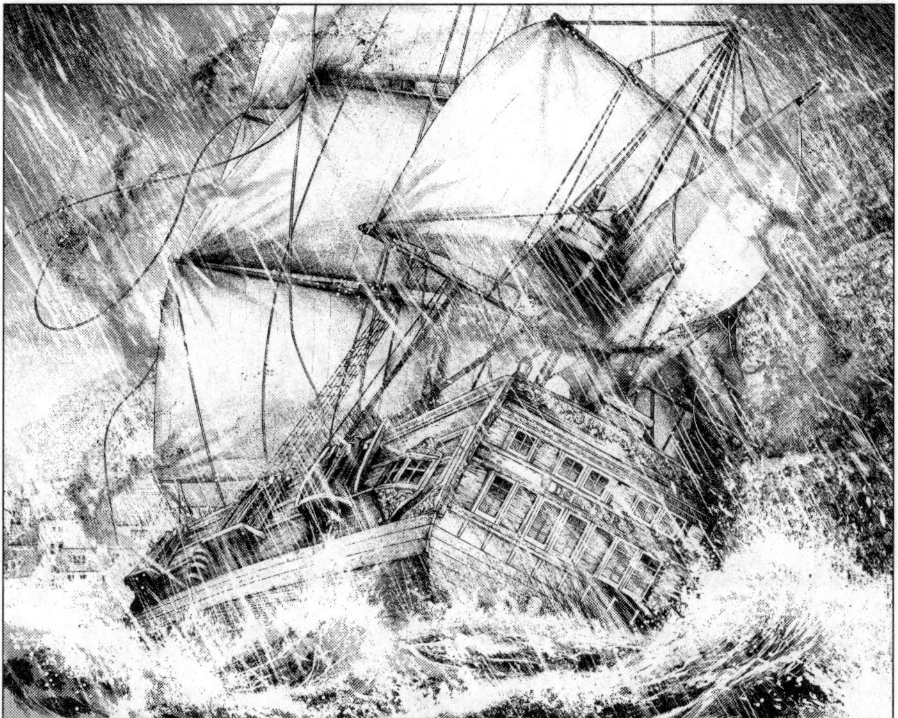

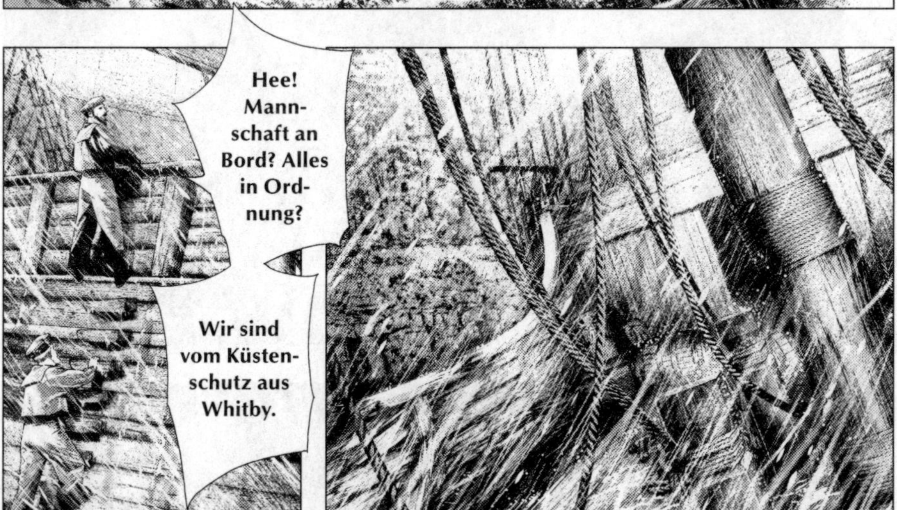
Hee! Mannschaft an Bord? Alles in Ordnung?
Wir sind vom Küstenschutz aus Whitby.

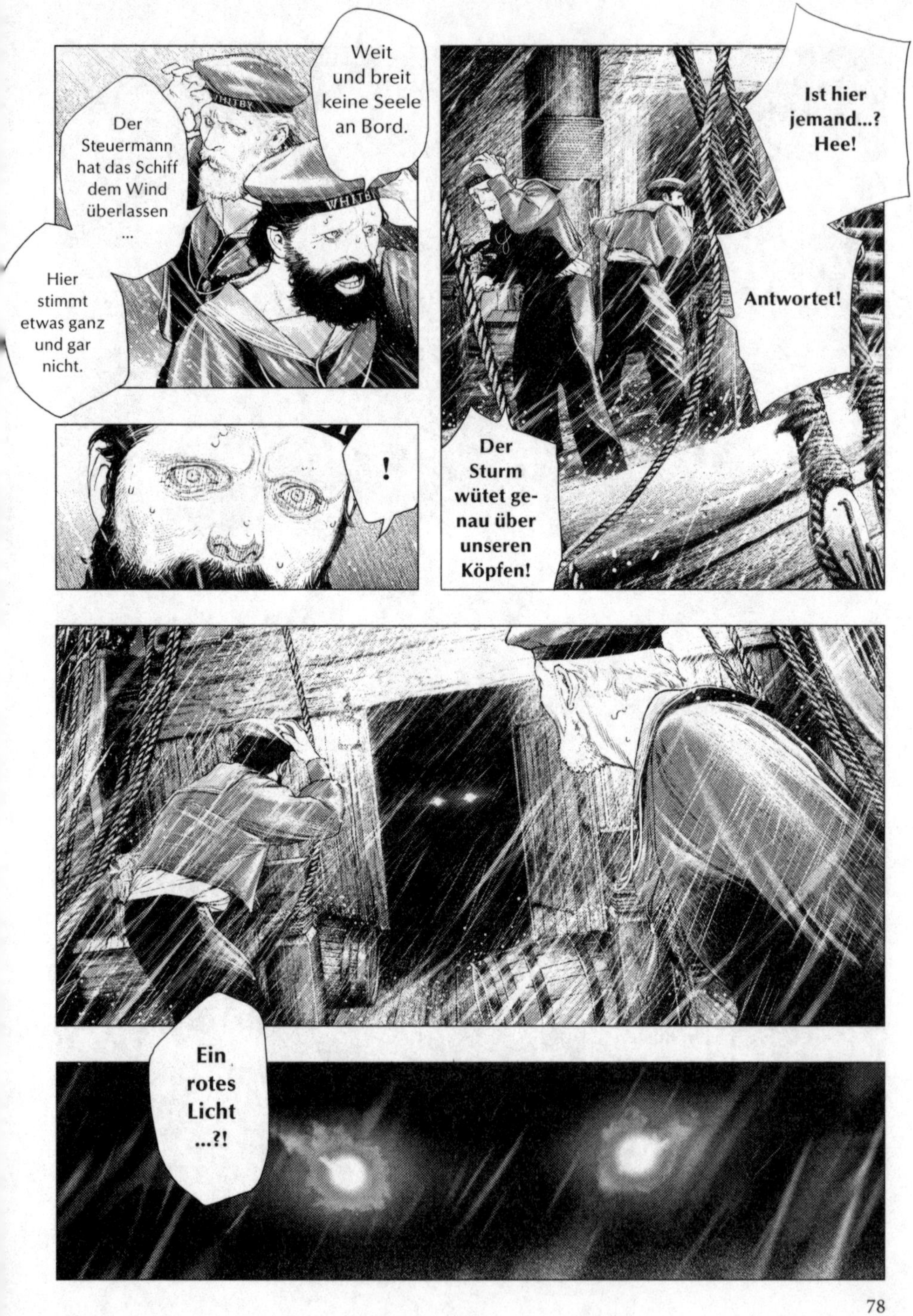
Ist hier jemand...? Hee!
Antwortet!
Der Sturm wütet genau über unseren Köpfen!
Weit und breit keine Seele an Bord.
Der Steuermann hat das Schiff dem Wind überlassen ...
Hier stimmt etwas ganz und gar nicht.
!
Ein rotes Licht ...?!

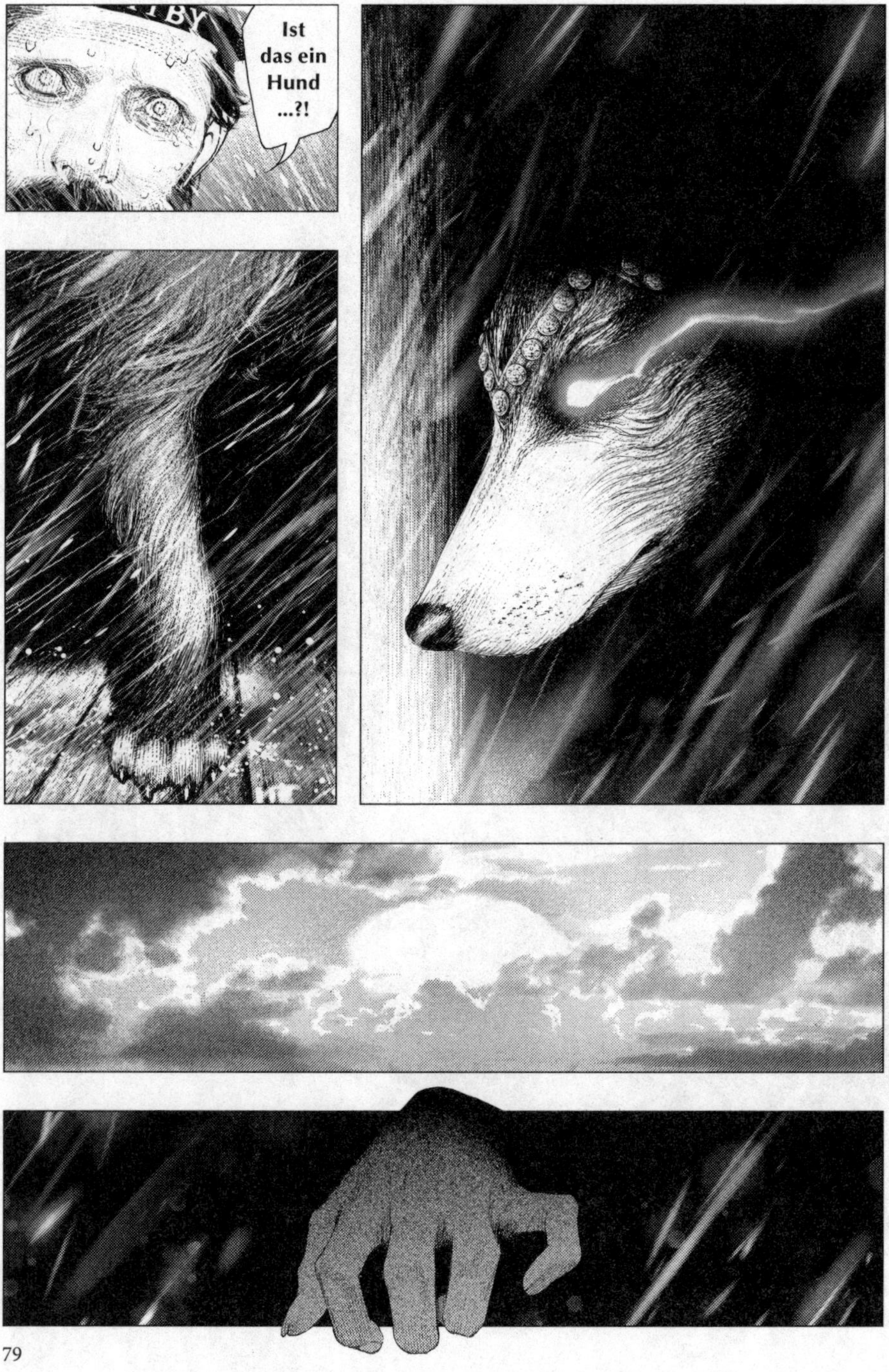
Ist das ein Hund ...?!

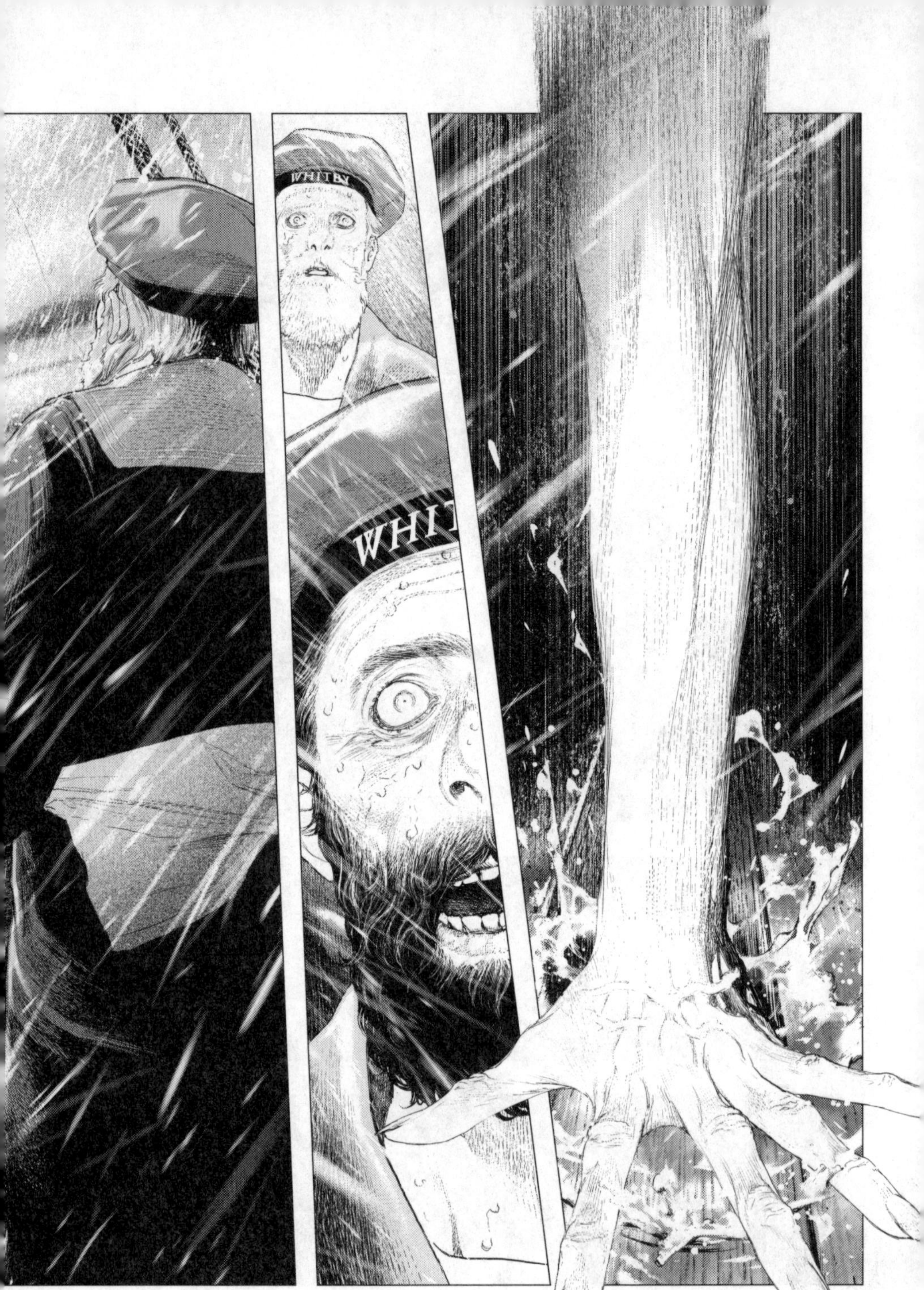
WHITBY
WHIT

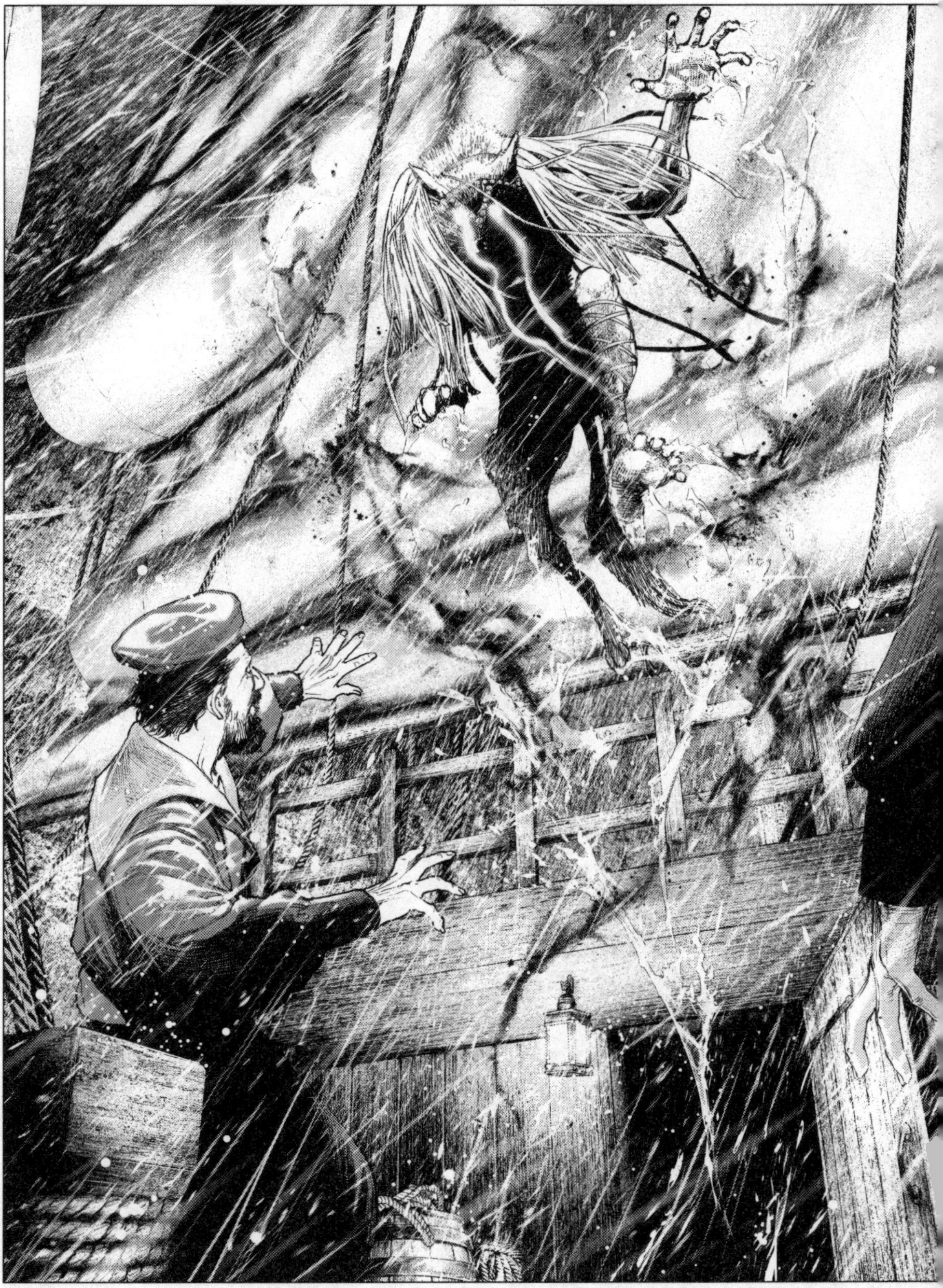

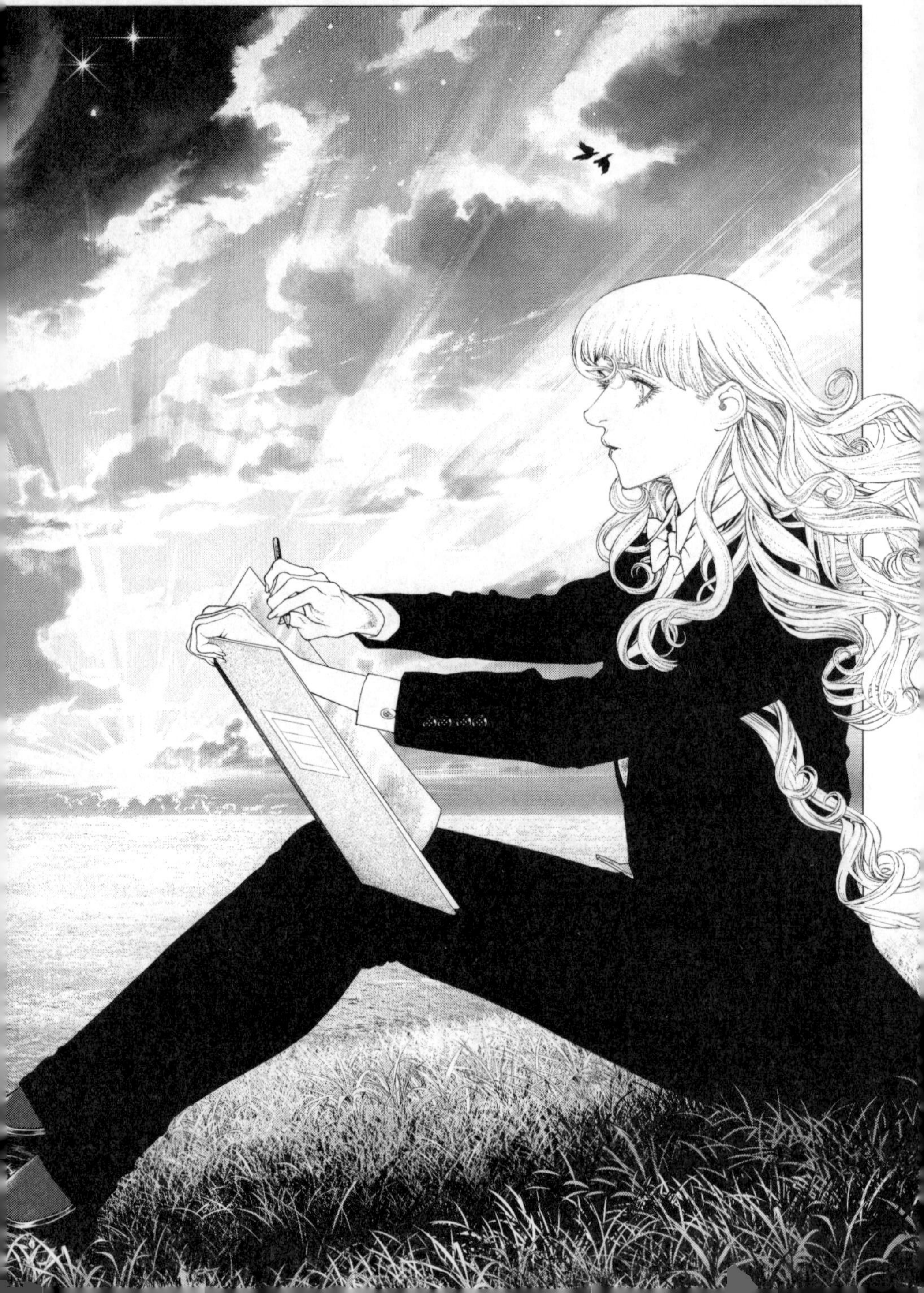

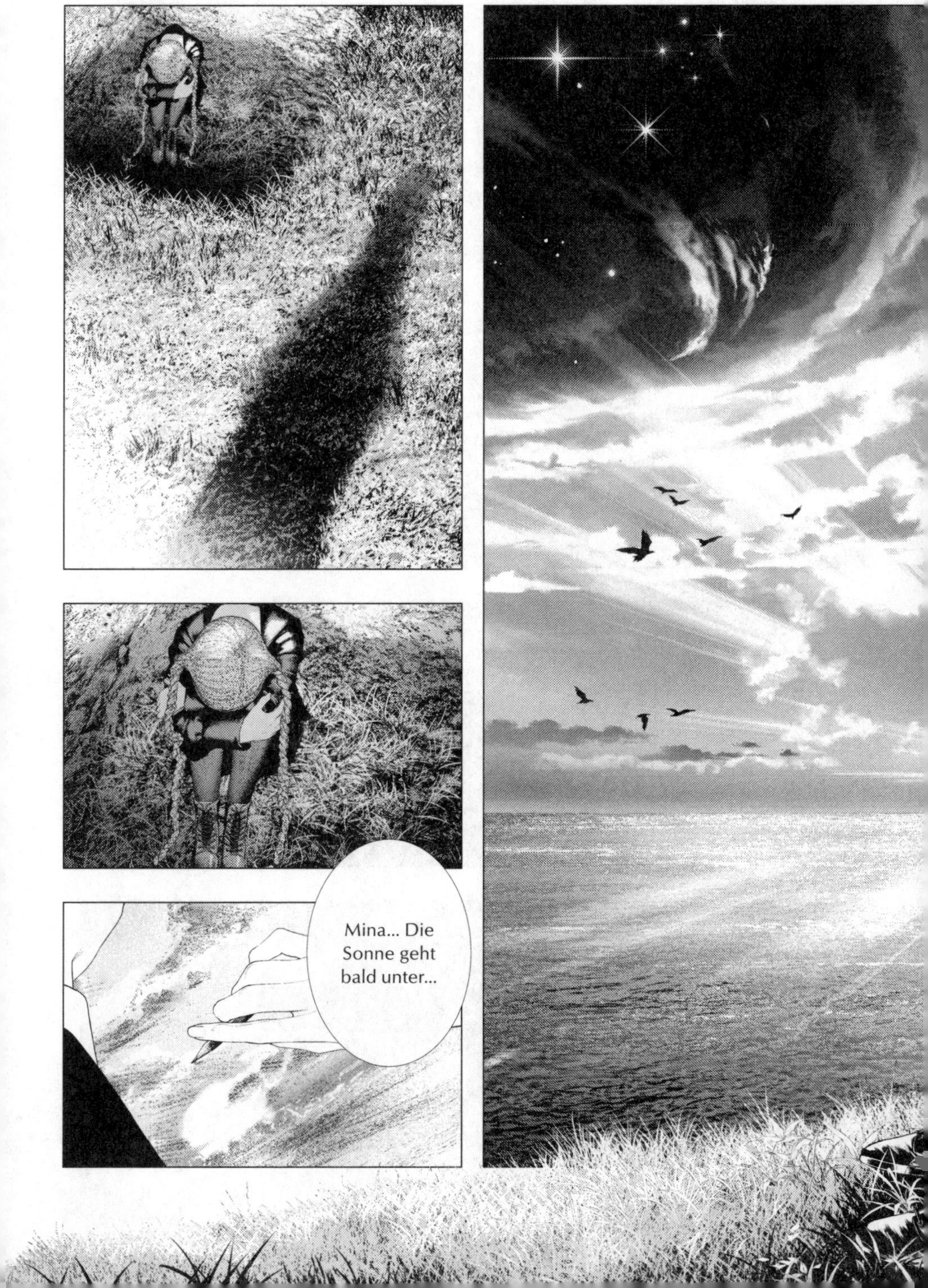
Mina... Die Sonne geht bald unter...

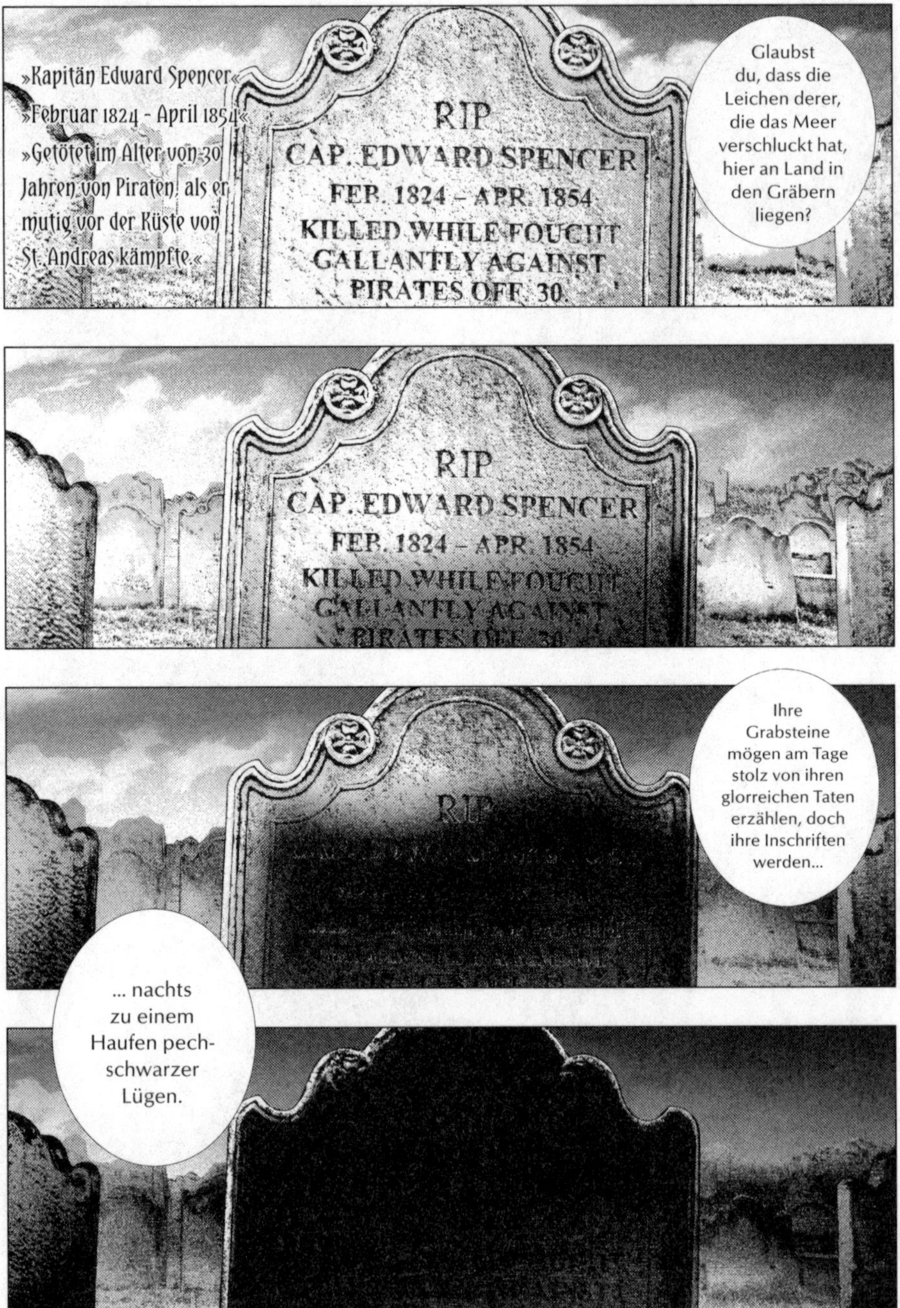
»Kapitän Edward Spencer«
»Februar 1824 - April 1854«
»Getötet im Alter von 30 Jahren von Piraten, als er mutig vor der Küste von St. Andreas kämpfte.«
RIP
CAP. EDWARD SPENCER
FEB. 1824 – APR. 1854
Glaubst du, dass die Leichen derer, die das Meer verschluckt hat, hier an Land in den Gräbern liegen?
Ihre Grabsteine mögen am Tage stolz von ihren glorreichen Taten erzählen, doch ihre Inschriften werden...
... nachts zu einem Haufen pech- schwarzer Lügen.

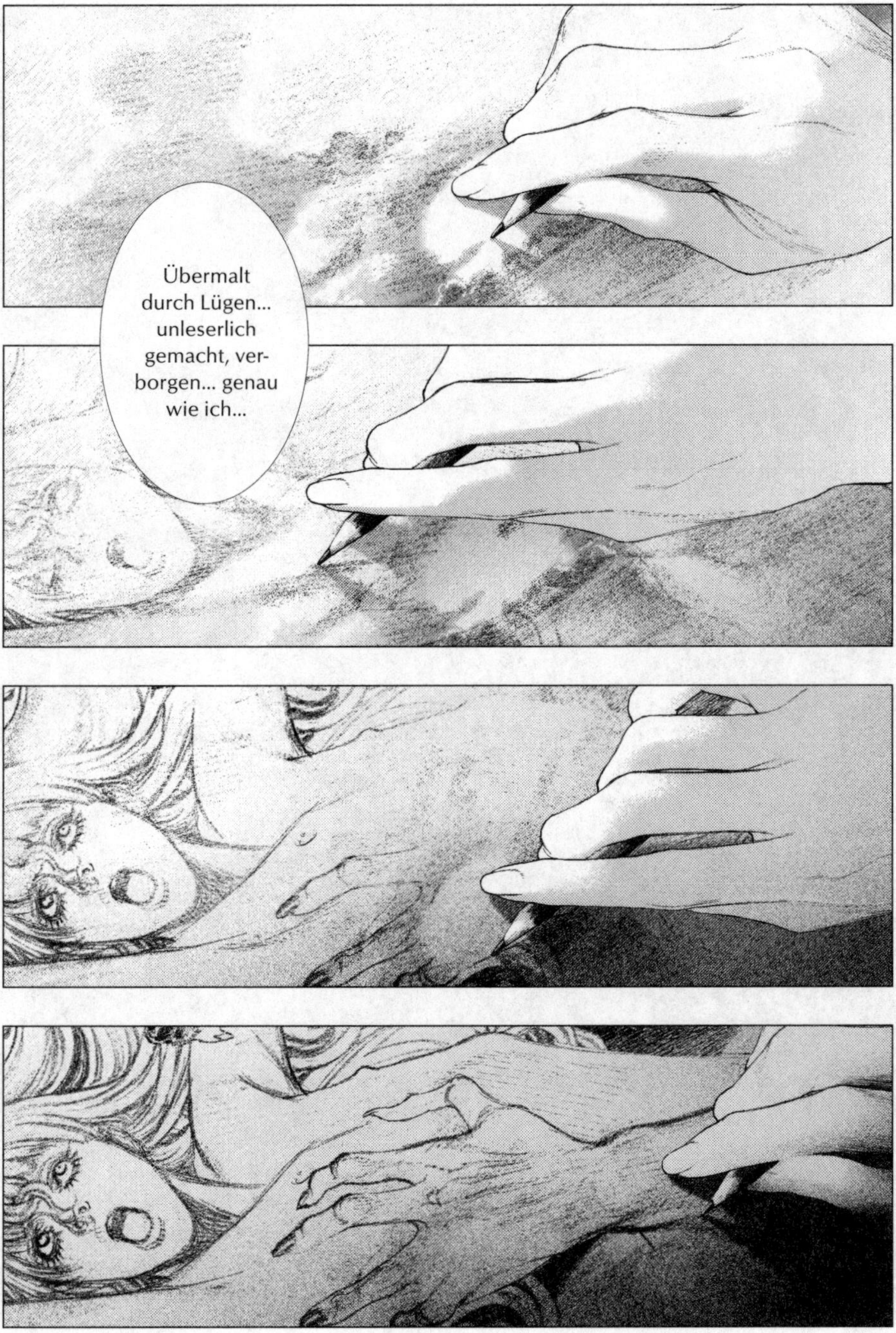
Übermalt durch Lügen... unleserlich gemacht, verborgen... genau wie ich...

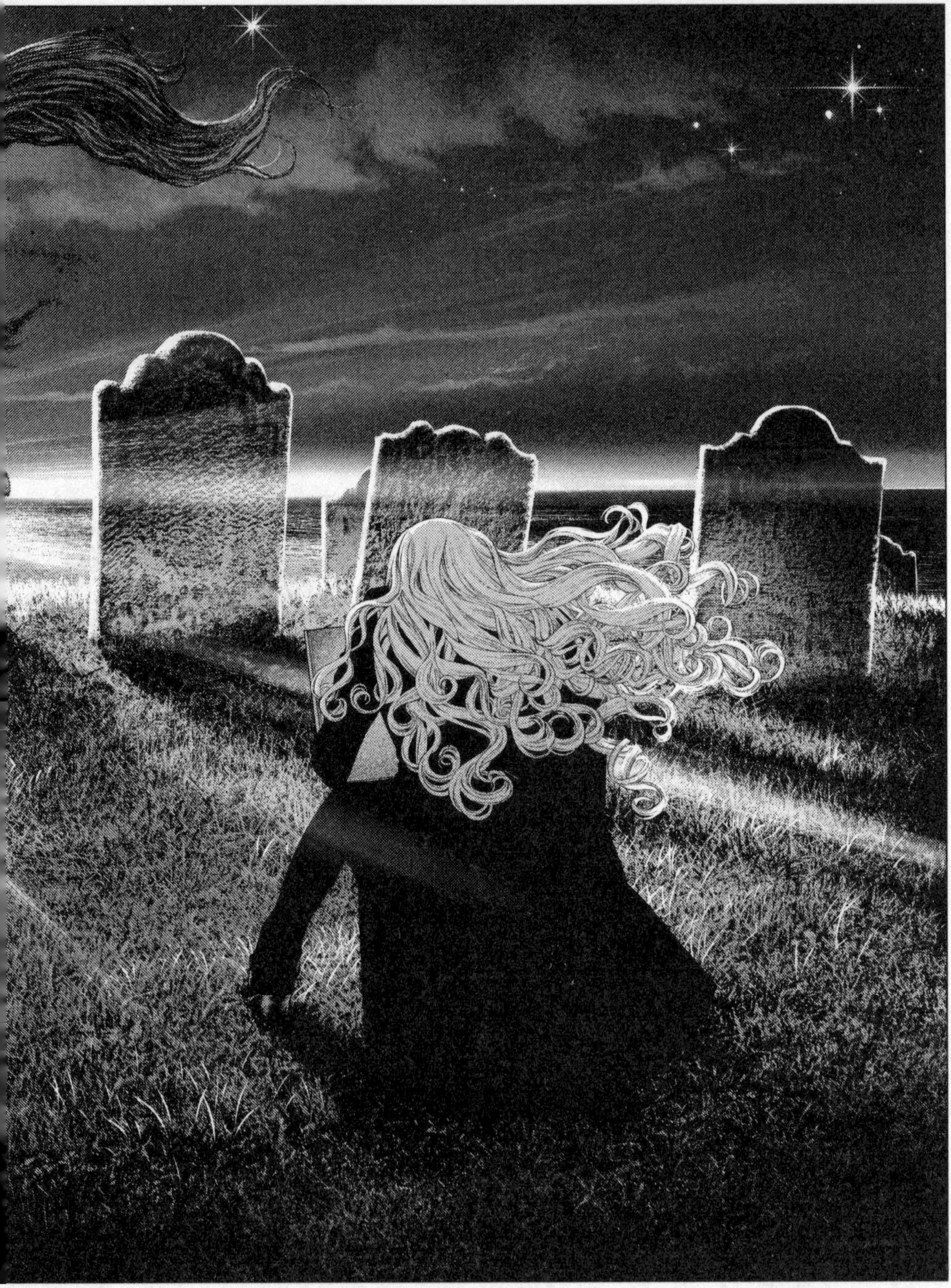

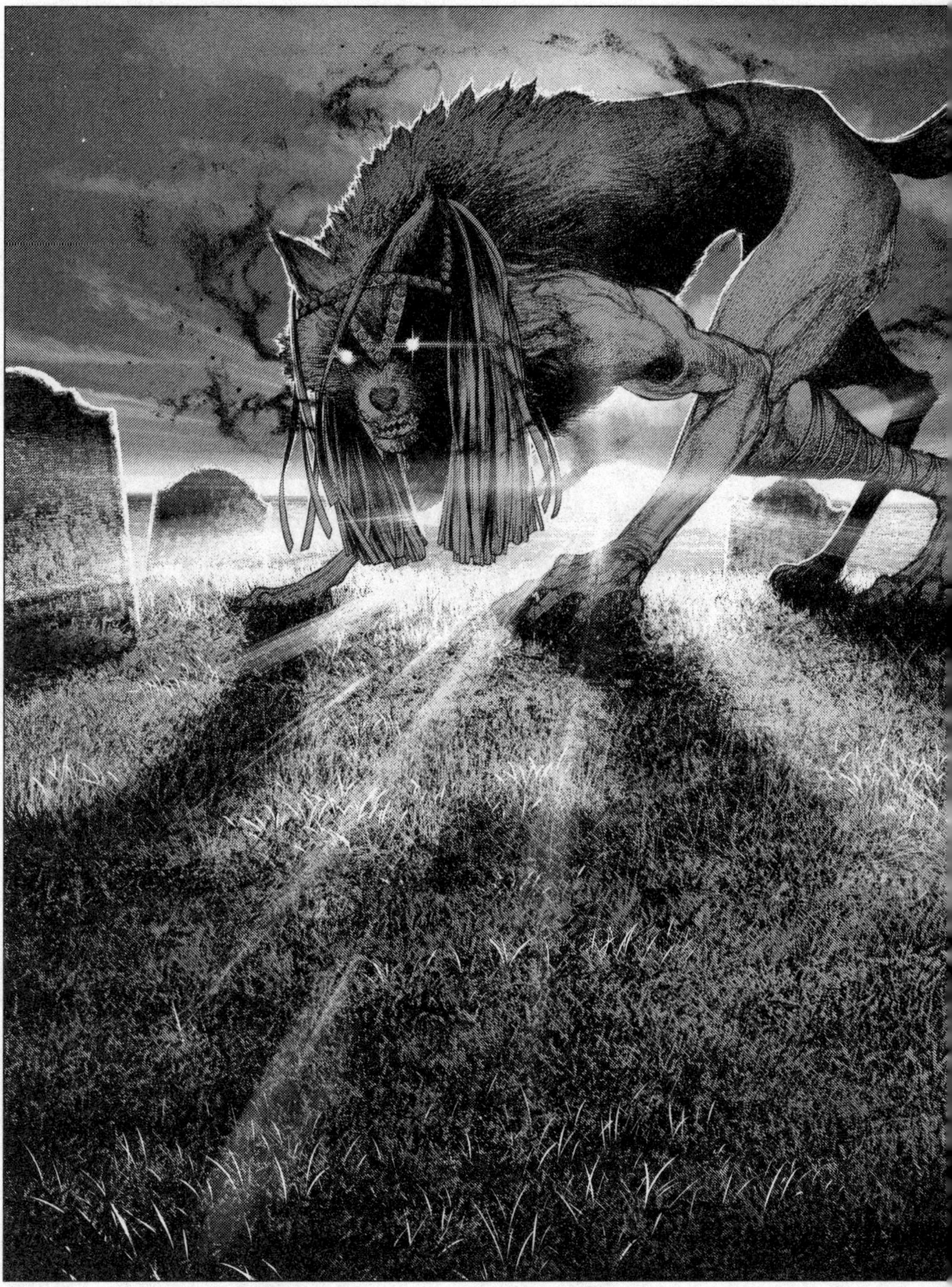

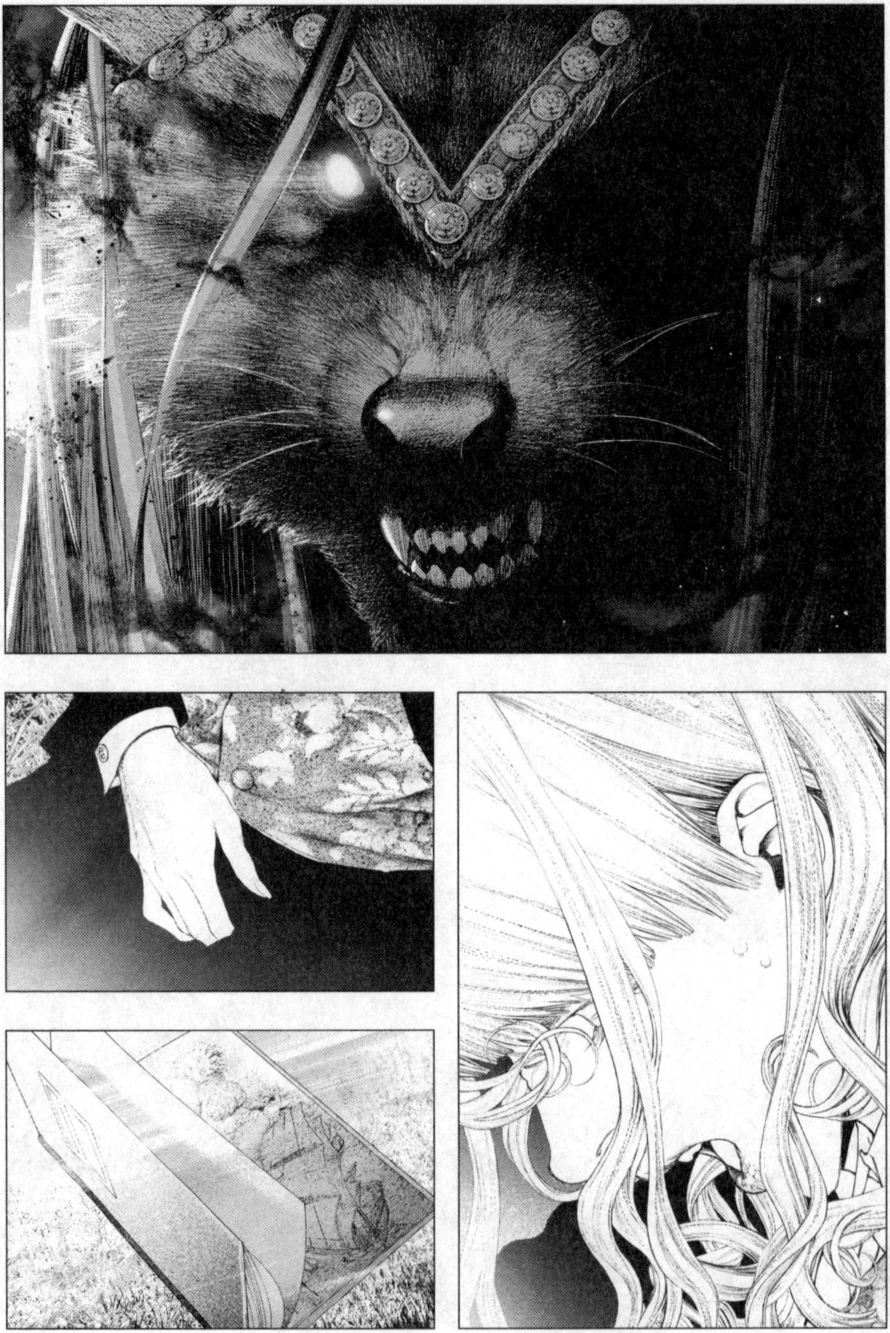

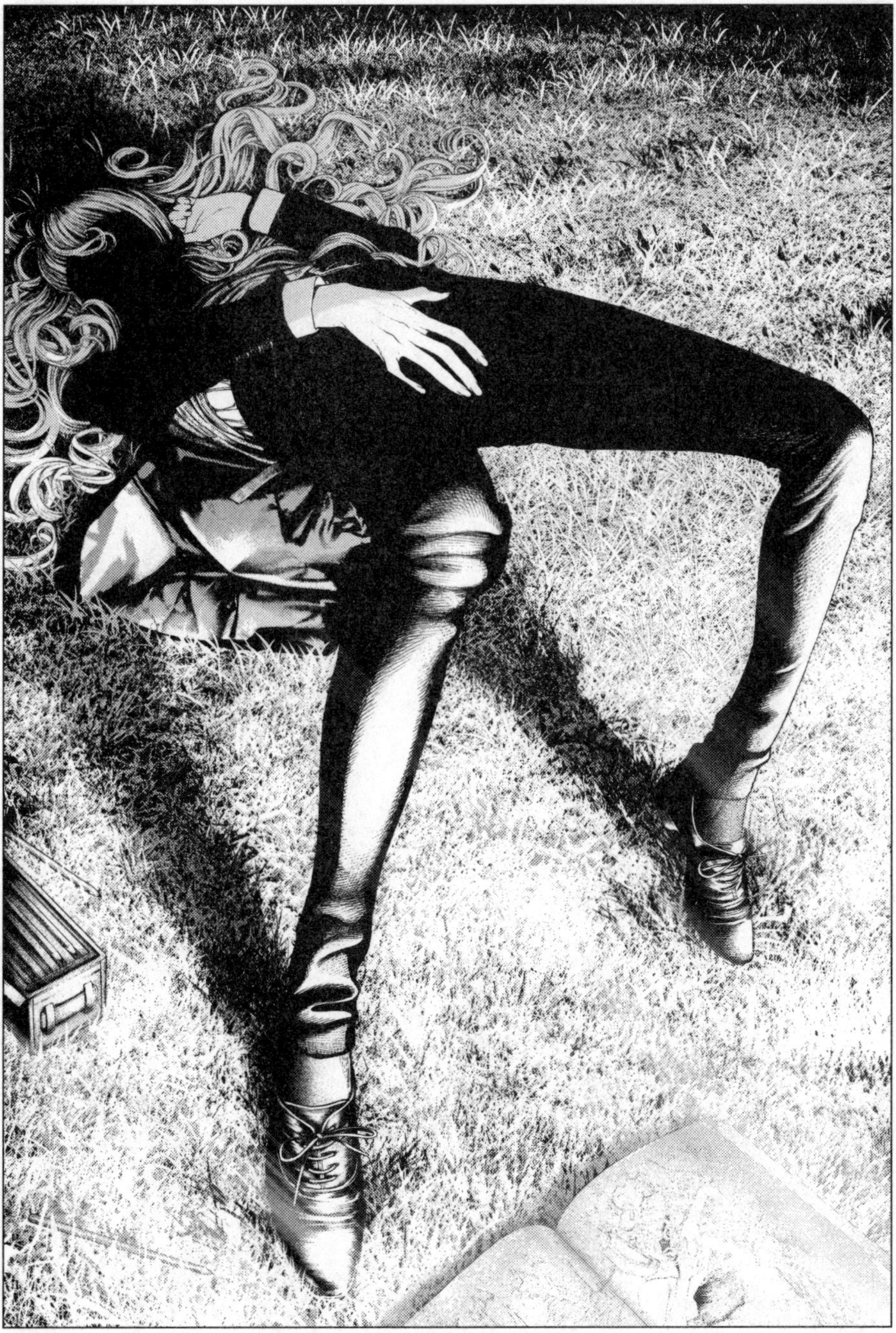

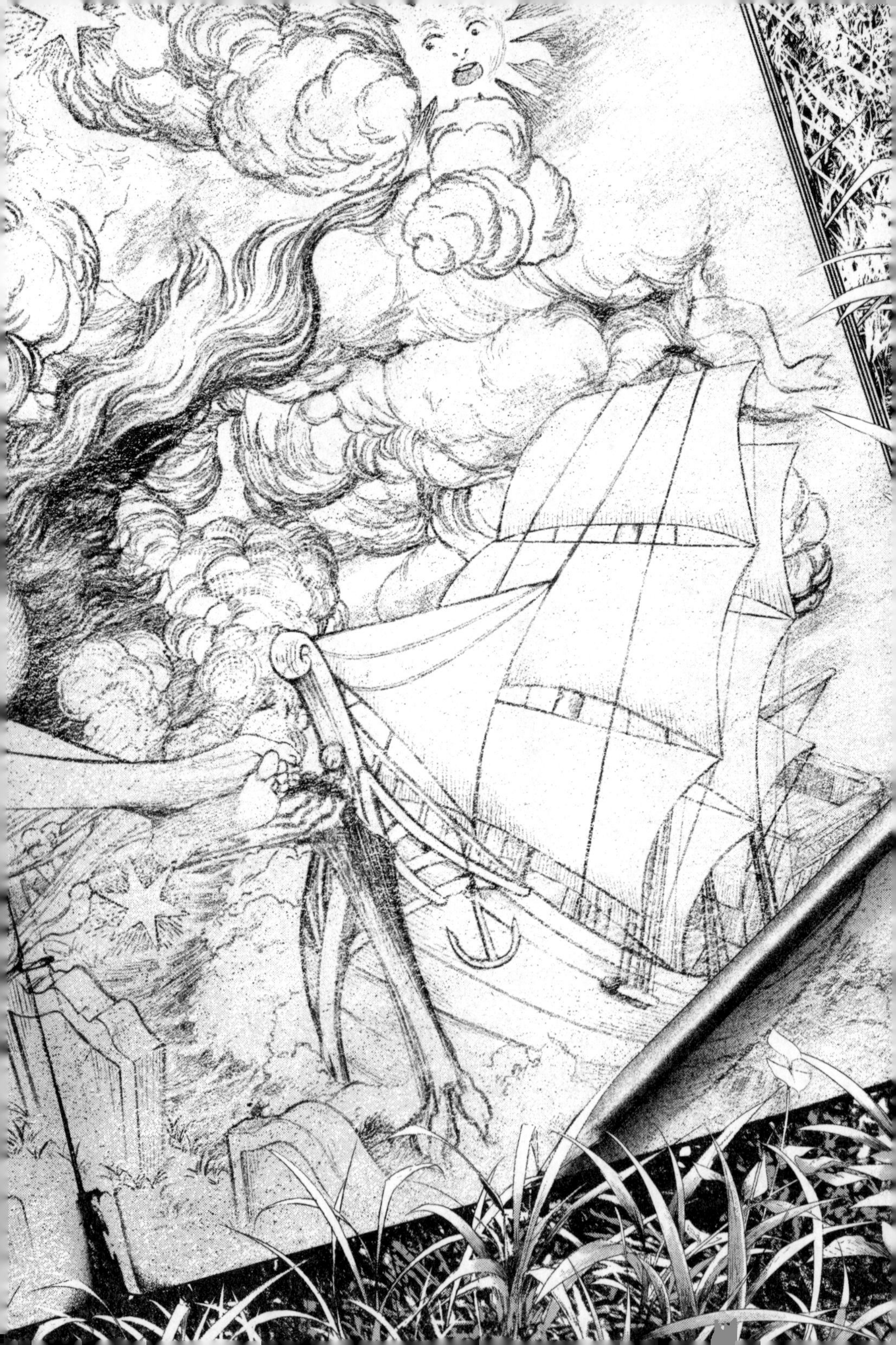

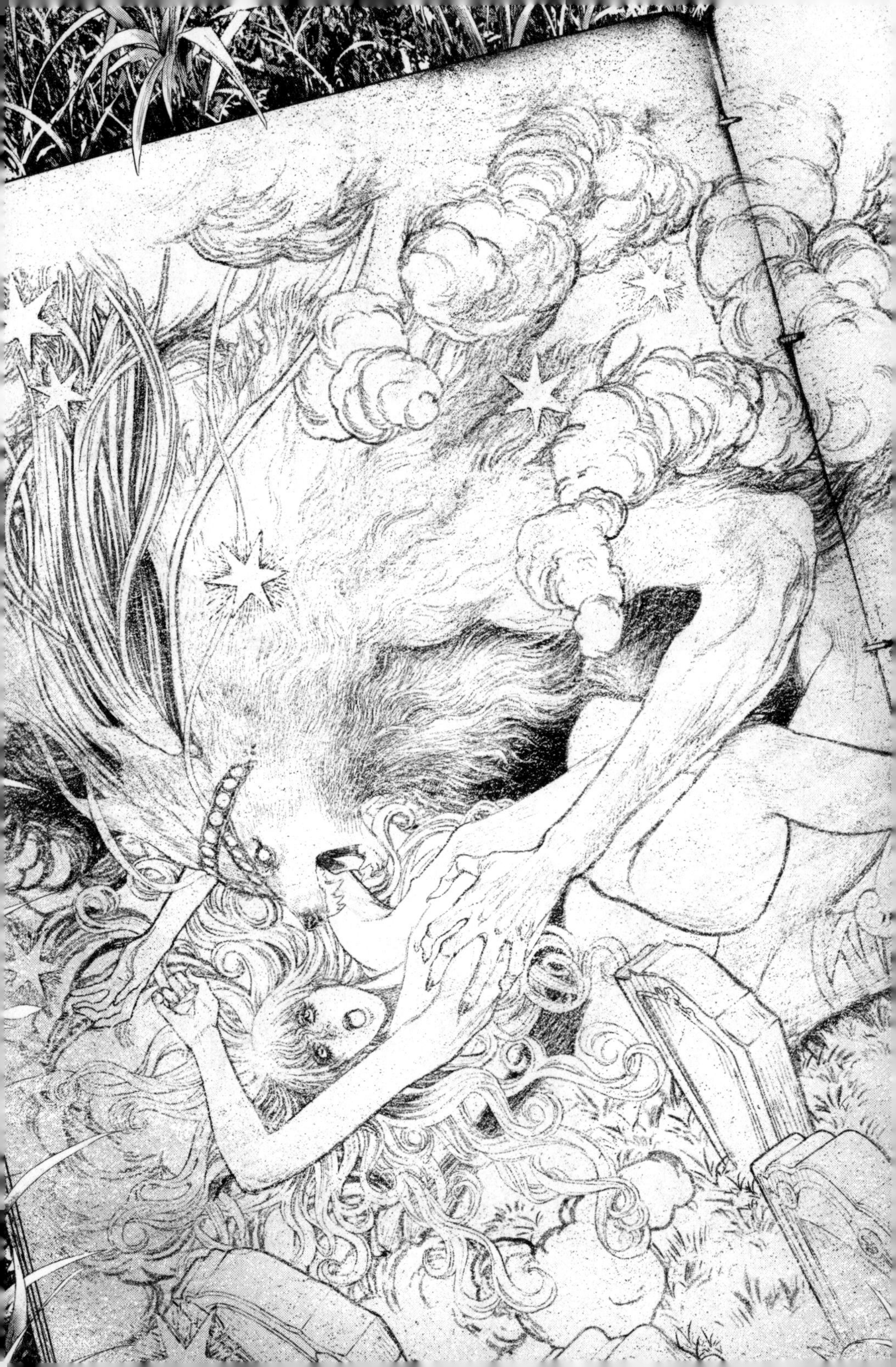

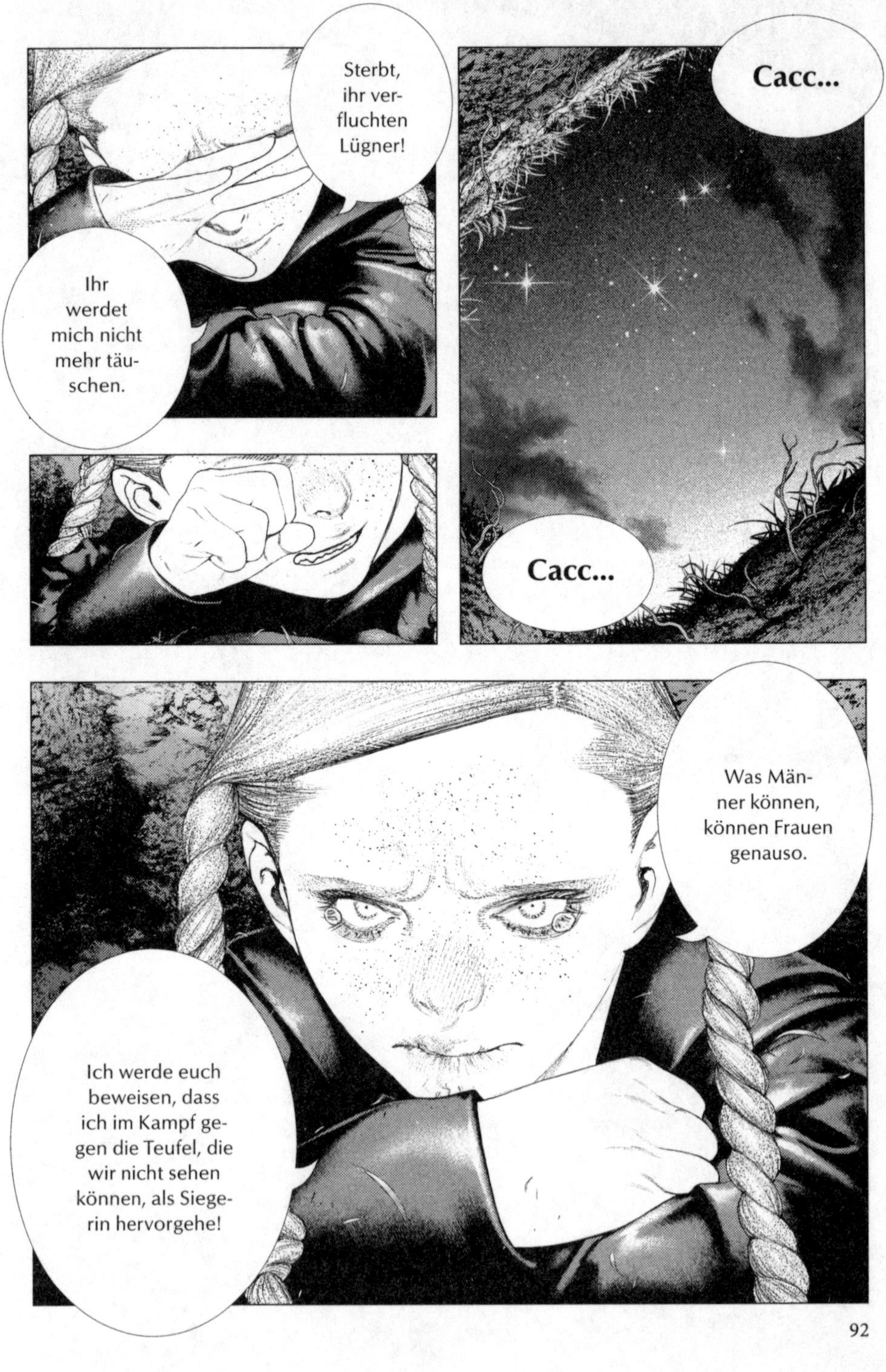
Sterbt, ihr verfluchten Lügner!
Ihr werdet mich nicht mehr täuschen.
Cacc...
Cacc...
Was Männer können, können Frauen genauso.
Ich werde euch beweisen, dass ich im Kampf gegen die Teufel, die wir nicht sehen können, als Siegerin hervorgehe!

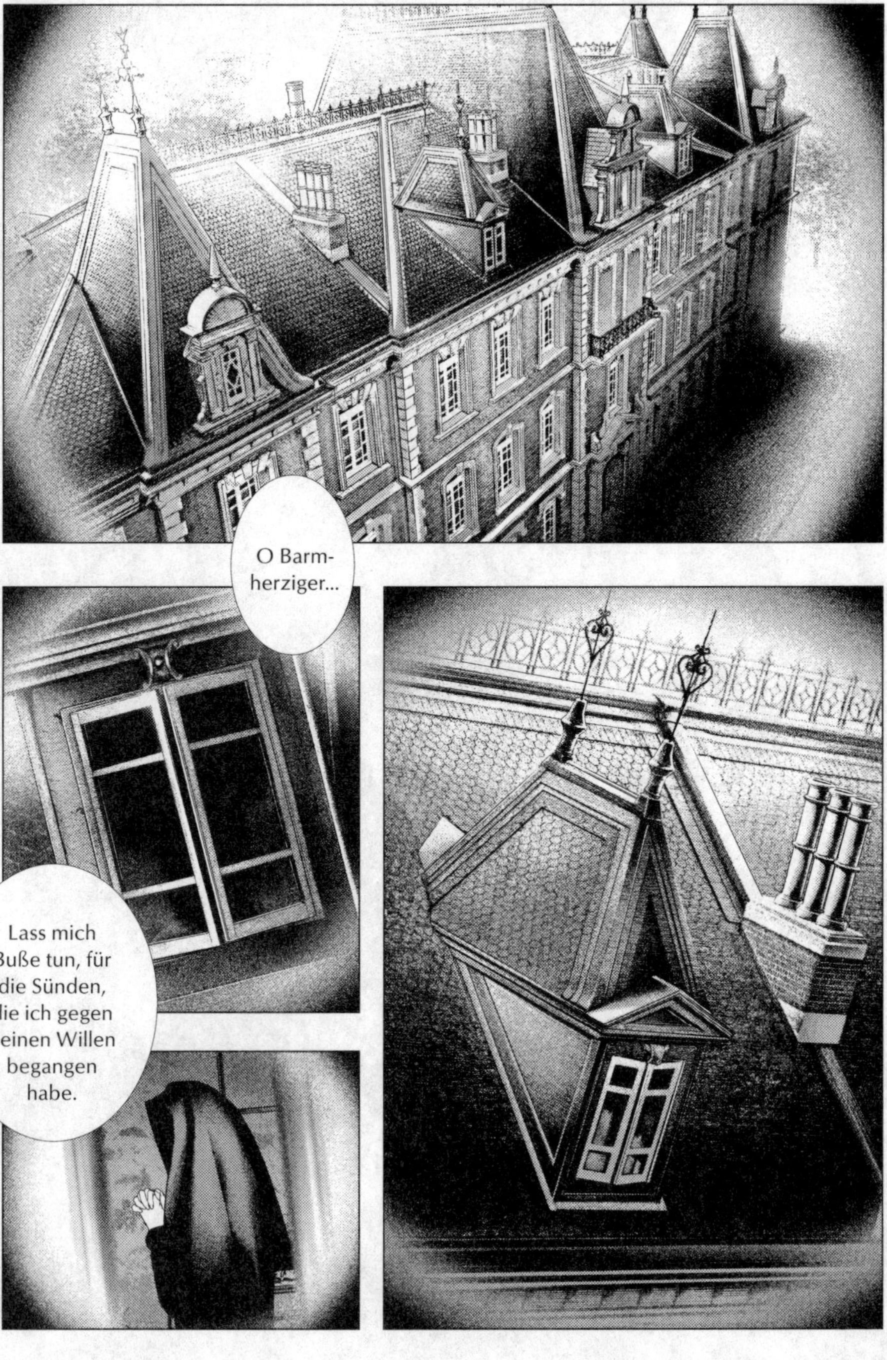
O Barmherziger...
Lass mich Buße tun, für die Sünden, die ich gegen deinen Willen begangen habe.

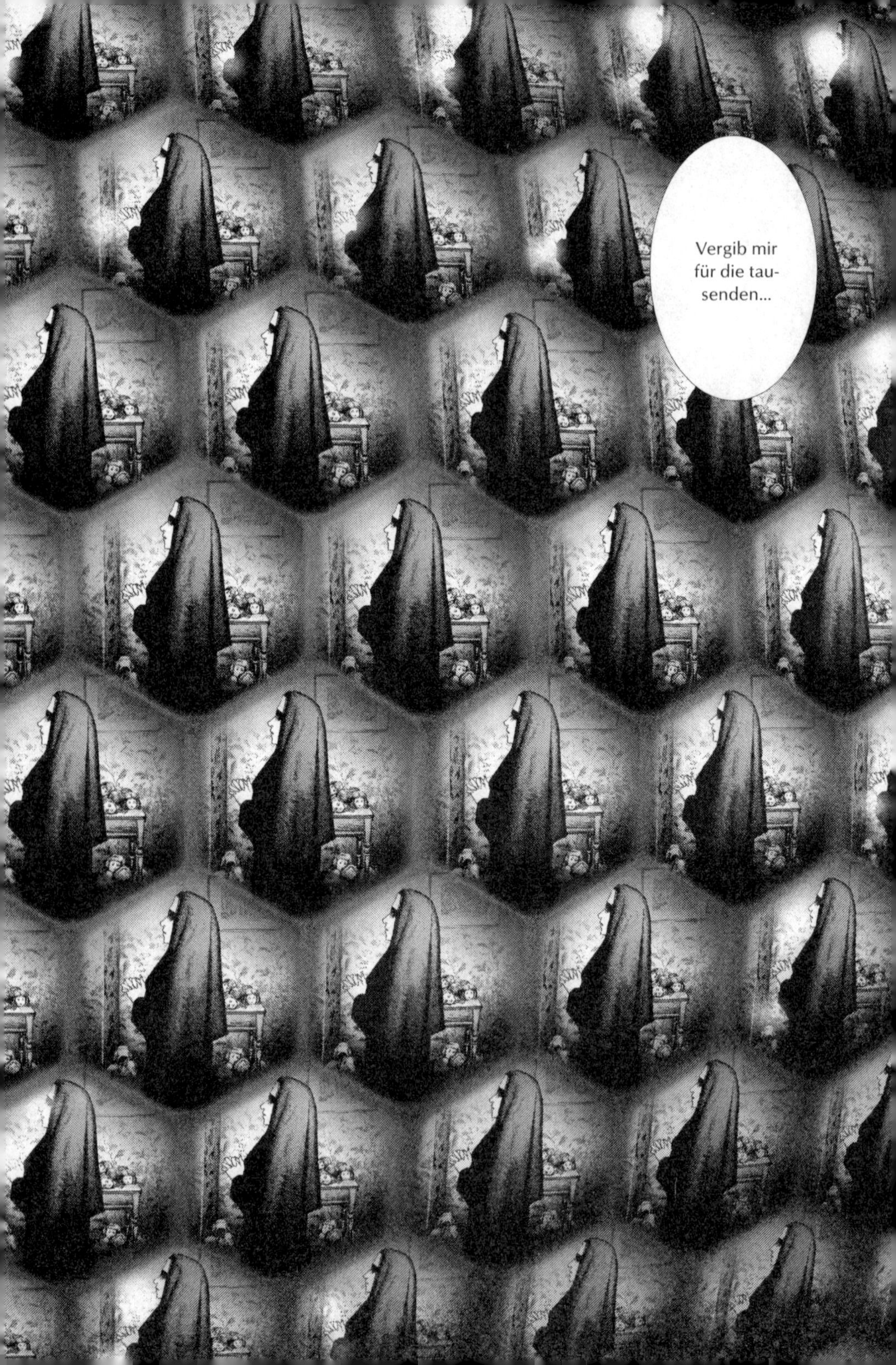
Vergib mir für die tausenden...

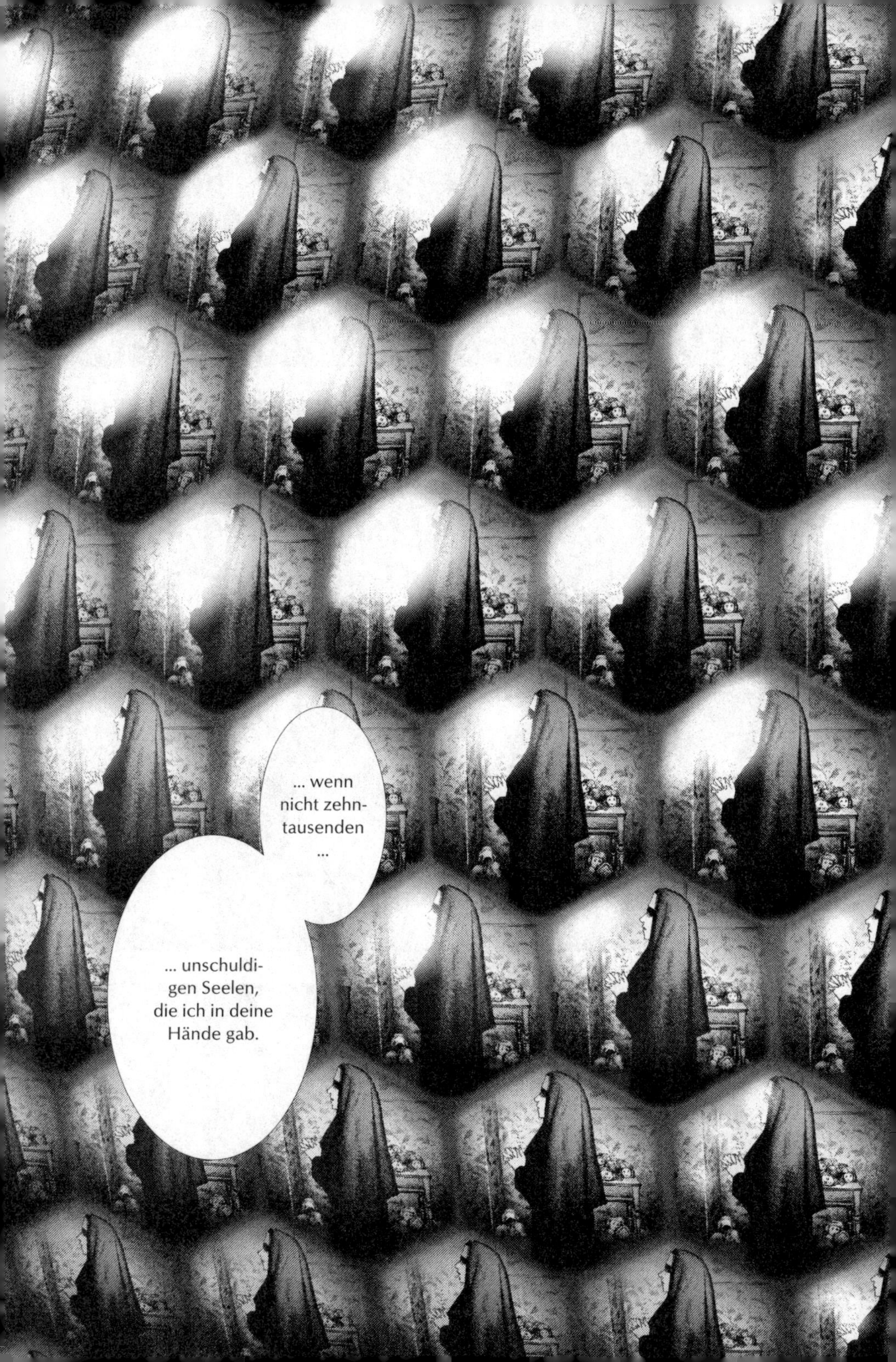
... wenn nicht zehn-tausenden ...
... unschuldi-gen Seelen, die ich in deine Hände gab.

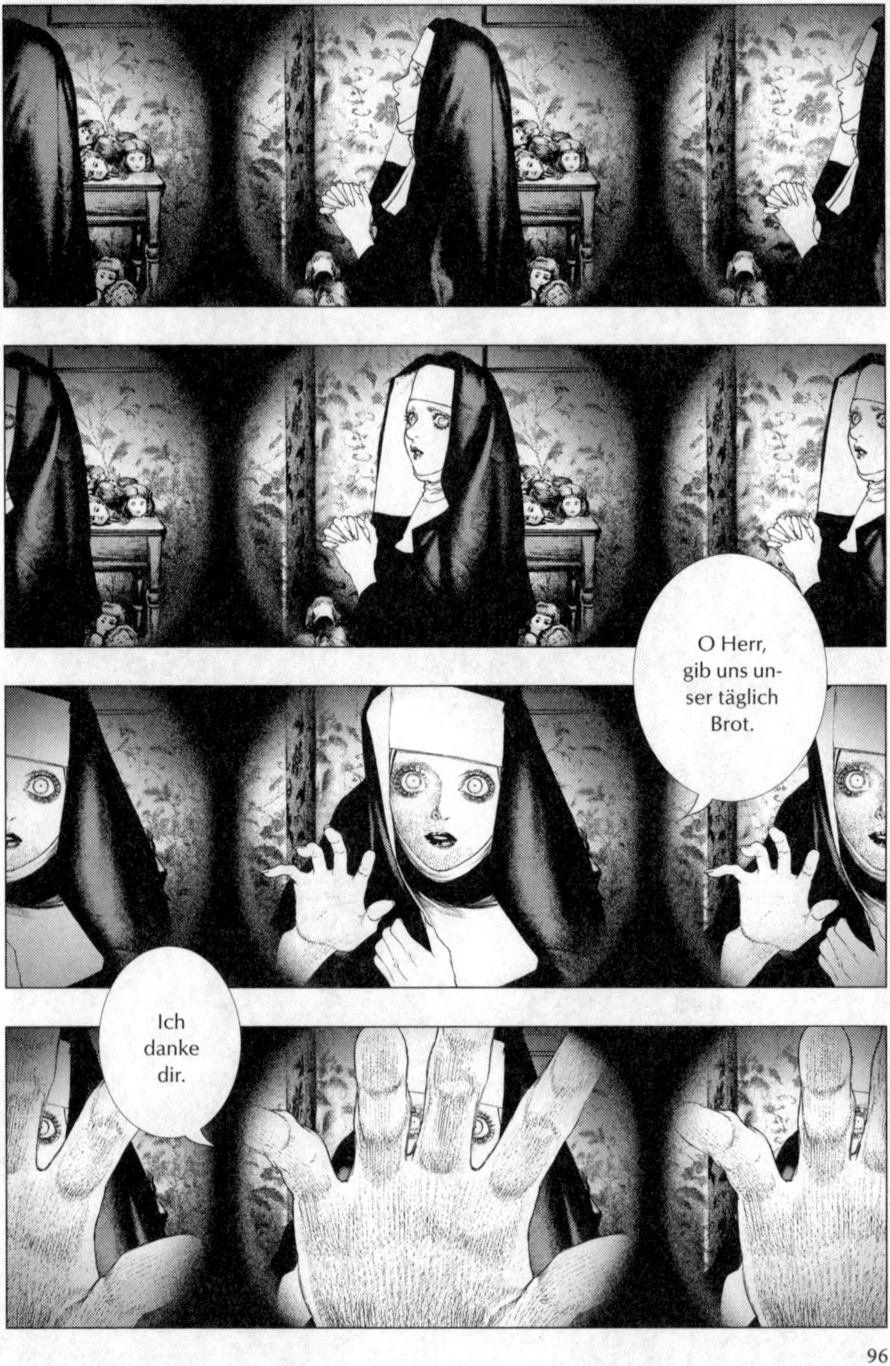
O Herr, gib uns unser täglich Brot.
Ich danke dir.

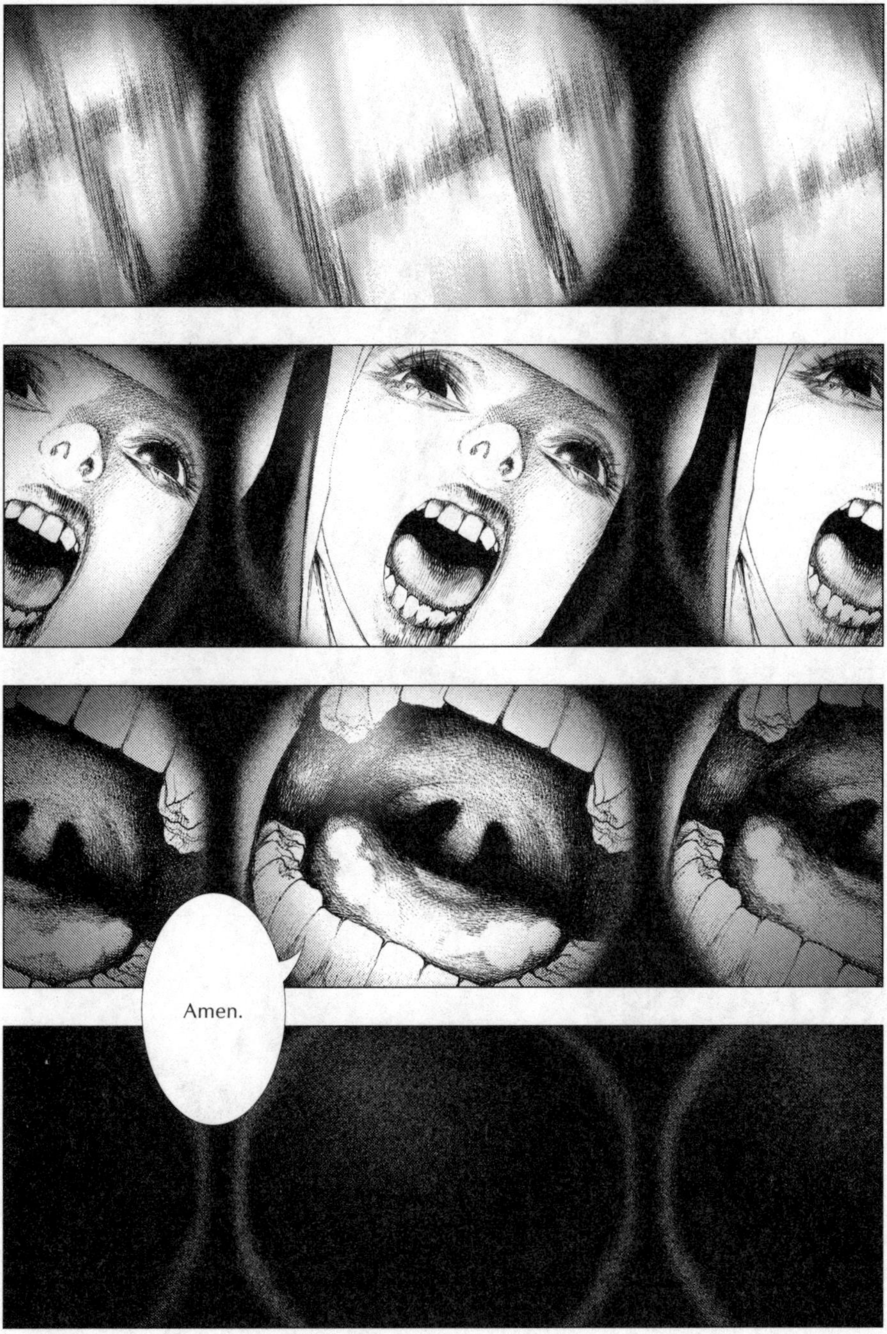
Amen.

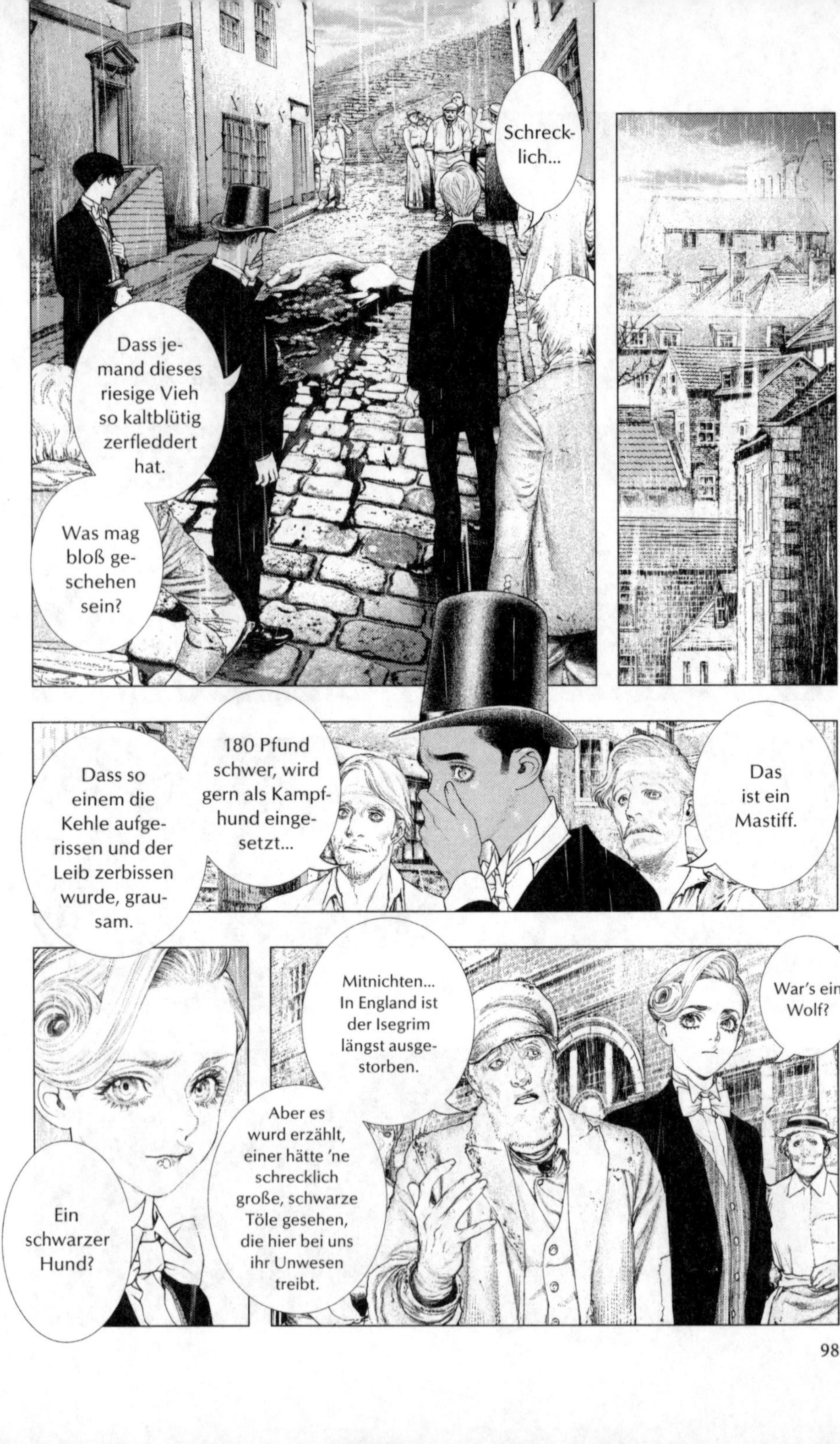
Schreck-lich...
Dass jemand dieses riesige Vieh so kaltblütig zerfleddert hat.
Was mag bloß geschehen sein?
Das ist ein Mastiff.
180 Pfund schwer, wird gern als Kampfhund eingesetzt...
Dass so einem die Kehle aufgerissen und der Leib zerbissen wurde, grausam.
War's ein Wolf?
Mitnichten... In England ist der Isegrim längst ausgestorben.
Aber es wurd erzählt, einer hätte 'ne schrecklich große, schwarze Töle gesehen, die hier bei uns ihr Unwesen treibt.
Ein schwarzer Hund?

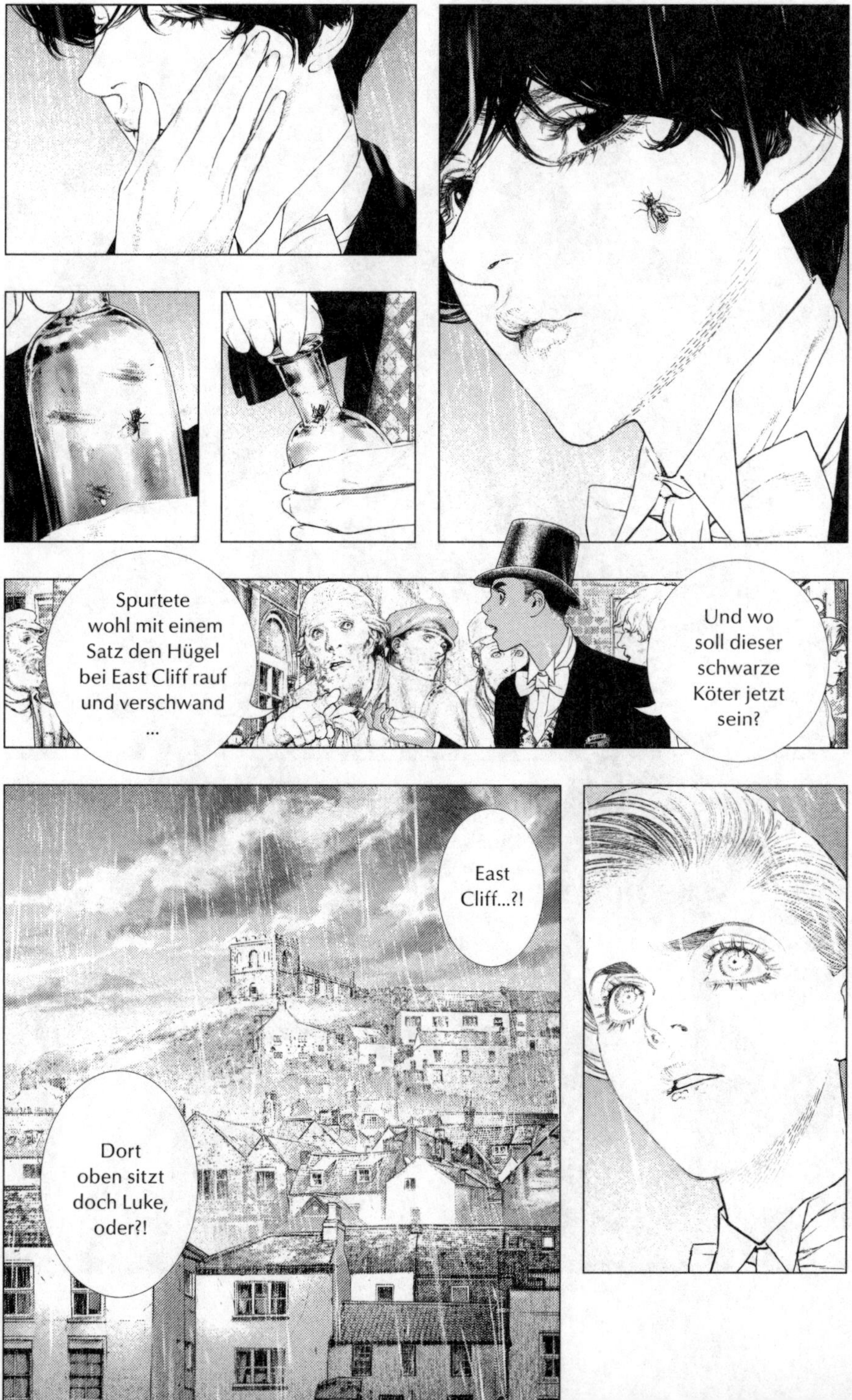
Spurtete wohl mit einem Satz den Hügel bei East Cliff rauf und verschwand ...
Und wo soll dieser schwarze Köter jetzt sein?
East Cliff...?!
Dort oben sitzt doch Luke, oder?!

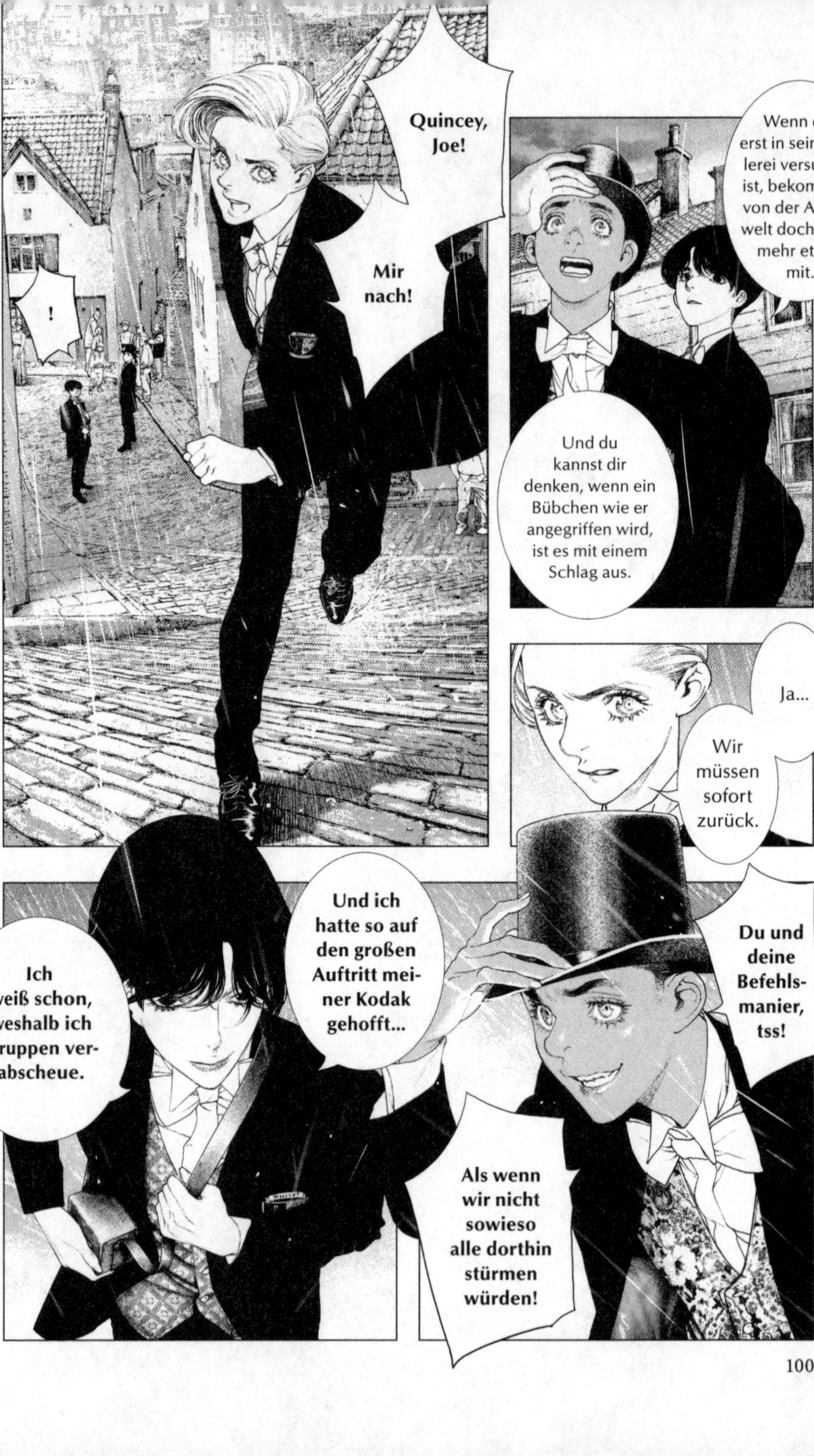
Wenn der erst in seine Malerei versunken ist, bekommt er von der Außenwelt doch kaum mehr etwas mit.
Und du kannst dir denken, wenn ein Bübchen wie er angegriffen wird, ist es mit einem Schlag aus.
Ja...
Wir müssen sofort zurück.
Quincey, Joe!
Mir nach!
!
Du und deine Befehlsmanier, tss!
Als wenn wir nicht sowieso alle dorthin stürmen würden!
Und ich hatte so auf den großen Auftritt meiner Kodak gehofft...
Ich weiß schon, weshalb ich Gruppen verabscheue.

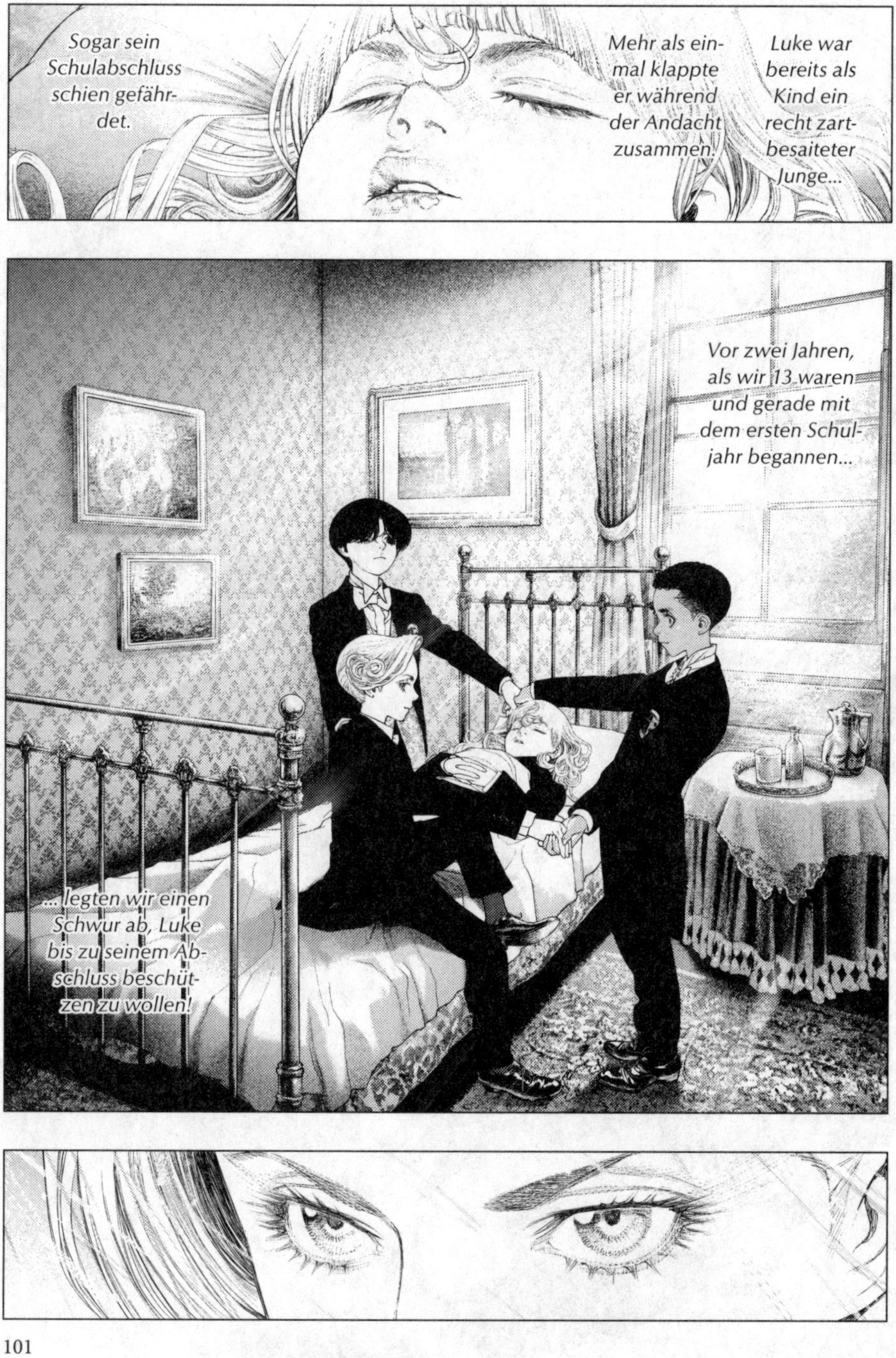
Luke war bereits als Kind ein recht zartbesaiteter Junge...
Mehr als einmal klappte er während der Andacht zusammen.
Sogar sein Schulabschluss schien gefährdet.
Vor zwei Jahren, als wir 13 waren und gerade mit dem ersten Schuljahr begannen...
... legten wir einen Schwur ab, Luke bis zu seinem Abschluss beschützen zu wollen!

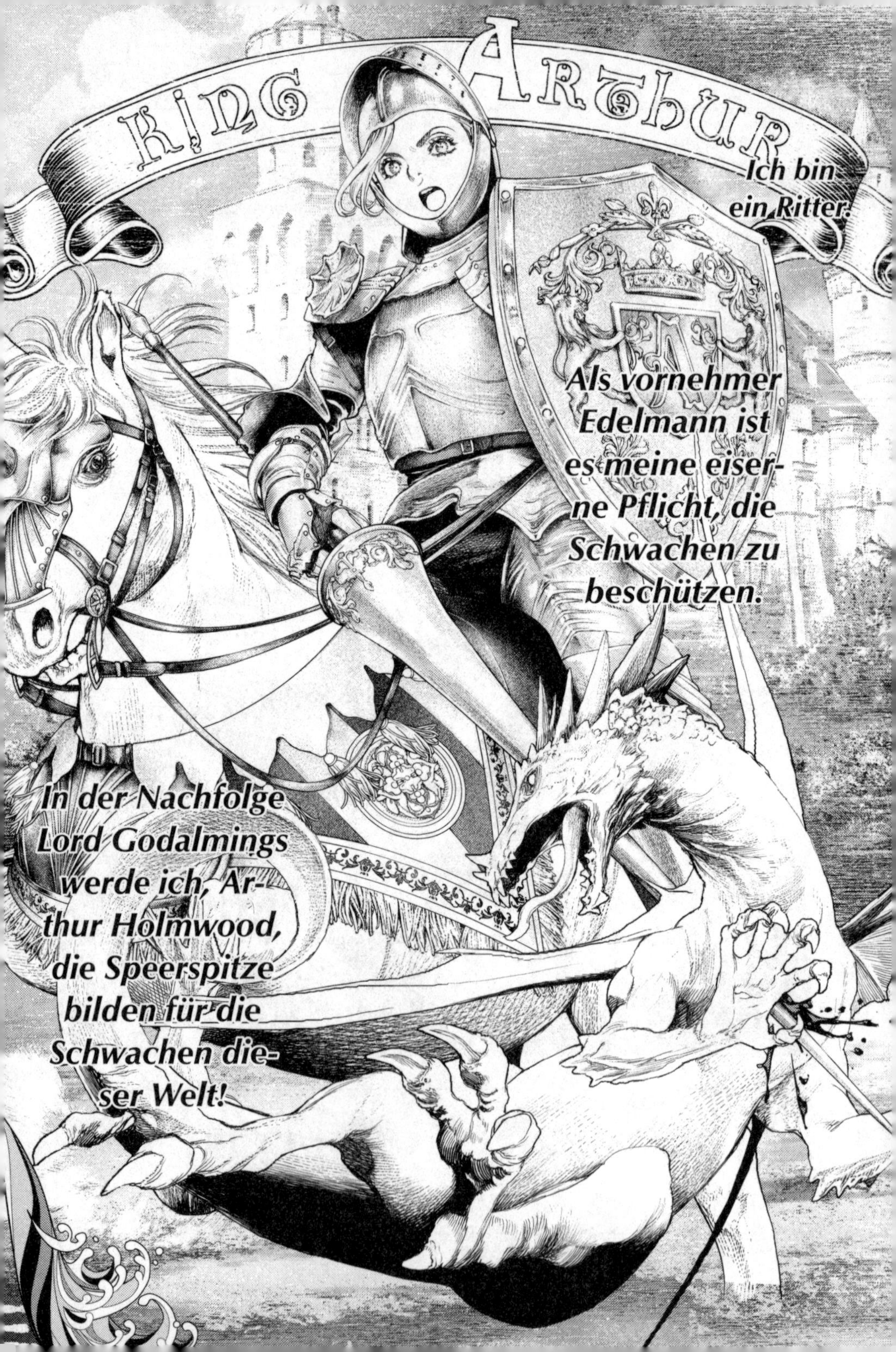
KING ARTHUR
Ich bin ein Ritter.
Als vornehmer Edelmann ist es meine eiserne Pflicht, die Schwachen zu beschützen.
In der Nachfolge Lord Godalmings werde ich, Arthur Holmwood, die Speerspitze bilden für die Schwachen dieser Welt!

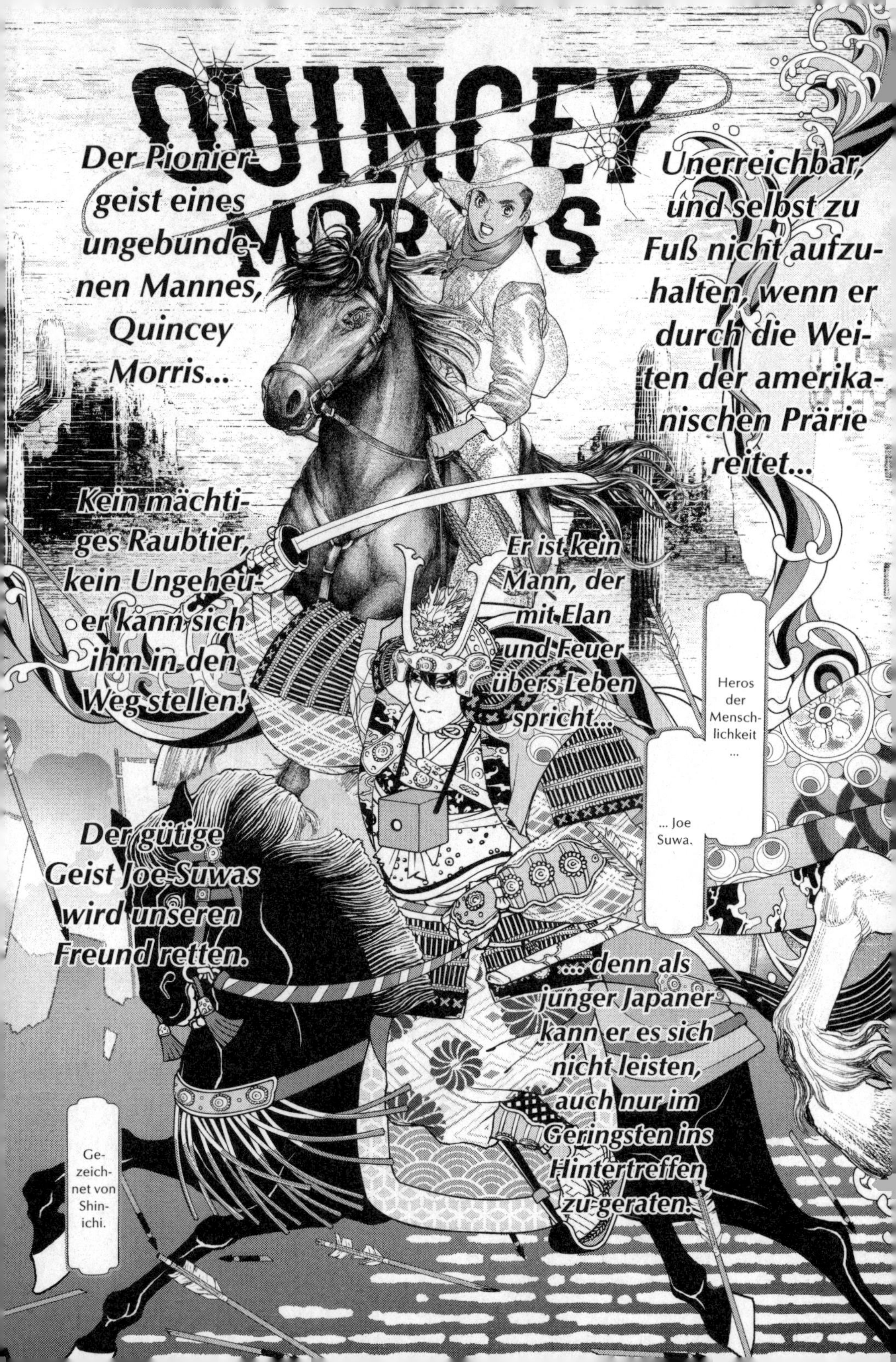
QUINCEY MORRIS
Der Pioniergeist eines ungebundenen Mannes, Quincey Morris...
Unerreichbar, und selbst zu Fuß nicht aufzuhalten, wenn er durch die Weiten der amerikanischen Prärie reitet...
Kein mächtiges Raubtier, kein Ungeheuer kann sich ihm in den Weg stellen!
Er ist kein Mann, der mit Elan und Feuer übers Leben spricht...
Heros der Menschlichkeit ...
... Joe Suwa.
Der gütige Geist Joe Suwas wird unseren Freund retten.
... denn als junger Japaner kann er es sich nicht leisten, auch nur im Geringsten ins Hintertreffen zu geraten.
Gezeichnet von Shinichi.

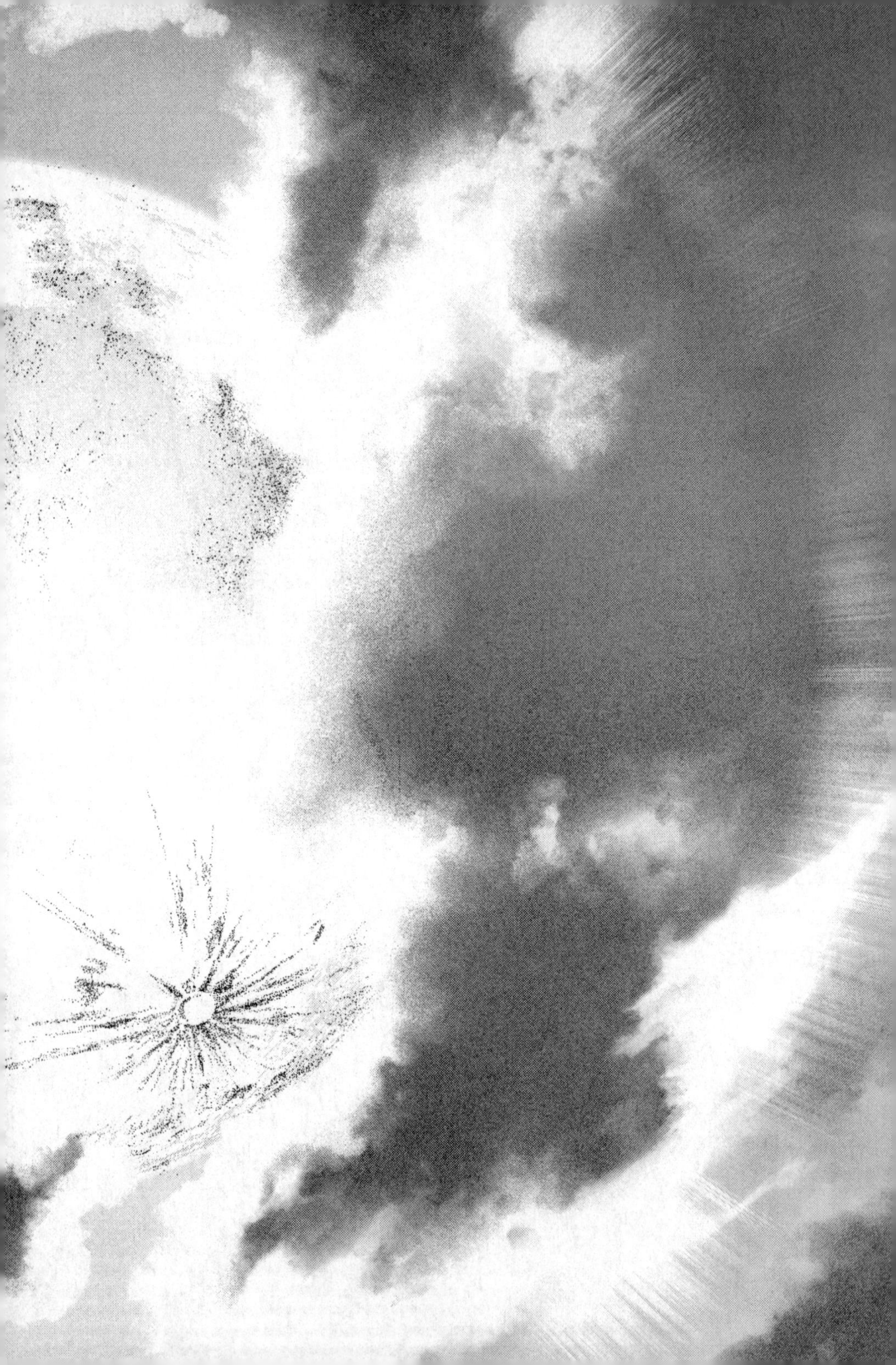

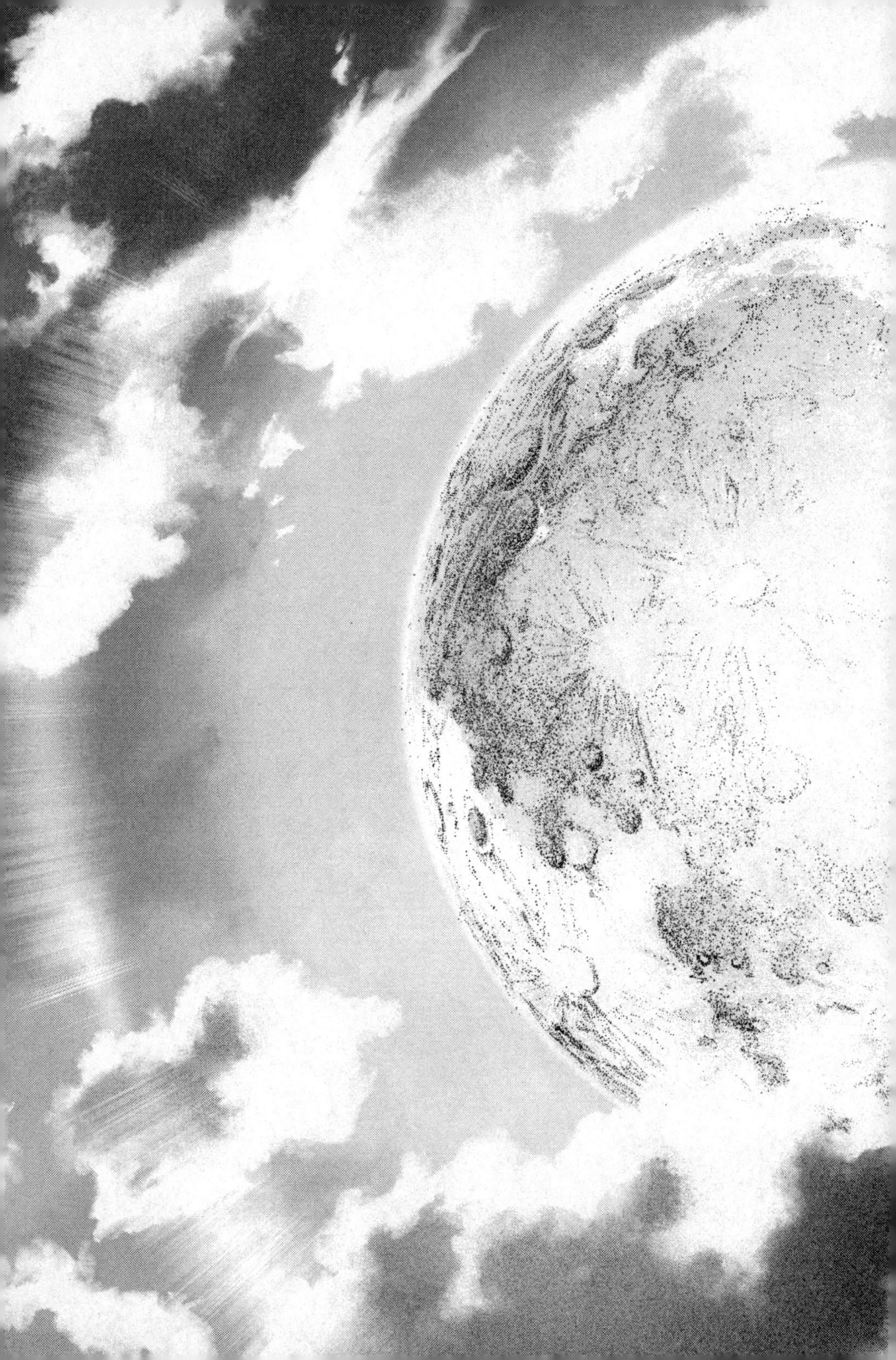

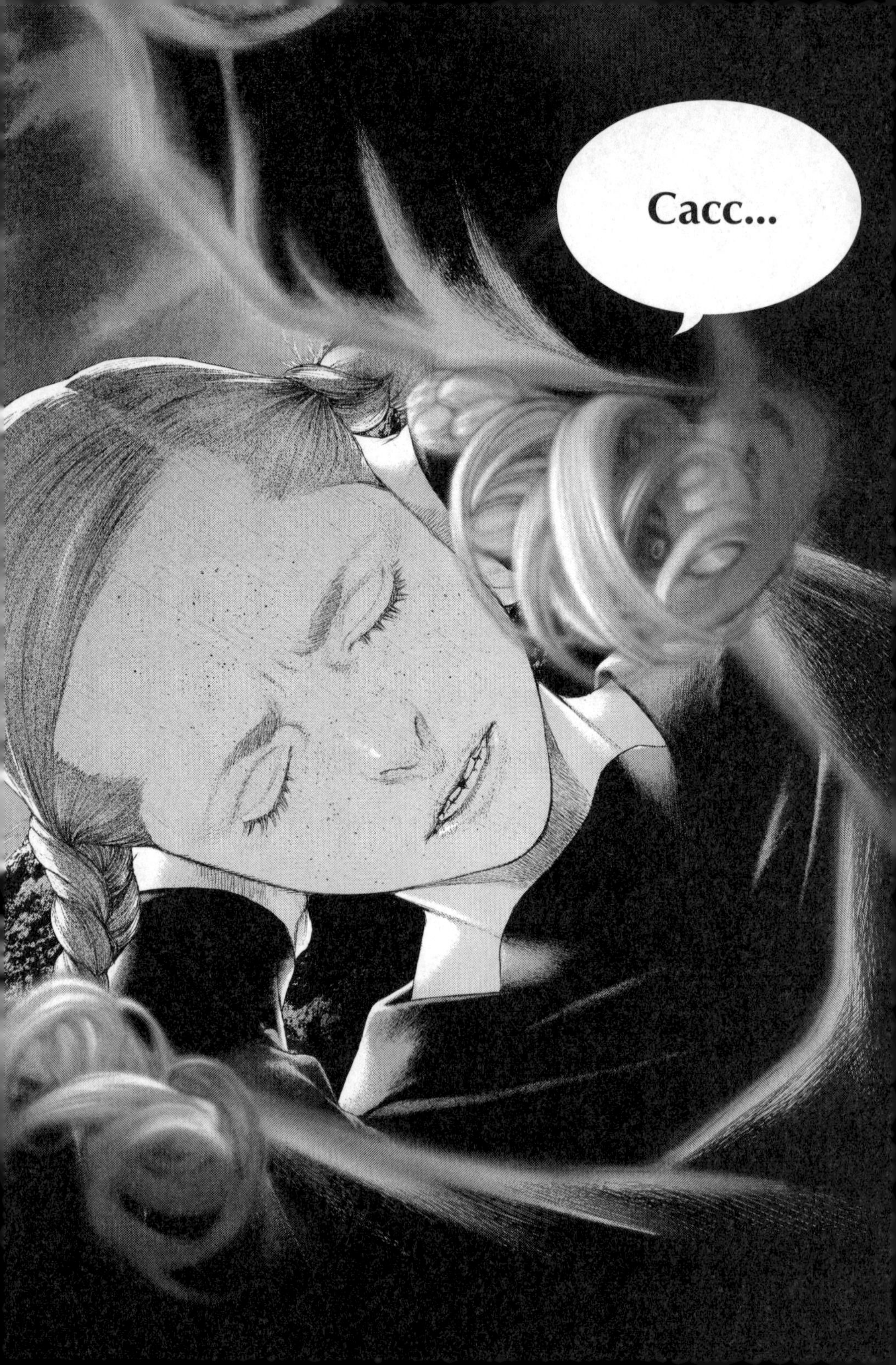
Cacc...

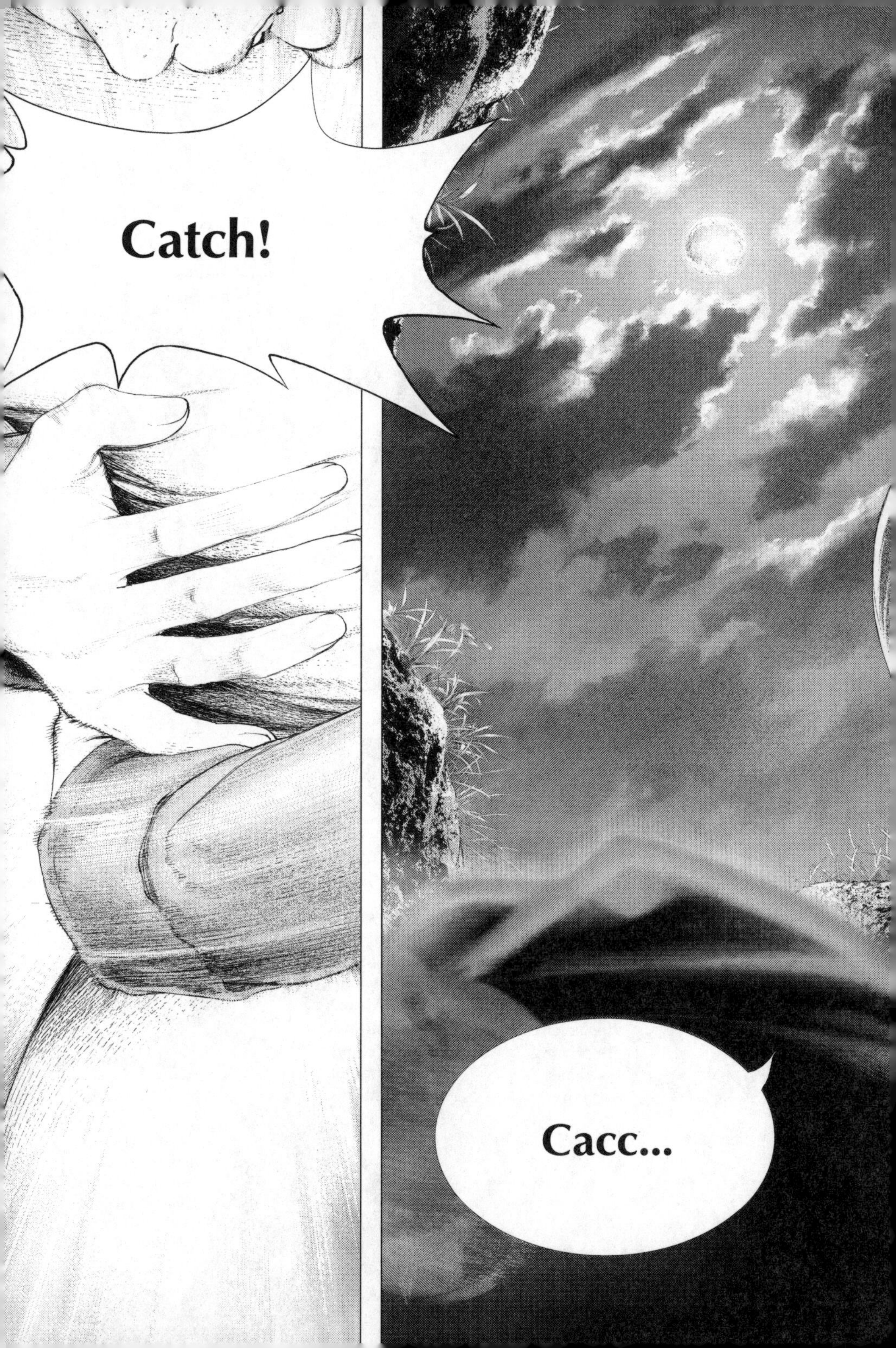
Catch!
Cacc...

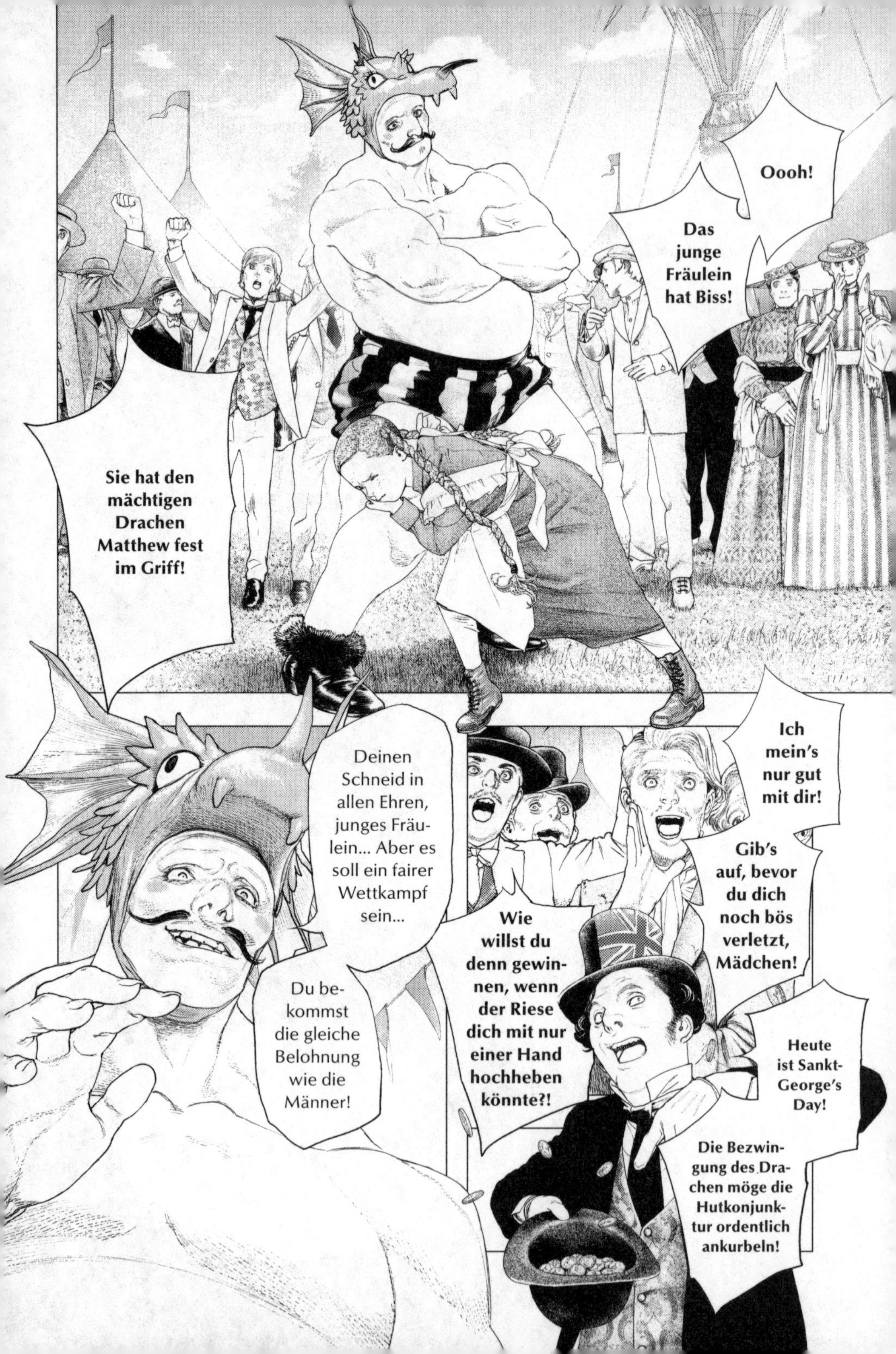
Oooh!
Das junge Fräulein hat Biss!
Sie hat den mächtigen Drachen Matthew fest im Griff!
Ich mein's nur gut mit dir!
Gib's auf, bevor du dich noch bös verletzt, Mädchen!
Heute ist Sankt-George's Day!
Die Bezwingung des Drachen möge die Hutkonjunktur ordentlich ankurbeln!
Wie willst du denn gewinnen, wenn der Riese dich mit nur einer Hand hochheben könnte?!
Deinen Schneid in allen Ehren, junges Fräulein... Aber es soll ein fairer Wettkampf sein...
Du bekommst die gleiche Belohnung wie die Männer!

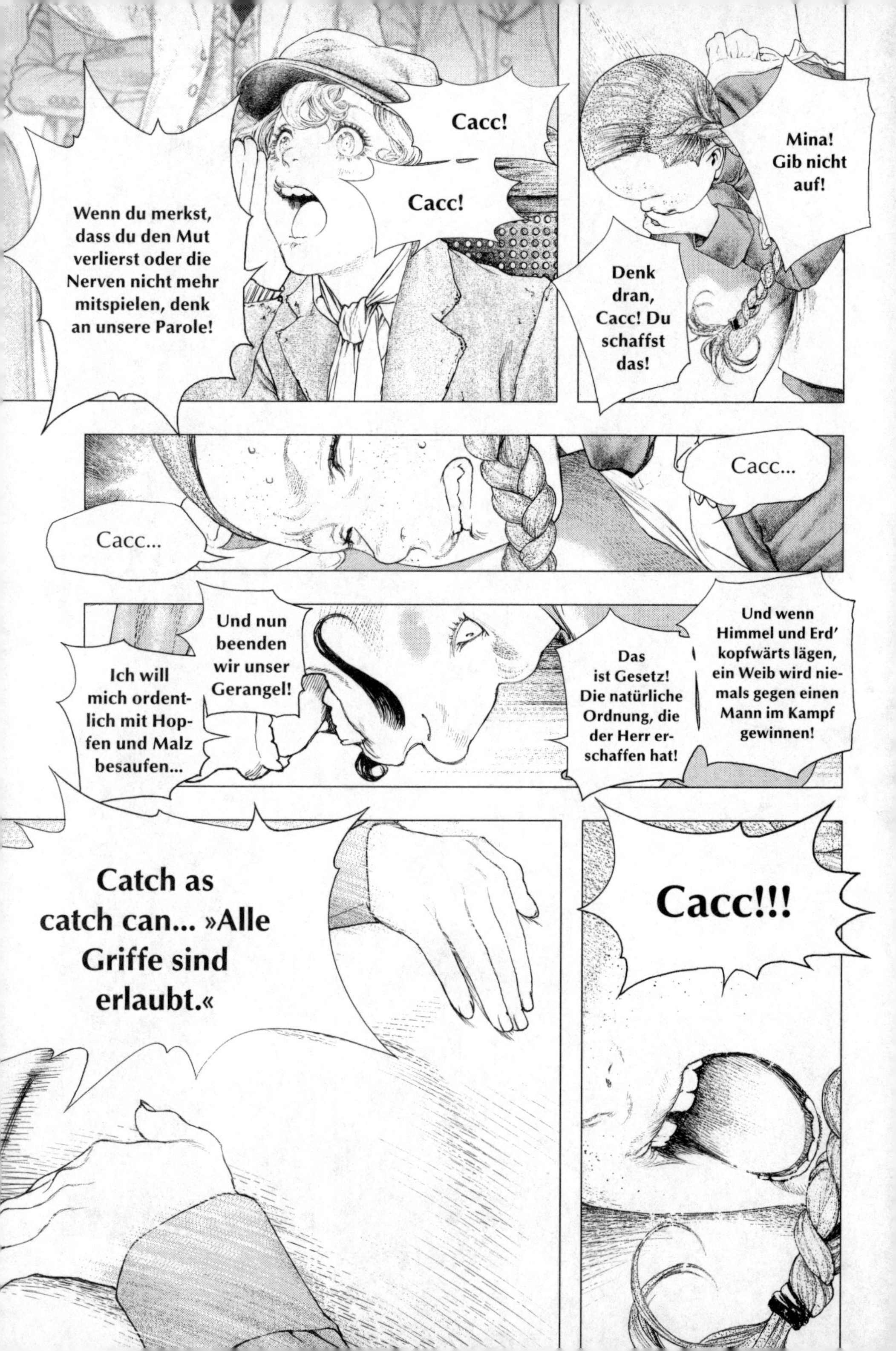

Mina! Gib nicht auf!
Denk dran, Cacc! Du schaffst das!
Cacc!
Cacc!
Wenn du merkst, dass du den Mut verlierst oder die Nerven nicht mehr mitspielen, denk an unsere Parole!
Cacc...
Cacc...
Und wenn Himmel und Erd' kopfwärts lägen, ein Weib wird niemals gegen einen Mann im Kampf gewinnen!
Das ist Gesetz! Die natürliche Ordnung, die der Herr erschaffen hat!
Und nun beenden wir unser Gerangel!
Ich will mich ordentlich mit Hopfen und Malz besaufen...
Cacc!!!
Catch as catch can... »Alle Griffe sind erlaubt.«

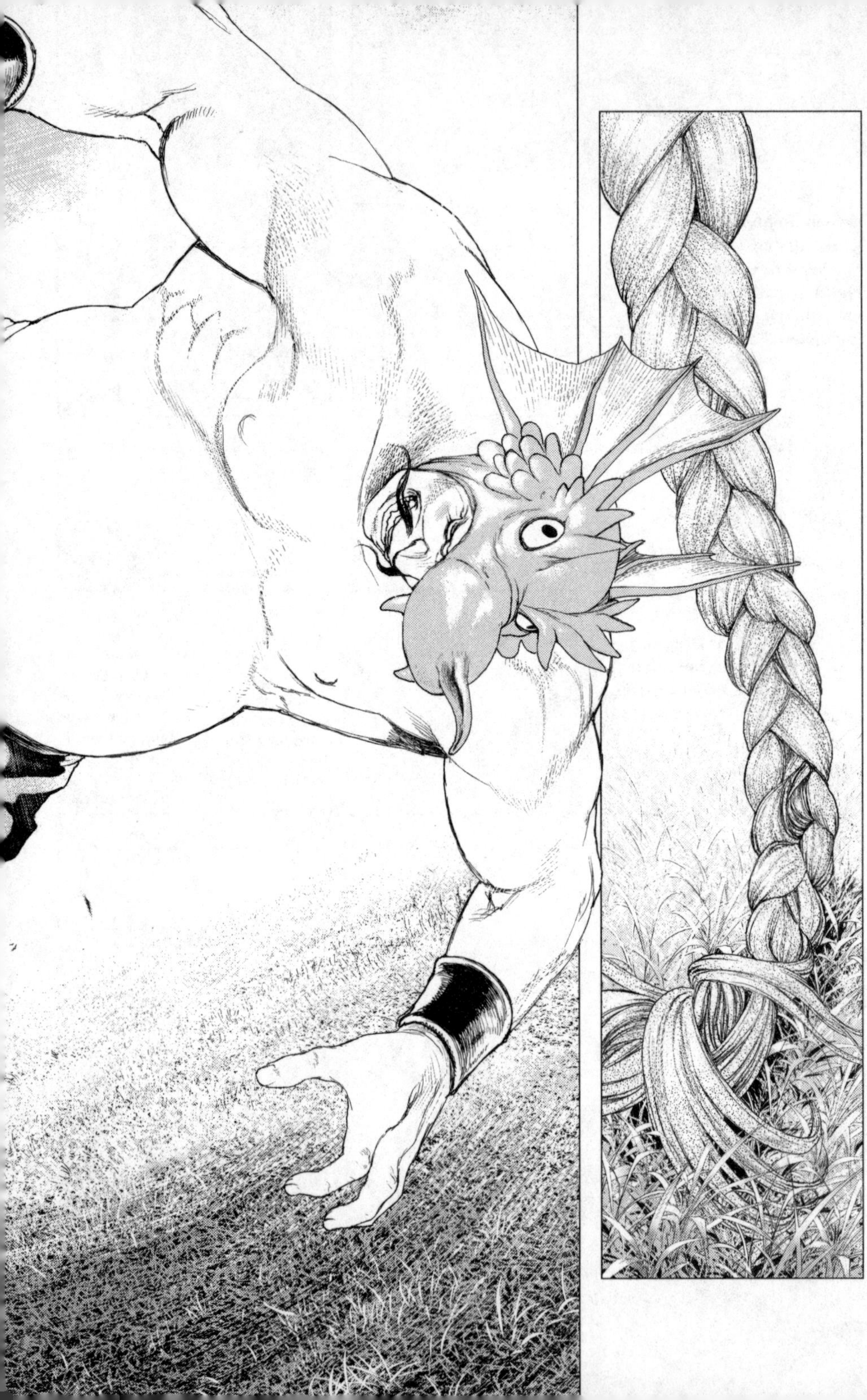

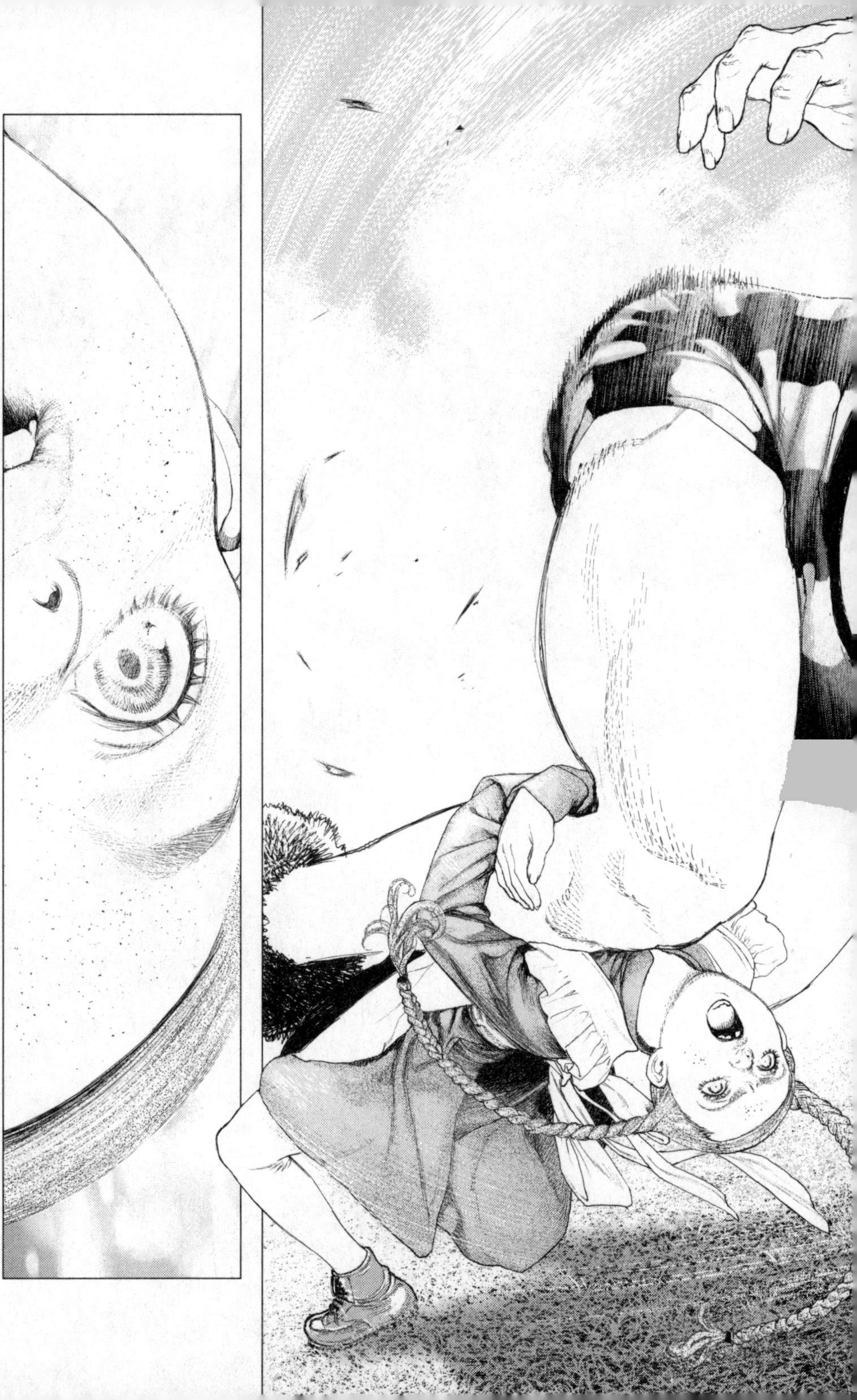

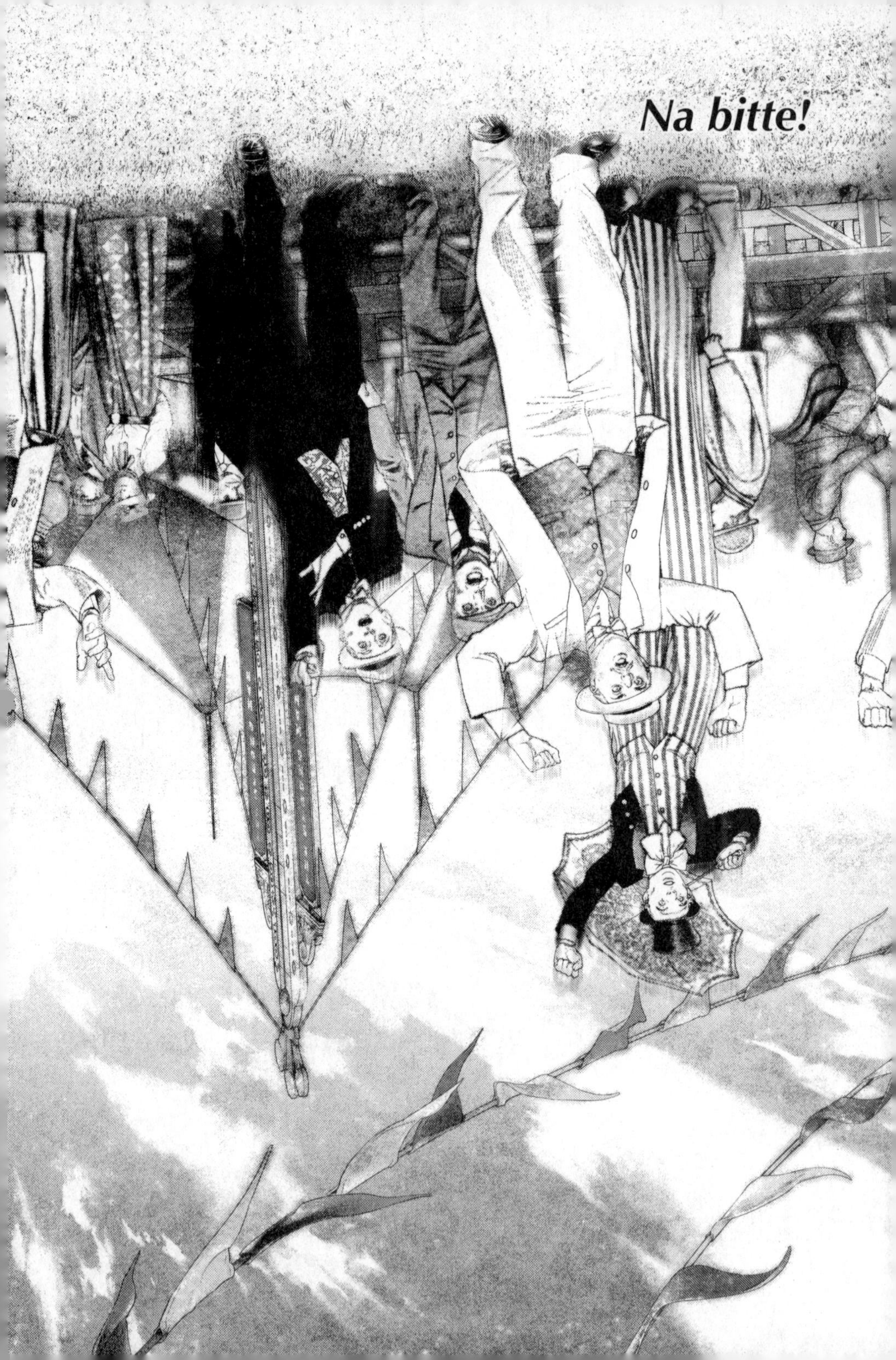
Na bitte!

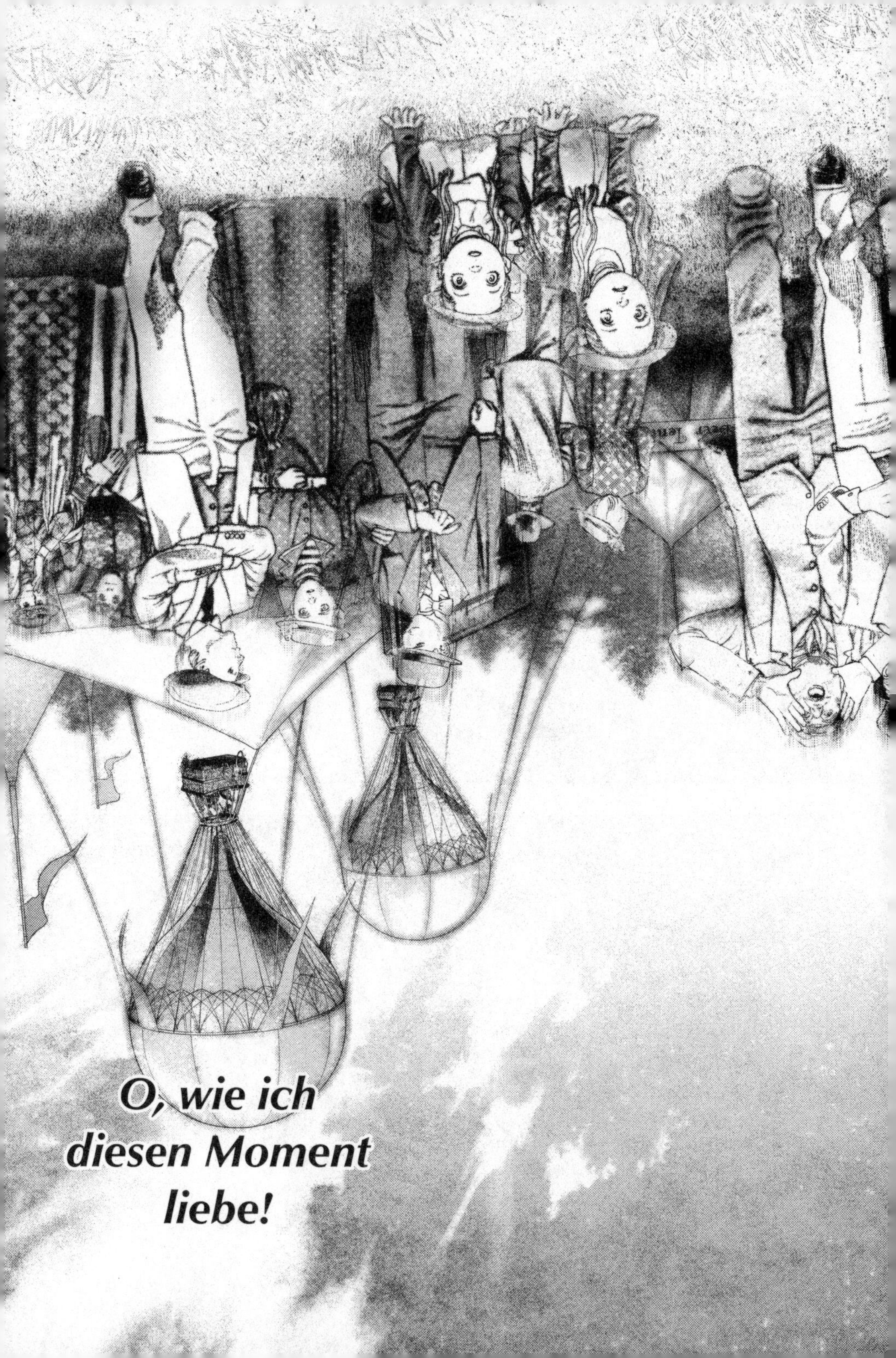
O, wie ich diesen Moment liebe!

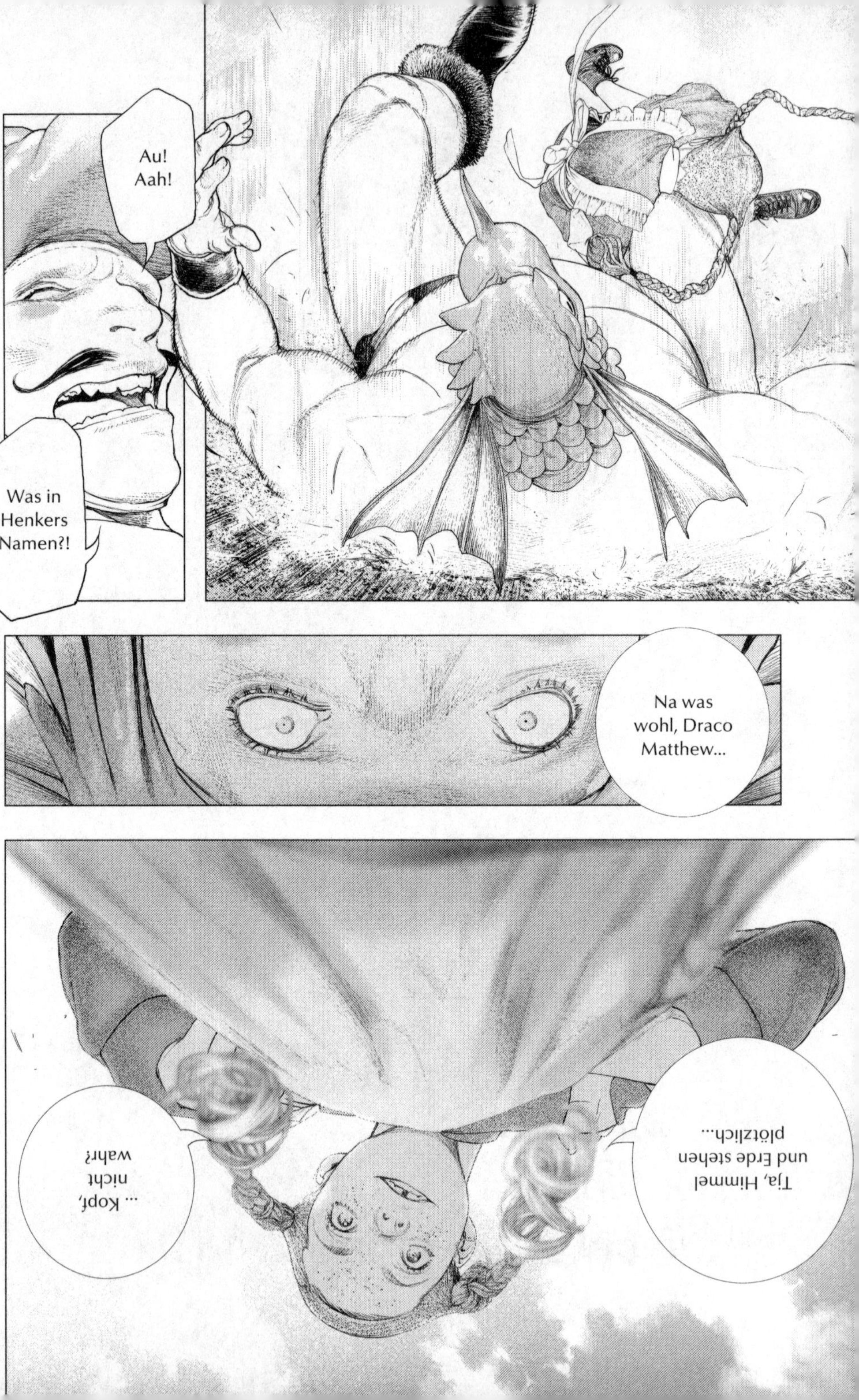
Au! Aah!
Was in Henkers Namen?!
Na was wohl, Draco Matthew...
Tja, Himmel und Erde stehen plötzlich...
... Kopf, nicht wahr?

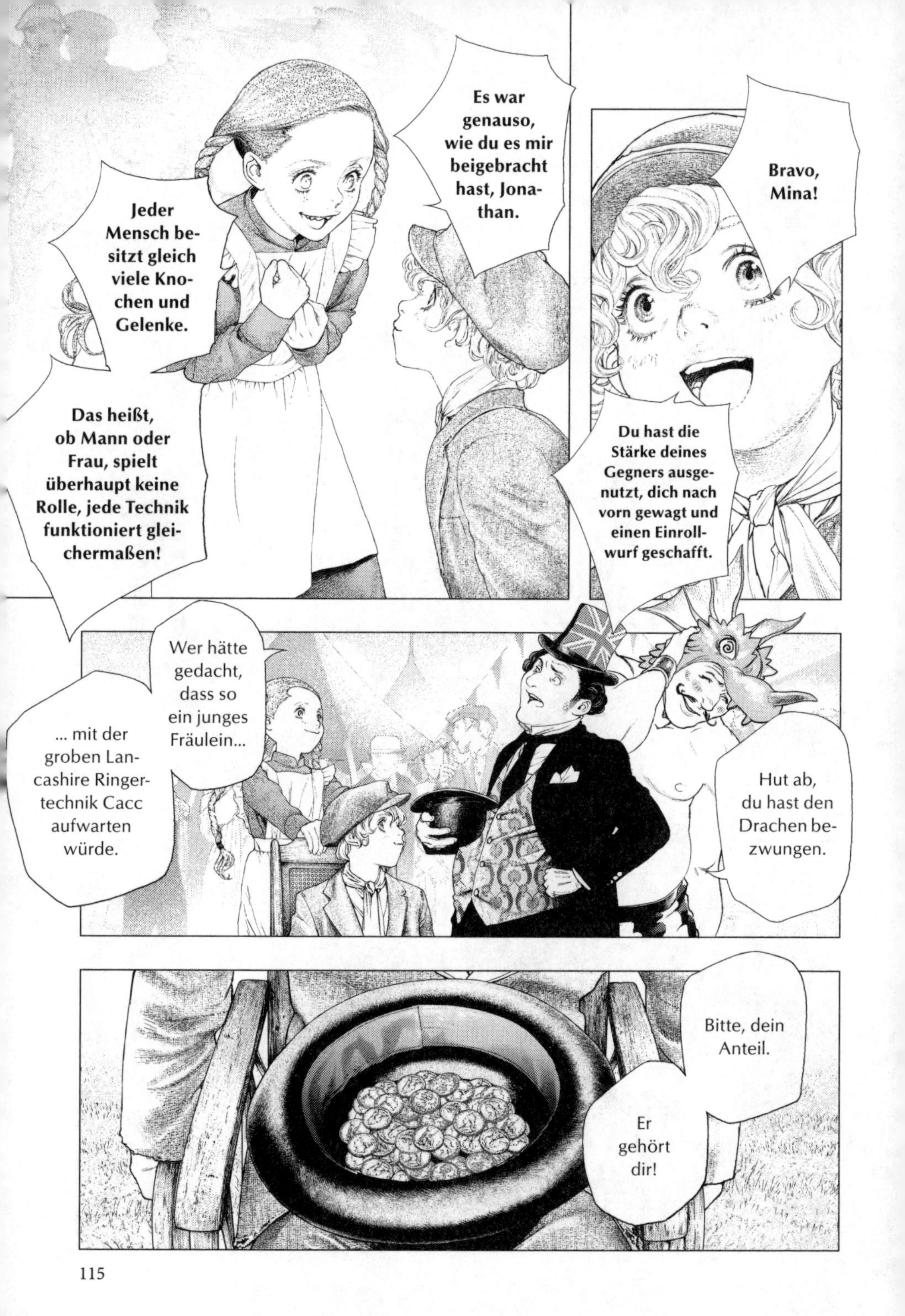
Bravo, Mina!
Du hast die Stärke deines Gegners ausgenutzt, dich nach vorn gewagt und einen Einrollwurf geschafft.
Es war genauso, wie du es mir beigebracht hast, Jonathan.
Jeder Mensch besitzt gleich viele Knochen und Gelenke.
Das heißt, ob Mann oder Frau, spielt überhaupt keine Rolle, jede Technik funktioniert gleichermaßen!
Hut ab, du hast den Drachen bezwungen.
Wer hätte gedacht, dass so ein junges Fräulein...
... mit der groben Lancashire Ringertechnik Cacc aufwarten würde.
Bitte, dein Anteil.
Er gehört dir!

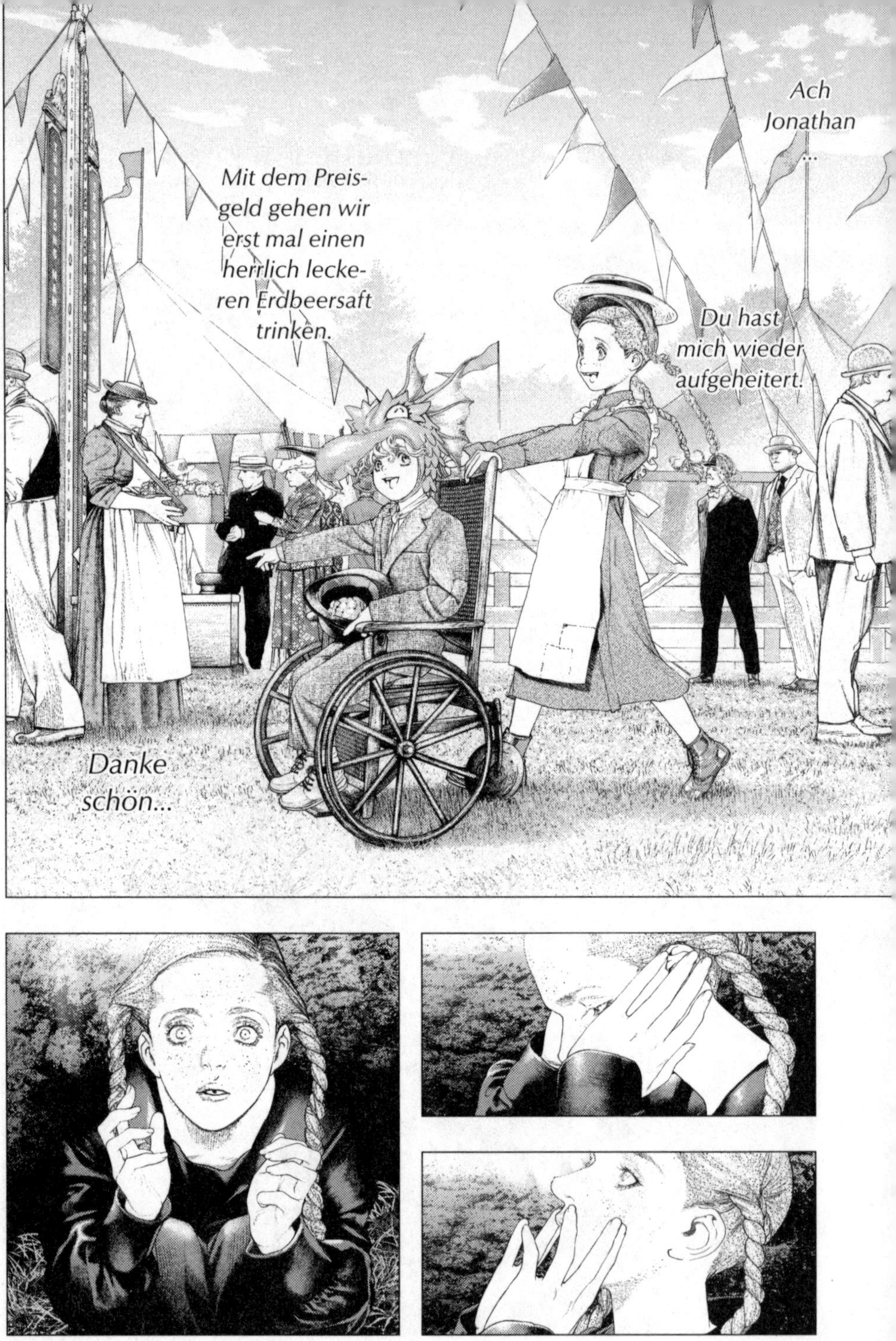
Ach Jonathan ...
Du hast mich wieder aufgeheitert.
Mit dem Preisgeld gehen wir erst mal einen herrlich leckeren Erdbeersaft trinken.
Danke schön...

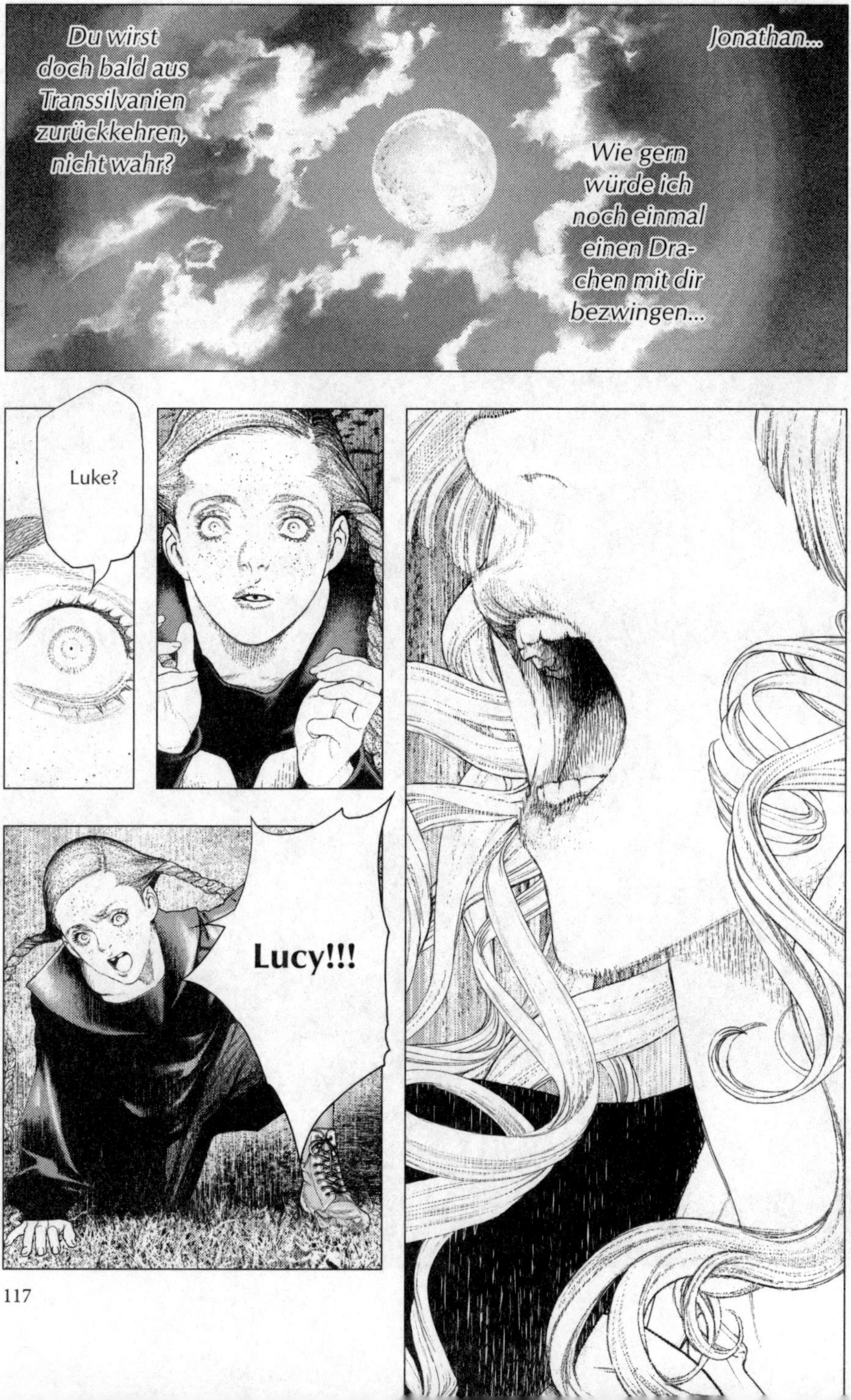
Jonathan...
Du wirst doch bald aus Transsilvanien zurückkehren, nicht wahr?
Wie gern würde ich noch einmal einen Drachen mit dir bezwingen...
Luke?
Lucy!!!

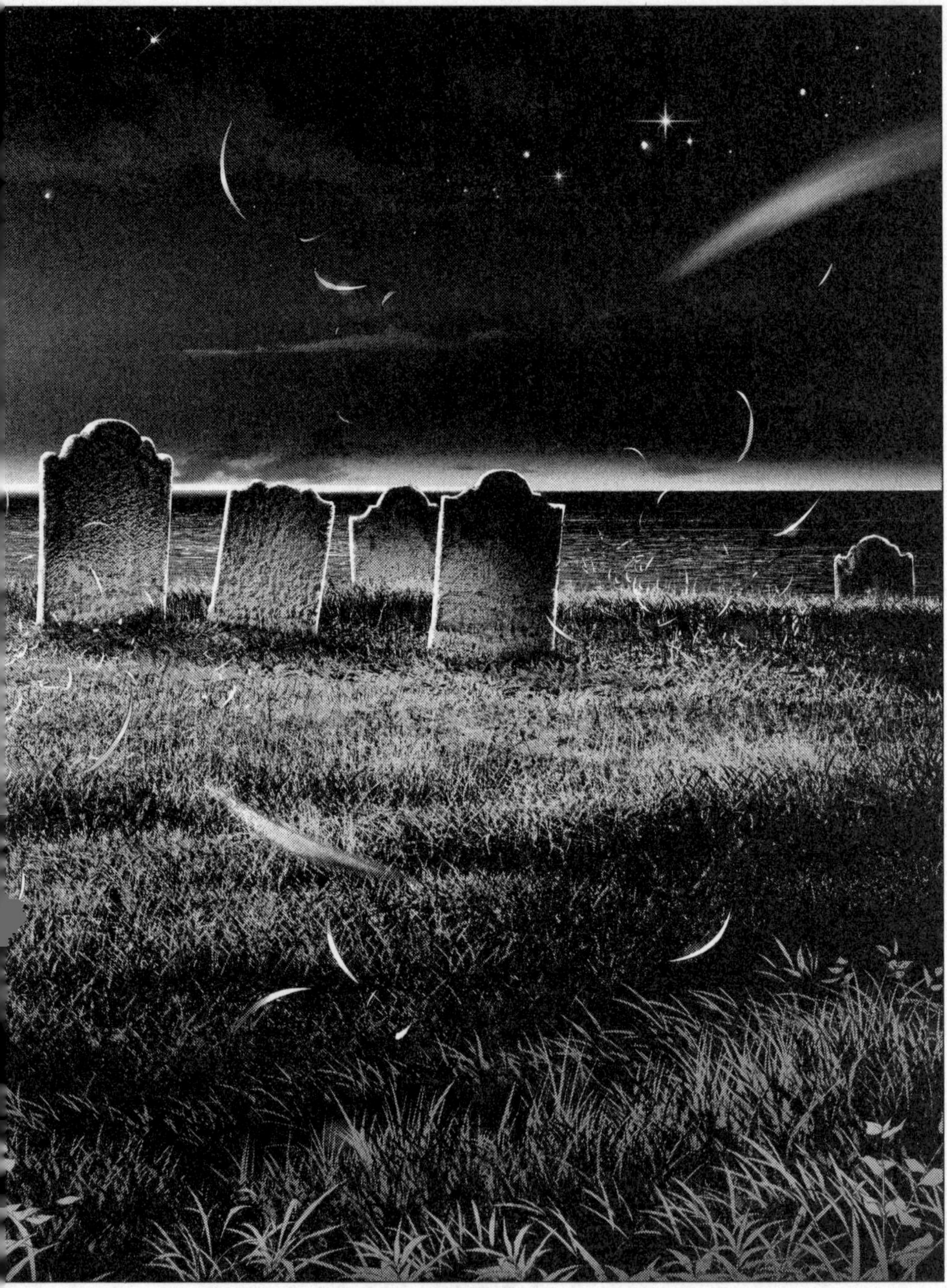

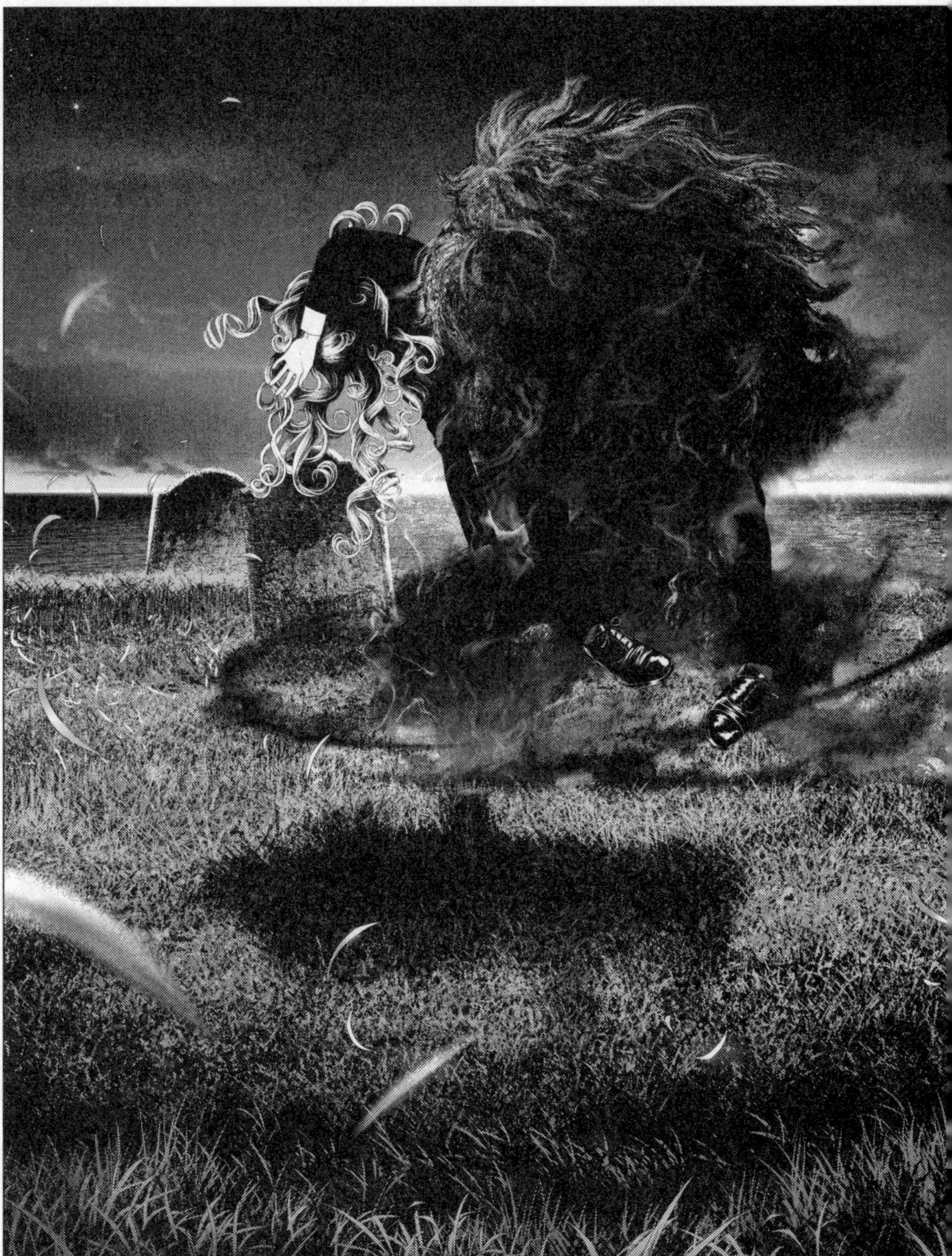

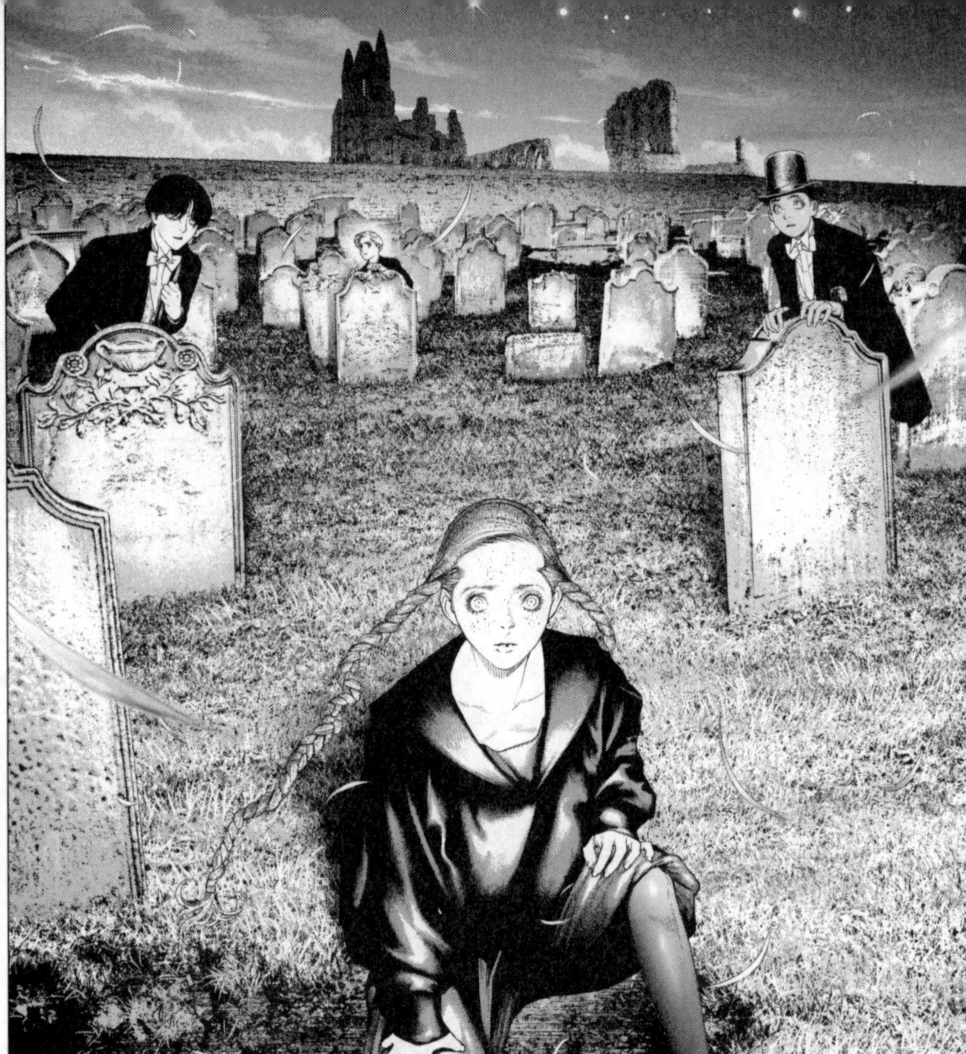

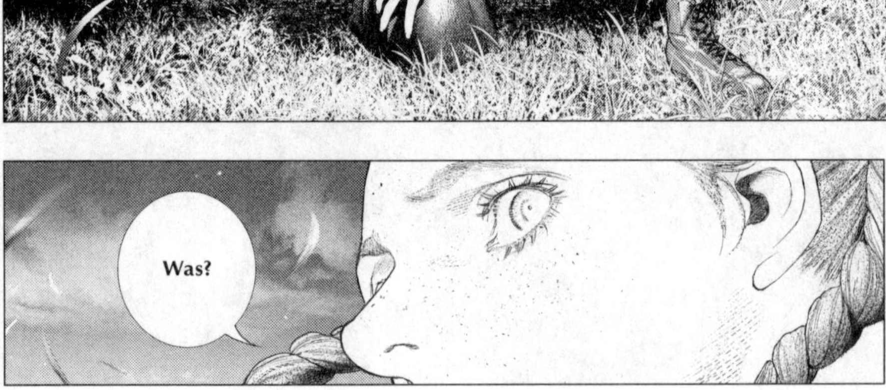
Was?

7. August Mina Murrays Tagebuch

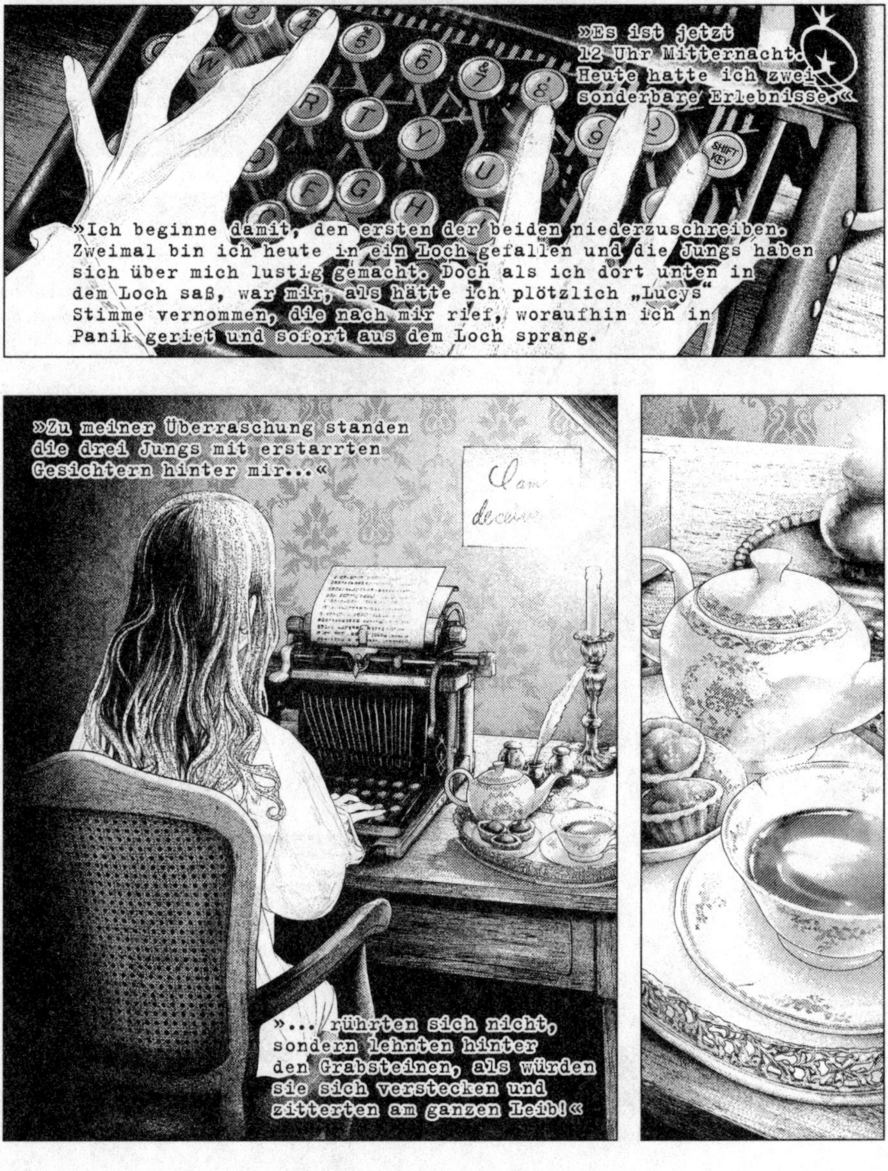

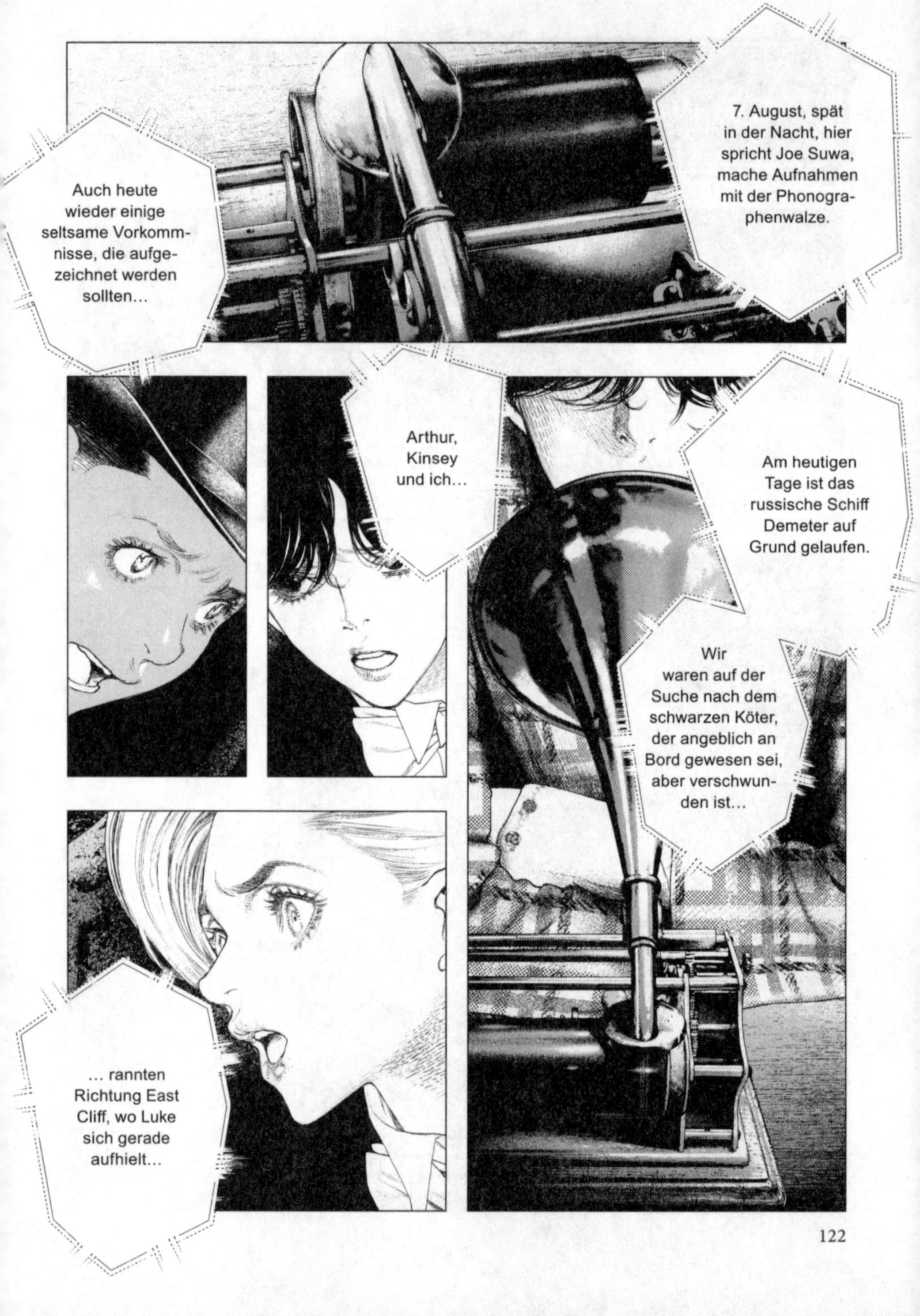
7. August, spät in der Nacht, hier spricht Joe Suwa, mache Aufnahmen mit der Phonographenwalze.
Auch heute wieder einige seltsame Vorkommnisse, die aufgezeichnet werden sollten…
Am heutigen Tage ist das russische Schiff Demeter auf Grund gelaufen.
Wir waren auf der Suche nach dem schwarzen Köter, der angeblich an Bord gewesen sei, aber verschwunden ist…
Arthur, Kinsey und ich…
… rannten Richtung East Cliff, wo Luke sich gerade aufhielt…

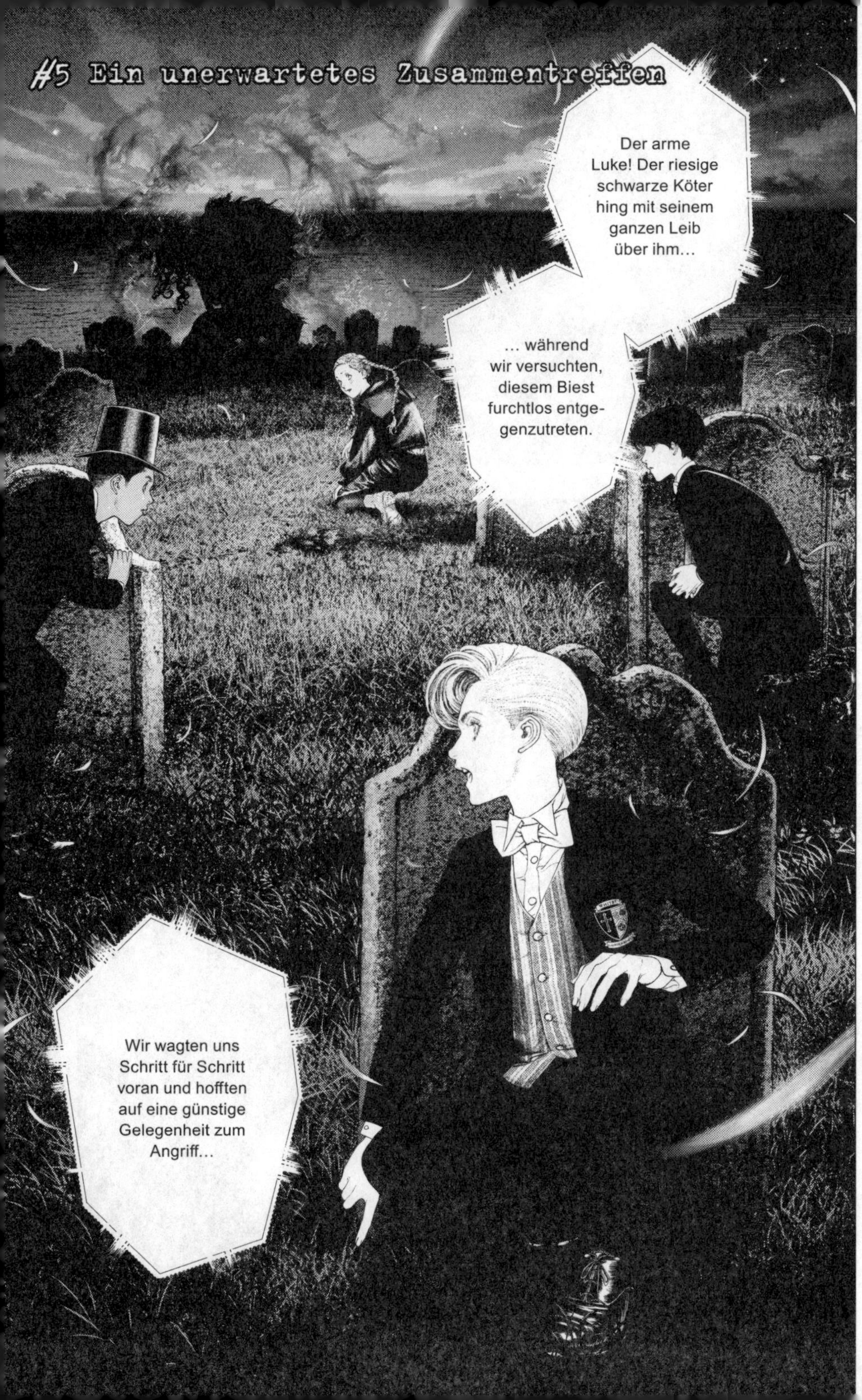
#5 Ein unerwartetes Zusammentreffen
Der arme Luke! Der riesige schwarze Köter hing mit seinem ganzen Leib über ihm…
… während wir versuchten, diesem Biest furchtlos entgegenzutreten.
Wir wagten uns Schritt für Schritt voran und hofften auf eine günstige Gelegenheit zum Angriff…

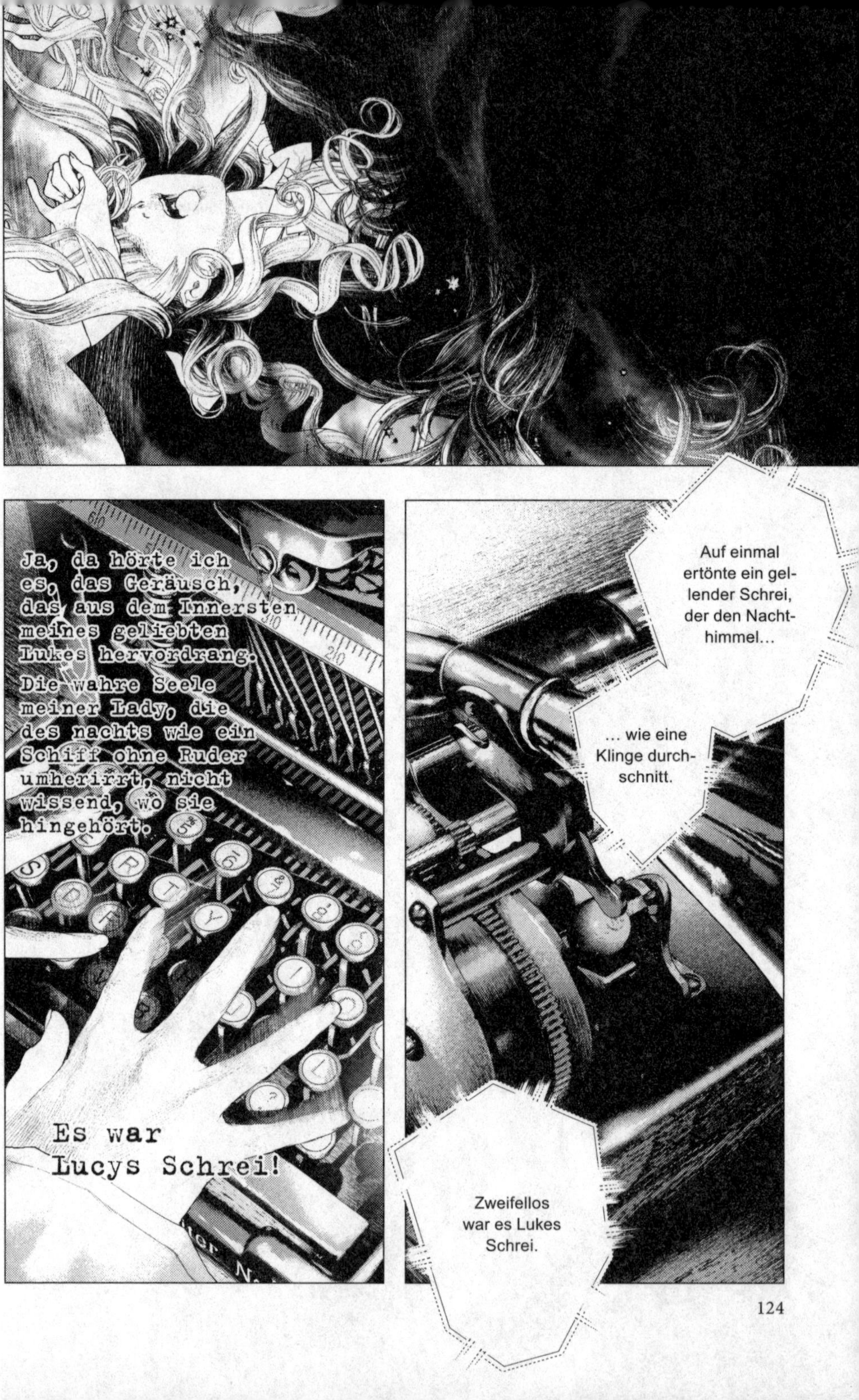
Auf einmal ertönte ein gellender Schrei, der den Nachthimmel…
… wie eine Klinge durchschnitt.
Zweifellos war es Lukes Schrei.
Ja, da hörte ich es, das Geräusch, das aus dem Innersten meines geliebten Lukes hervordrang.
Die wahre Seele meiner Lady, die des nachts wie ein Schiff ohne Ruder umherirrt, nicht wissend, wo sie hingehört.
Es war Lucys Schrei!

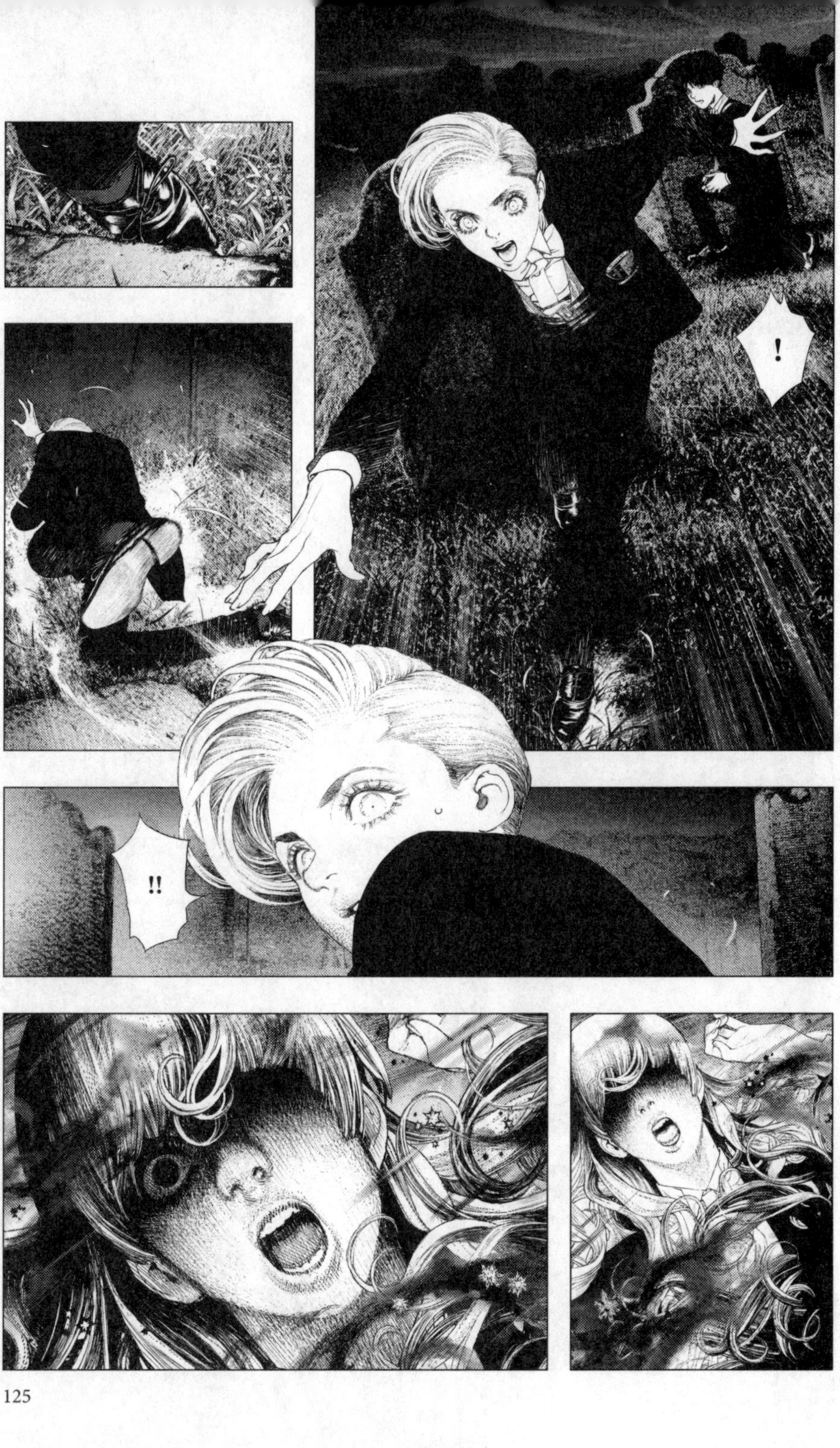

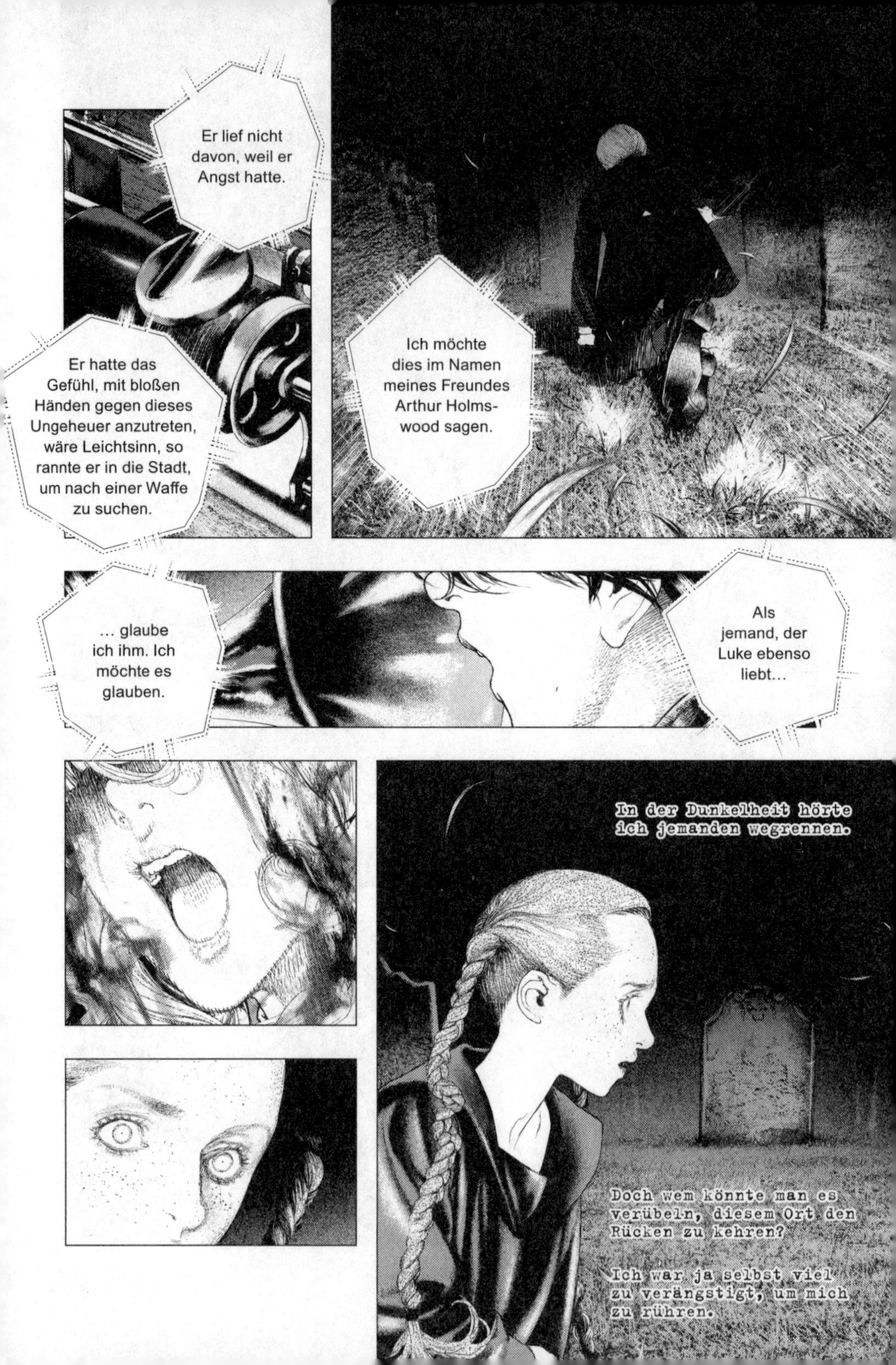
Er lief nicht davon, weil er Angst hatte.
Er hatte das Gefühl, mit bloßen Händen gegen dieses Ungeheuer anzutreten, wäre Leichtsinn, so rannte er in die Stadt, um nach einer Waffe zu suchen.
Ich möchte dies im Namen meines Freundes Arthur Holms-wood sagen.
… glaube ich ihm. Ich möchte es glauben.
Als jemand, der Luke ebenso liebt…
In der Dunkelheit hörte ich jemanden wegrennen.
Doch wem könnte man es verübeln, diesem Ort den Rücken zu kehren?
Ich war ja selbst viel zu verängstigt, um mich zu rühren.

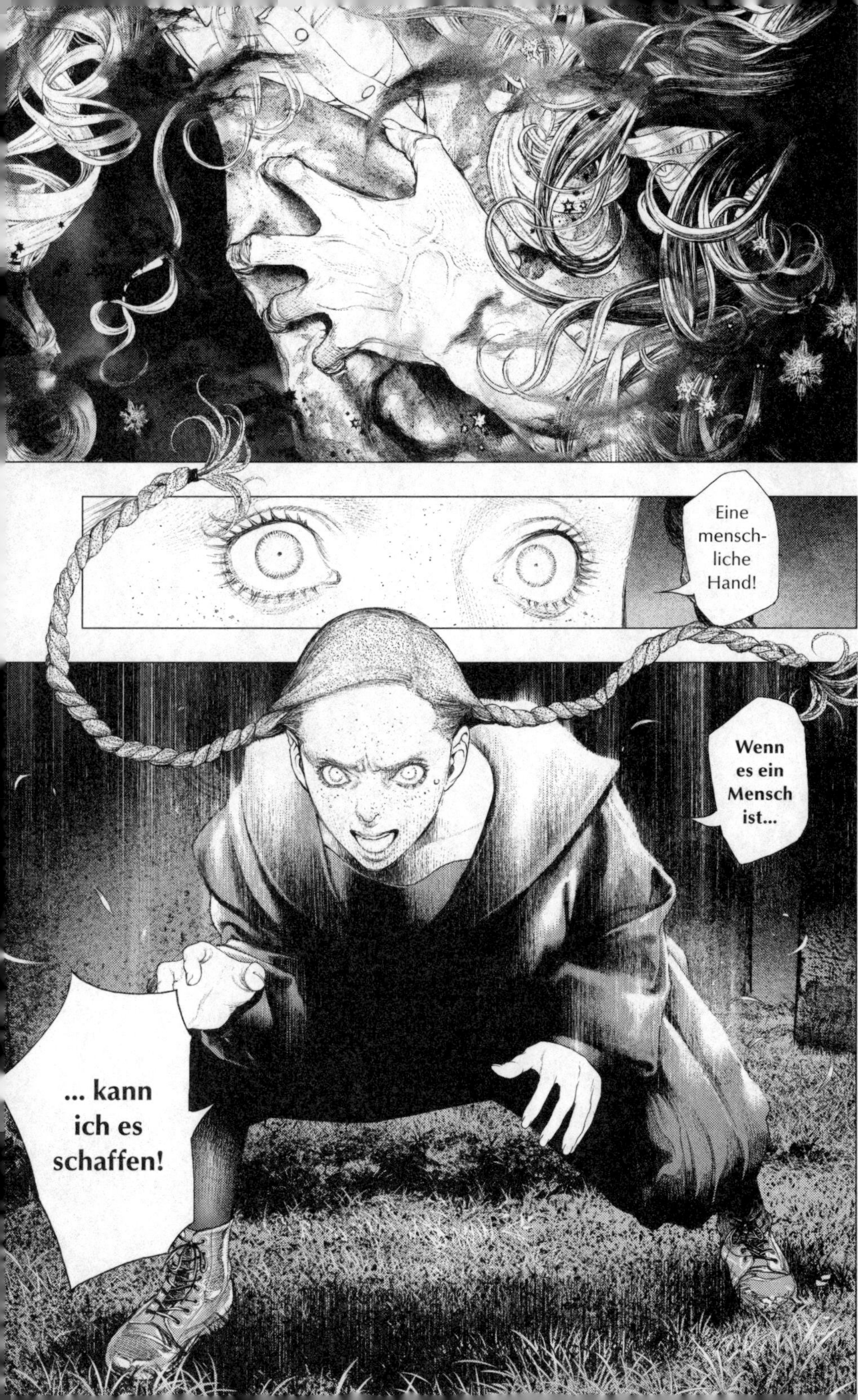
Eine mensch-liche Hand!
Wenn es ein Mensch ist...
... kann ich es schaffen!

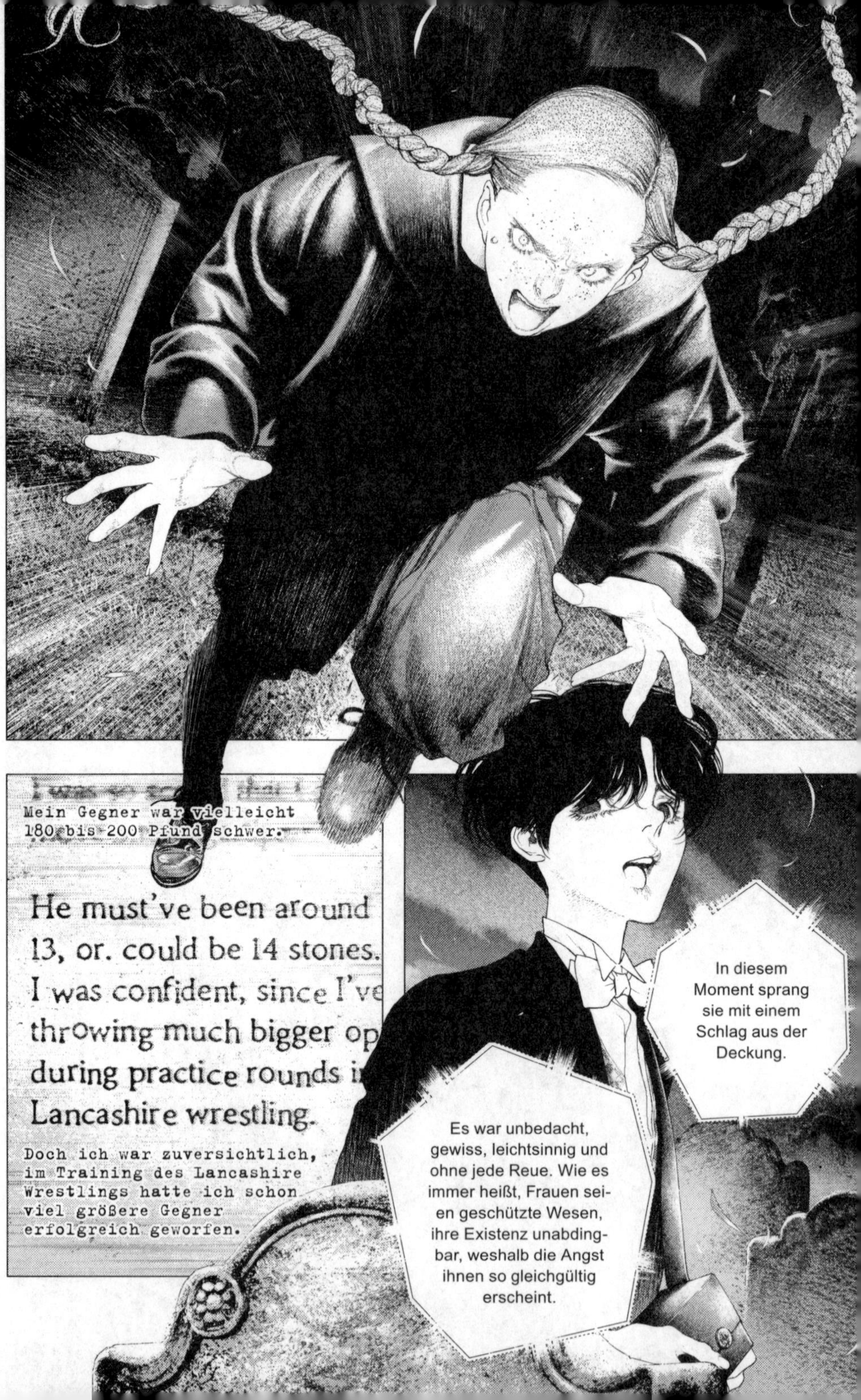

Mein Gegner war vielleicht 180 bis 200 Pfund schwer.
He must've been around 13, or. could be 14 stones. I was confident, since I've throwing much bigger op during practice rounds i Lancashire wrestling.
Doch ich war zuversichtlich, im Training des Lancashire Wrestlings hatte ich schon viel größere Gegner erfolgreich geworfen.
In diesem Moment sprang sie mit einem Schlag aus der Deckung.
Es war unbedacht, gewiss, leichtsinnig und ohne jede Reue. Wie es immer heißt, Frauen seien geschützte Wesen, ihre Existenz unabdingbar, weshalb die Angst ihnen so gleichgültig erscheint.

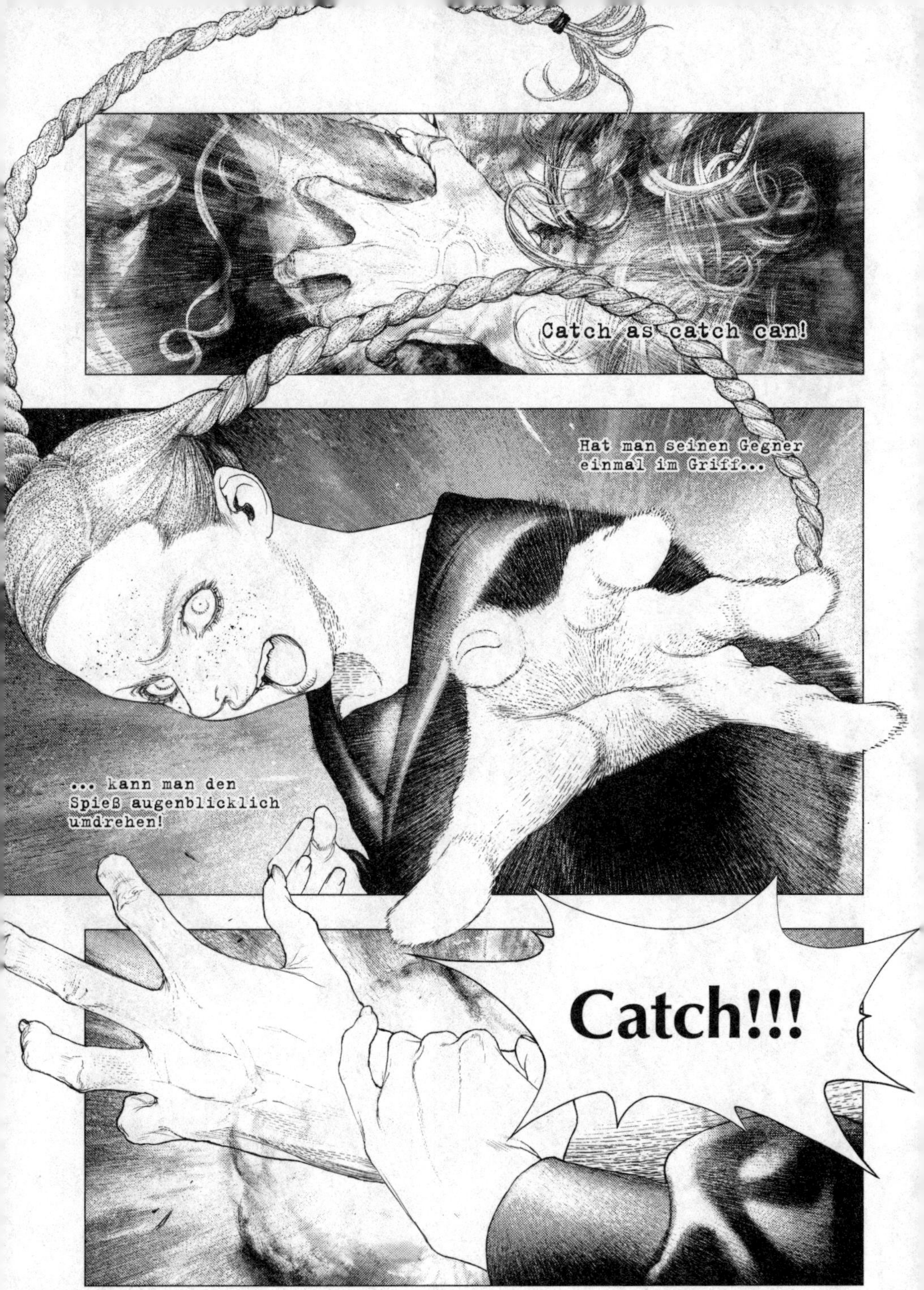
Catch as catch can!
Hat man seinen Gegner einmal im Griff...
... kann man den Spieß augenblicklich umdrehen!
Catch!!!

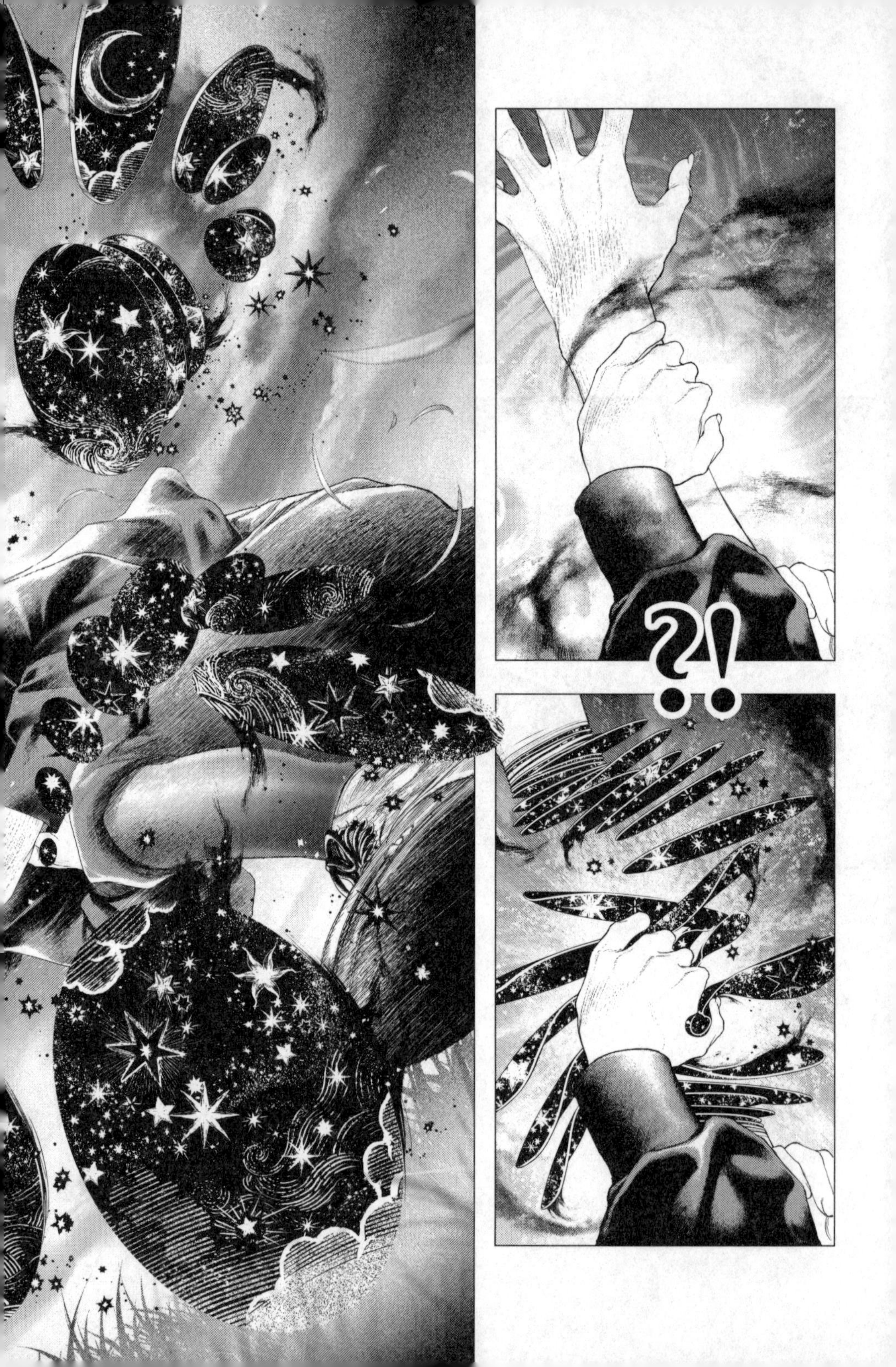

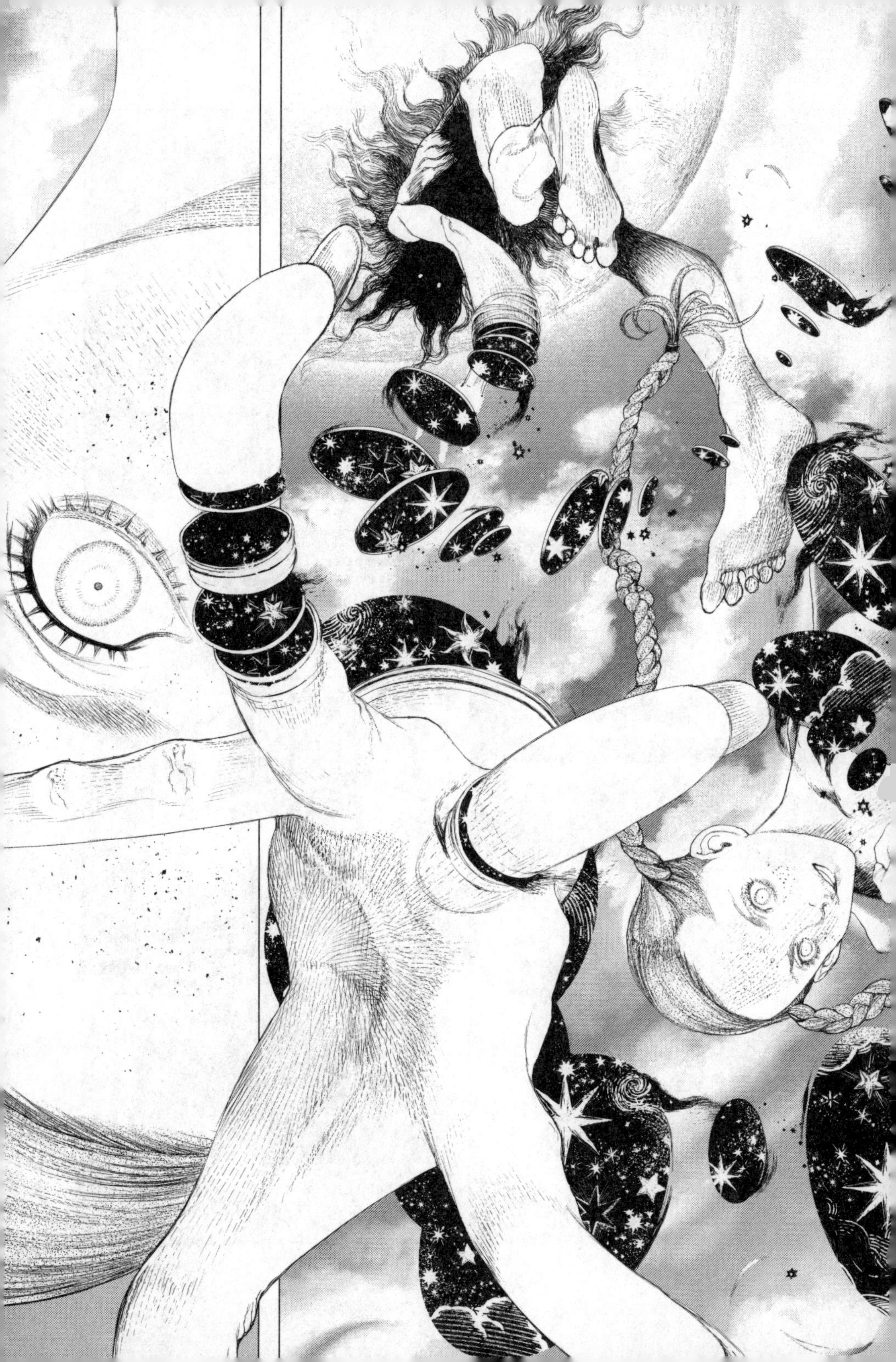

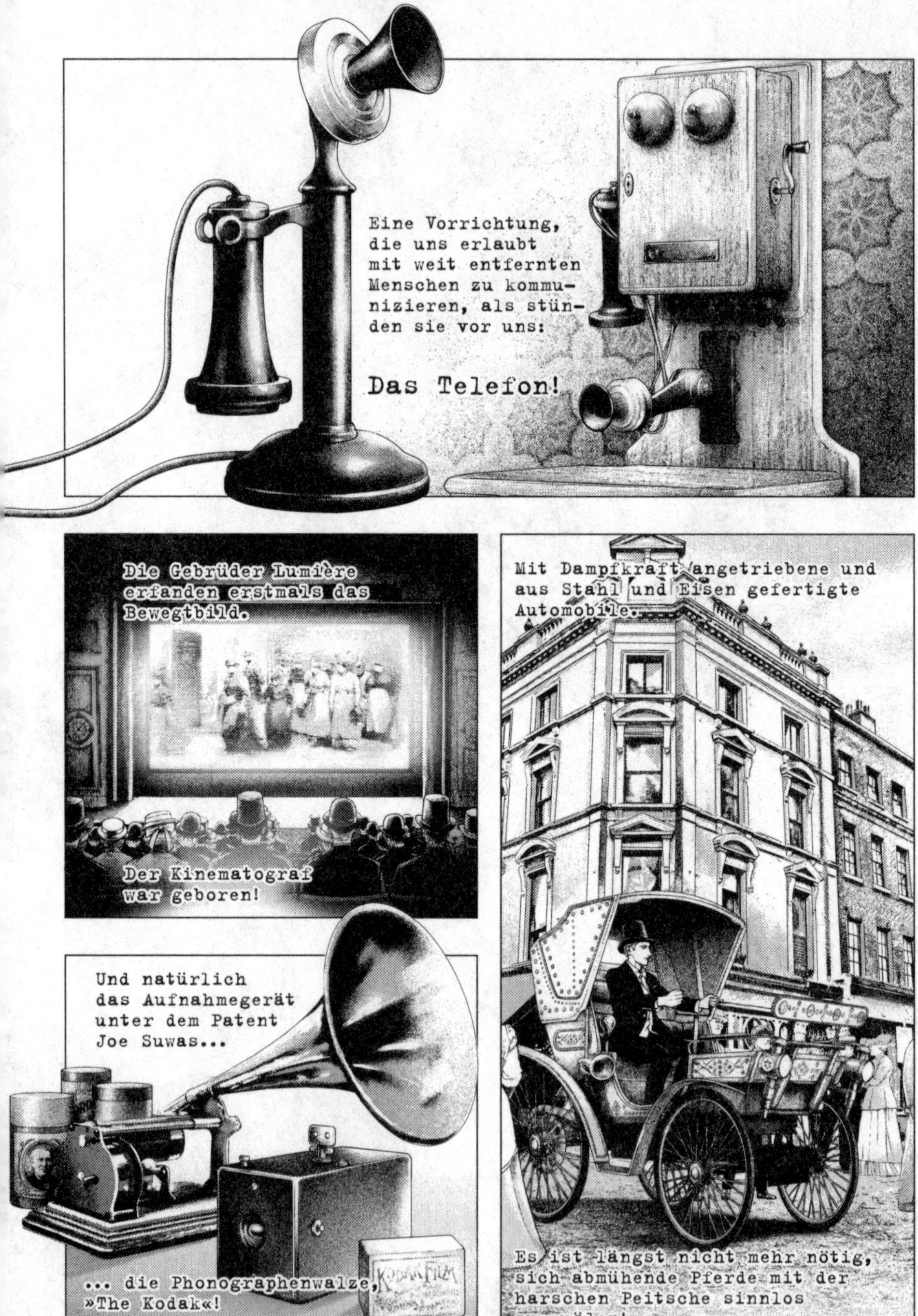
Eine Vorrichtung, die uns erlaubt mit weit entfernten Menschen zu kommunizieren, als stünden sie vor uns:
Das Telefon!
Die Gebrüder Lumière erfanden erstmals das Bewegtbild.
Der Kinematograf war geboren!
Und natürlich das Aufnahmegerät unter dem Patent Joe Suwas...
... die Phonographenwalze, »The Kodak«!
KODAK FILM
Mit Dampfkraft angetriebene und aus Stahl und Eisen gefertigte Automobile.
Es ist längst nicht mehr nötig, sich abmühende Pferde mit der harschen Peitsche sinnlos zu quälen!

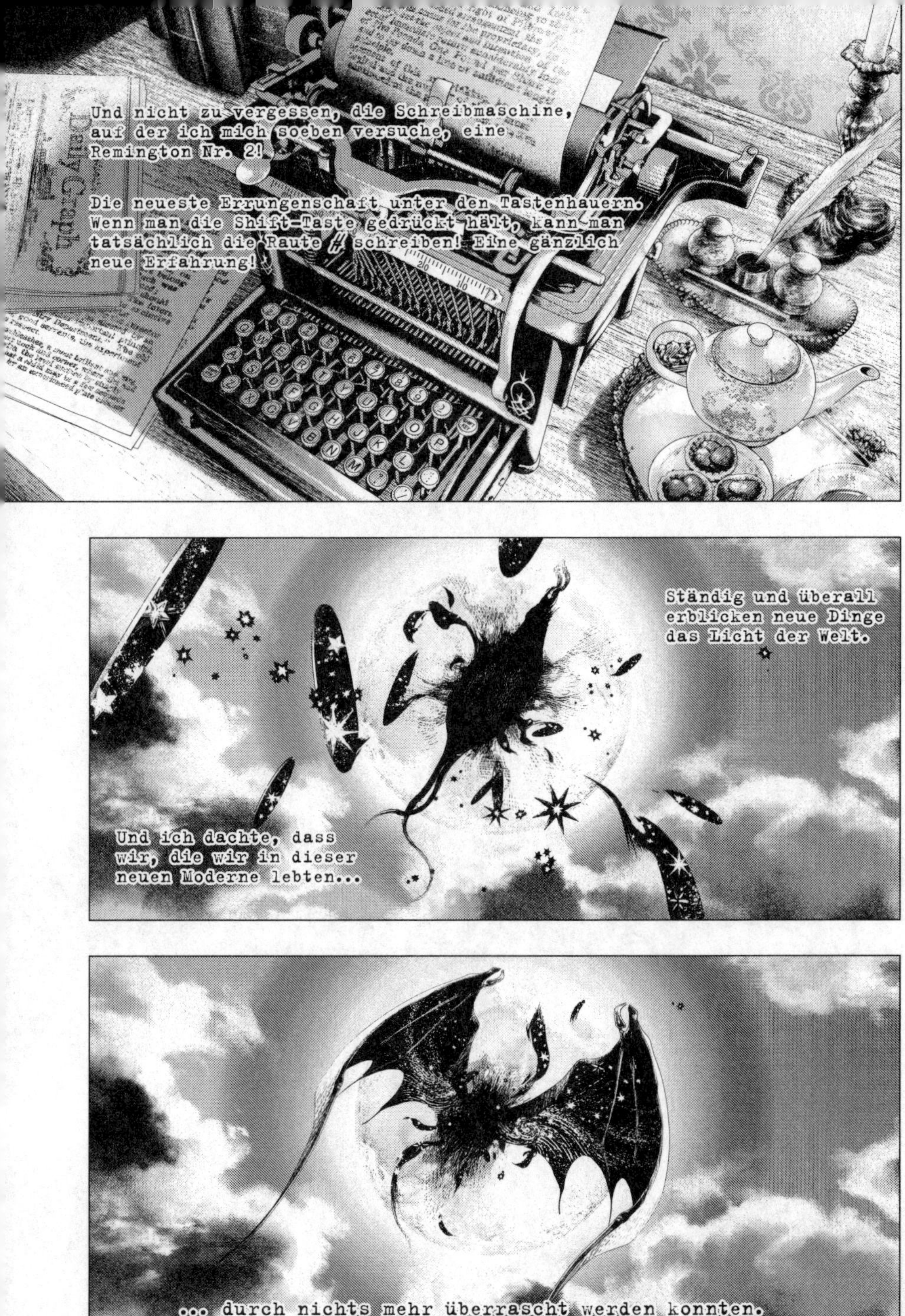
Und nicht zu vergessen, die Schreibmaschine, auf der ich mich soeben versuche, eine Remington Nr. 2!
Die neueste Errungenschaft unter den Tastenhauern. Wenn man die Shift-Taste gedrückt hält, kann man tatsächlich die Raute # schreiben! Eine gänzlich neue Erfahrung!
Ständig und überall erblicken neue Dinge das Licht der Welt.
Und ich dachte, dass wir, die wir in dieser neuen Moderne lebten...
... durch nichts mehr überrascht werden konnten.

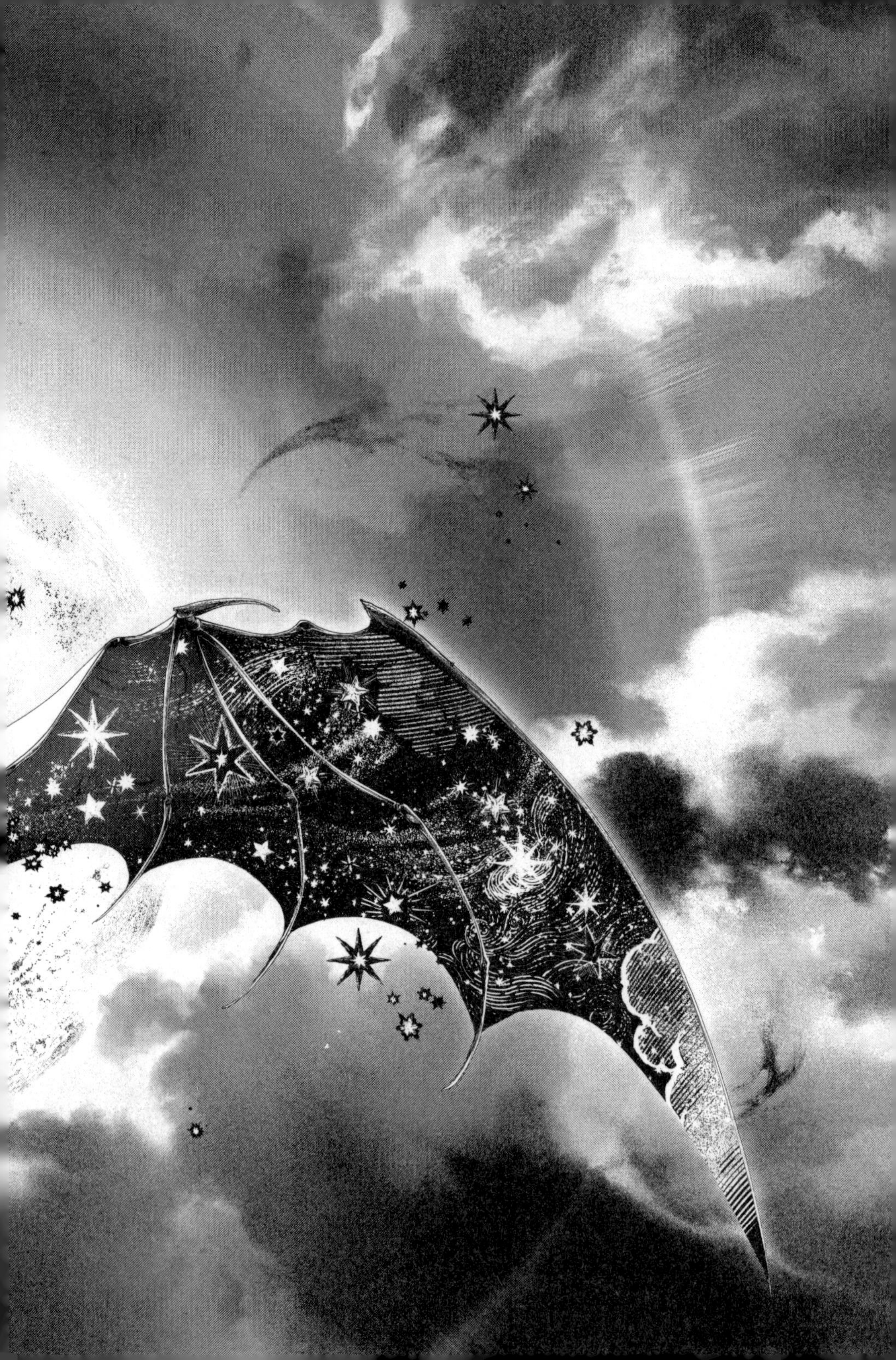

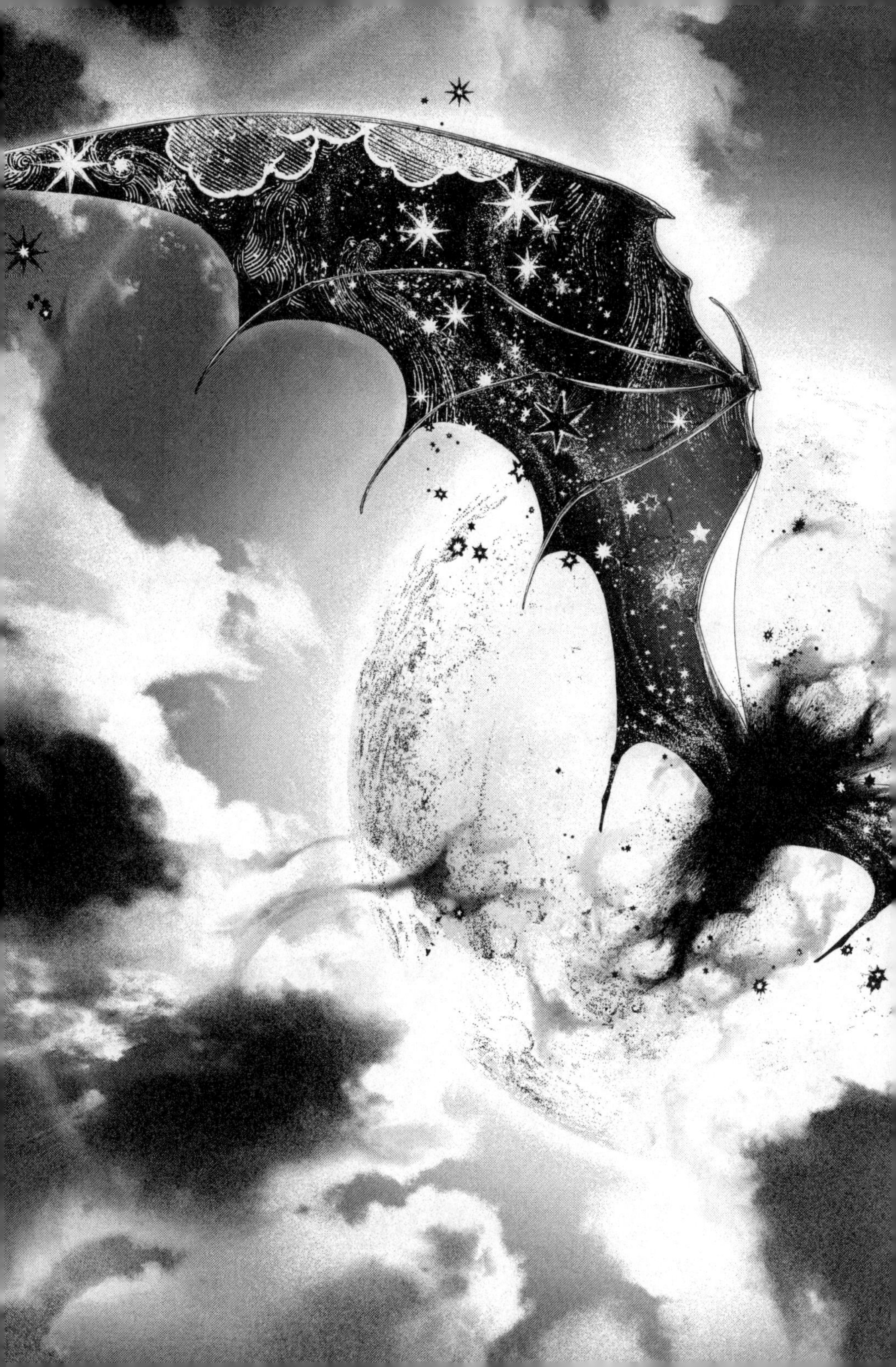

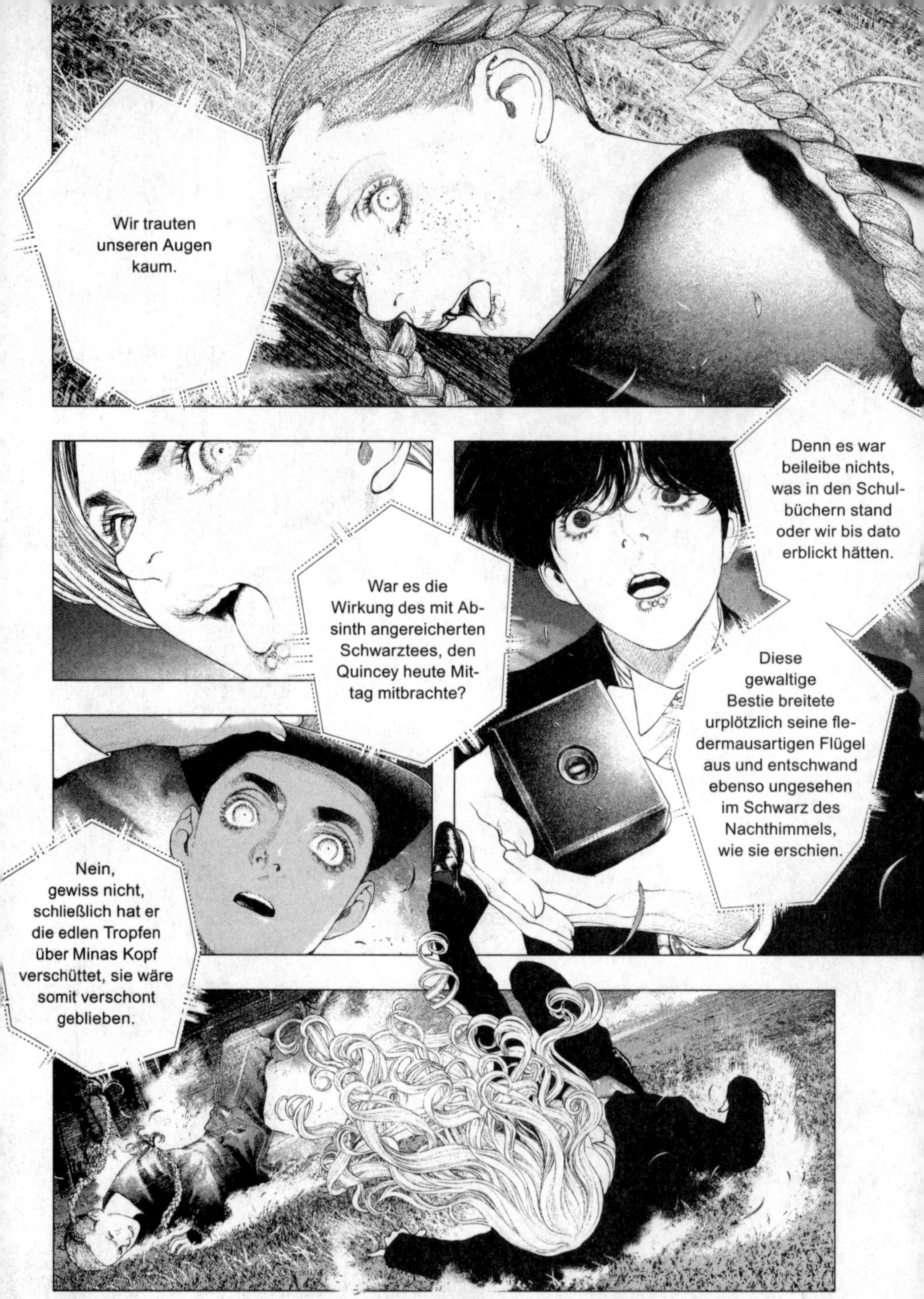

Wir trauten unseren Augen kaum.
Denn es war beileibe nichts, was in den Schulbüchern stand oder wir bis dato erblickt hätten.
Diese gewaltige Bestie breitete urplötzlich seine fledermausartigen Flügel aus und entschwand ebenso ungesehen im Schwarz des Nachthimmels, wie sie erschien.
War es die Wirkung des mit Absinth angereicherten Schwarztees, den Quincey heute Mittag mitbrachte?
Nein, gewiss nicht, schließlich hat er die edlen Tropfen über Minas Kopf verschüttet, sie wäre somit verschont geblieben.

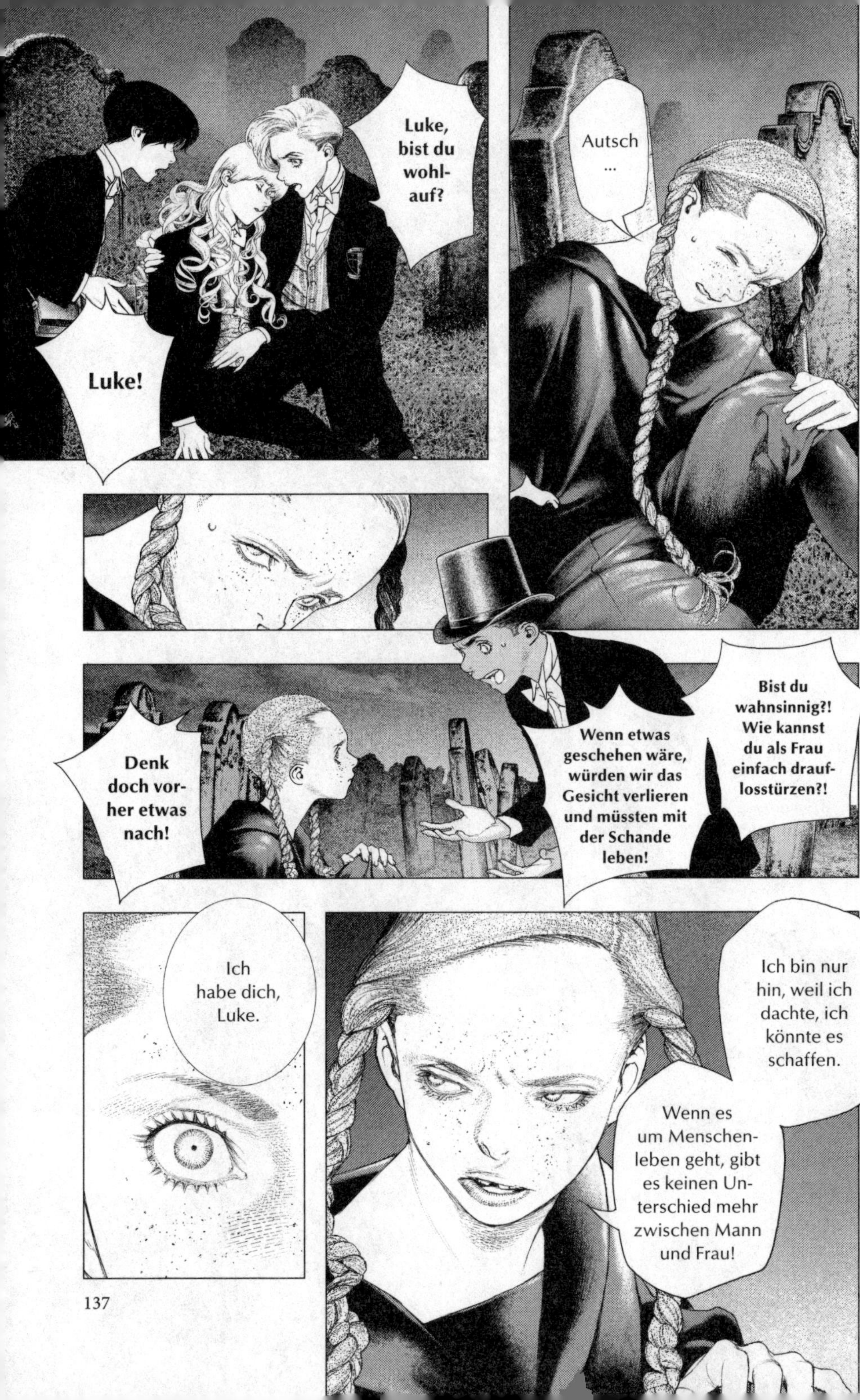
Autsch …
Luke, bist du wohlauf?
Luke!
Bist du wahnsinnig?! Wie kannst du als Frau einfach drauflosstürzen?!
Wenn etwas geschehen wäre, würden wir das Gesicht verlieren und müssten mit der Schande leben!
Denk doch vorher etwas nach!
Ich bin nur hin, weil ich dachte, ich könnte es schaffen.
Wenn es um Menschenleben geht, gibt es keinen Unterschied mehr zwischen Mann und Frau!
Ich habe dich, Luke.

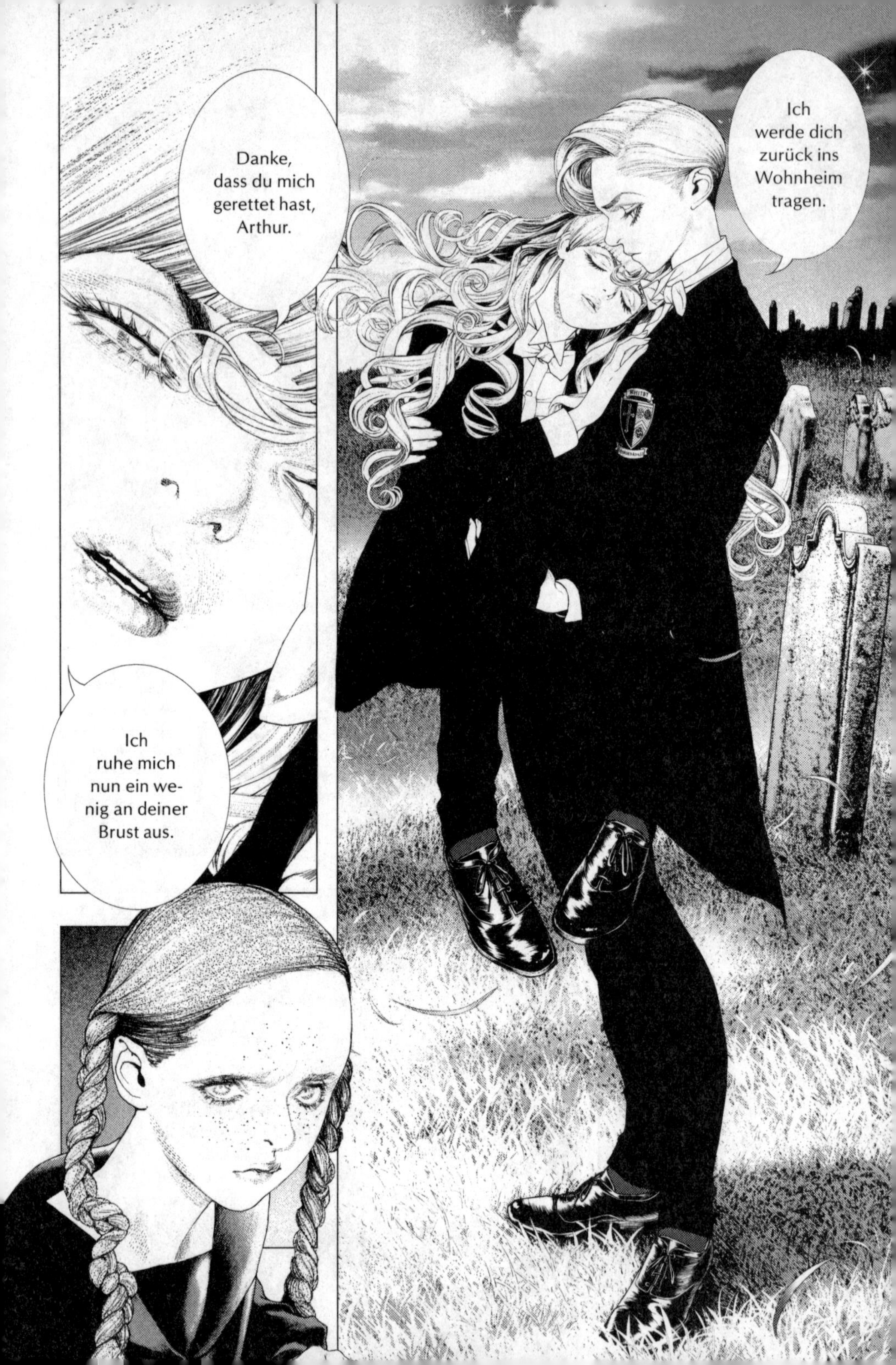
Ich werde dich zurück ins Wohnheim tragen.
Danke, dass du mich gerettet hast, Arthur.
Ich ruhe mich nun ein wenig an deiner Brust aus.

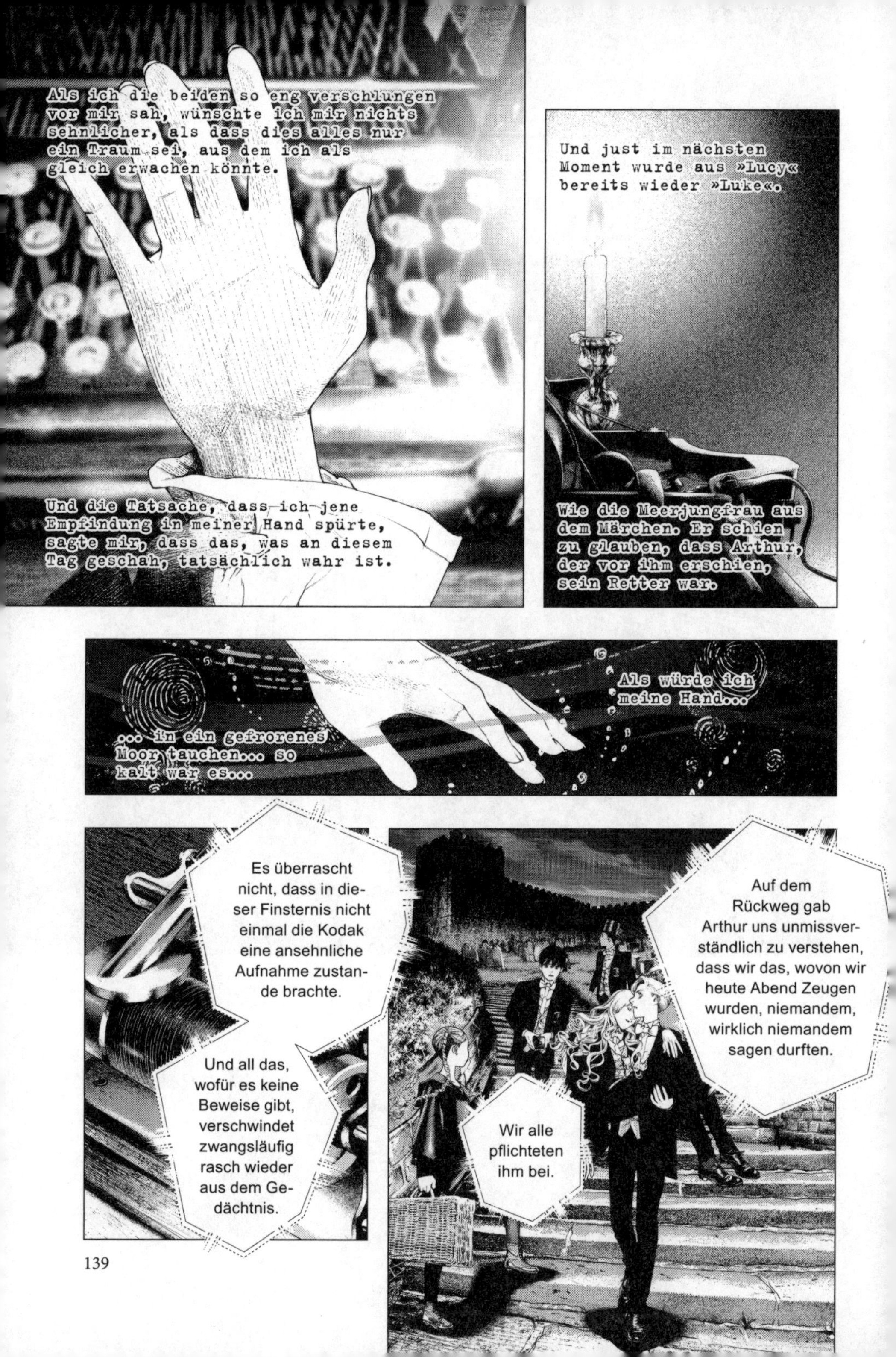

Als ich die beiden so eng verschlungen vor mir sah, wünschte ich mir nichts sehnlicher, als dass dies alles nur ein Traum sei, aus dem ich als gleich erwachen könnte.
Und die Tatsache, dass ich jene Empfindung in meiner Hand spürte, sagte mir, dass das, was an diesem Tag geschah, tatsächlich wahr ist.
Und just im nächsten Moment wurde aus »Lucy« bereits wieder »Luke«.
Wie die Meerjungfrau aus dem Märchen. Er schien zu glauben, dass Arthur, der vor ihm erschien, sein Retter war.
Als würde ich meine Hand...
... in ein gefrorenes Moor tauchen... so kalt war es...
Es überrascht nicht, dass in dieser Finsternis nicht einmal die Kodak eine ansehnliche Aufnahme zustande brachte.
Und all das, wofür es keine Beweise gibt, verschwindet zwangsläufig rasch wieder aus dem Gedächtnis.
Auf dem Rückweg gab Arthur uns unmissverständlich zu verstehen, dass wir das, wovon wir heute Abend Zeugen wurden, niemandem, wirklich niemandem sagen durften.
Wir alle pflichteten ihm bei.

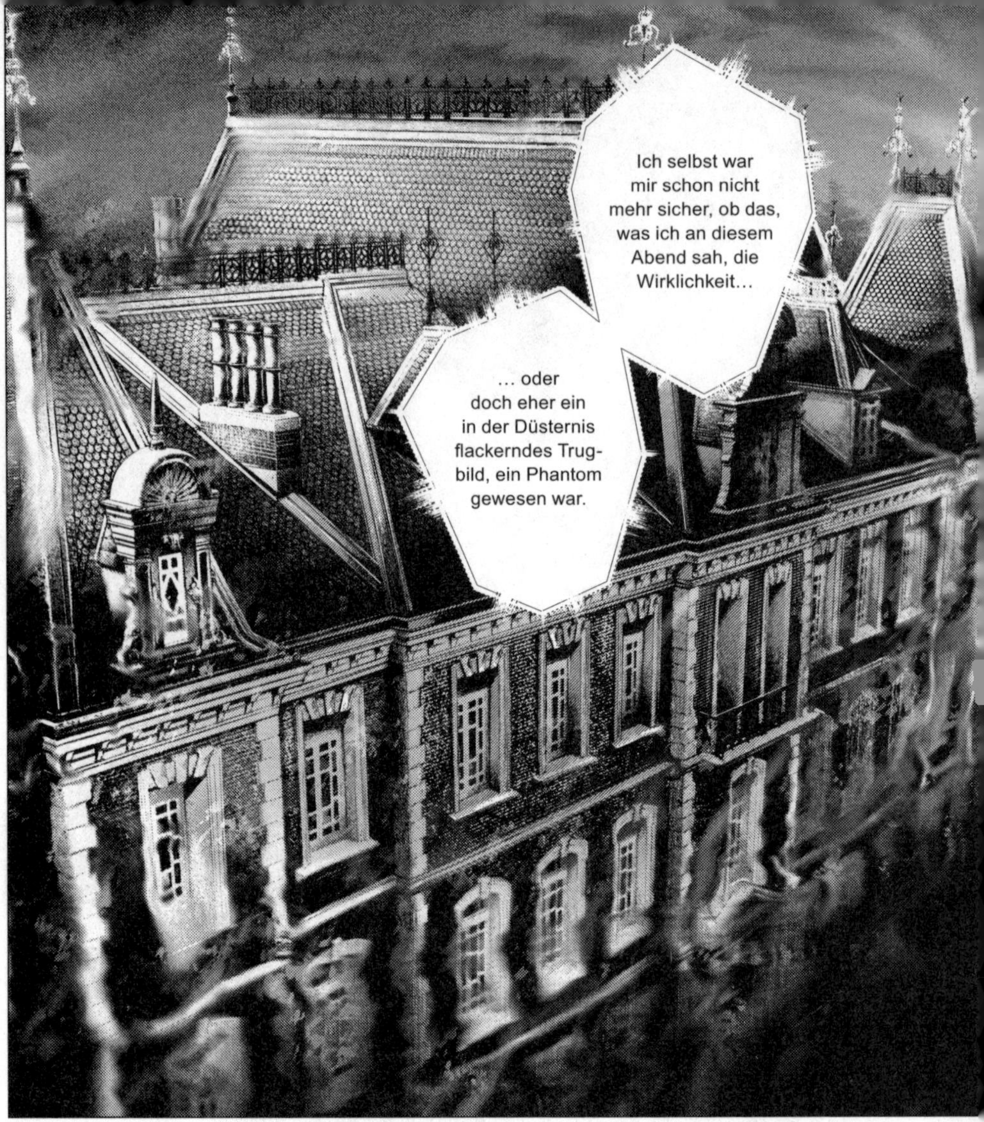
Ich selbst war mir schon nicht mehr sicher, ob das, was ich an diesem Abend sah, die Wirklichkeit…
… oder doch eher ein in der Düsternis flackerndes Trugbild, ein Phantom gewesen war.

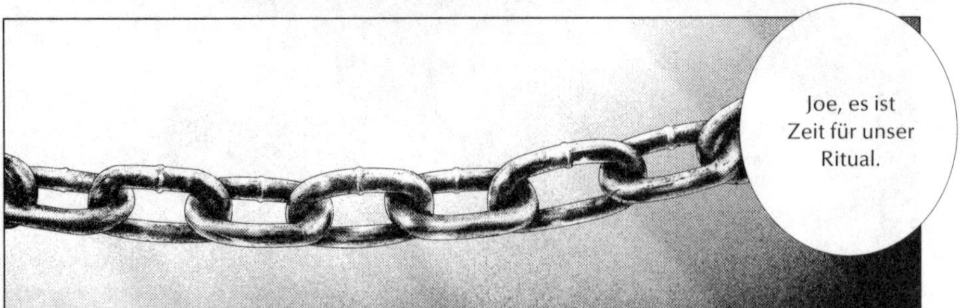
Joe, es ist Zeit für unser Ritual.

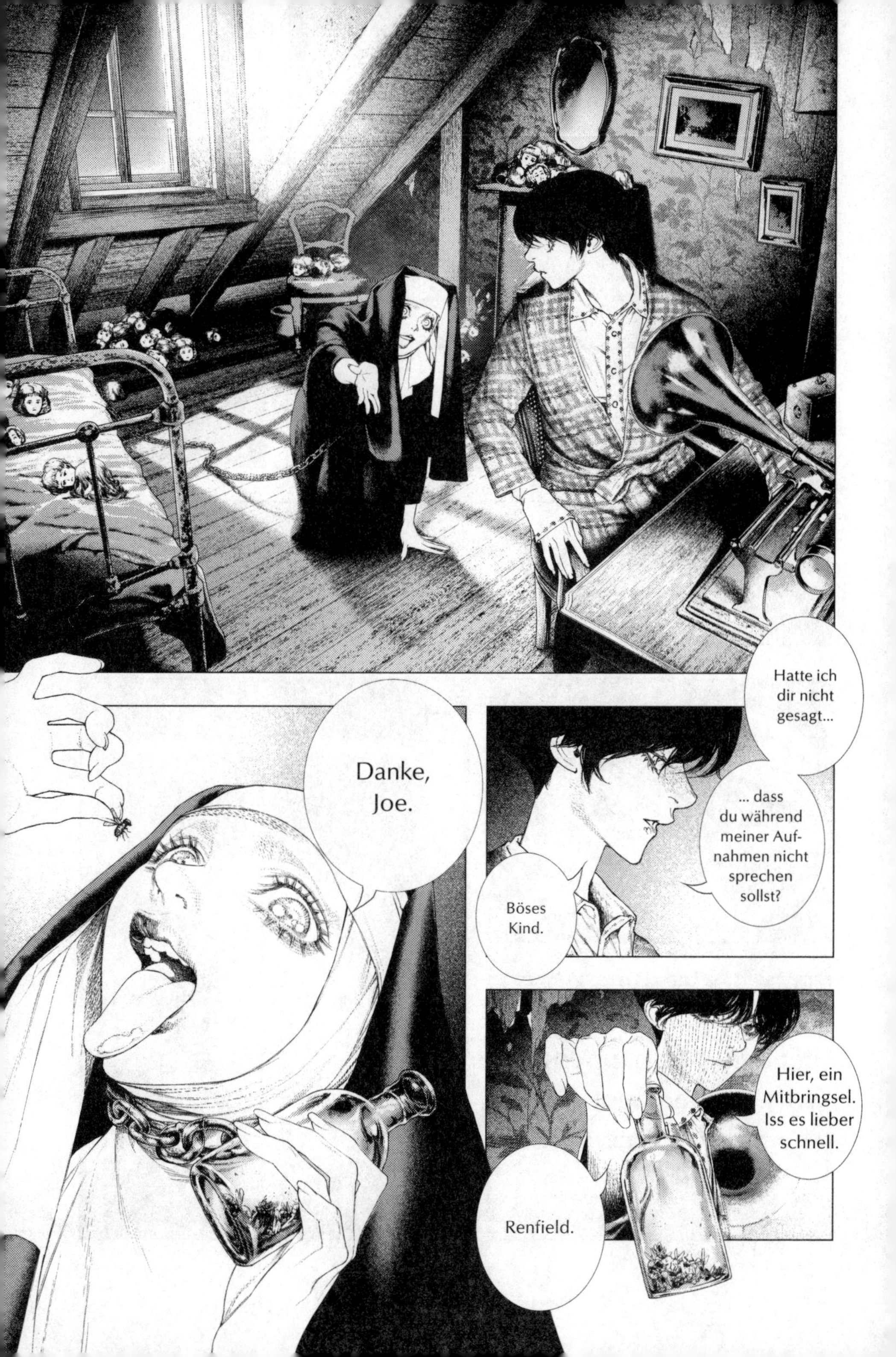

Hatte ich dir nicht gesagt...
... dass du während meiner Aufnahmen nicht sprechen sollst?
Böses Kind.
Hier, ein Mitbringsel. Iss es lieber schnell.
Renfield.
Danke, Joe.

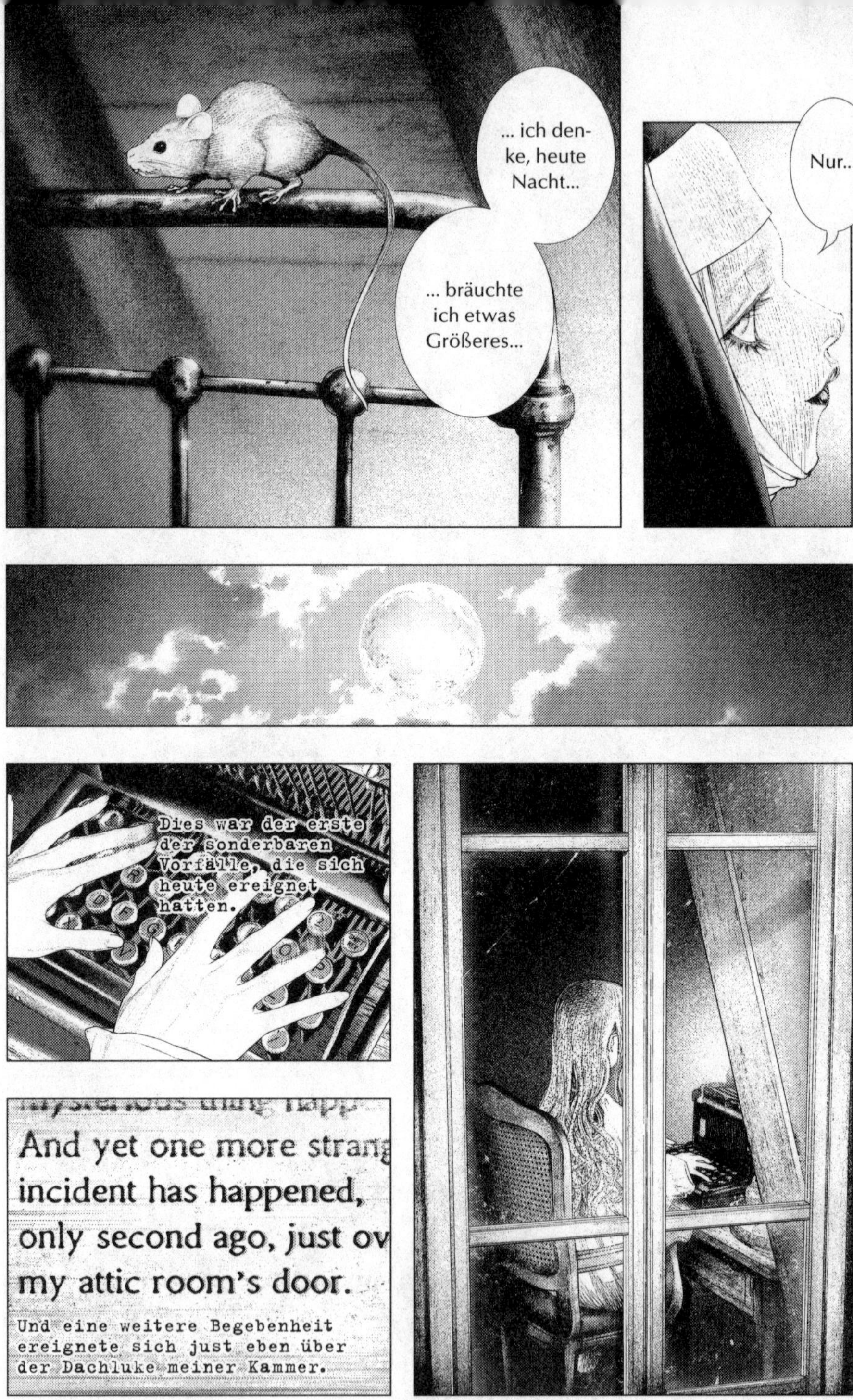
Nur...
... ich denke, heute Nacht...
... bräuchte ich etwas Größeres...
Dies war der erste der sonderbaren Vorfälle, die sich heute ereignet hatten.
And yet one more strang
incident has happened,
only second ago, just ov
my attic room's door.
Und eine weitere Begebenheit ereignete sich just eben über der Dachluke meiner Kammer.

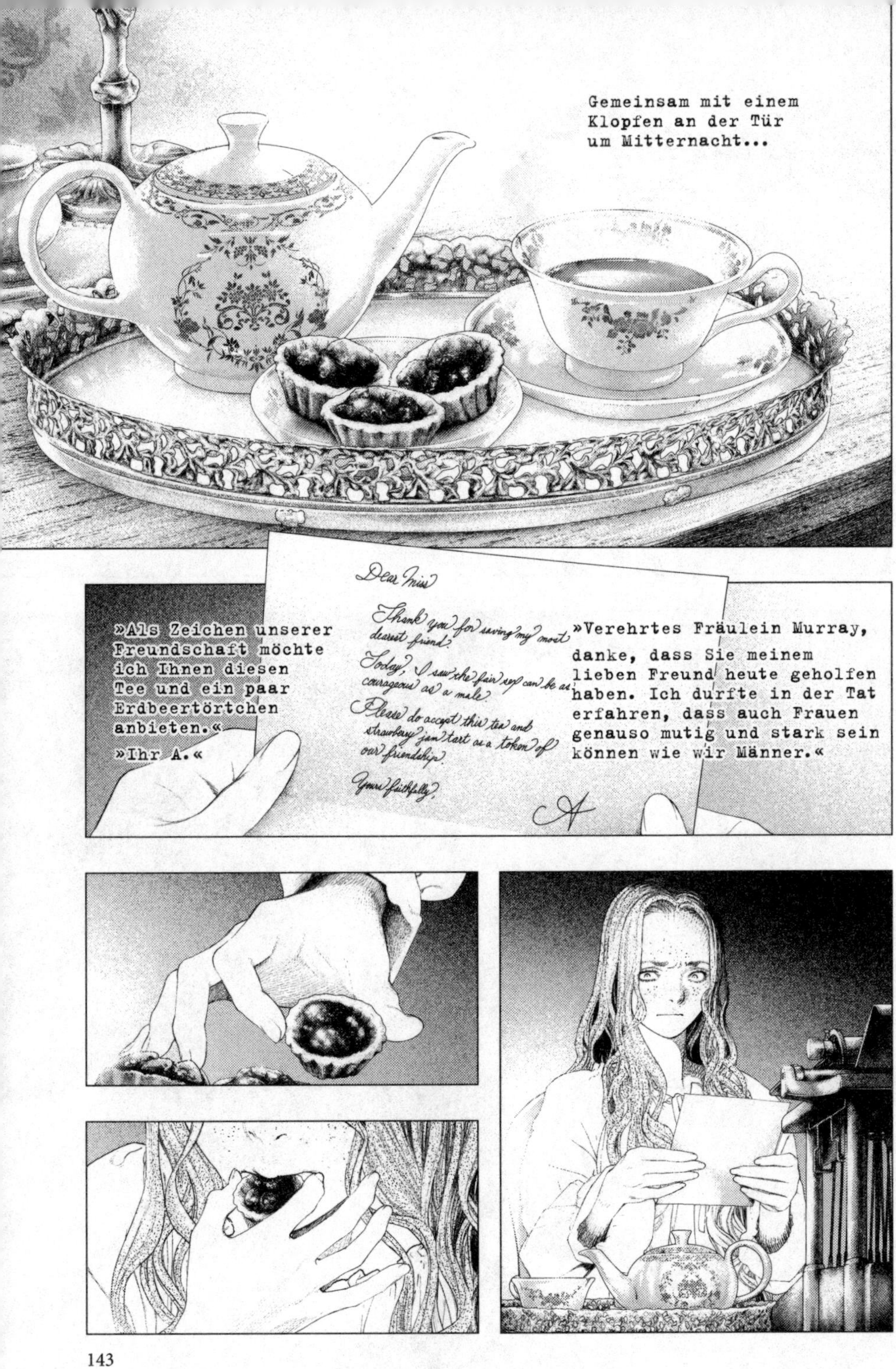
Gemeinsam mit einem Klopfen an der Tür um Mitternacht...
Dear Miss
Thank you for saving my most dearest friend.
Today, I saw the fair sex can be as courageous as a male.
Please do accept this tea and strawberry jam tart as a token of our friendship.
Yours faithfully,
A
»Verehrtes Fräulein Murray, danke, dass Sie meinem lieben Freund heute geholfen haben. Ich durfte in der Tat erfahren, dass auch Frauen genauso mutig und stark sein können wie wir Männer.«
»Als Zeichen unserer Freundschaft möchte ich Ihnen diesen Tee und ein paar Erdbeertörtchen anbieten.«
»Ihr A.«

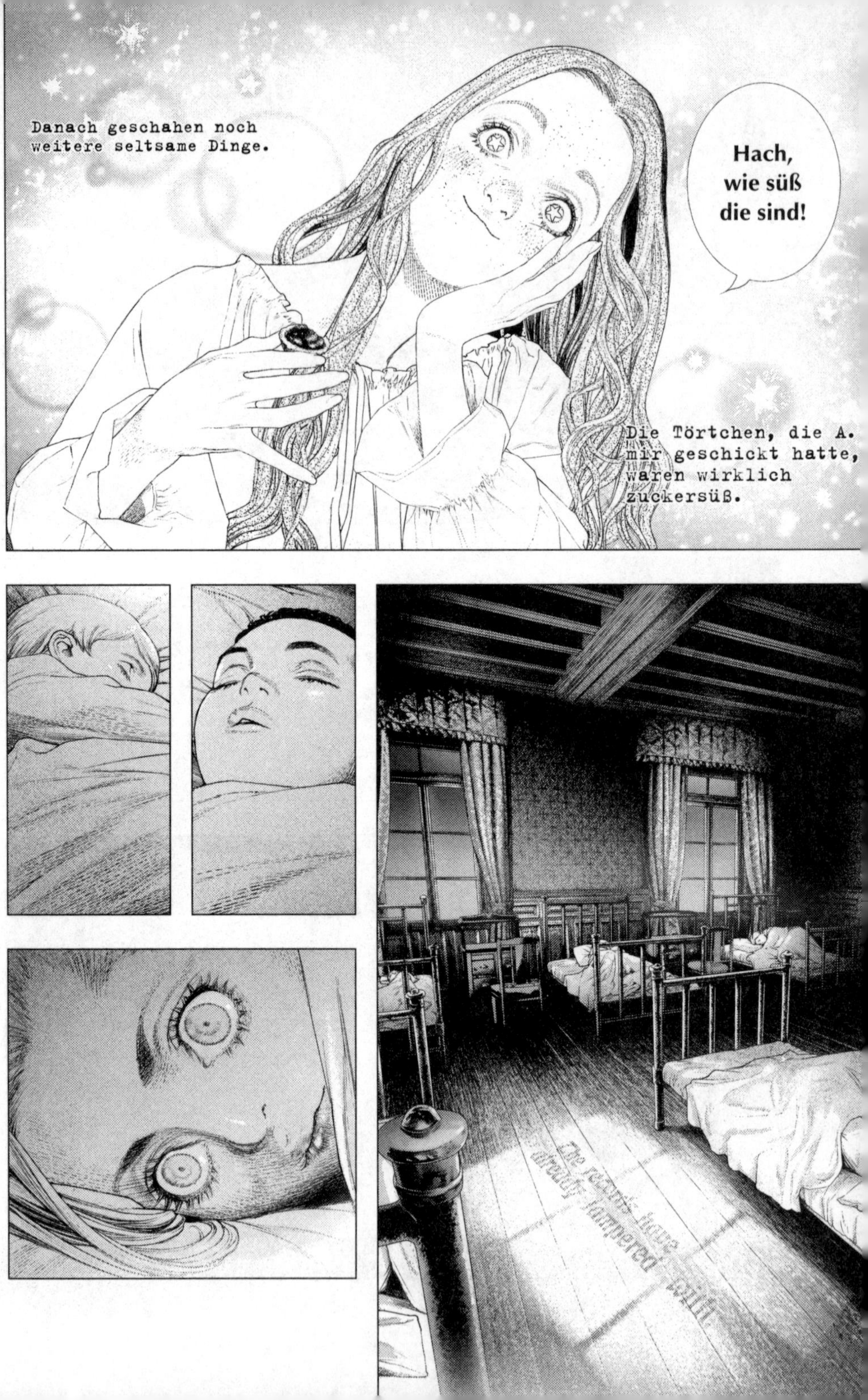
Danach geschahen noch weitere seltsame Dinge.
Hach, wie süß die sind!
Die Törtchen, die A. mir geschickt hatte, waren wirklich zuckersüß.

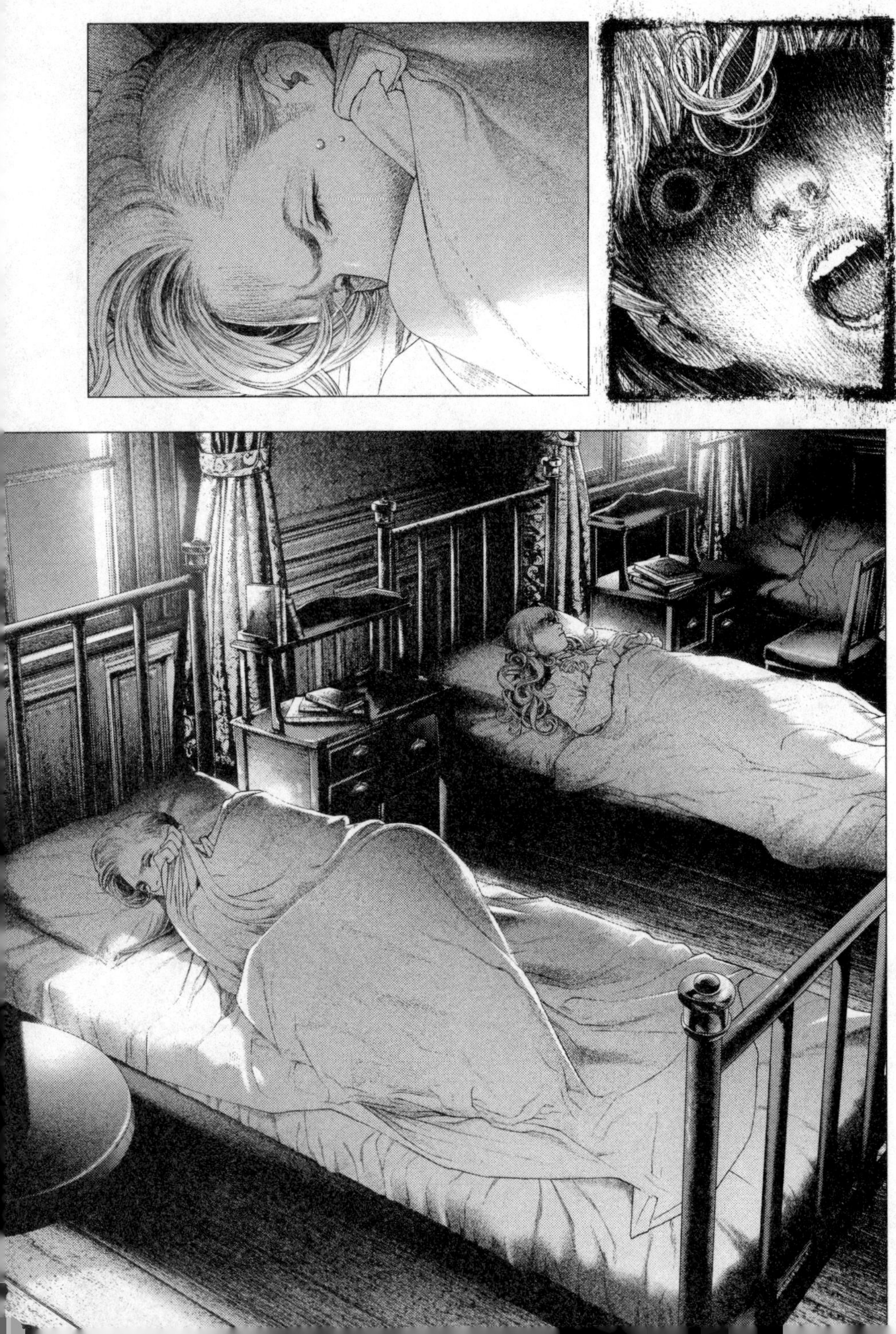

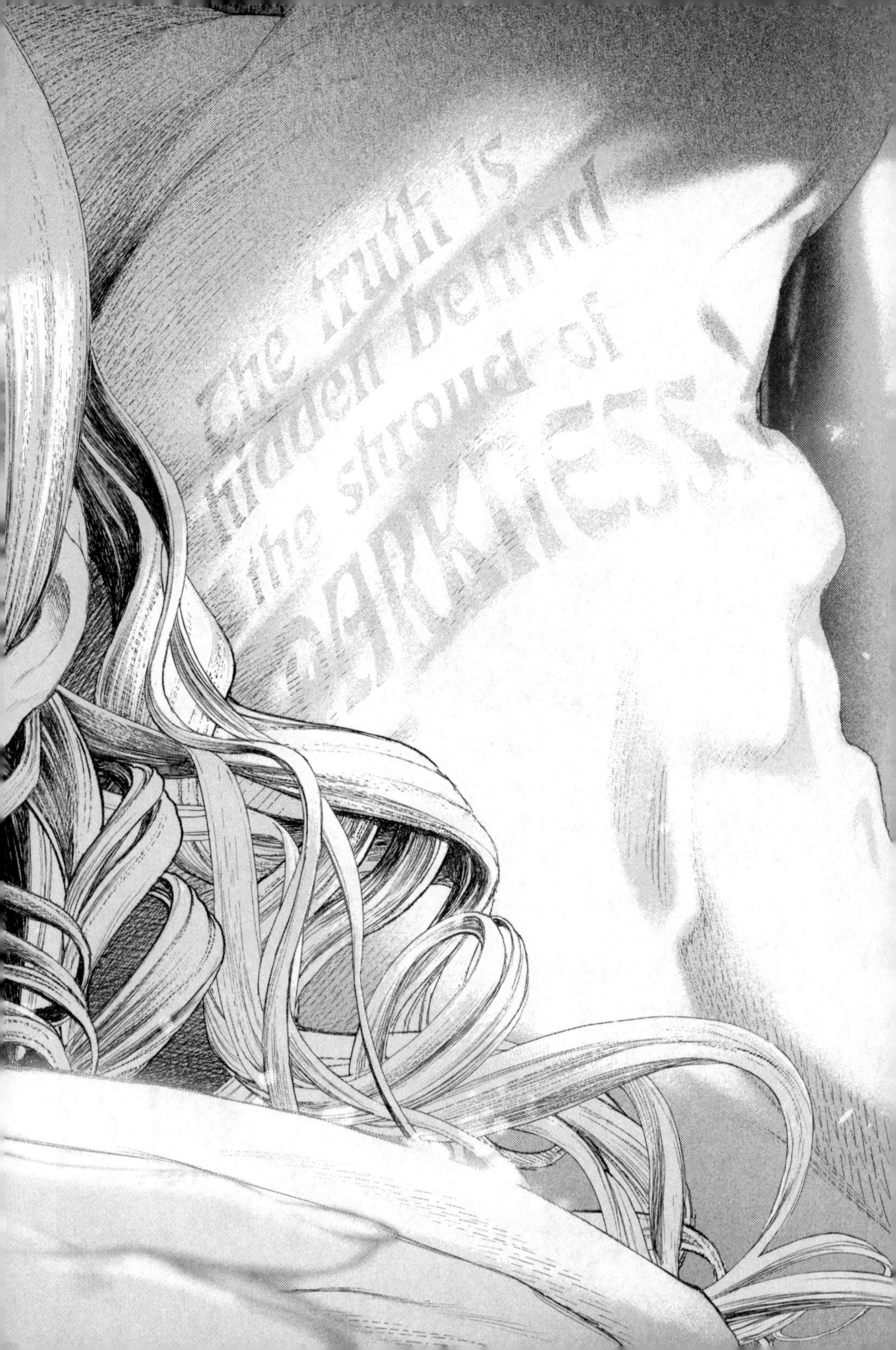
The truth is
hidden behind
the shroud of
DARKNESS.

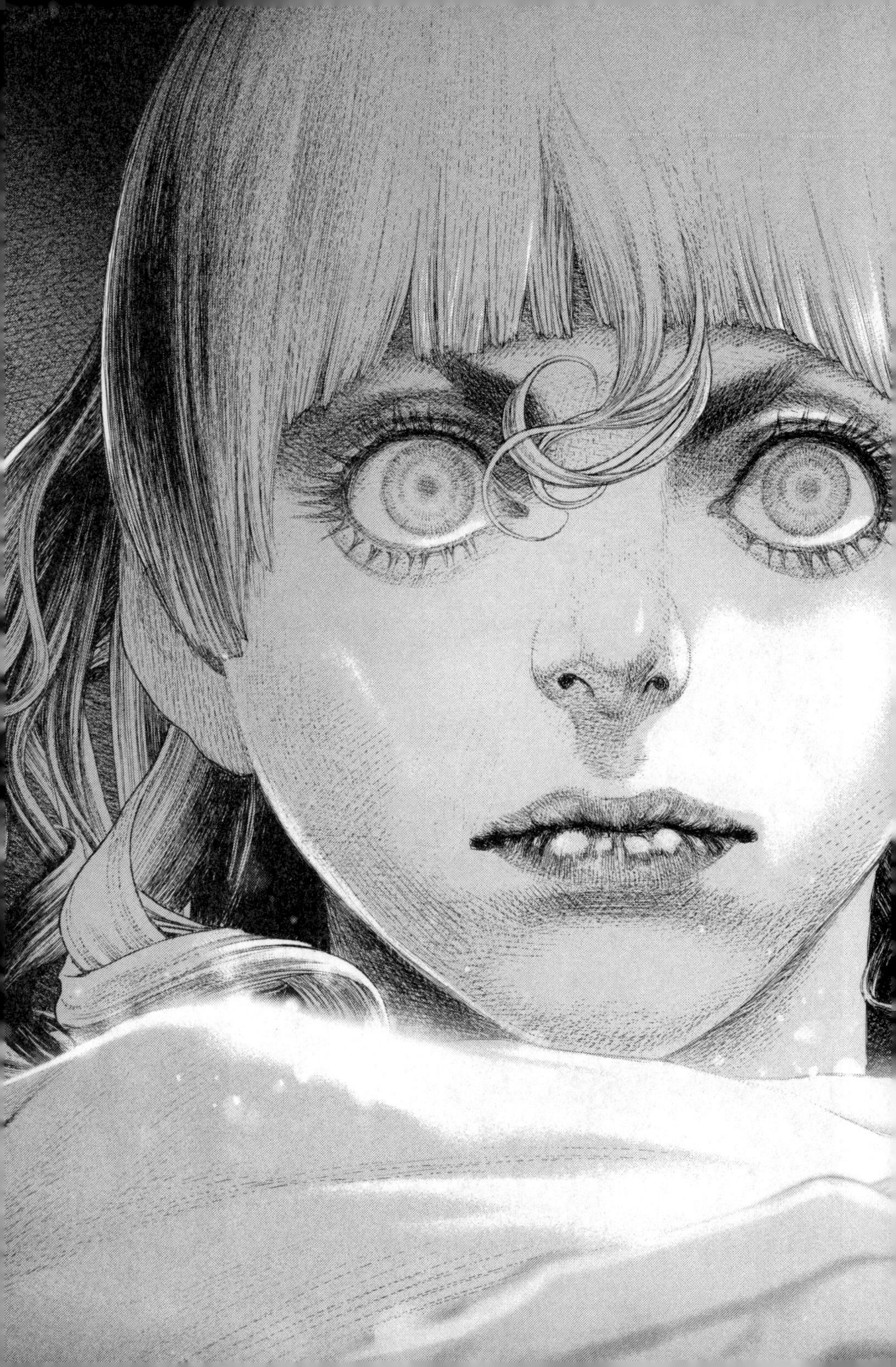

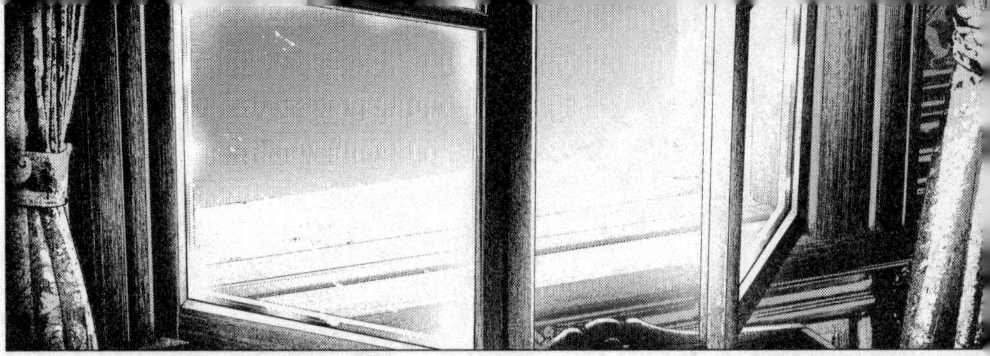
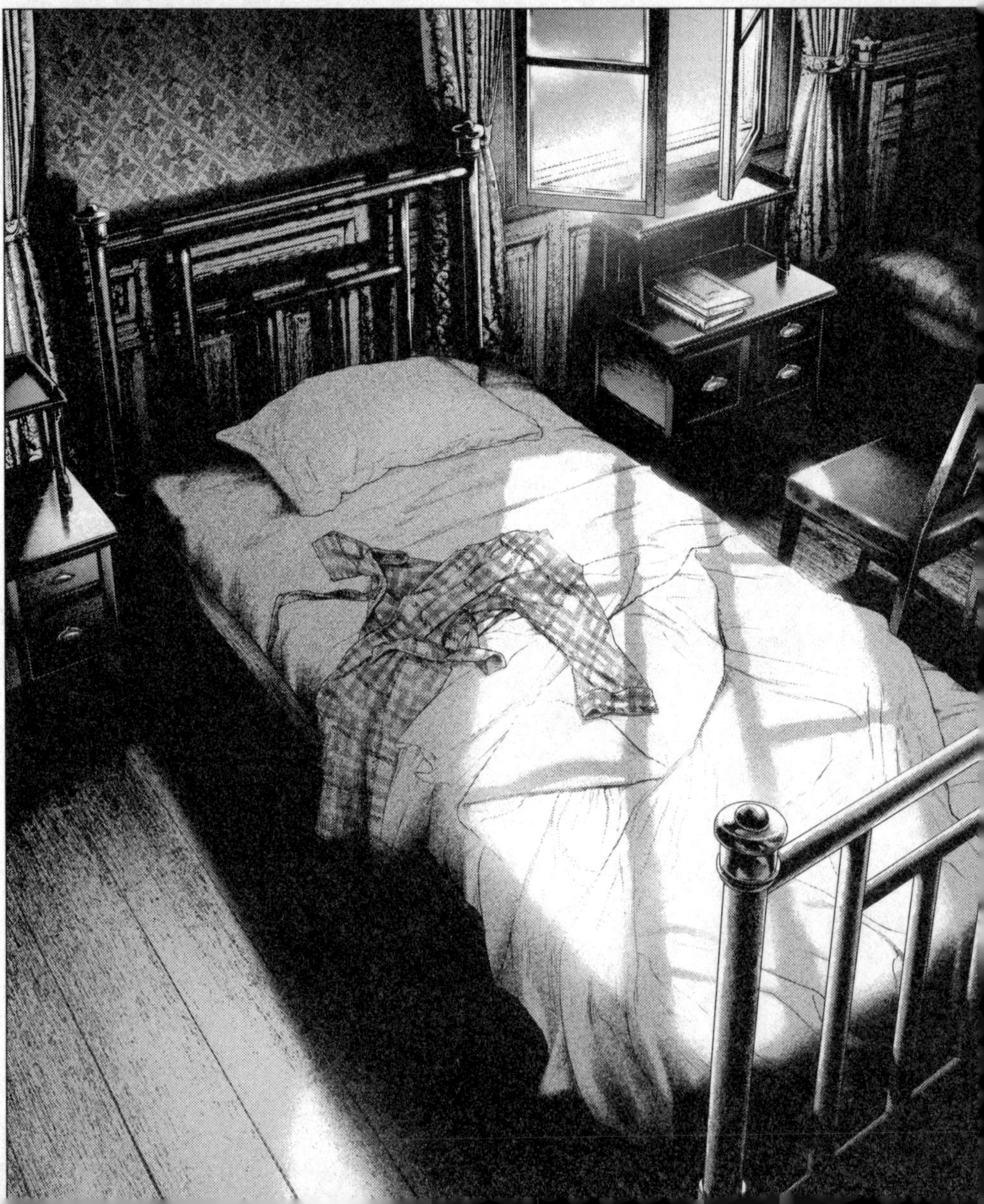

#6 Dancer in the night

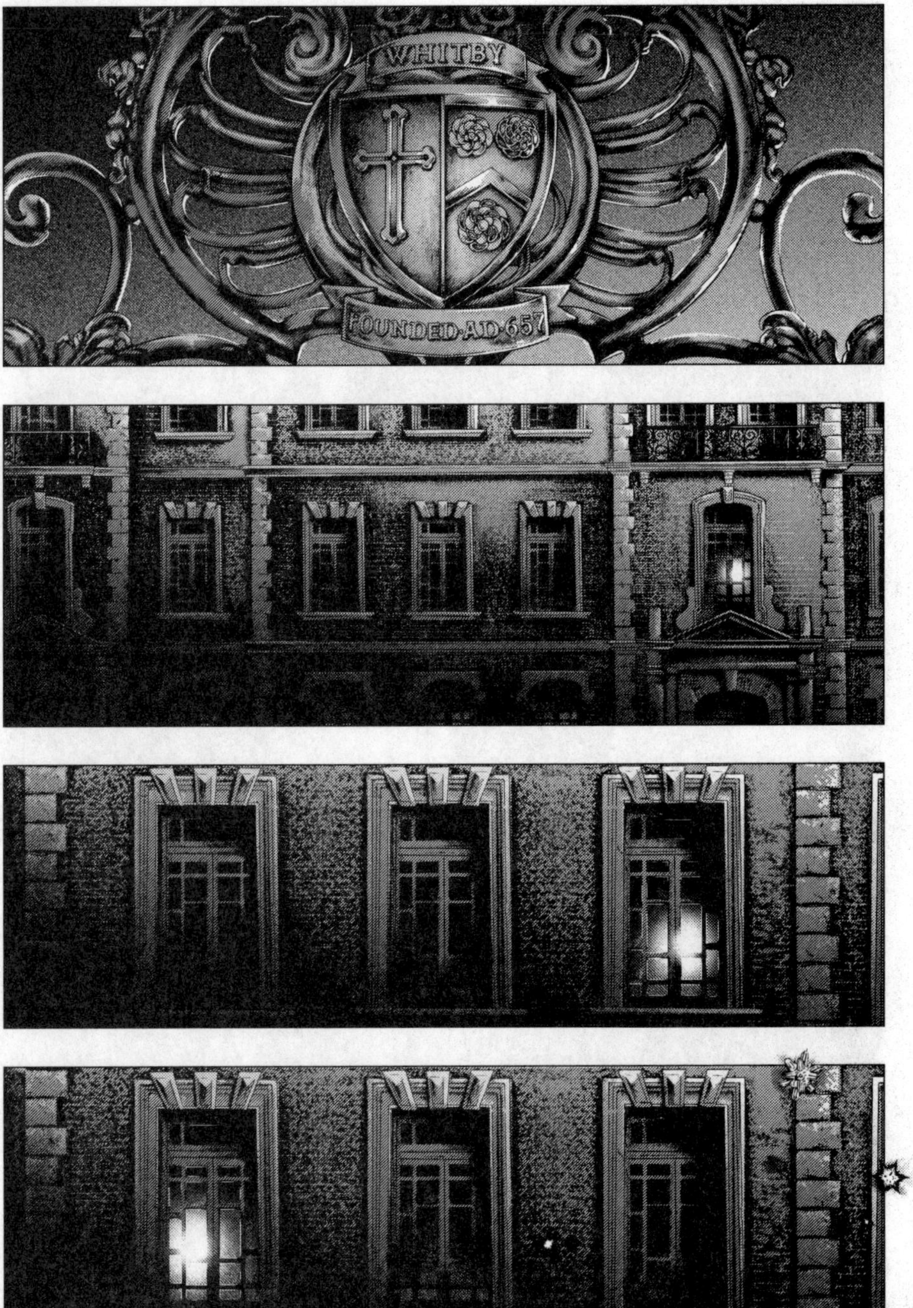

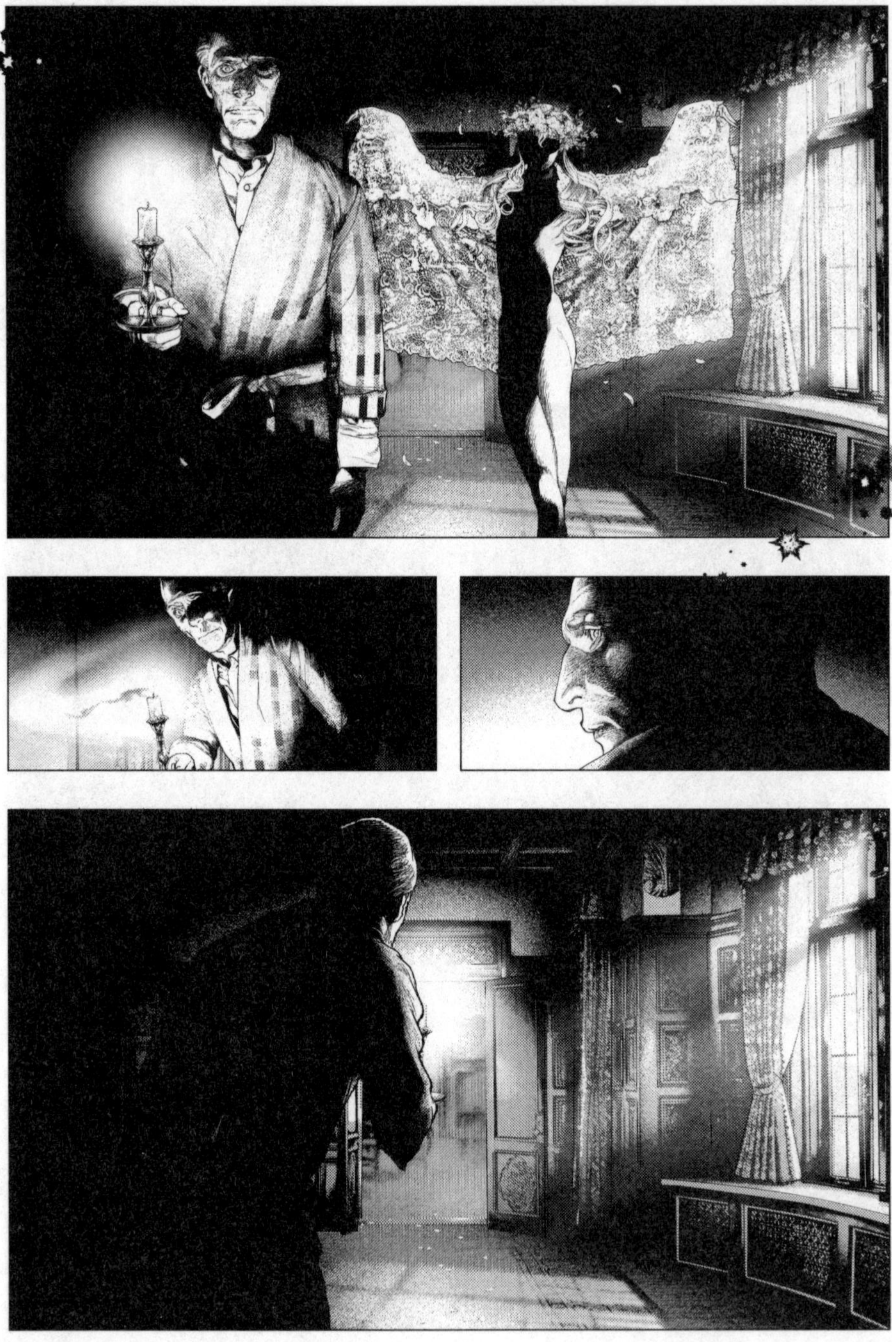

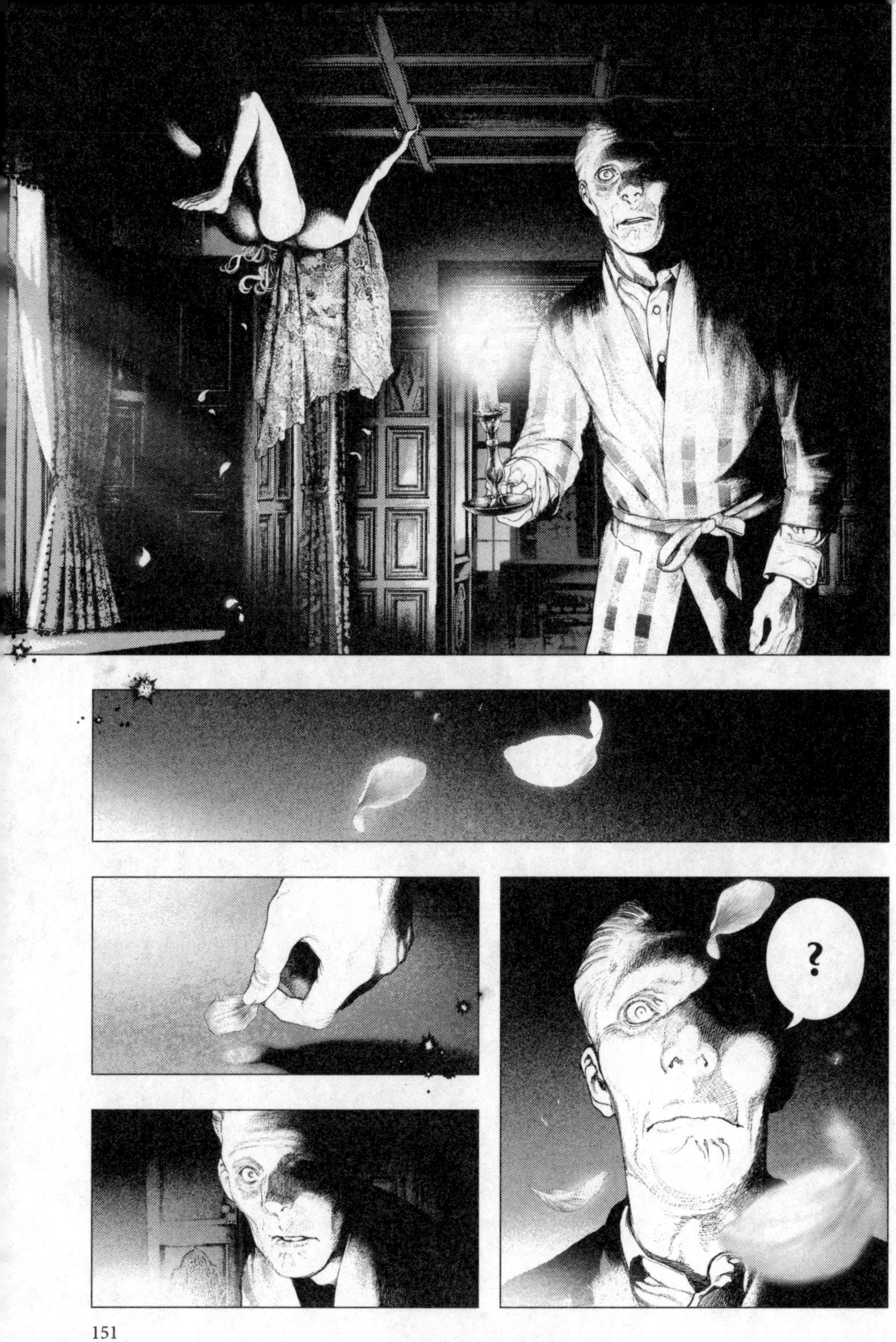

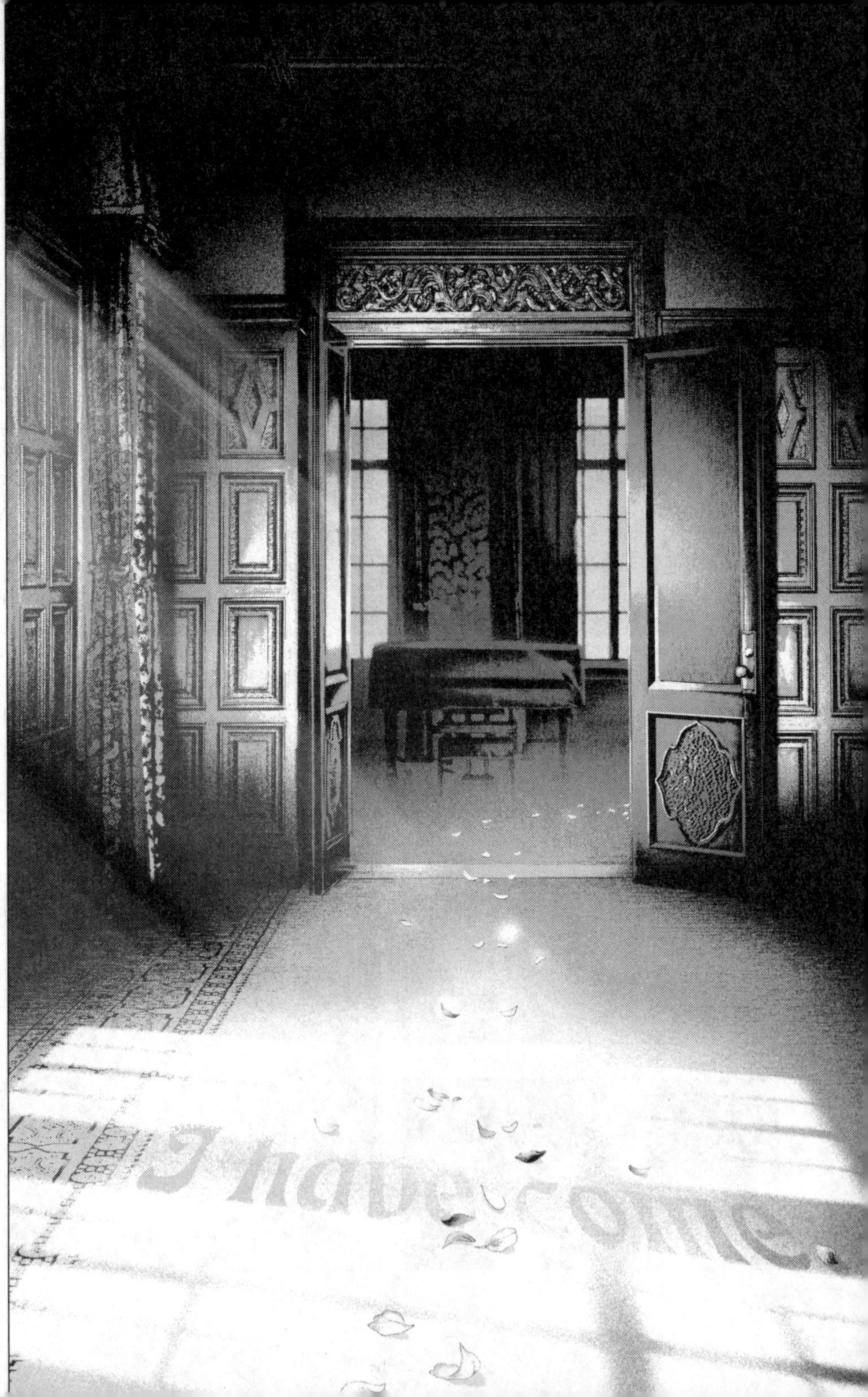
I have come

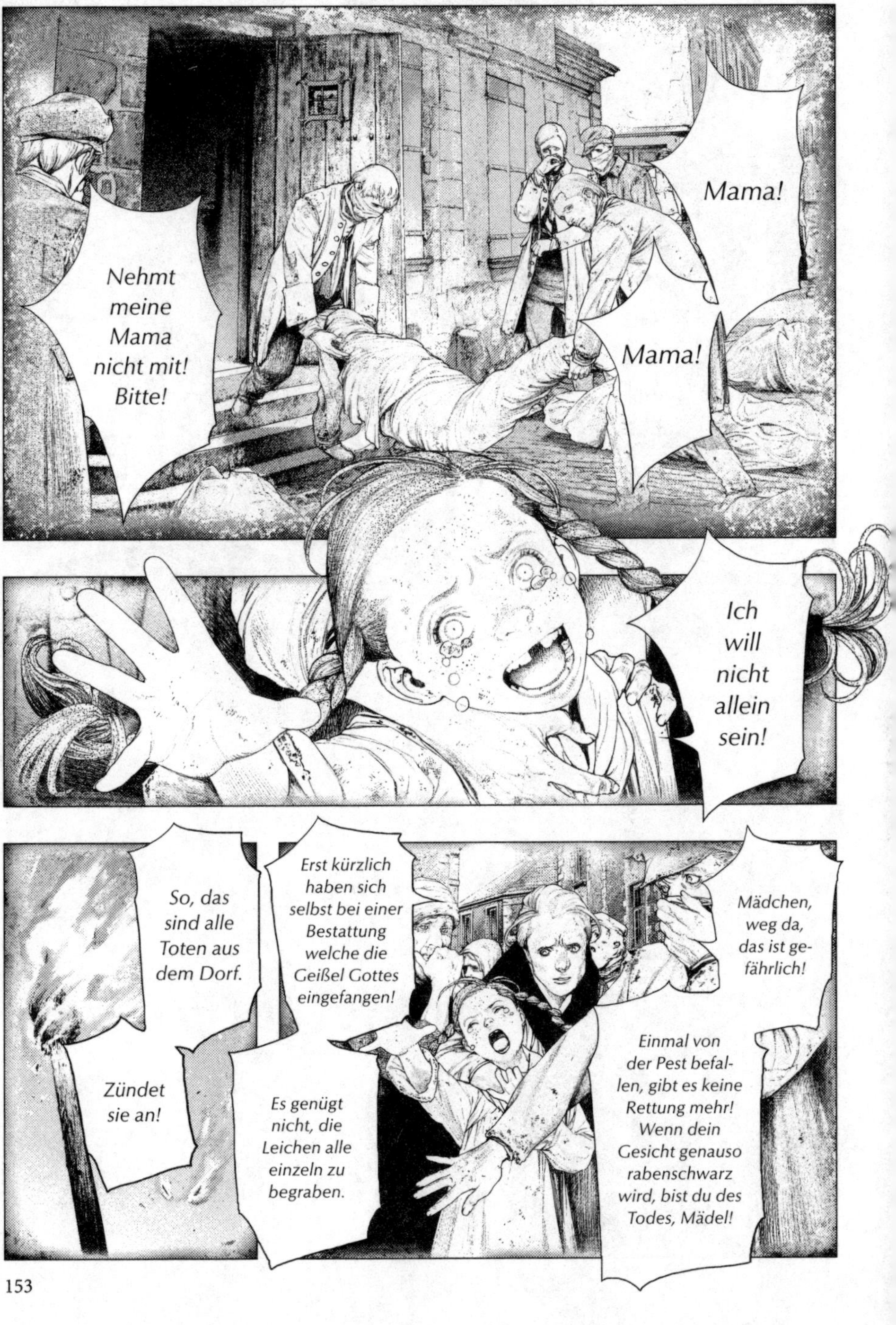
Mama!
Nehmt meine Mama nicht mit! Bitte!
Mama!
Ich will nicht allein sein!
Mädchen, weg da, das ist gefährlich!
Erst kürzlich haben sich selbst bei einer Bestattung welche die Geißel Gottes eingefangen!
So, das sind alle Toten aus dem Dorf.
Einmal von der Pest befallen, gibt es keine Rettung mehr! Wenn dein Gesicht genauso rabenschwarz wird, bist du des Todes, Mädel!
Es genügt nicht, die Leichen alle einzeln zu begraben.
Zündet sie an!

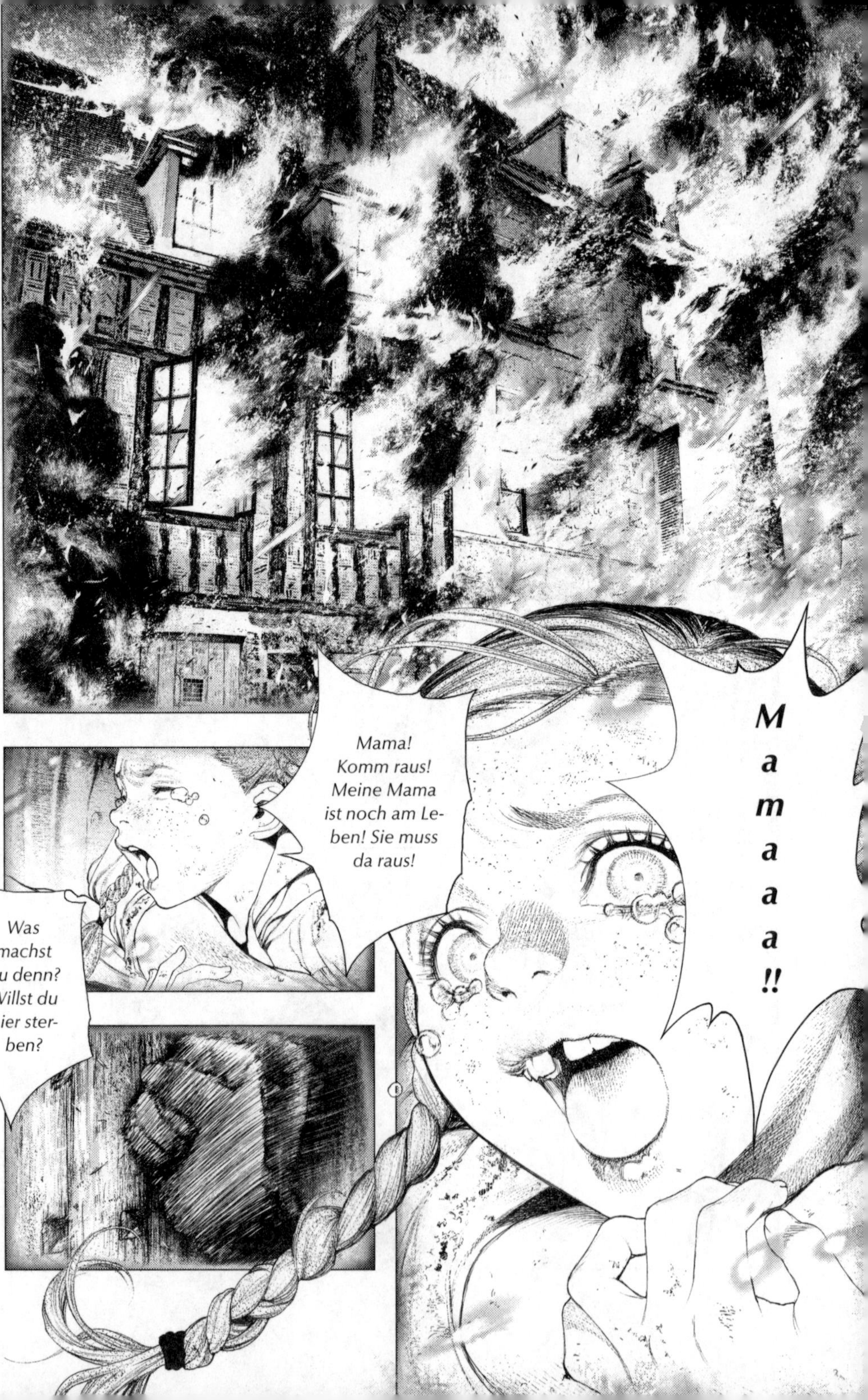
Mamaaaa!!
Mama! Komm raus! Meine Mama ist noch am Leben! Sie muss da raus!
Was machst du denn? Willst du hier sterben?

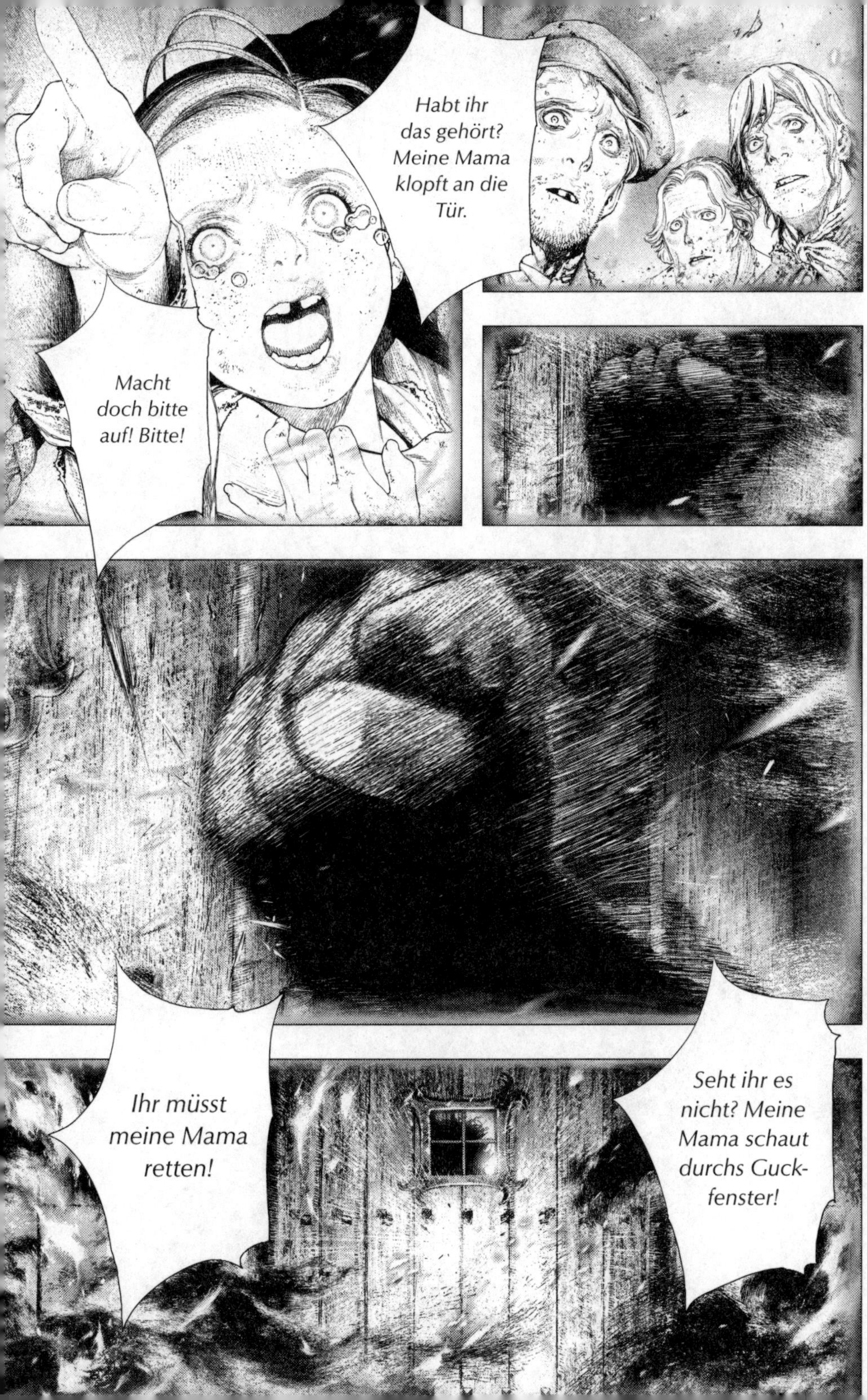
Habt ihr das gehört? Meine Mama klopft an die Tür.
Macht doch bitte auf! Bitte!
Seht ihr es nicht? Meine Mama schaut durchs Guck-fenster!
Ihr müsst meine Mama retten!

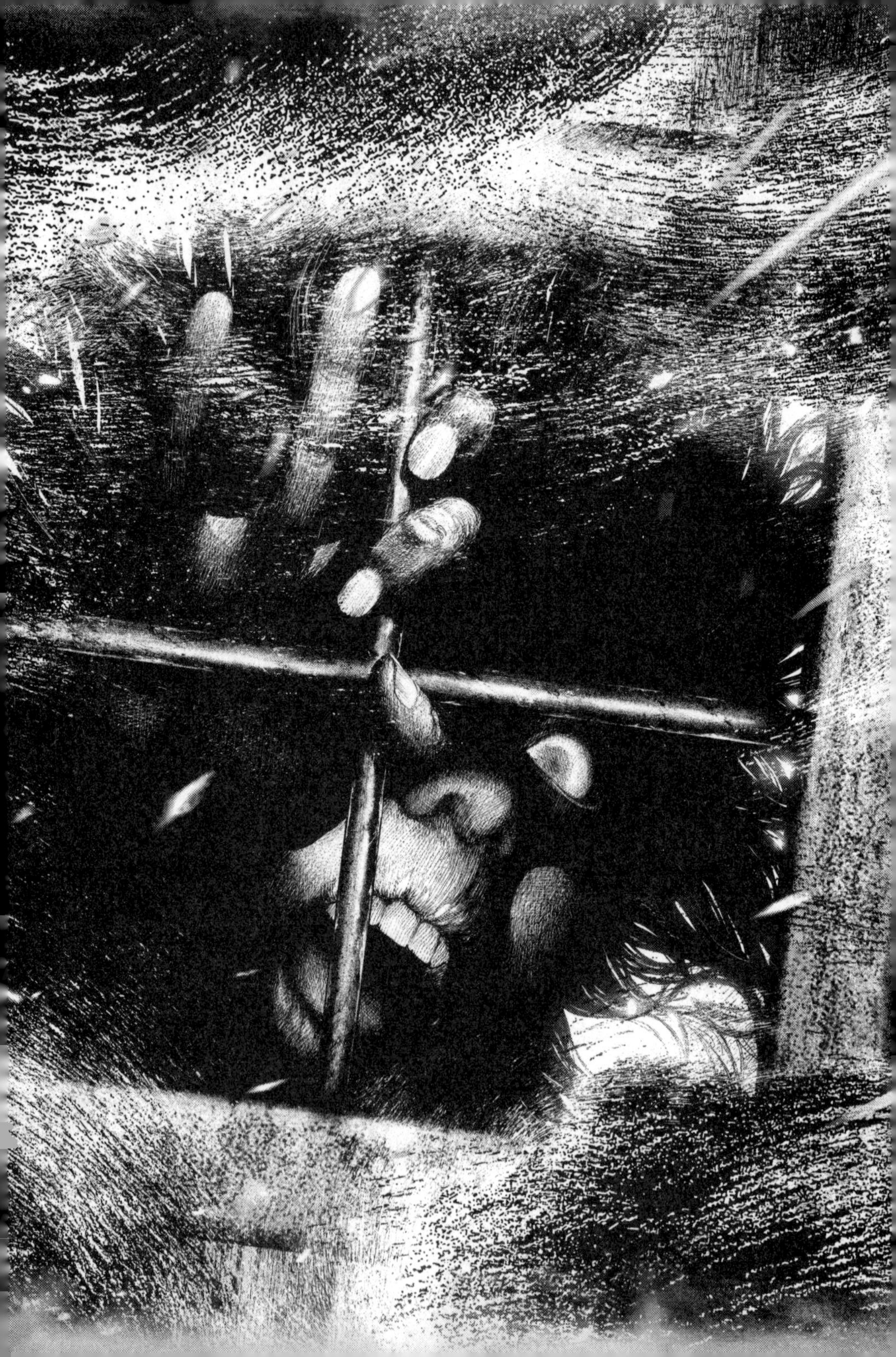

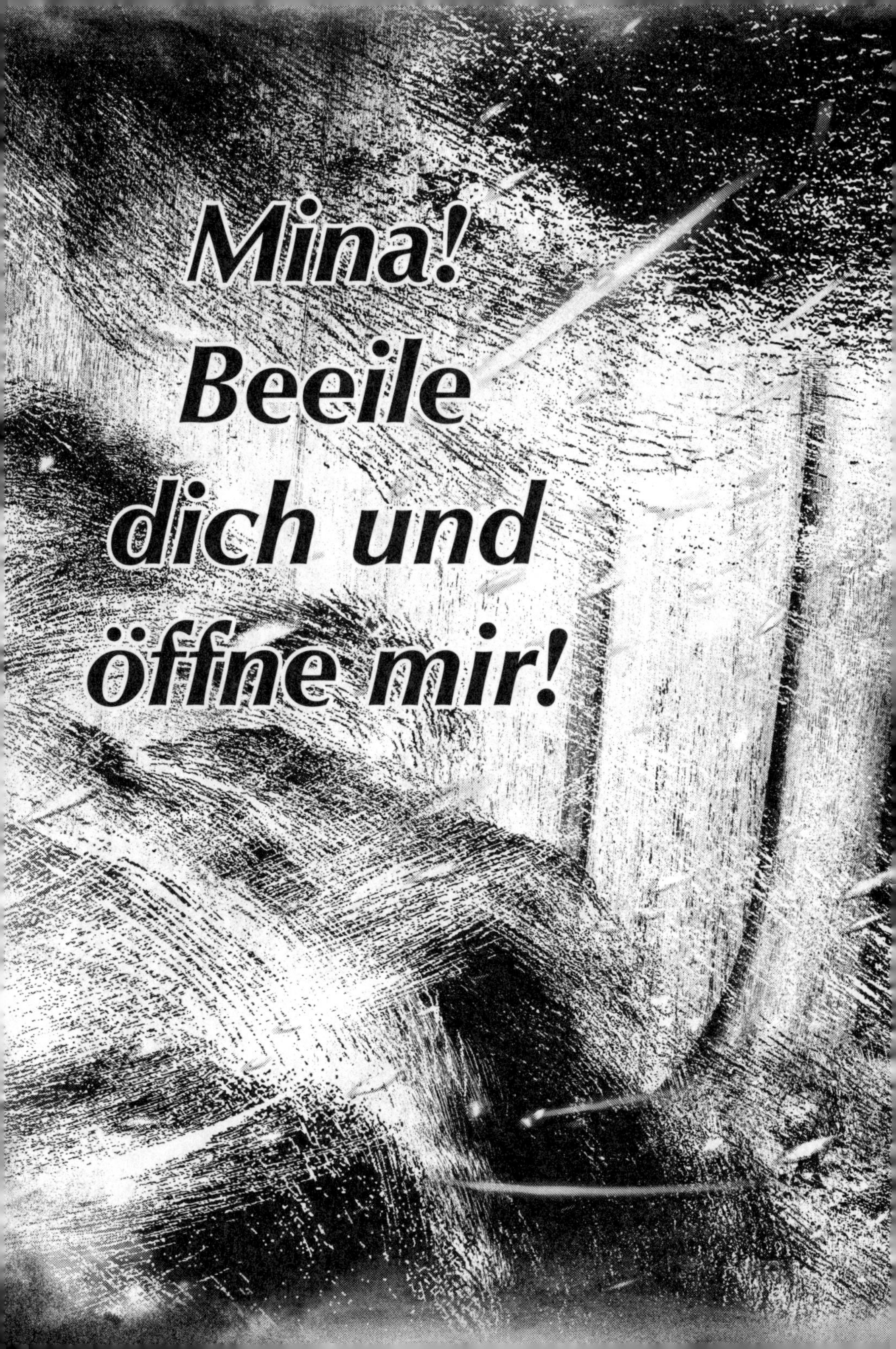
Mina!
Beeile
dich und
öffne mir!

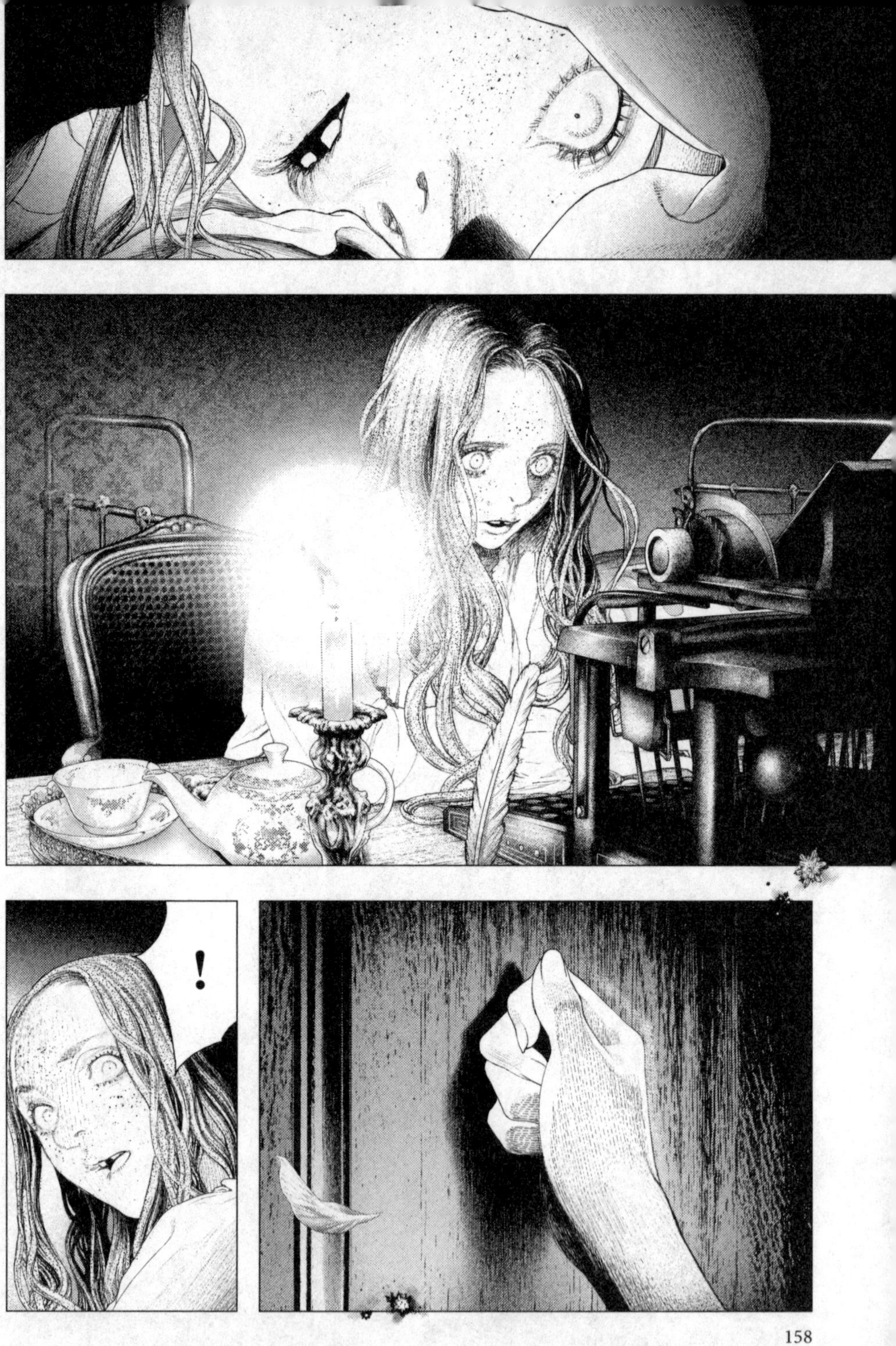

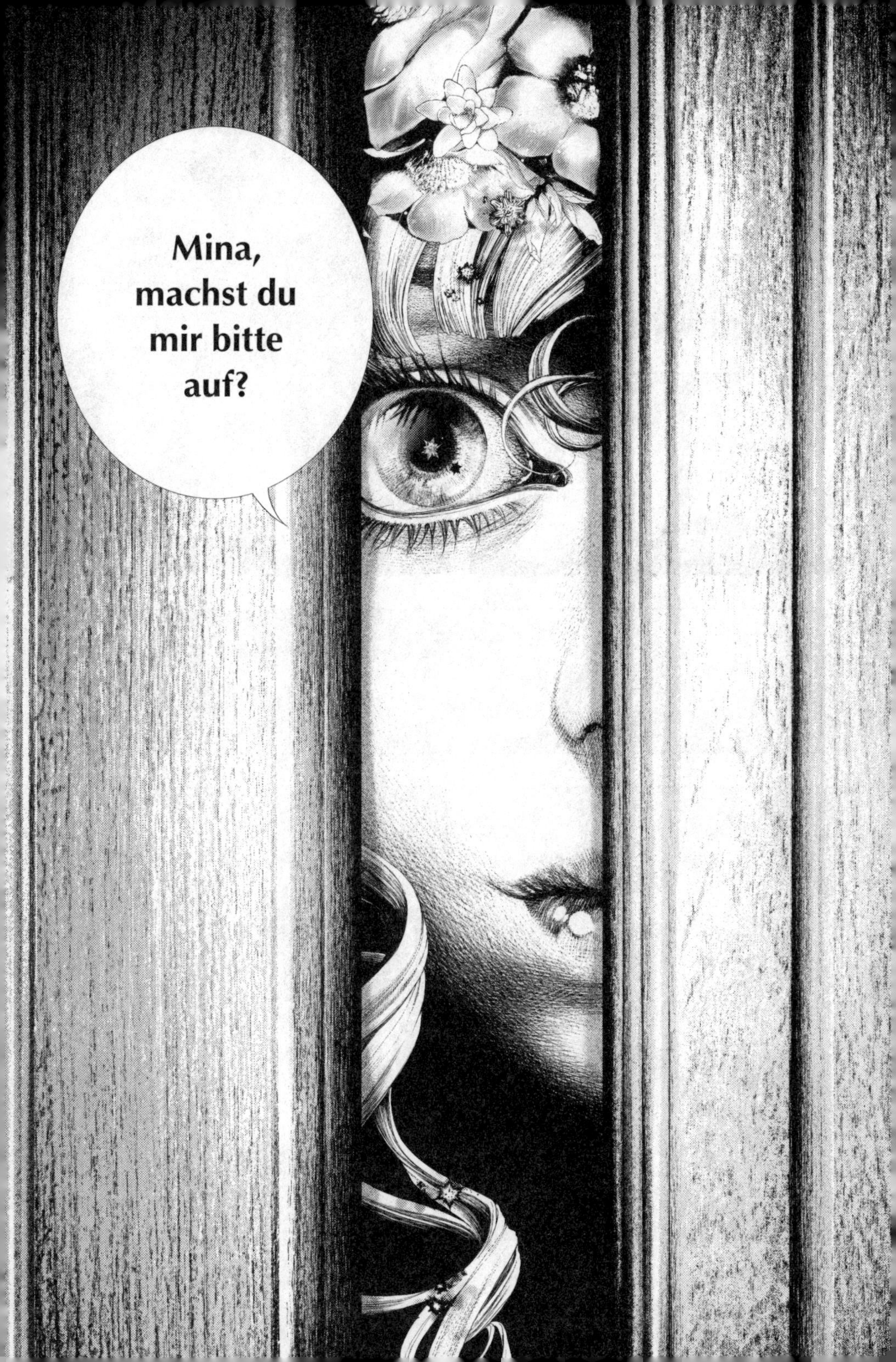
Mina, machst du mir bitte auf?

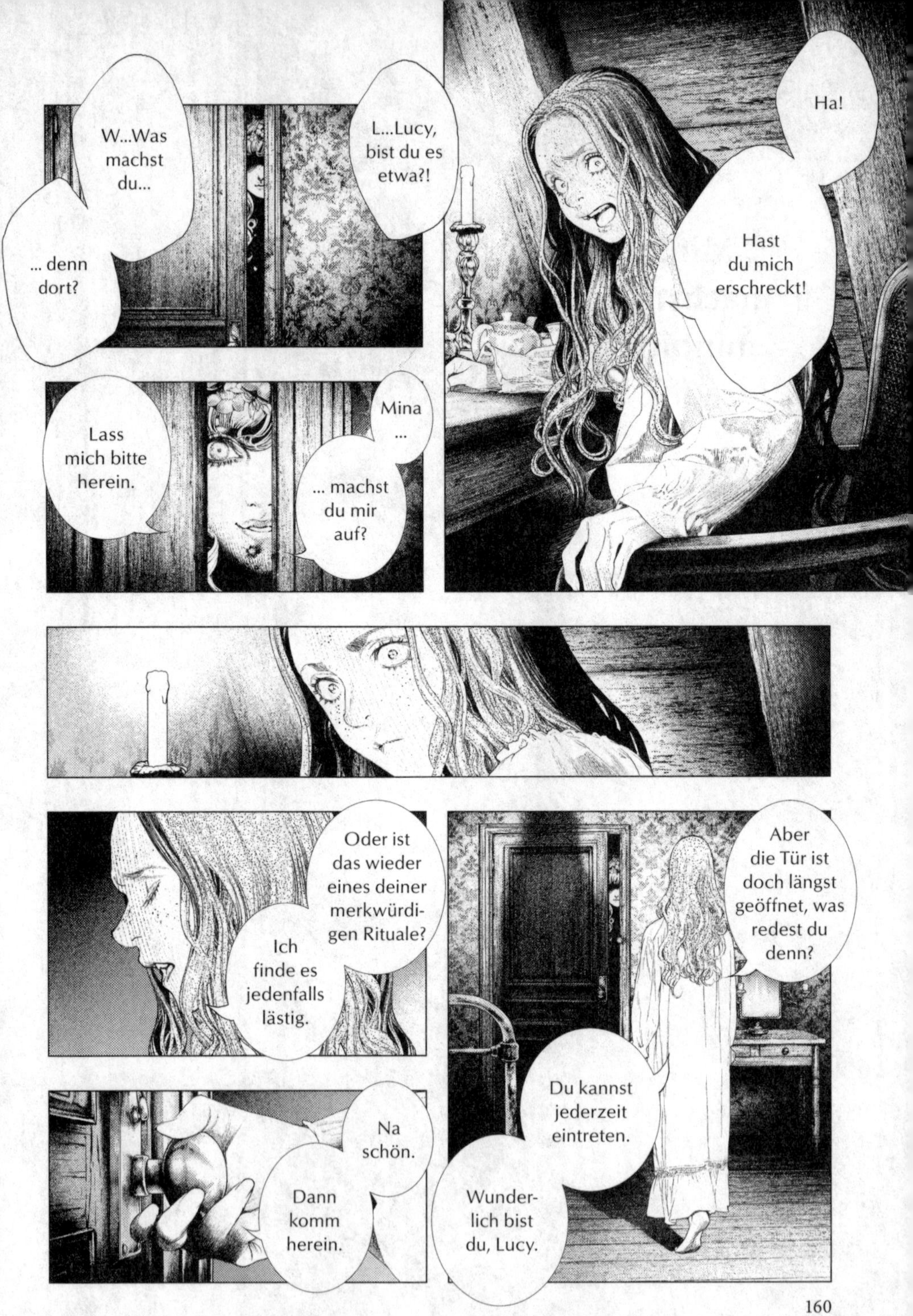
Ha!
Hast du mich erschreckt!
L...Lucy, bist du es etwa?!
W...Was machst du...
... denn dort?
Mina ...
... machst du mir auf?
Lass mich bitte herein.
Aber die Tür ist doch längst geöffnet, was redest du denn?
Du kannst jederzeit eintreten.
Wunderlich bist du, Lucy.
Oder ist das wieder eines deiner merkwürdigen Rituale?
Ich finde es jedenfalls lästig.
Na schön.
Dann komm herein.

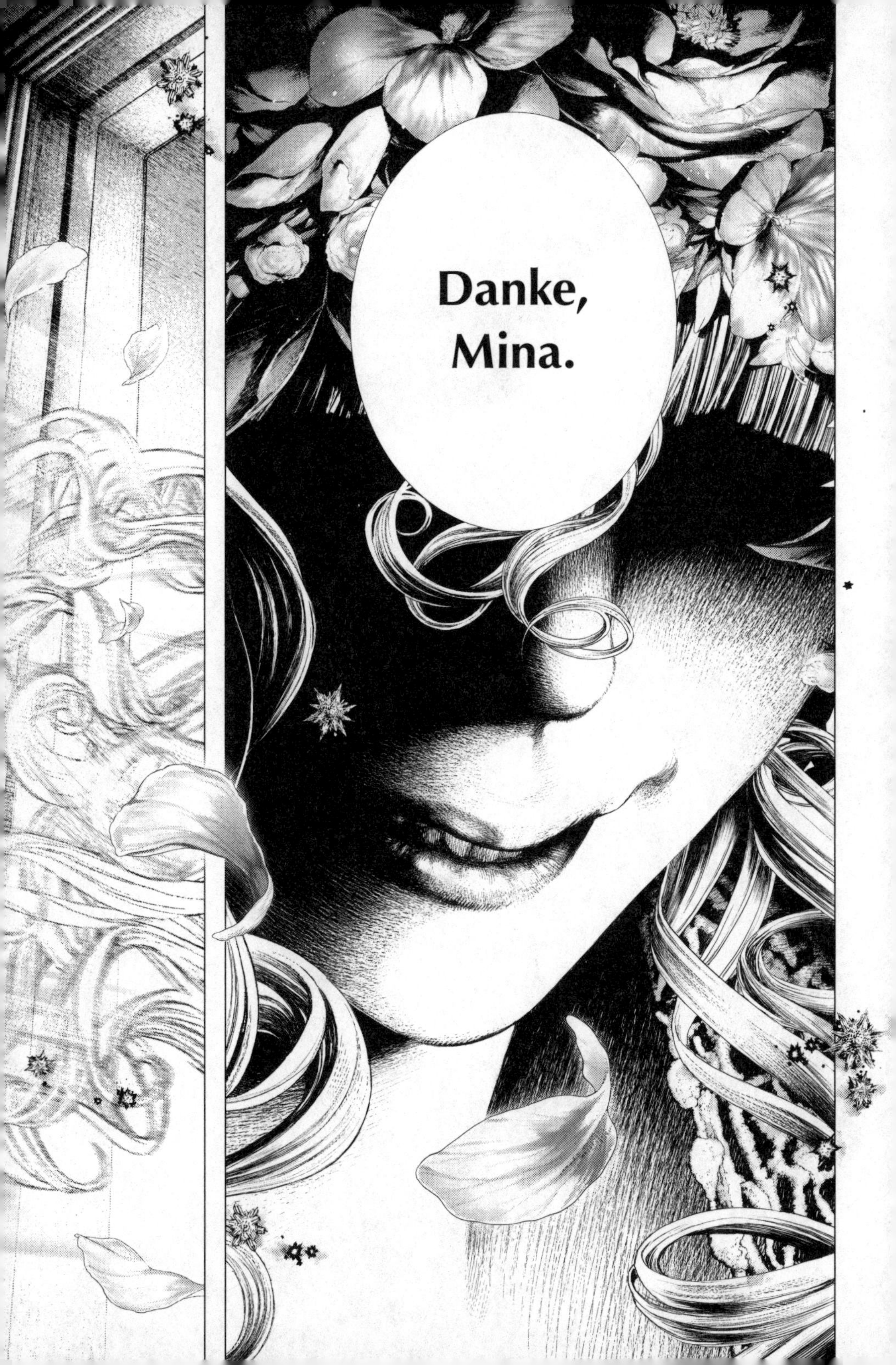
Danke, Mina.

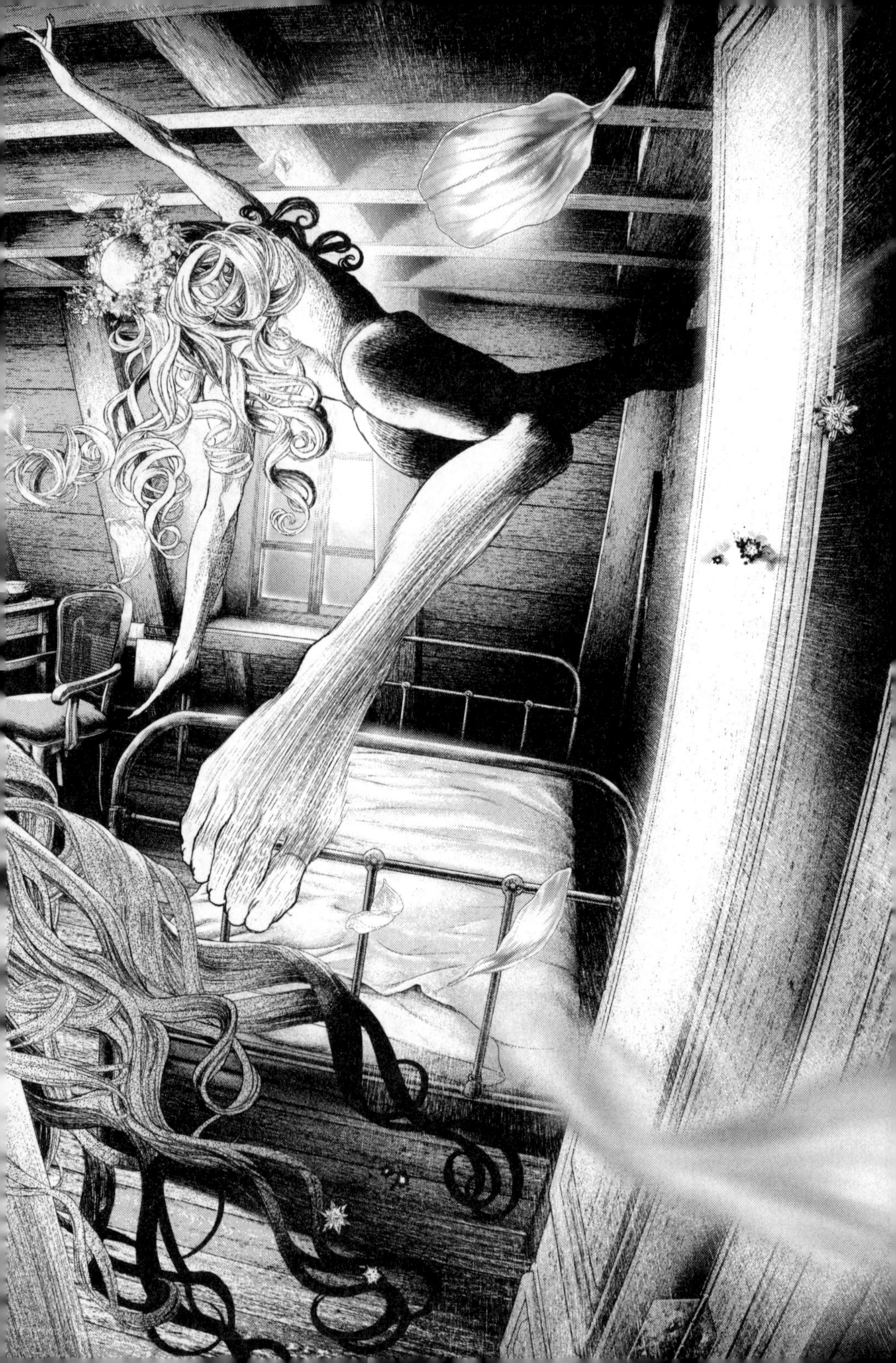

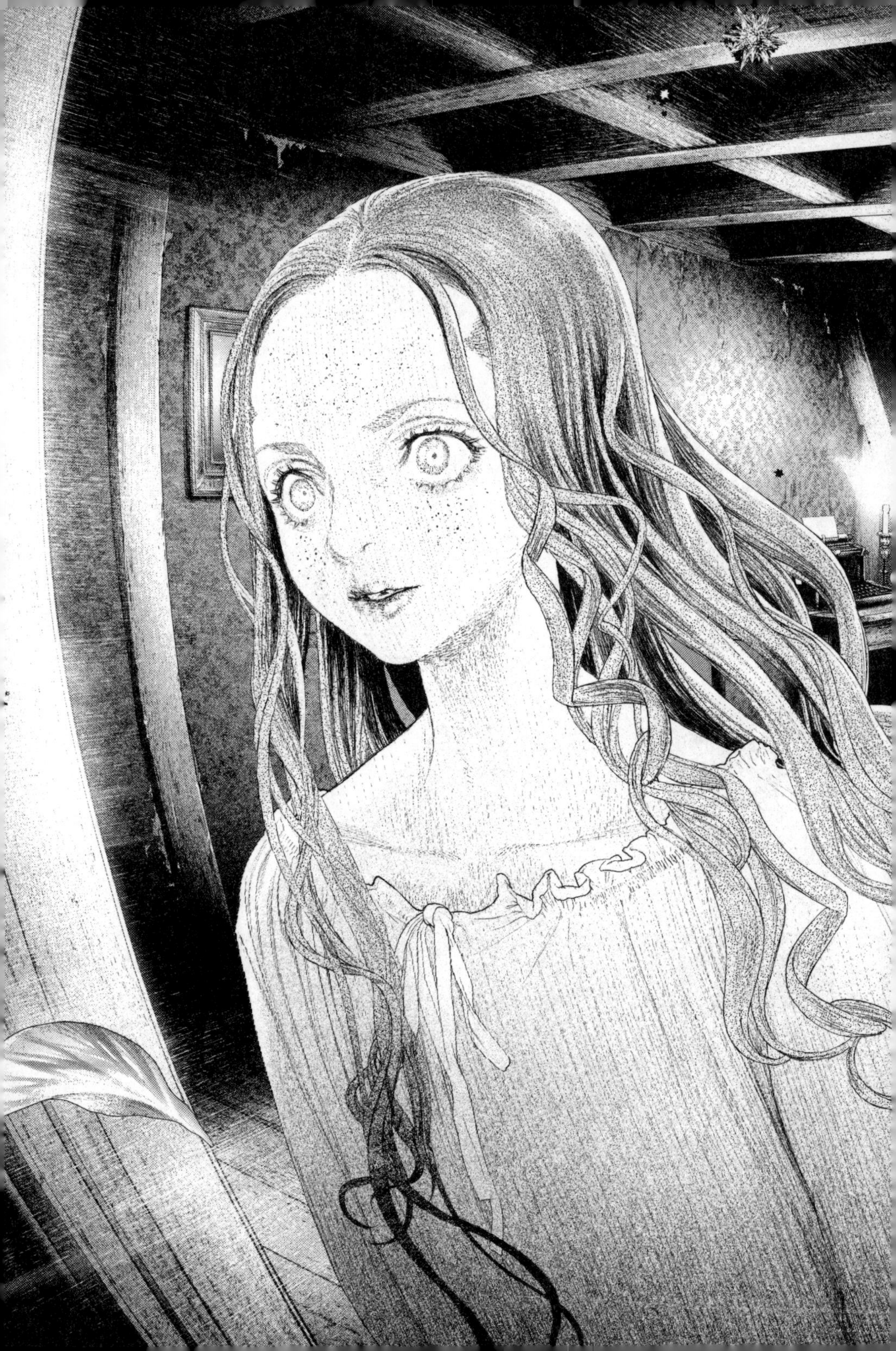

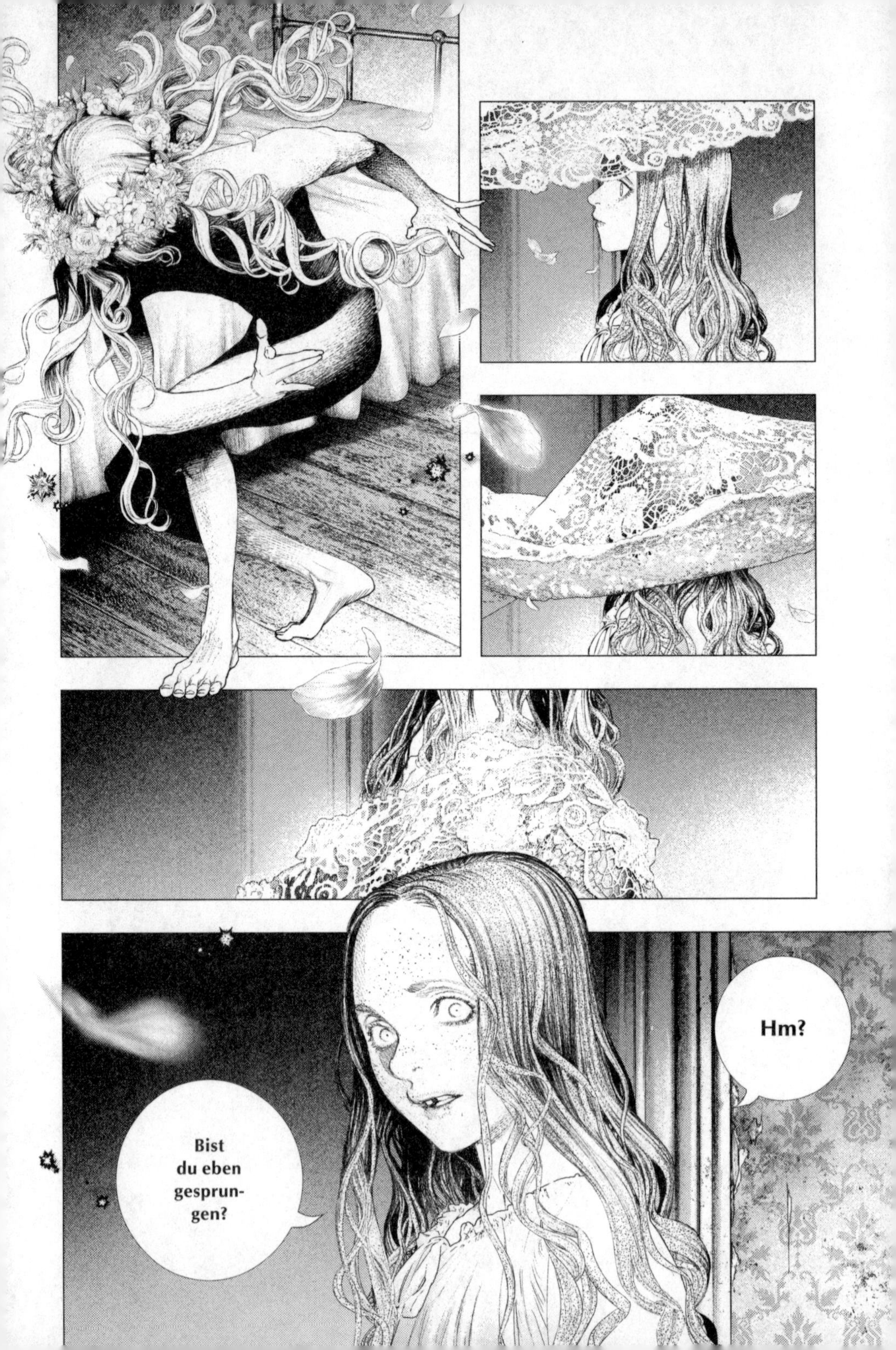
Hm?
Bist du eben gesprungen?

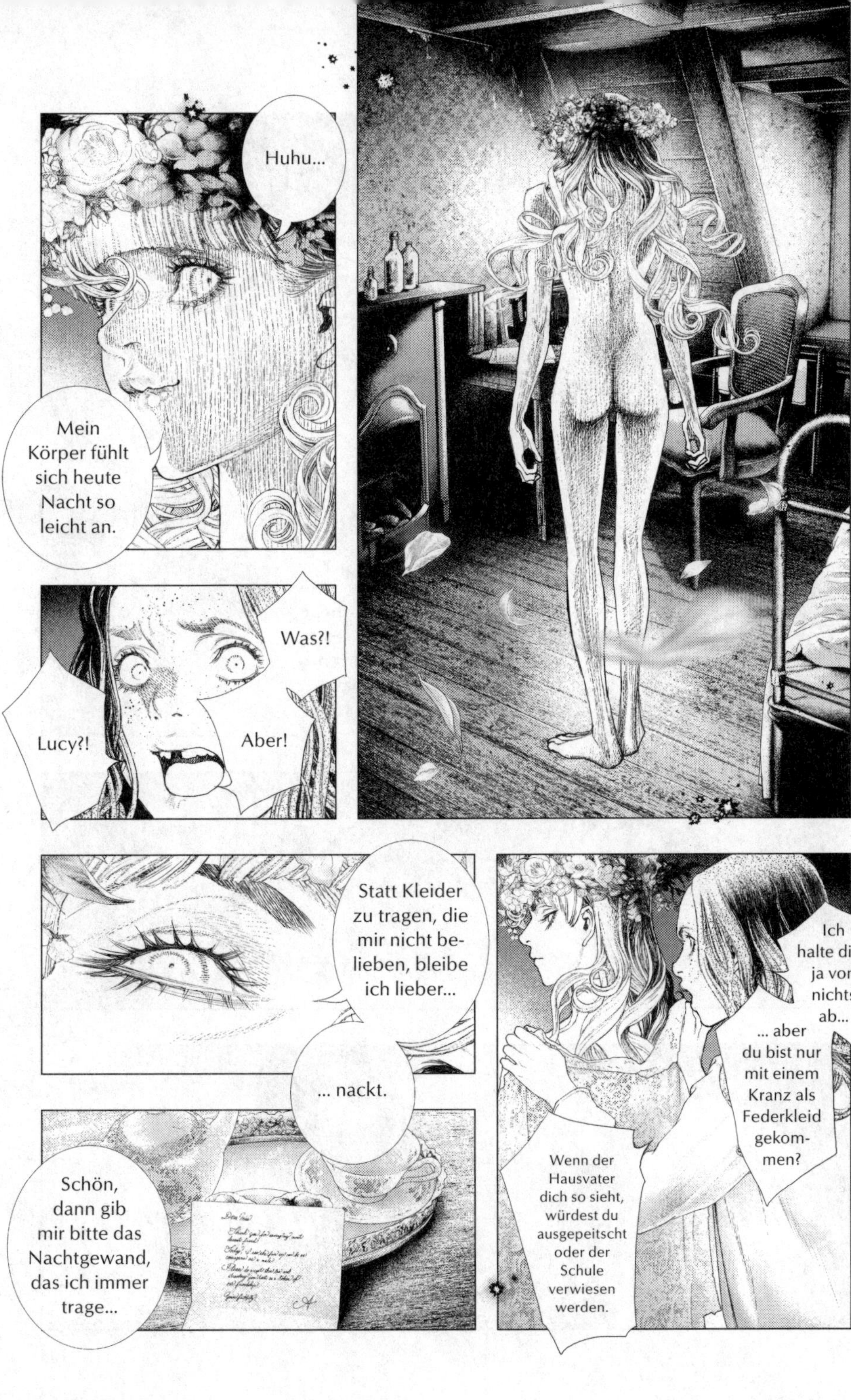
Huhu...
Mein Körper fühlt sich heute Nacht so leicht an.
Was?!
Lucy?!
Aber!
Statt Kleider zu tragen, die mir nicht belieben, bleibe ich lieber...
... nackt.
Ich halte dich ja von nichts ab...
... aber du bist nur mit einem Kranz als Federkleid gekommen?
Wenn der Hausvater dich so sieht, würdest du ausgepeitscht oder der Schule verwiesen werden.
Schön, dann gib mir bitte das Nachtgewand, das ich immer trage...

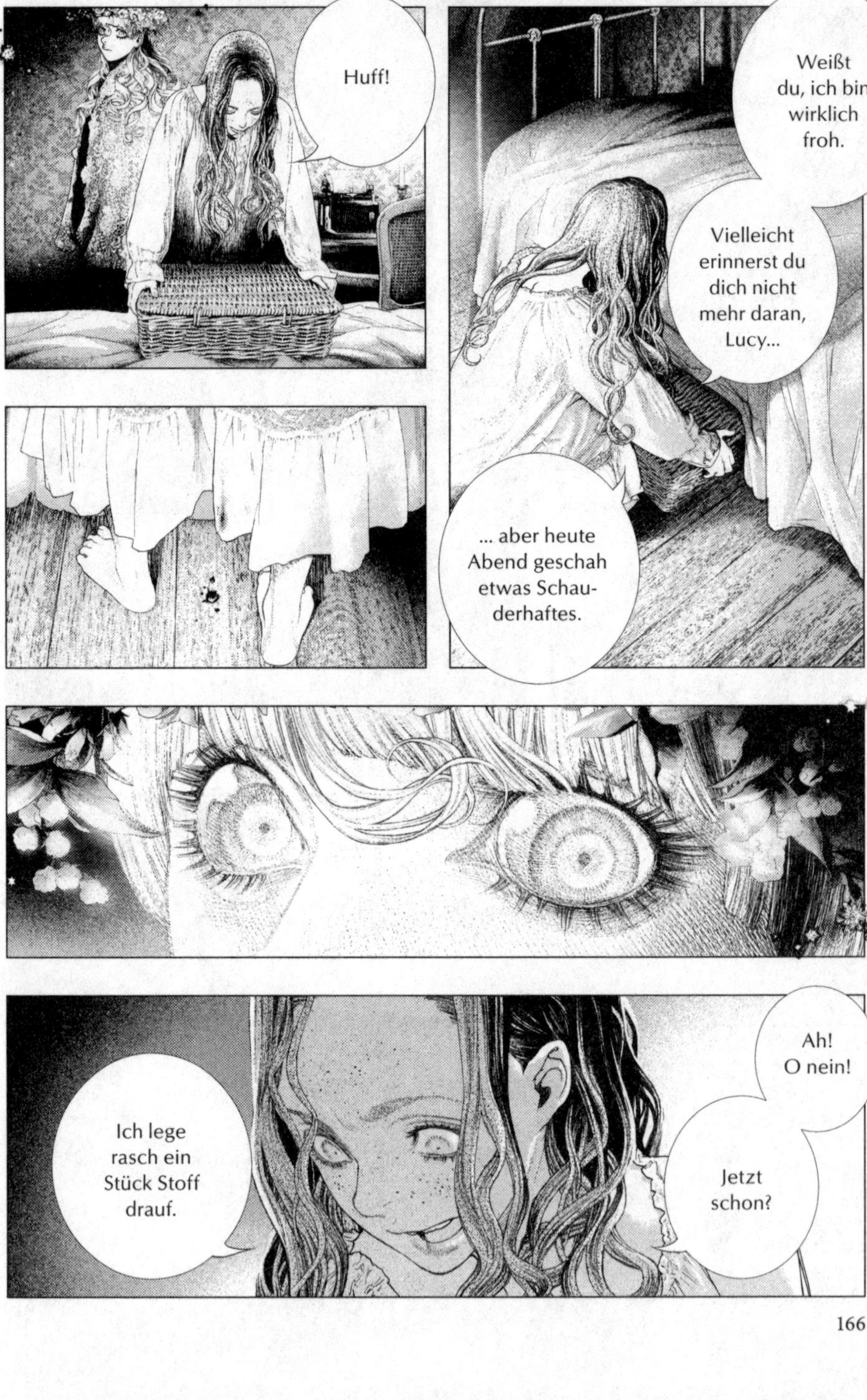
Huff!
Weißt du, ich bin wirklich froh.
Vielleicht erinnerst du dich nicht mehr daran, Lucy...
... aber heute Abend geschah etwas Schauderhaftes.
Ah! O nein!
Jetzt schon?
Ich lege rasch ein Stück Stoff drauf.

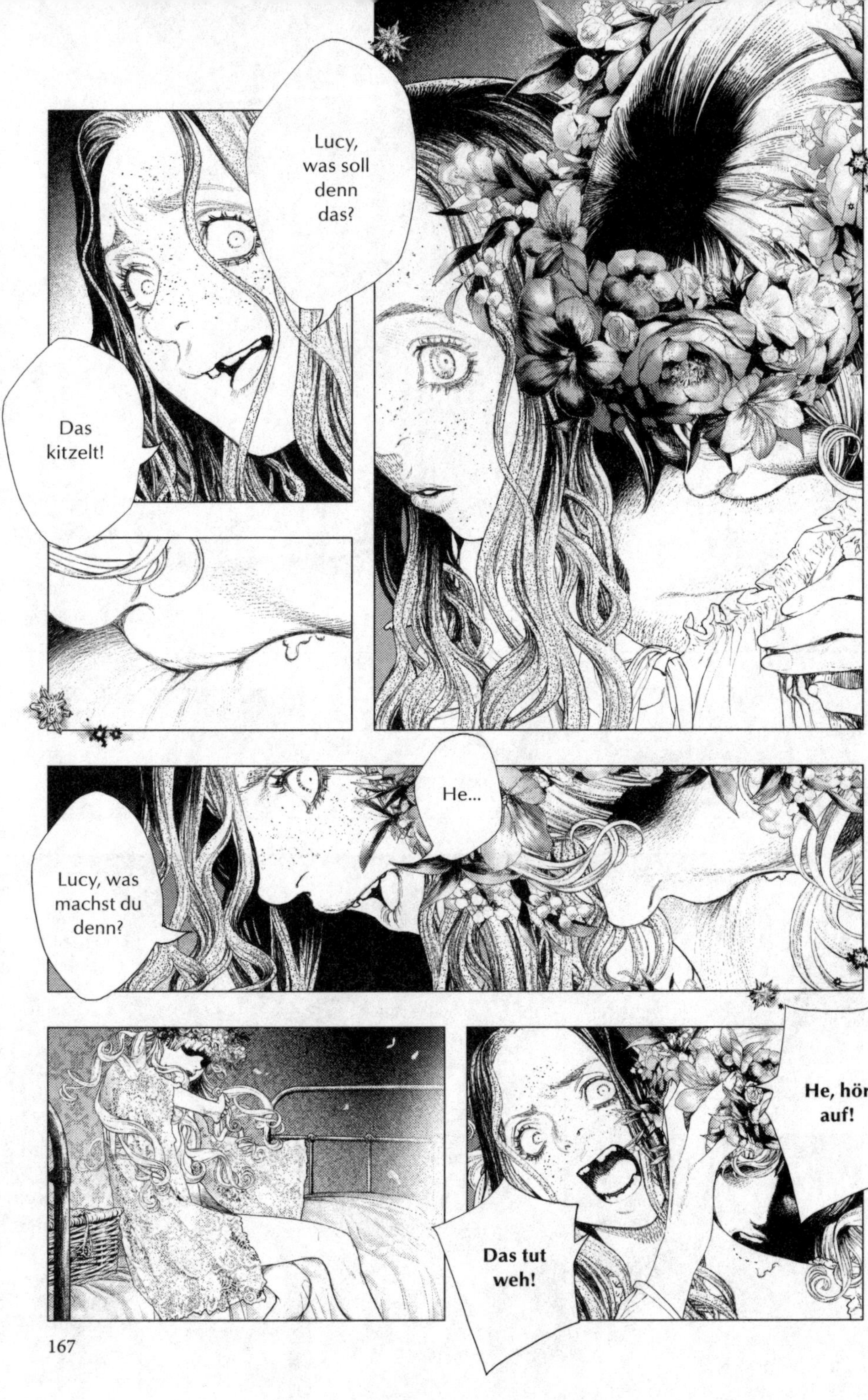
Lucy, was soll denn das?
Das kitzelt!
He...
Lucy, was machst du denn?
He, hör auf!
Das tut weh!

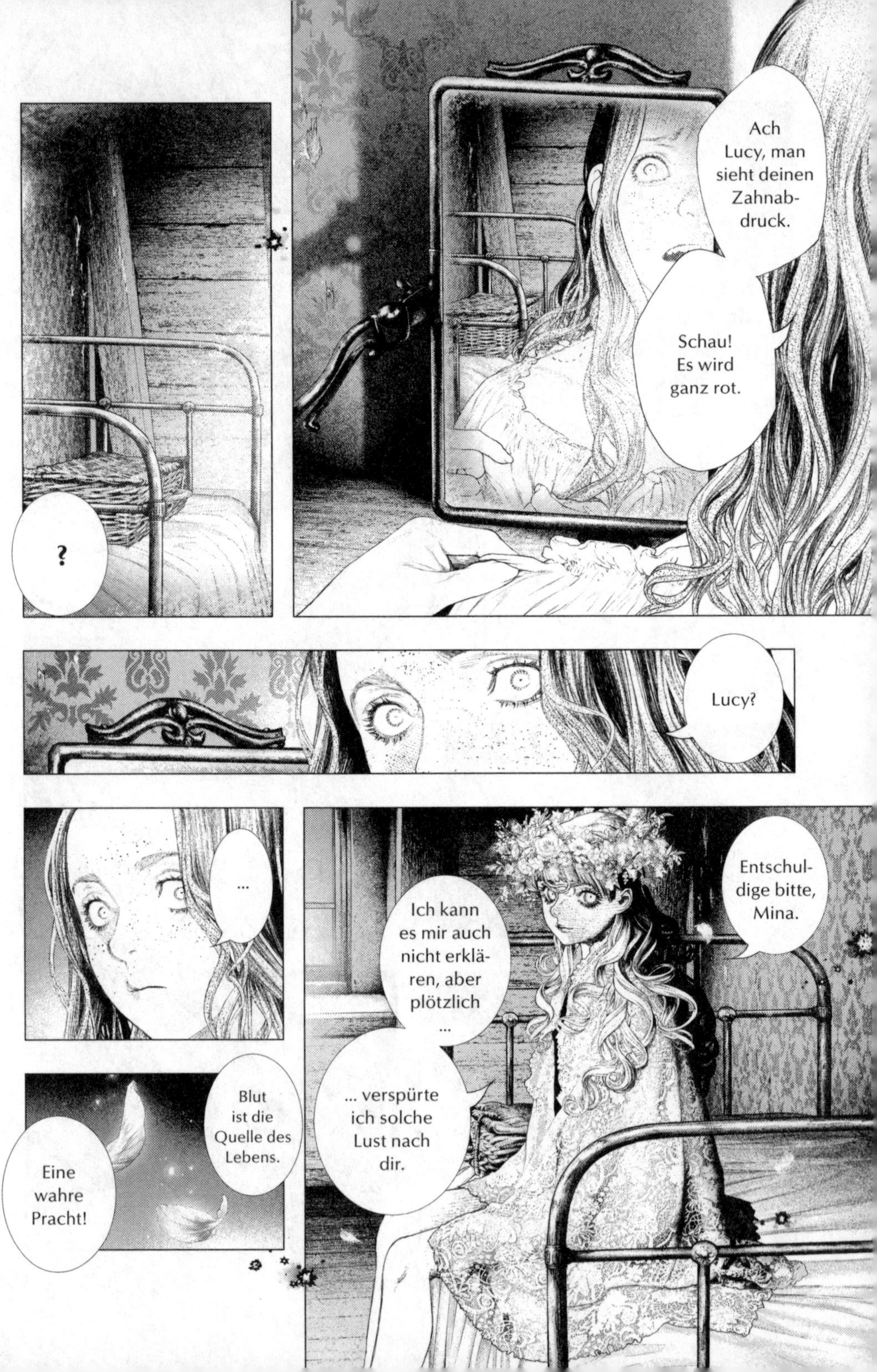
Ach Lucy, man sieht deinen Zahnabdruck.
Schau! Es wird ganz rot.
?
Lucy?
...
Entschuldige bitte, Mina.
Ich kann es mir auch nicht erklären, aber plötzlich ...
... verspürte ich solche Lust nach dir.
Blut ist die Quelle des Lebens.
Eine wahre Pracht!

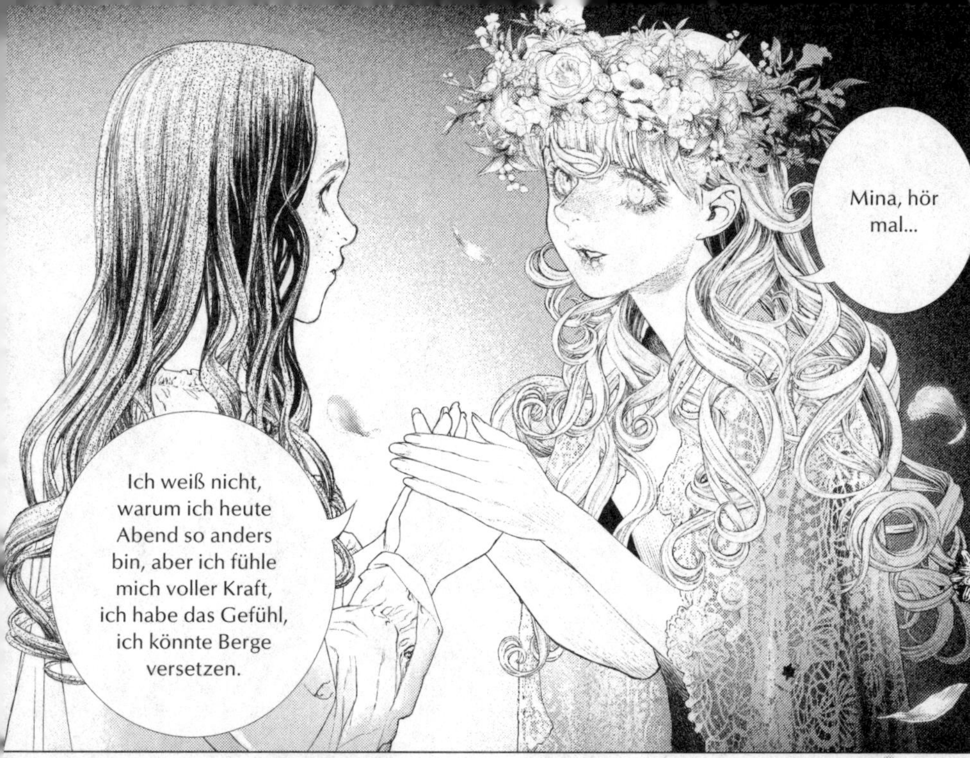
Mina, hör mal...
Ich weiß nicht, warum ich heute Abend so anders bin, aber ich fühle mich voller Kraft, ich habe das Gefühl, ich könnte Berge versetzen.

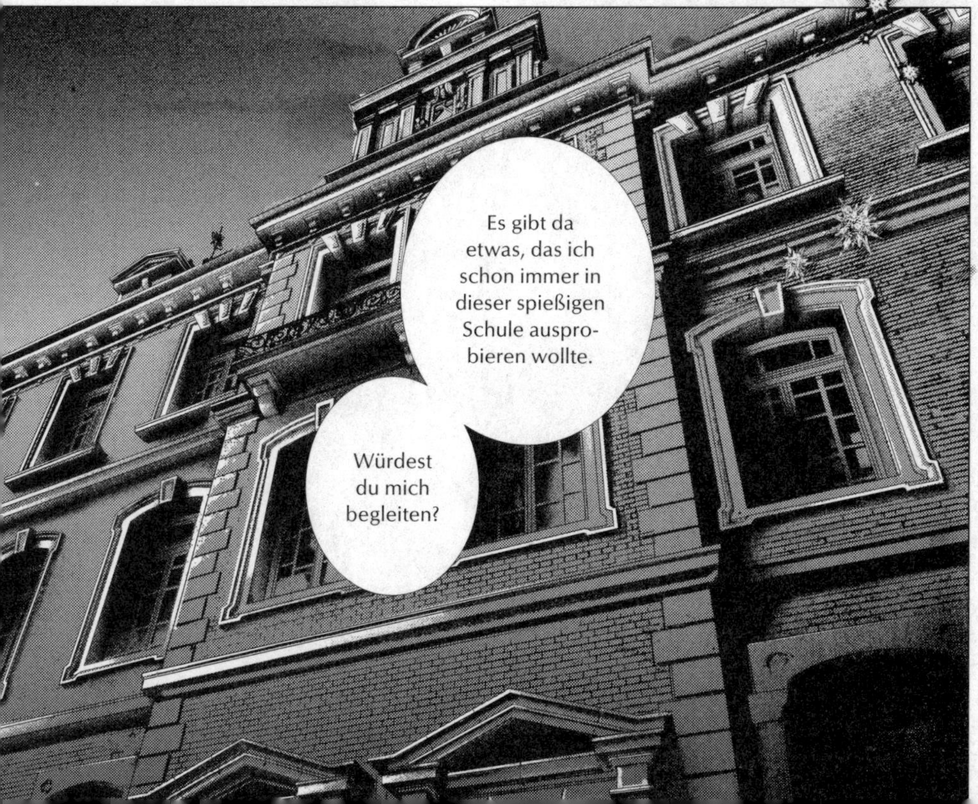
Es gibt da etwas, das ich schon immer in dieser spießigen Schule auspro-bieren wollte.
Würdest du mich begleiten?

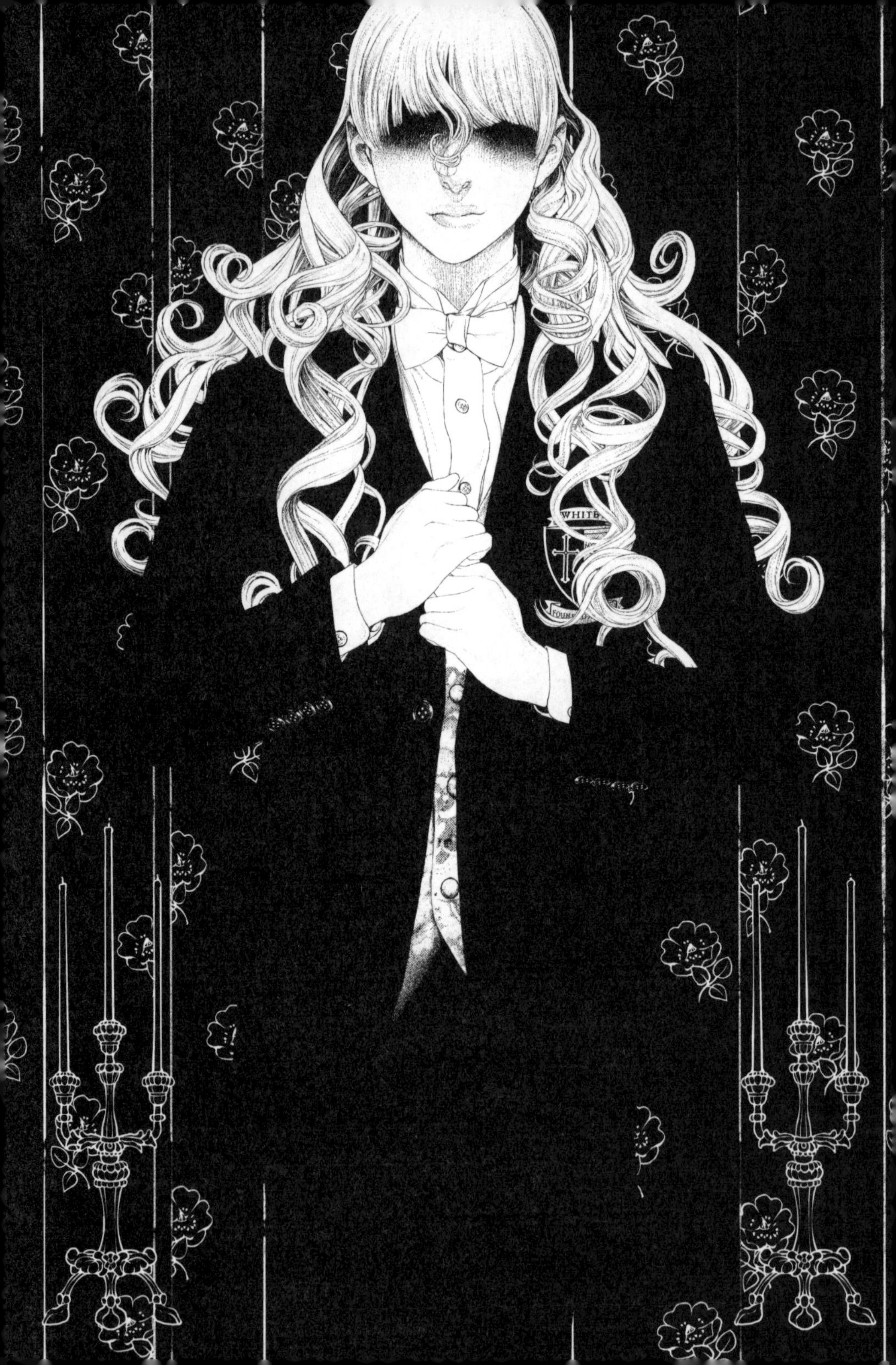

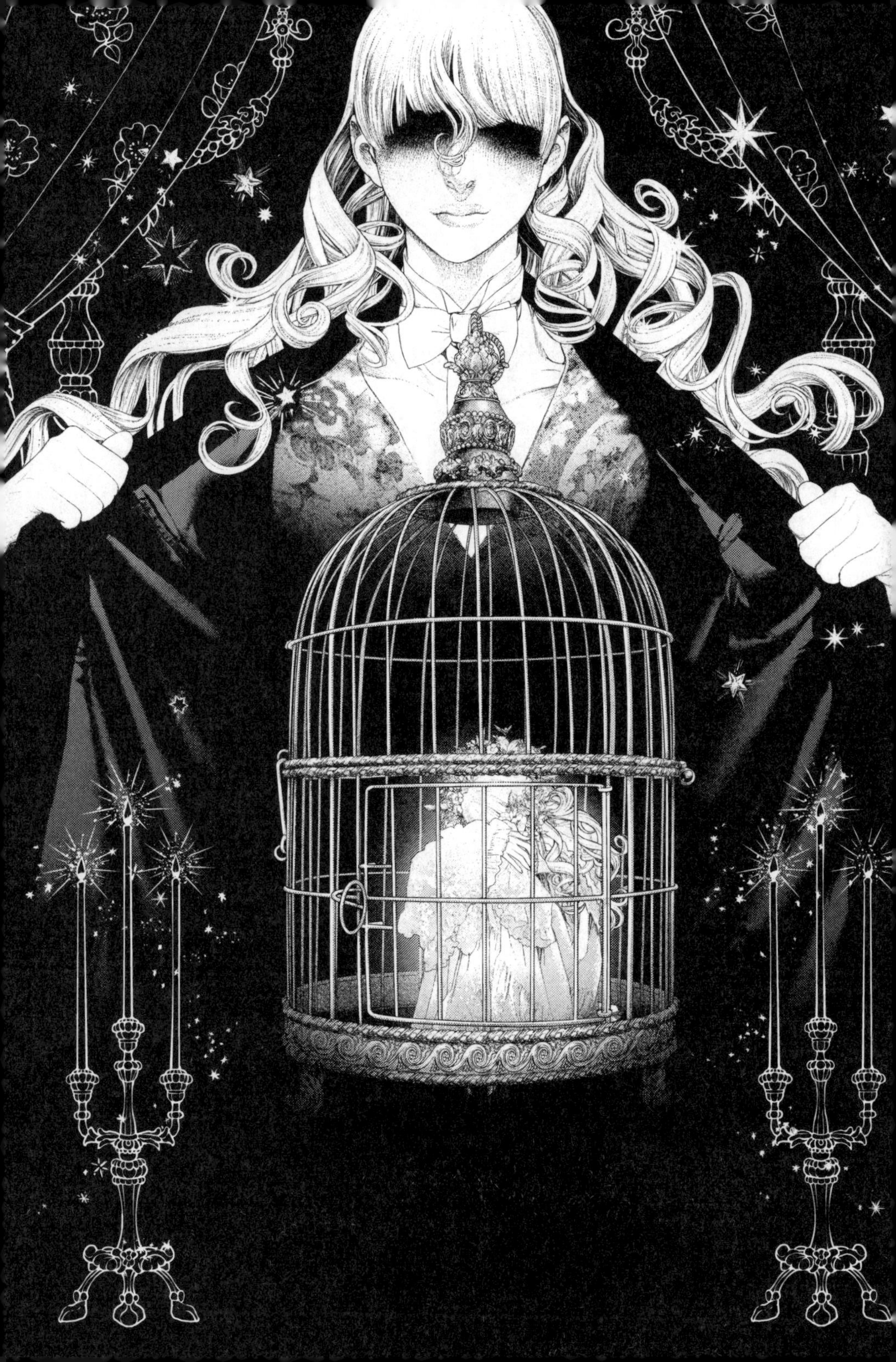

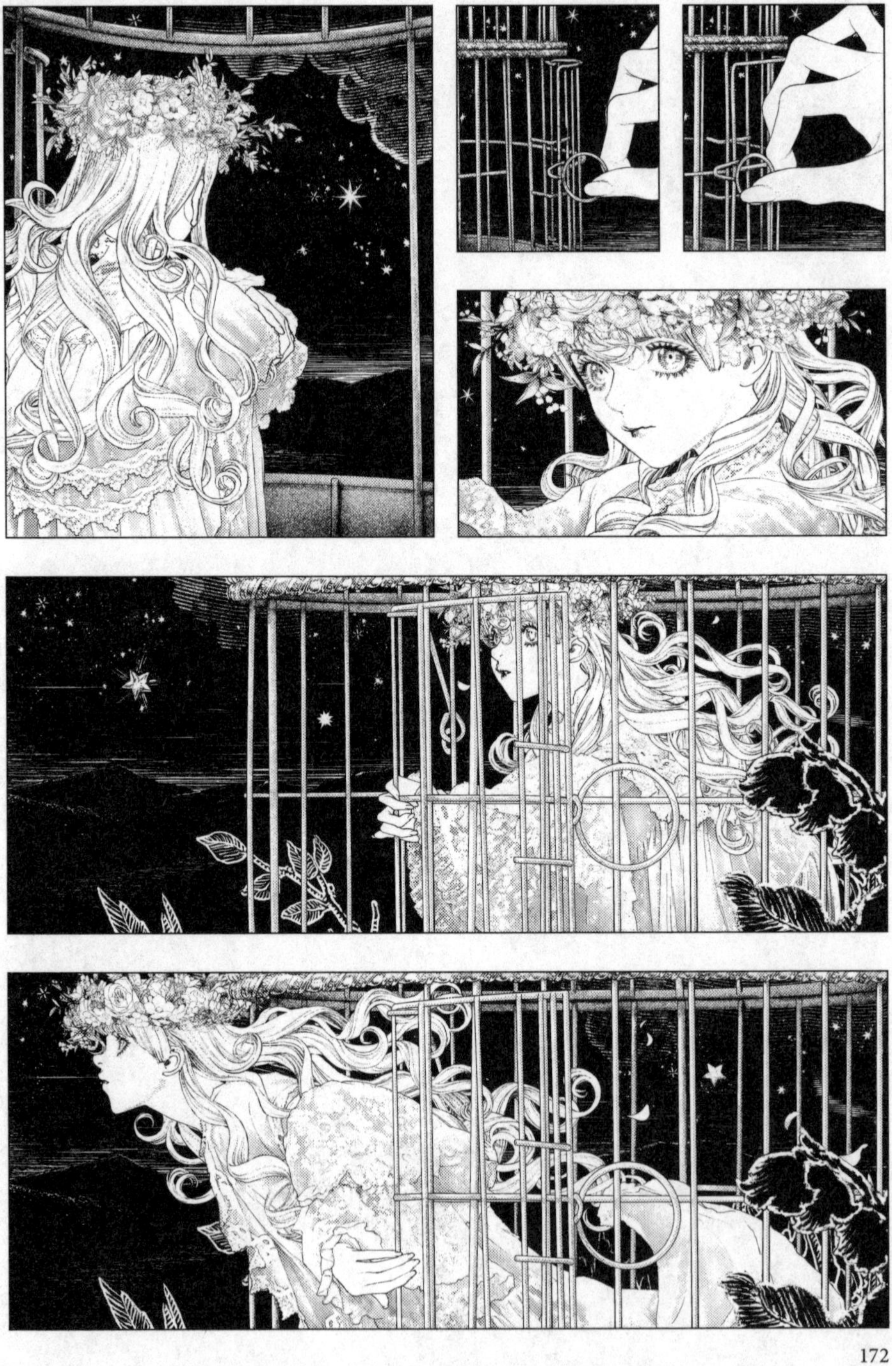

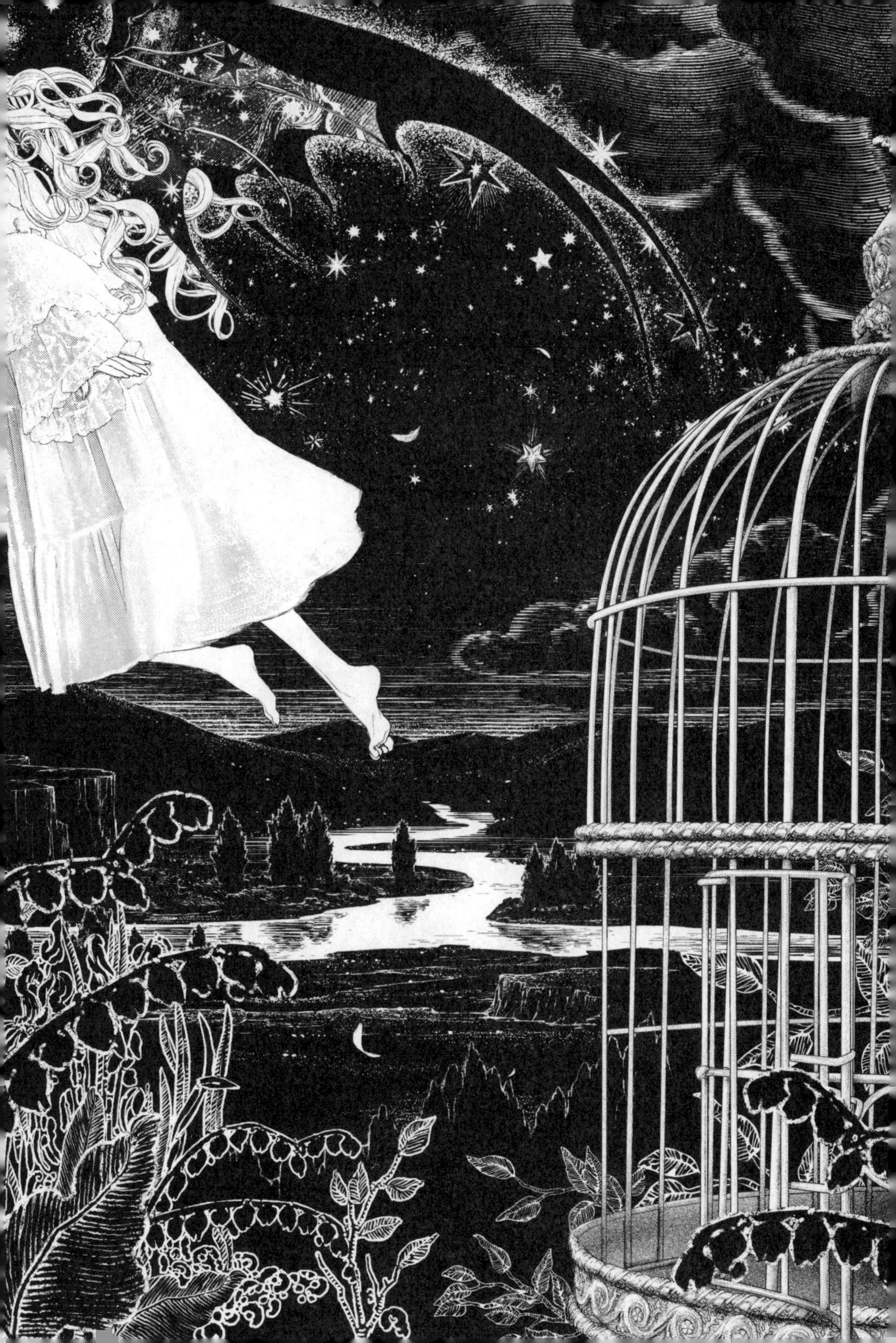

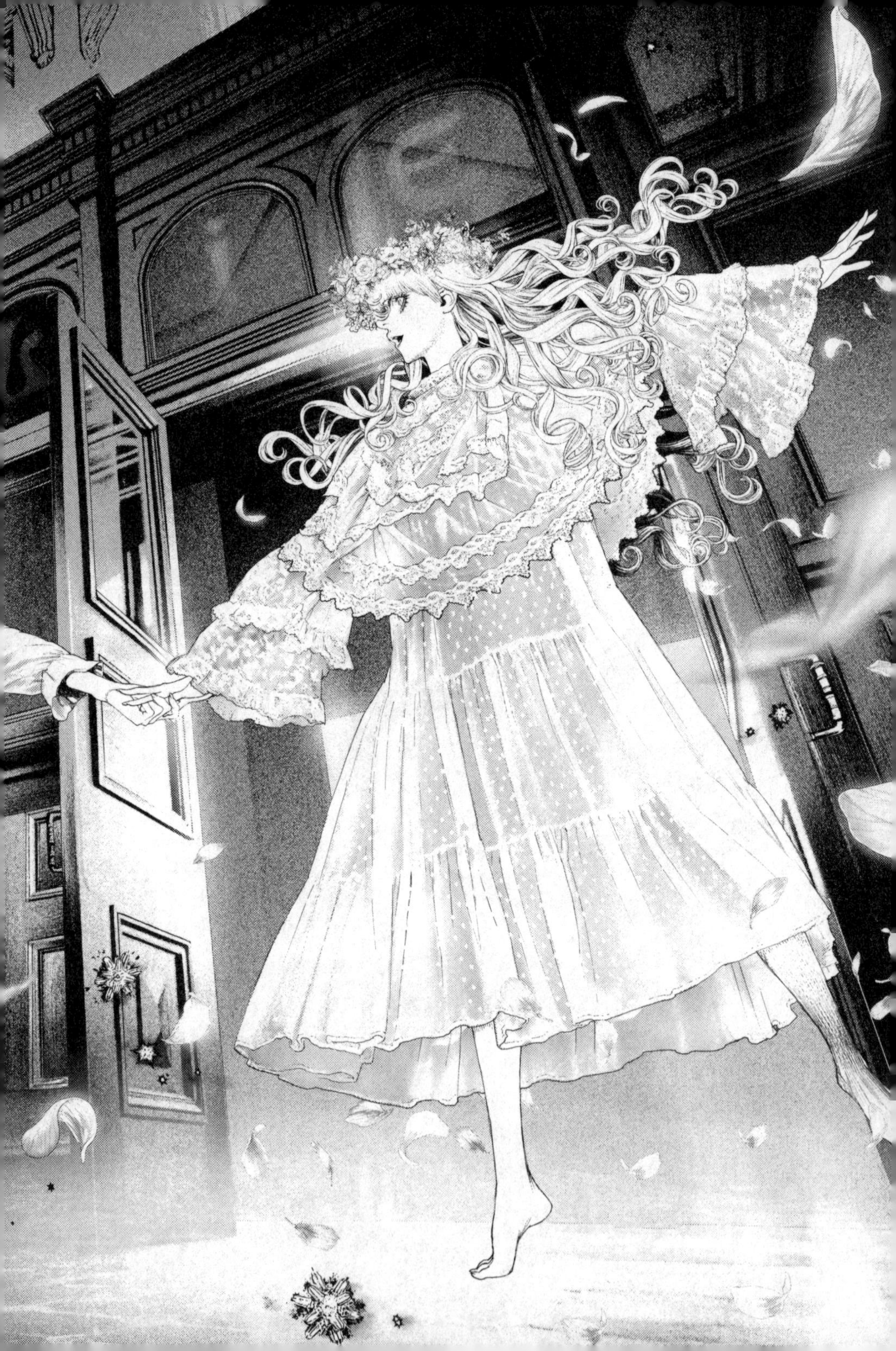

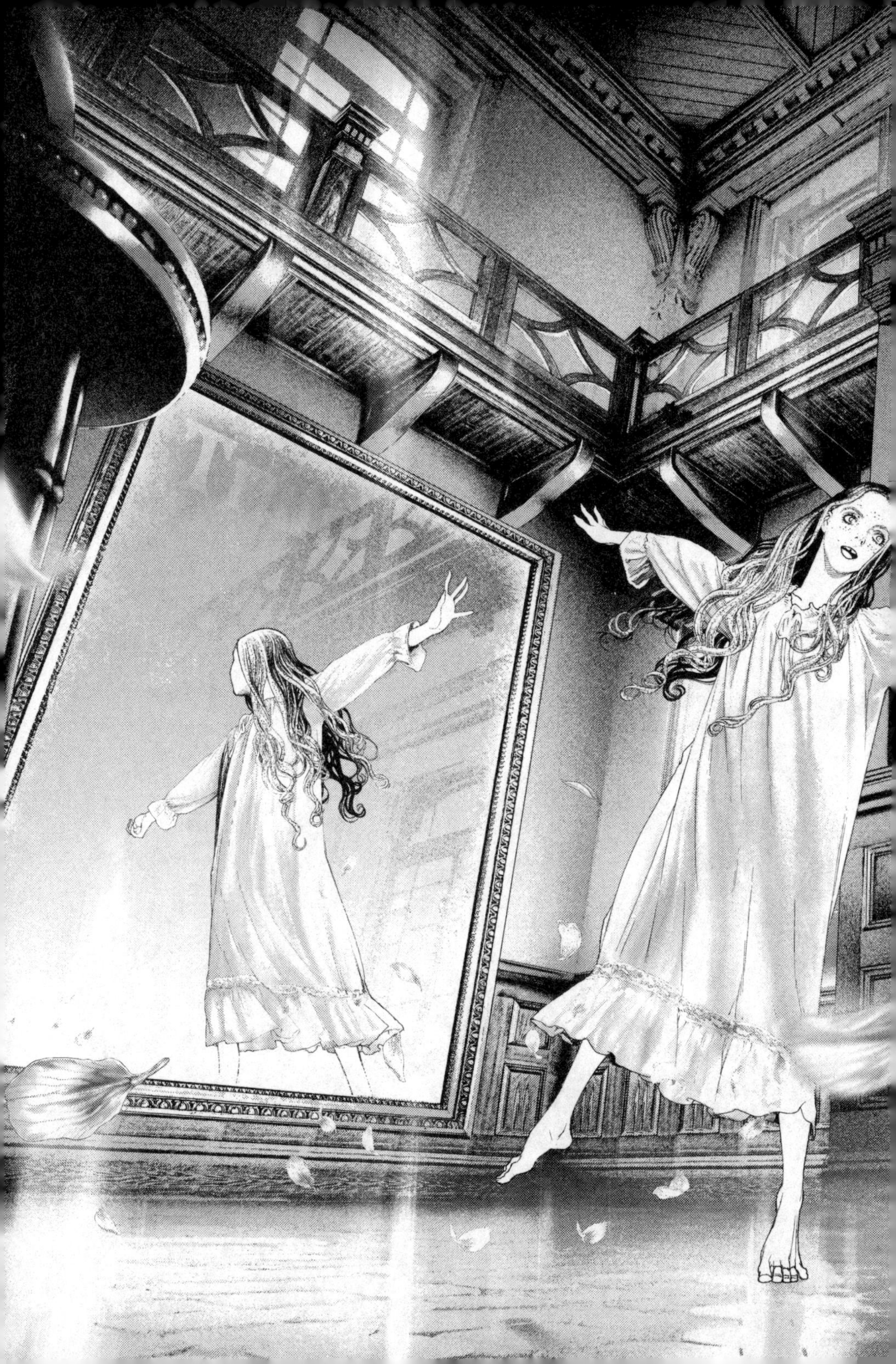

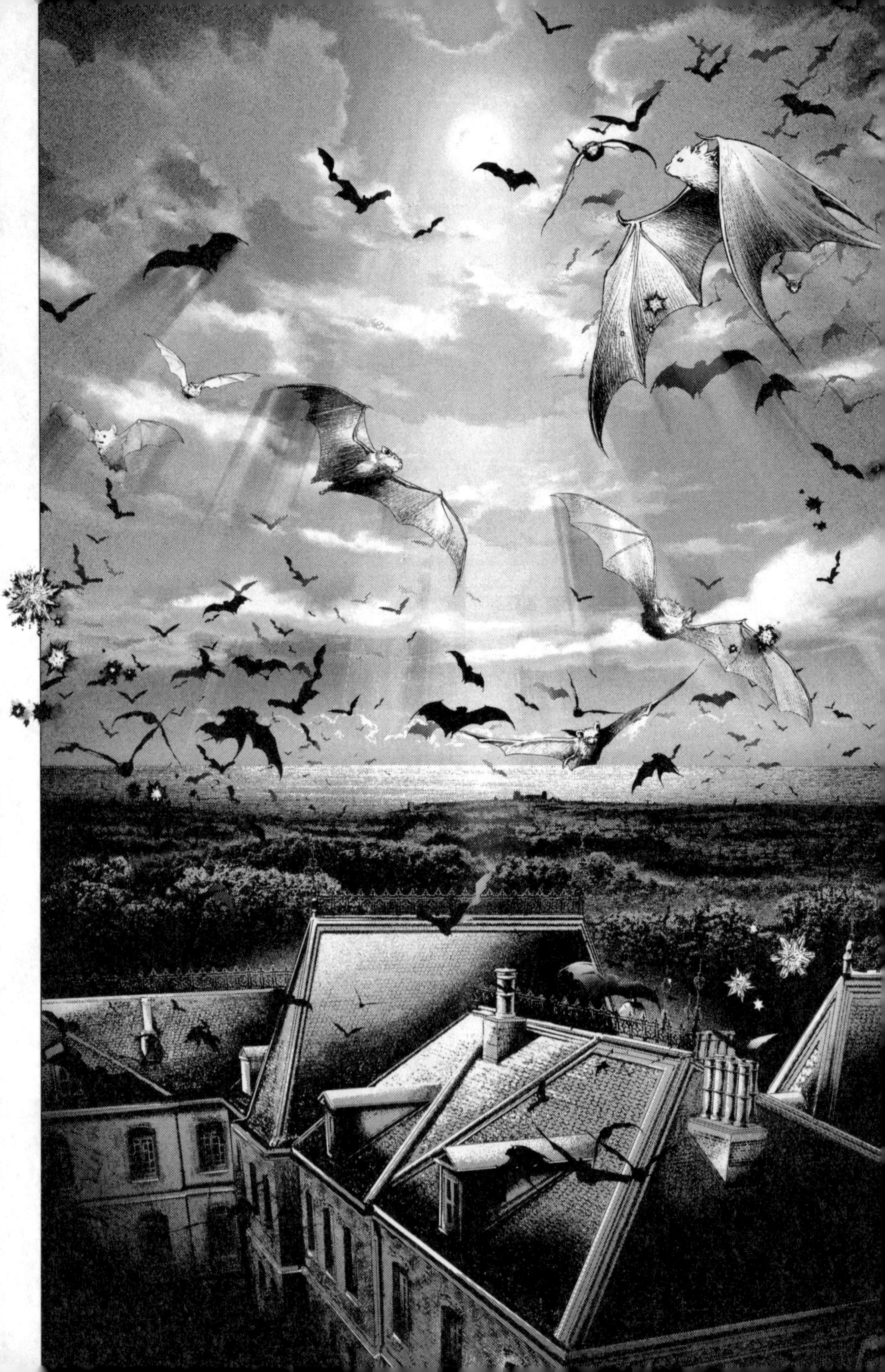

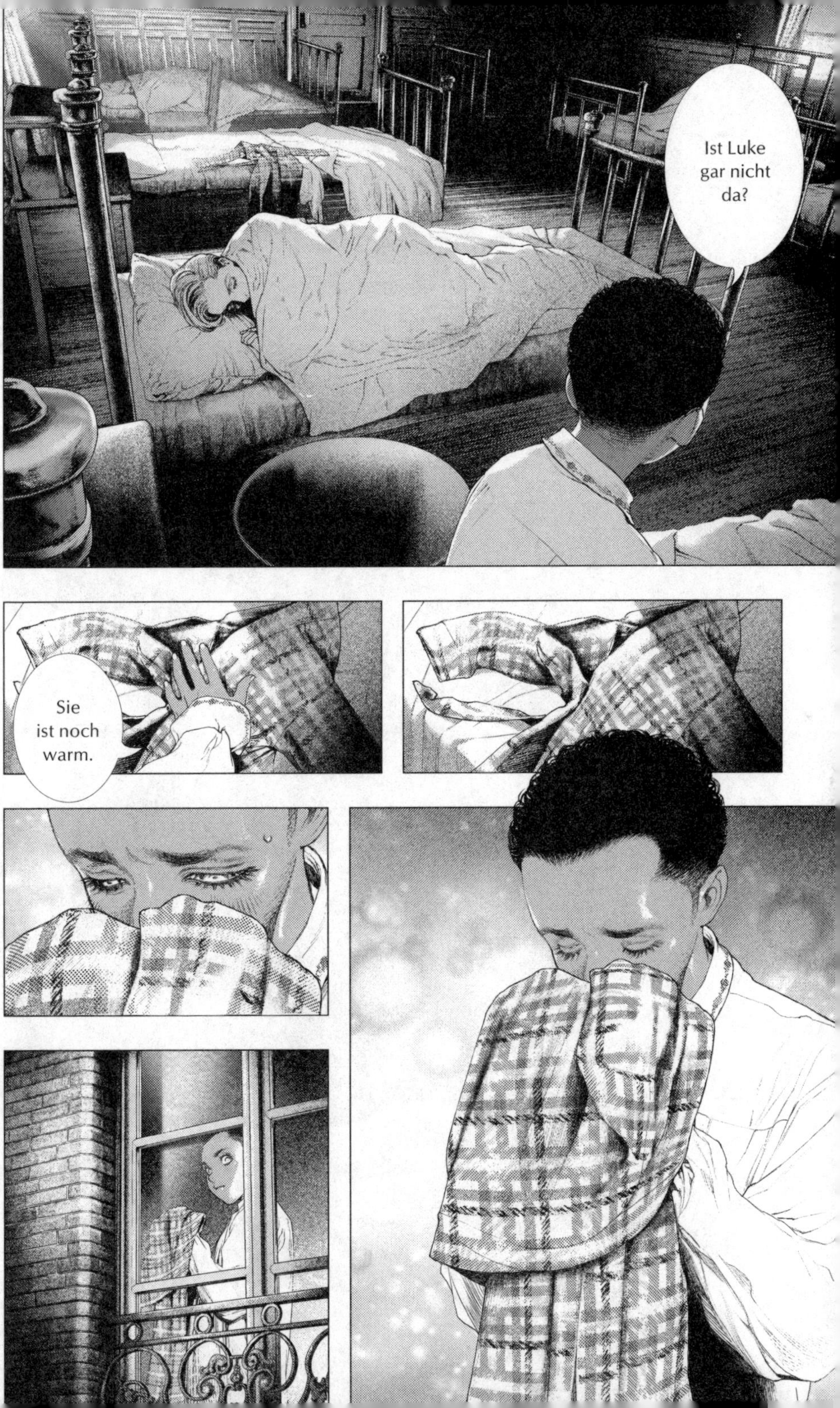
Ist Luke gar nicht da?
Sie ist noch warm.

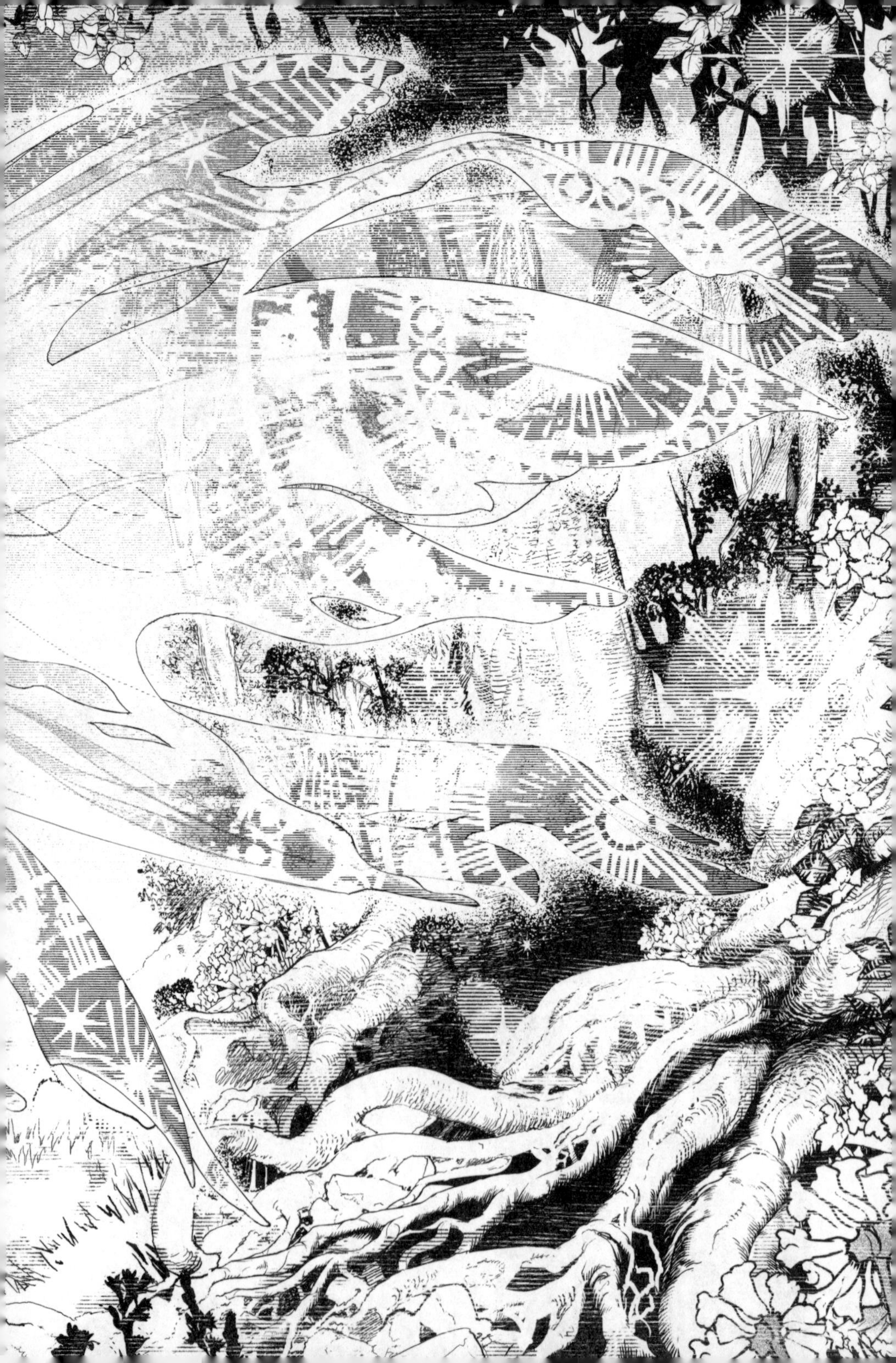

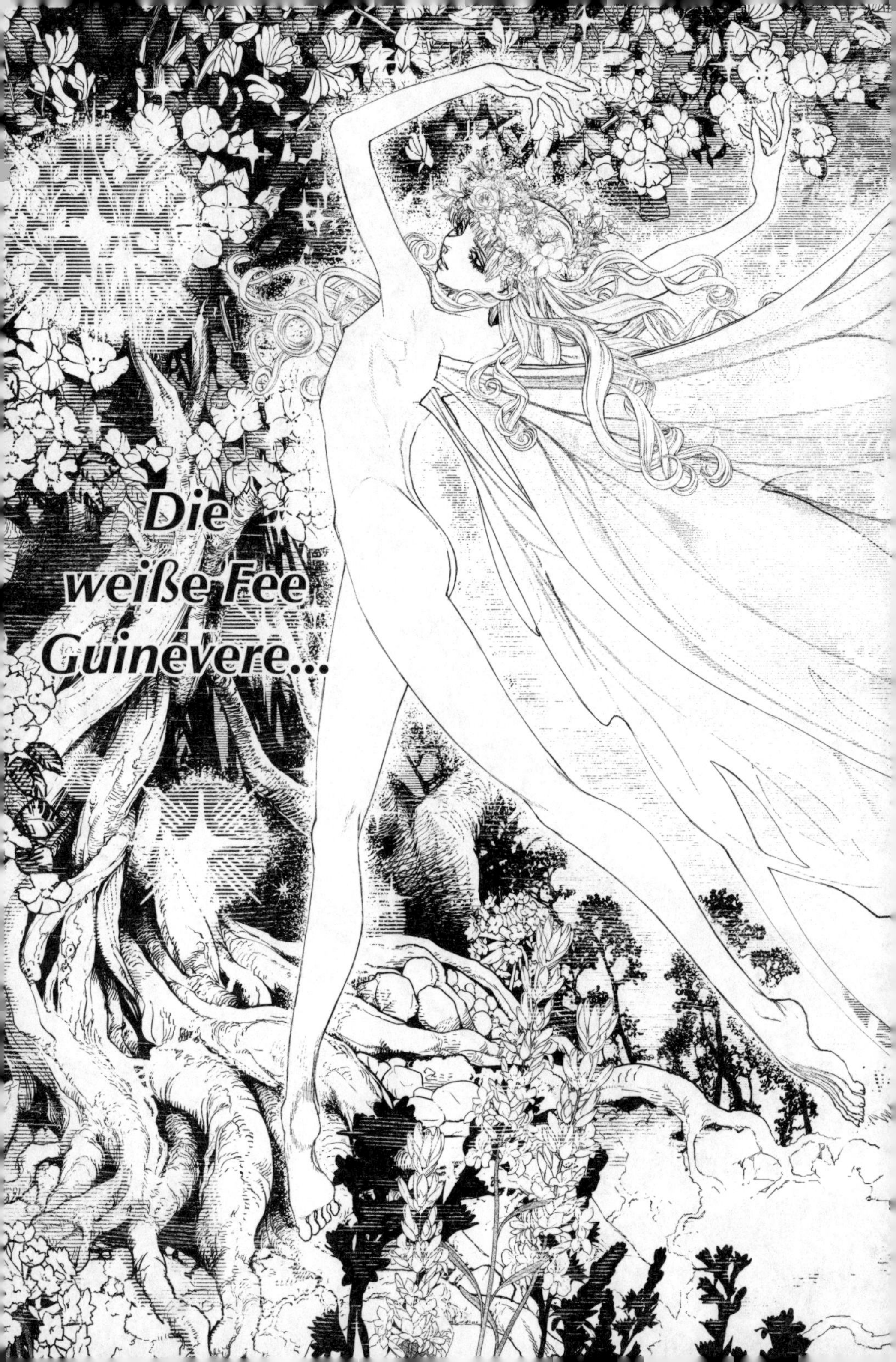
Die
weiße Fee
Guinevere...

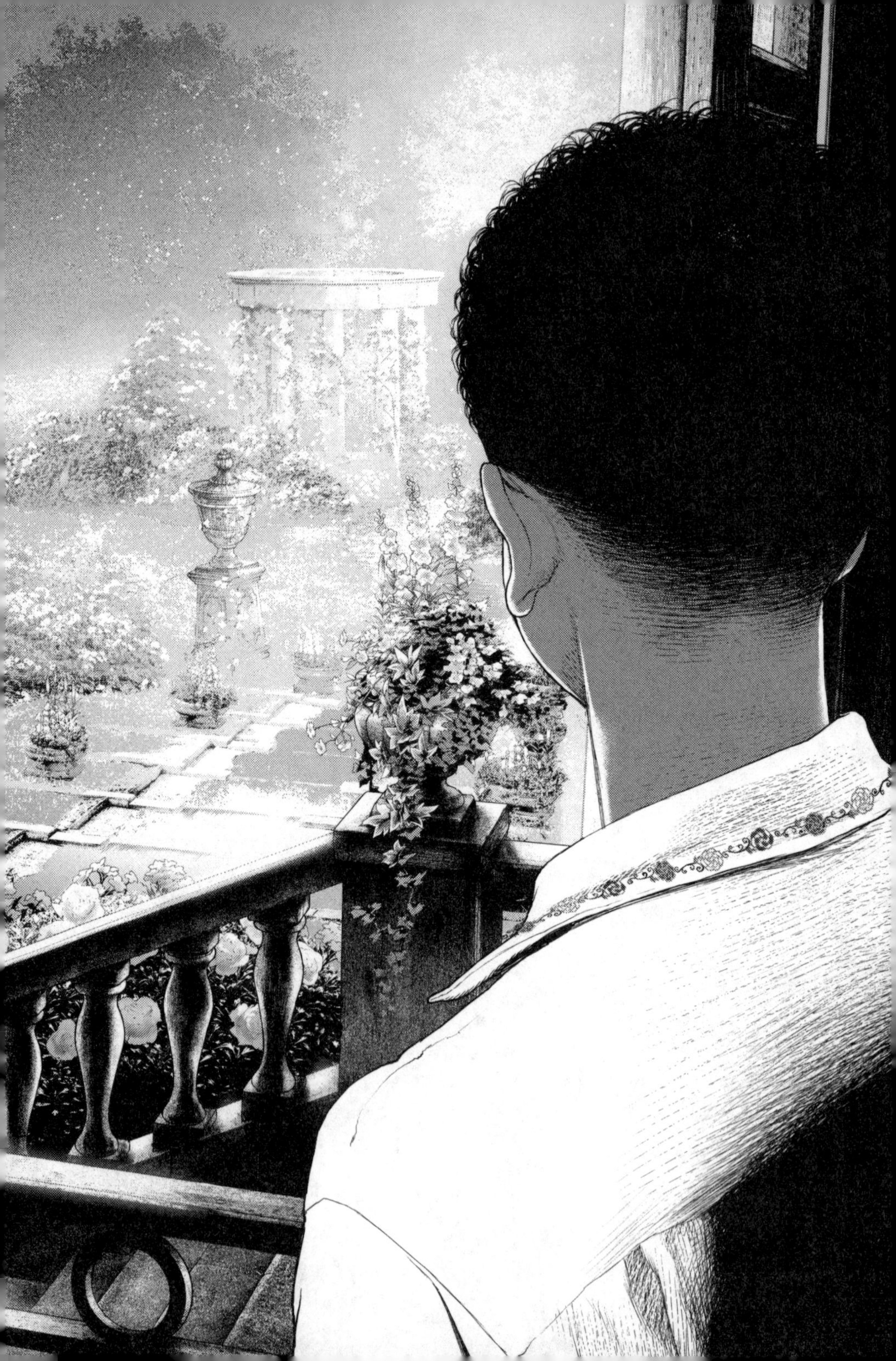

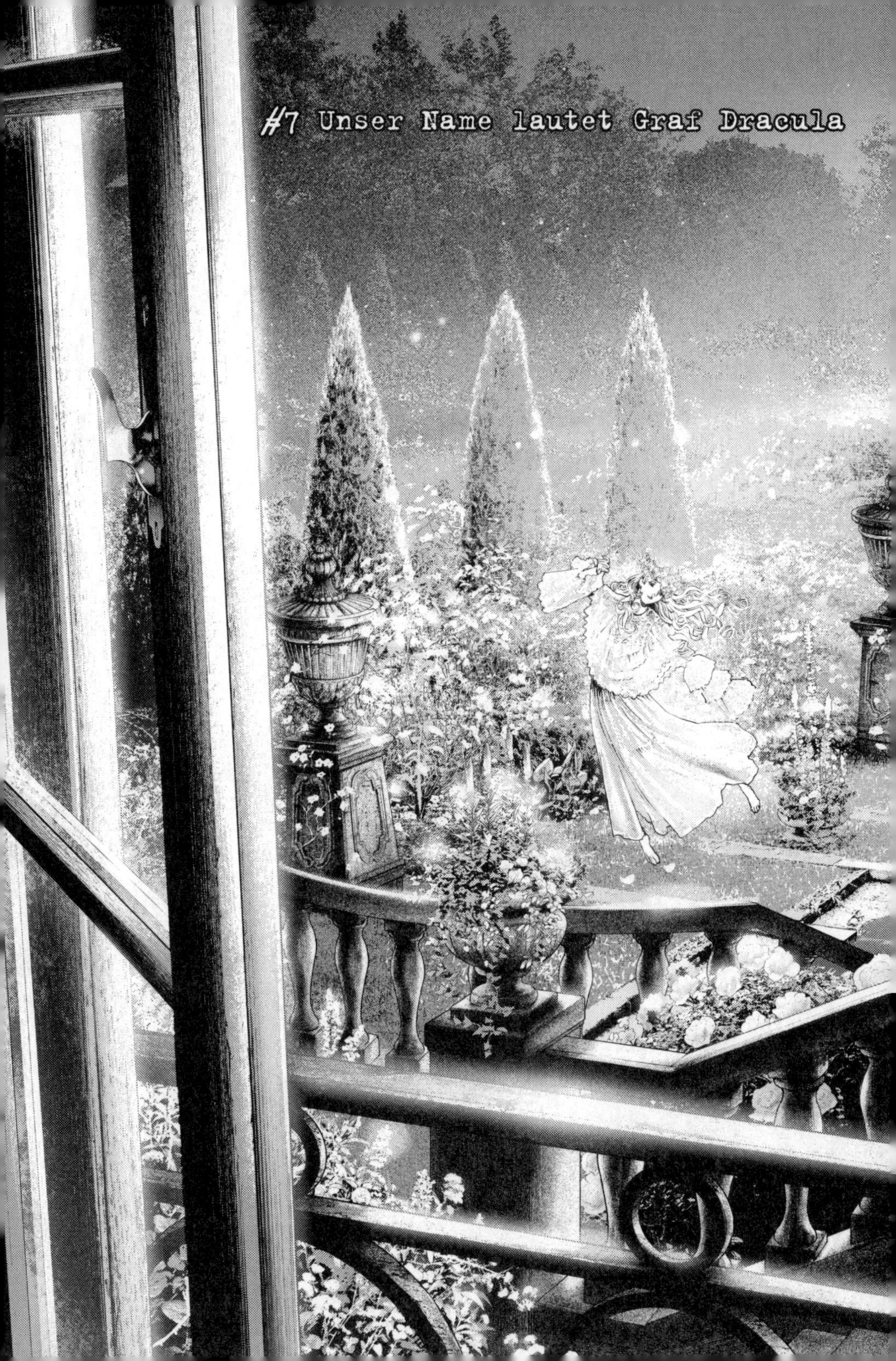
#7 Unser Name lautet Graf Dracula

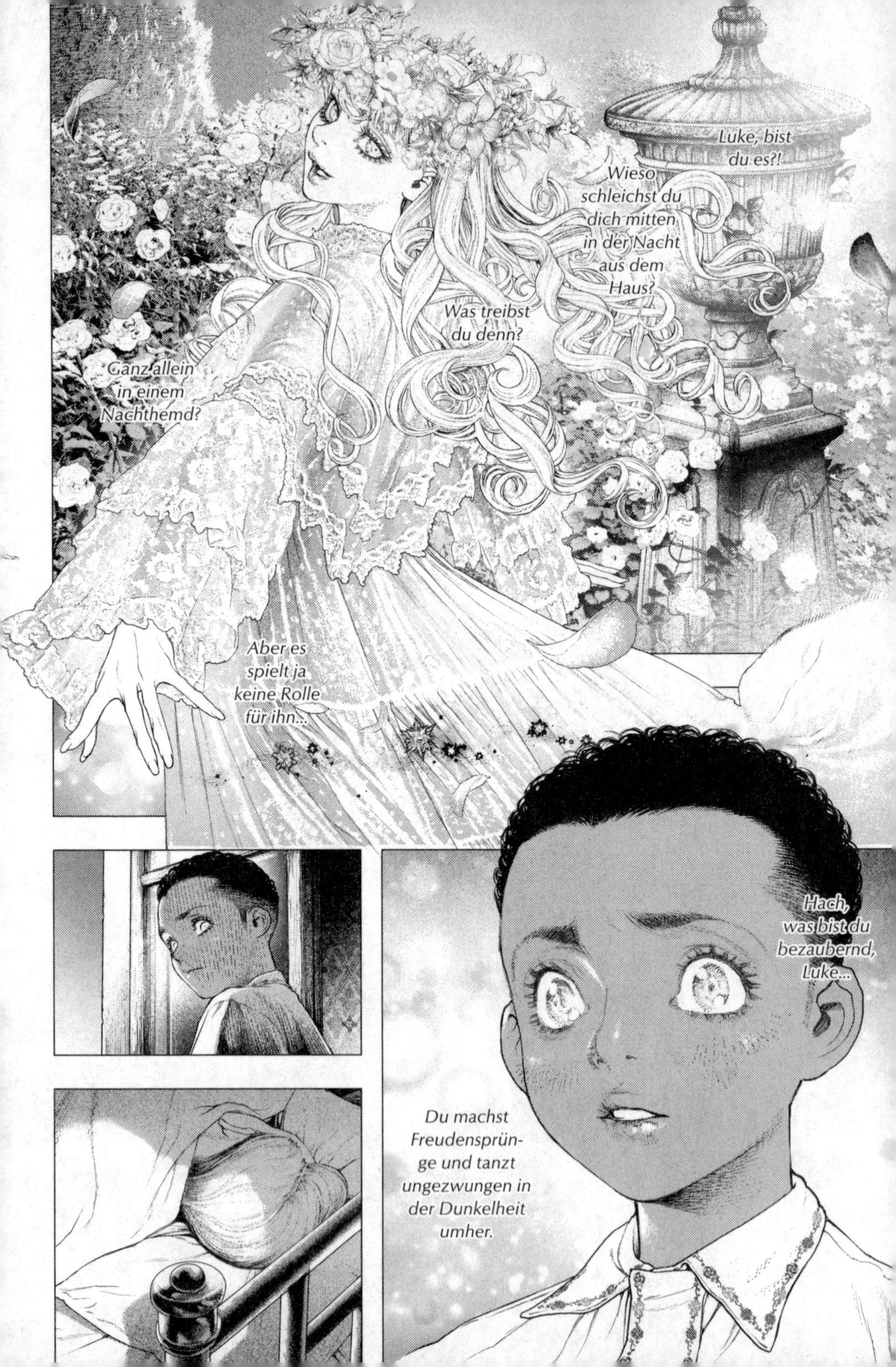
Luke, bist du es?!
Wieso schleichst du dich mitten in der Nacht aus dem Haus?
Was treibst du denn?
Ganz allein in einem Nachthemd?
Aber es spielt ja keine Rolle für ihn...
Hach, was bist du bezaubernd, Luke...
Du machst Freudensprün-ge und tanzt ungezwungen in der Dunkelheit umher.

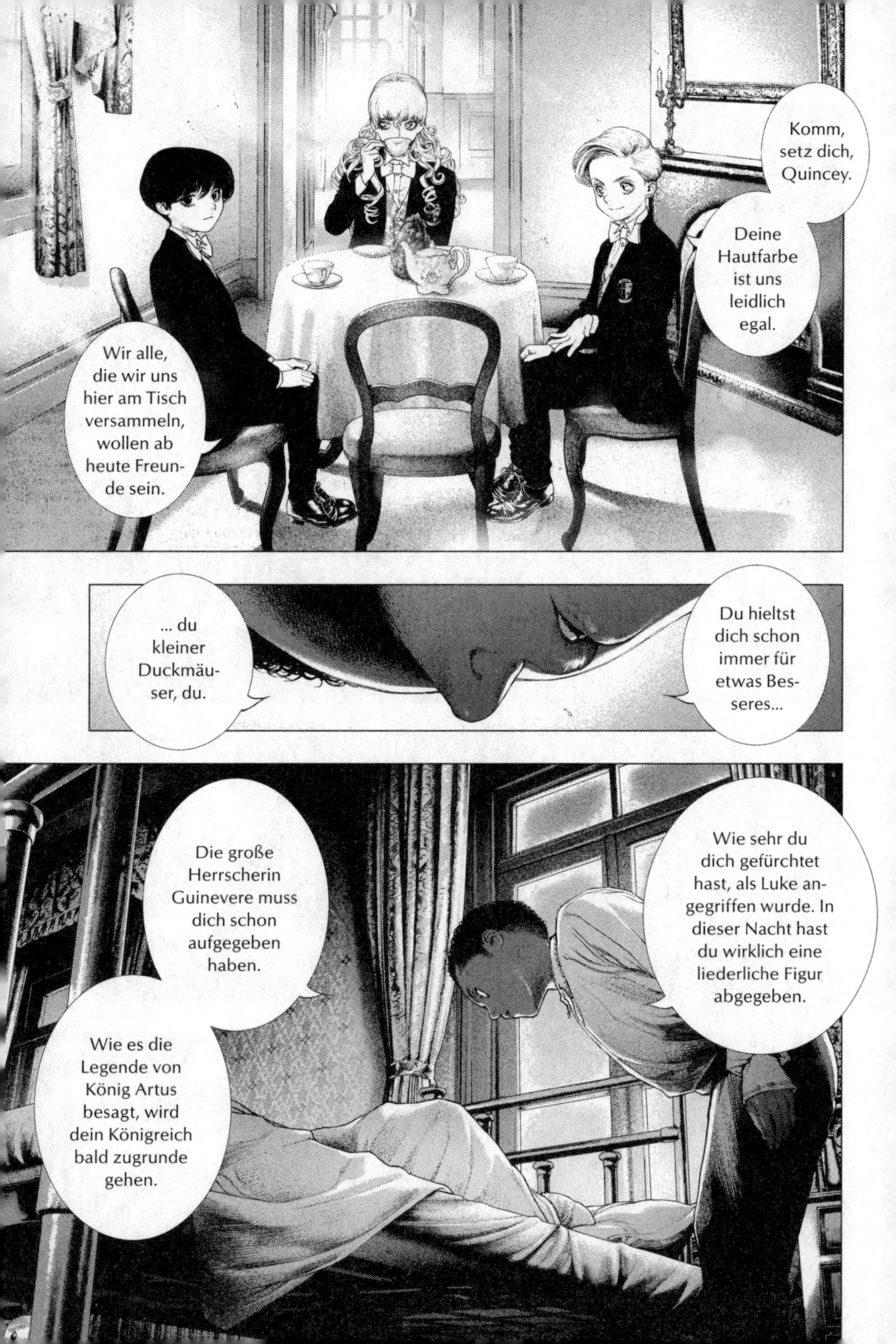
Komm, setz dich, Quincey.
Deine Hautfarbe ist uns leidlich egal.
Wir alle, die wir uns hier am Tisch versammeln, wollen ab heute Freunde sein.
Du hieltst dich schon immer für etwas Besseres...
... du kleiner Duckmäuser, du.
Wie sehr du dich gefürchtet hast, als Luke angegriffen wurde. In dieser Nacht hast du wirklich eine liederliche Figur abgegeben.
Die große Herrscherin Guinevere muss dich schon aufgegeben haben.
Wie es die Legende von König Artus besagt, wird dein Königreich bald zugrunde gehen.

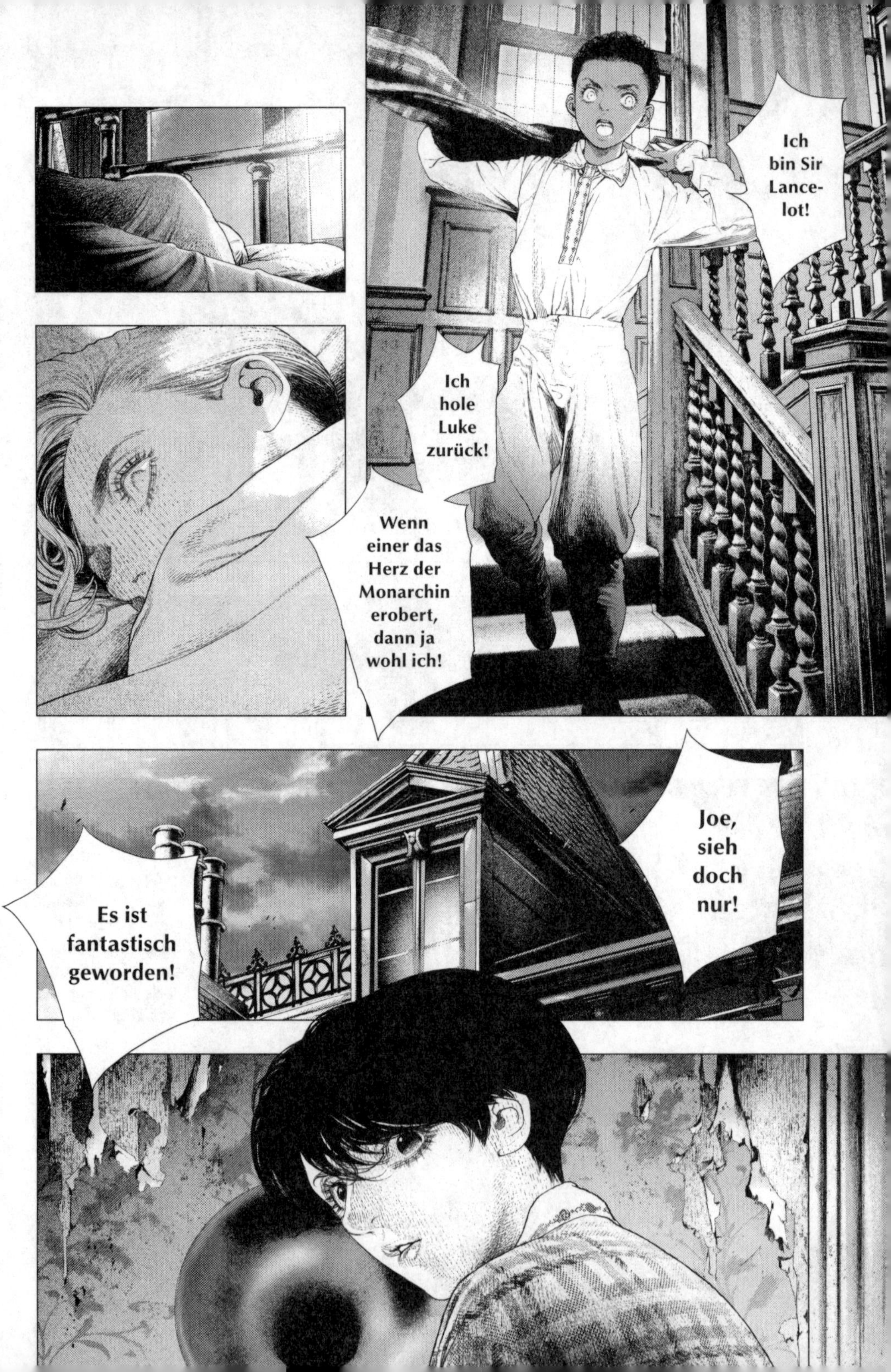
Ich bin Sir Lance-lot!
Ich hole Luke zurück!
Wenn einer das Herz der Monarchin erobert, dann ja wohl ich!
Joe, sieh doch nur!
Es ist fantastisch geworden!

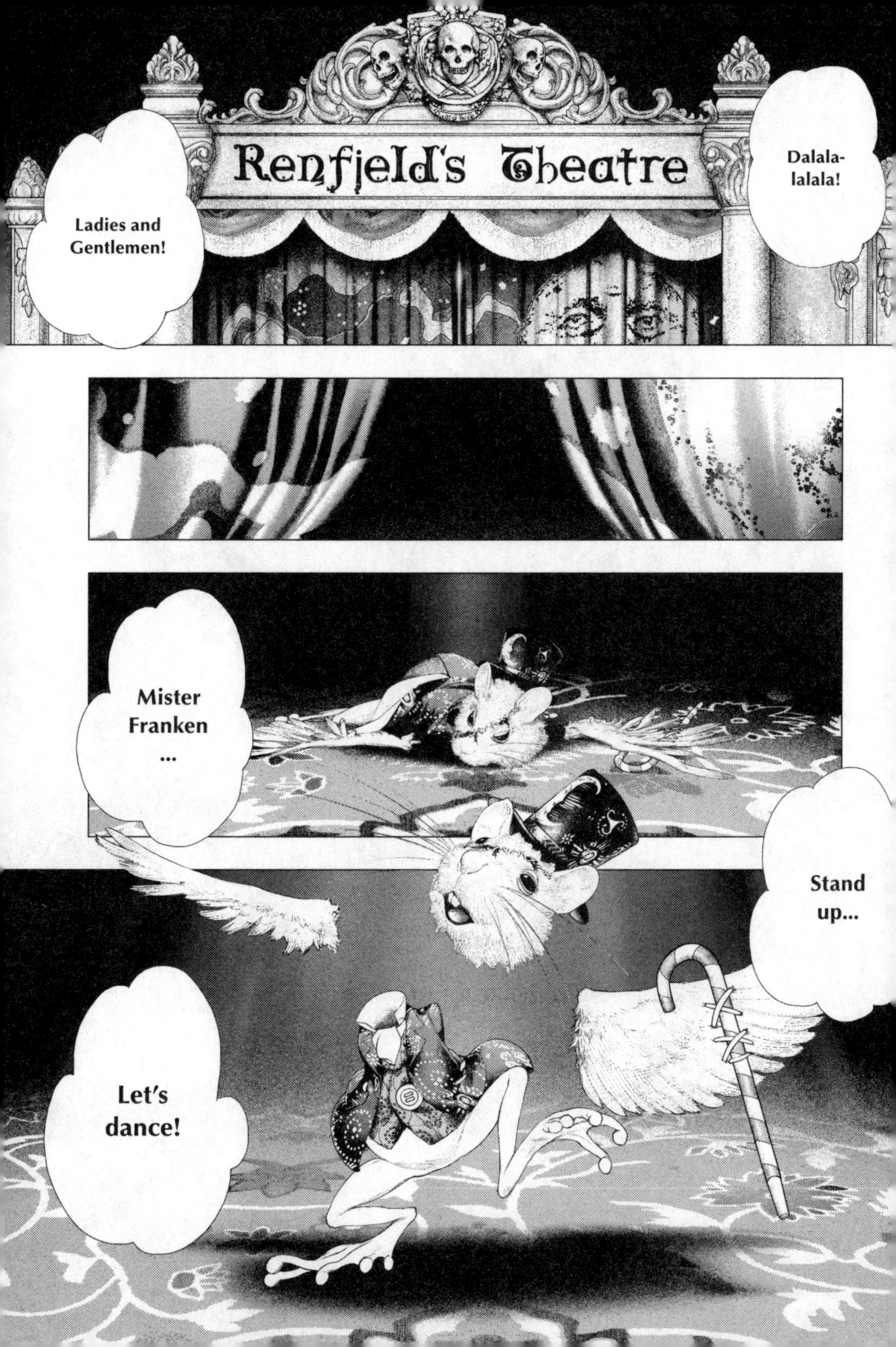
Renfjeld's Theatre
Ladies and Gentlemen!
Dalala-lalala!
Mister Franken ...
Stand up...
Let's dance!

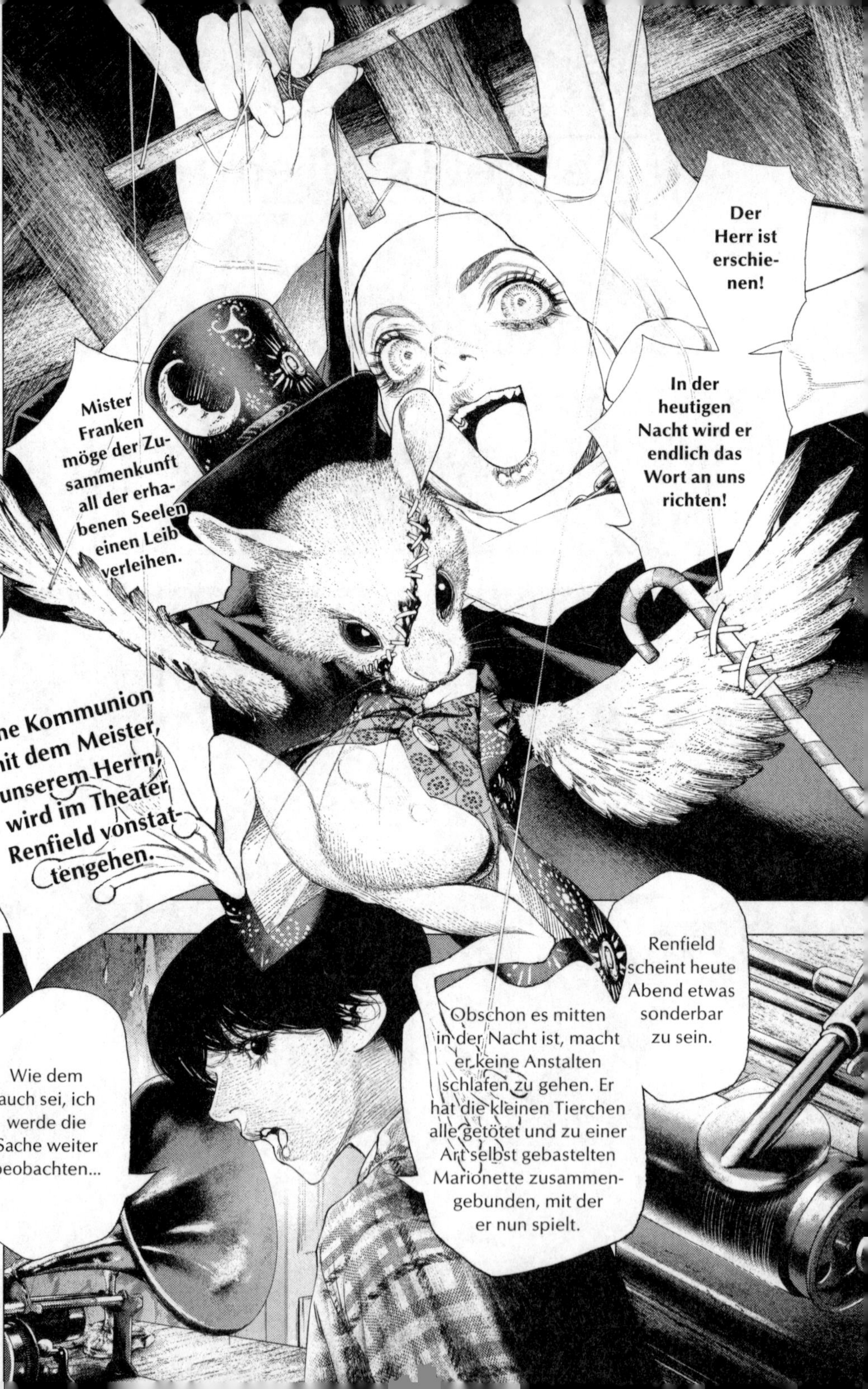
Der Herr ist erschienen!
In der heutigen Nacht wird er endlich das Wort an uns richten!
Mister Franken möge der Zusammenkunft all der erhabenen Seelen einen Leib verleihen.
Eine Kommunion mit dem Meister, unserem Herrn, wird im Theater Renfield vonstattengehen.
Renfield scheint heute Abend etwas sonderbar zu sein.
Obschon es mitten in der Nacht ist, macht er keine Anstalten schlafen zu gehen. Er hat die kleinen Tierchen alle getötet und zu einer Art selbst gebastelten Marionette zusammengebunden, mit der er nun spielt.
Wie dem auch sei, ich werde die Sache weiter beobachten...

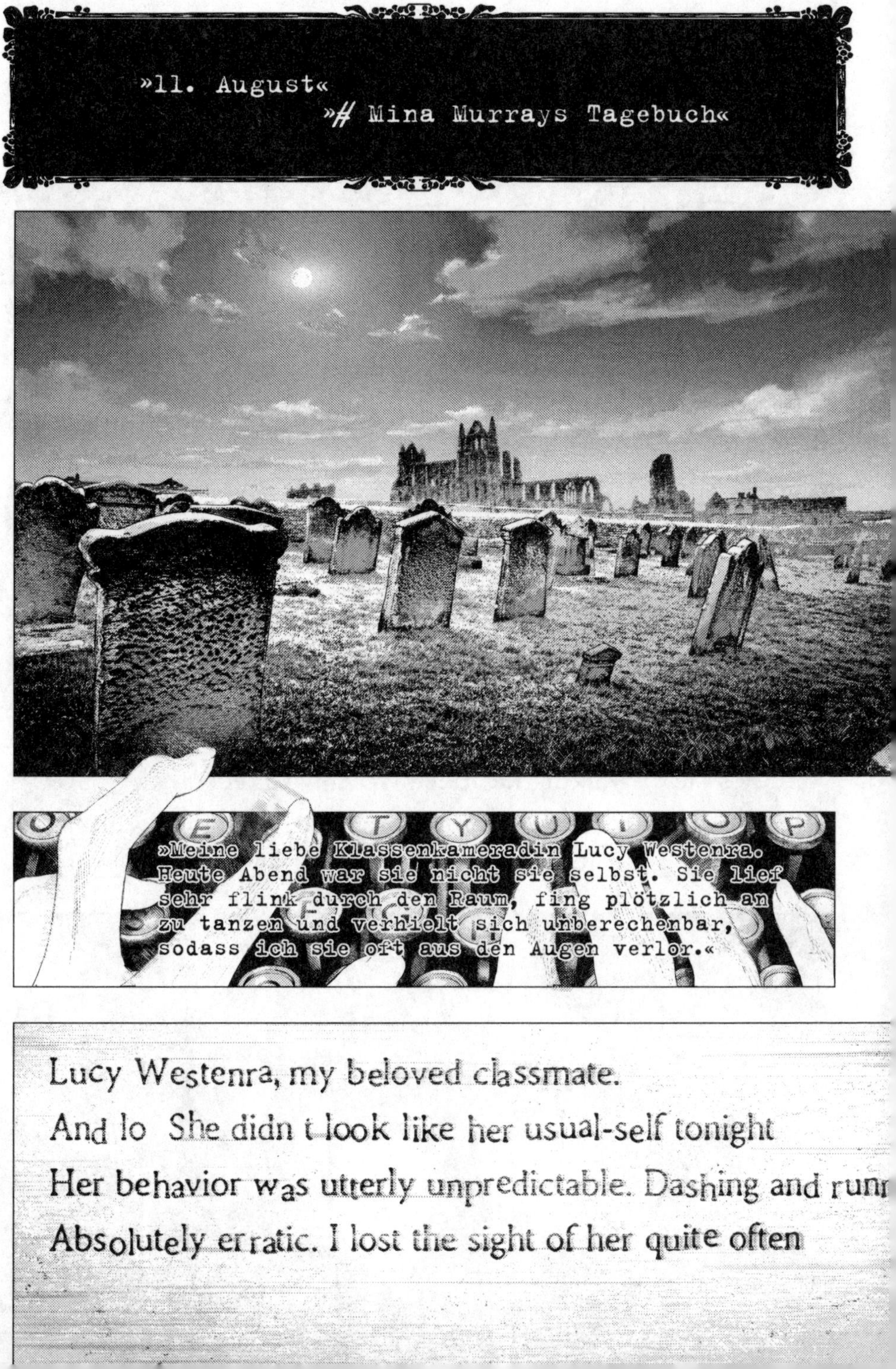
»11. August«
»# Mina Murrays Tagebuch«
»Meine liebe Klassenkameradin Lucy Westenra. Heute Abend war sie nicht sie selbst. Sie lief sehr flink durch den Raum, fing plötzlich an zu tanzen und verhielt sich unberechenbar, sodass ich sie oft aus den Augen verlor.«
Lucy Westenra, my beloved classmate.
And lo She didn t look like her usual-self tonight
Her behavior was utterly unpredictable. Dashing and runn
Absolutely erratic. I lost the sight of her quite often

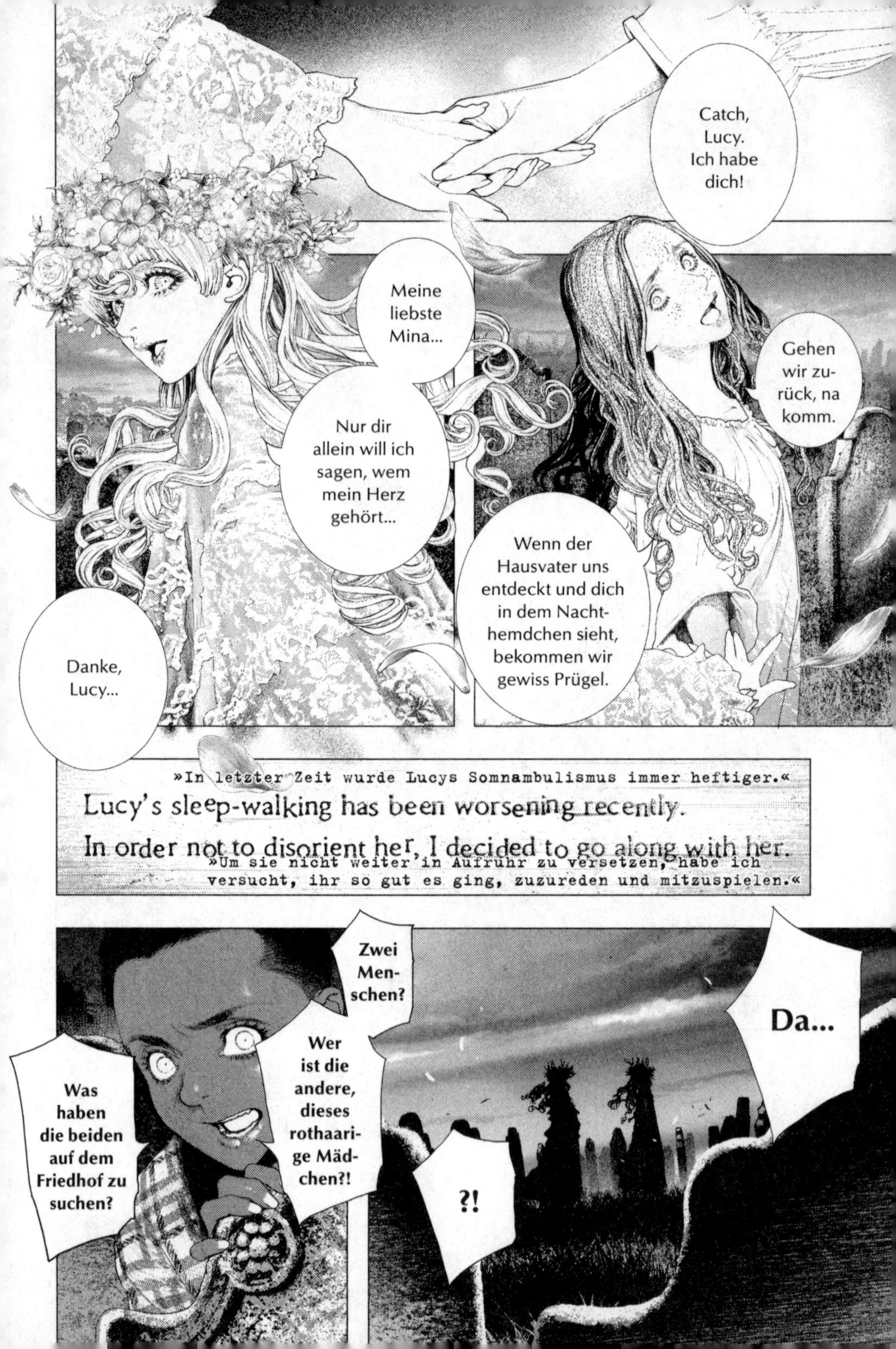
Catch, Lucy. Ich habe dich!
Gehen wir zurück, na komm.
Wenn der Hausvater uns entdeckt und dich in dem Nachthemdchen sieht, bekommen wir gewiss Prügel.
Meine liebste Mina...
Nur dir allein will ich sagen, wem mein Herz gehört...
Danke, Lucy...
»In letzter Zeit wurde Lucys Somnambulismus immer heftiger.«
Lucy's sleep-walking has been worsening recently.
In order not to disorient her, I decided to go along with her.
»Um sie nicht weiter in Aufruhr zu versetzen, habe ich versucht, ihr so gut es ging, zuzureden und mitzuspielen.«
Da...
?!
Zwei Menschen?
Wer ist die andere, dieses rothaarige Mädchen?!
Was haben die beiden auf dem Friedhof zu suchen?

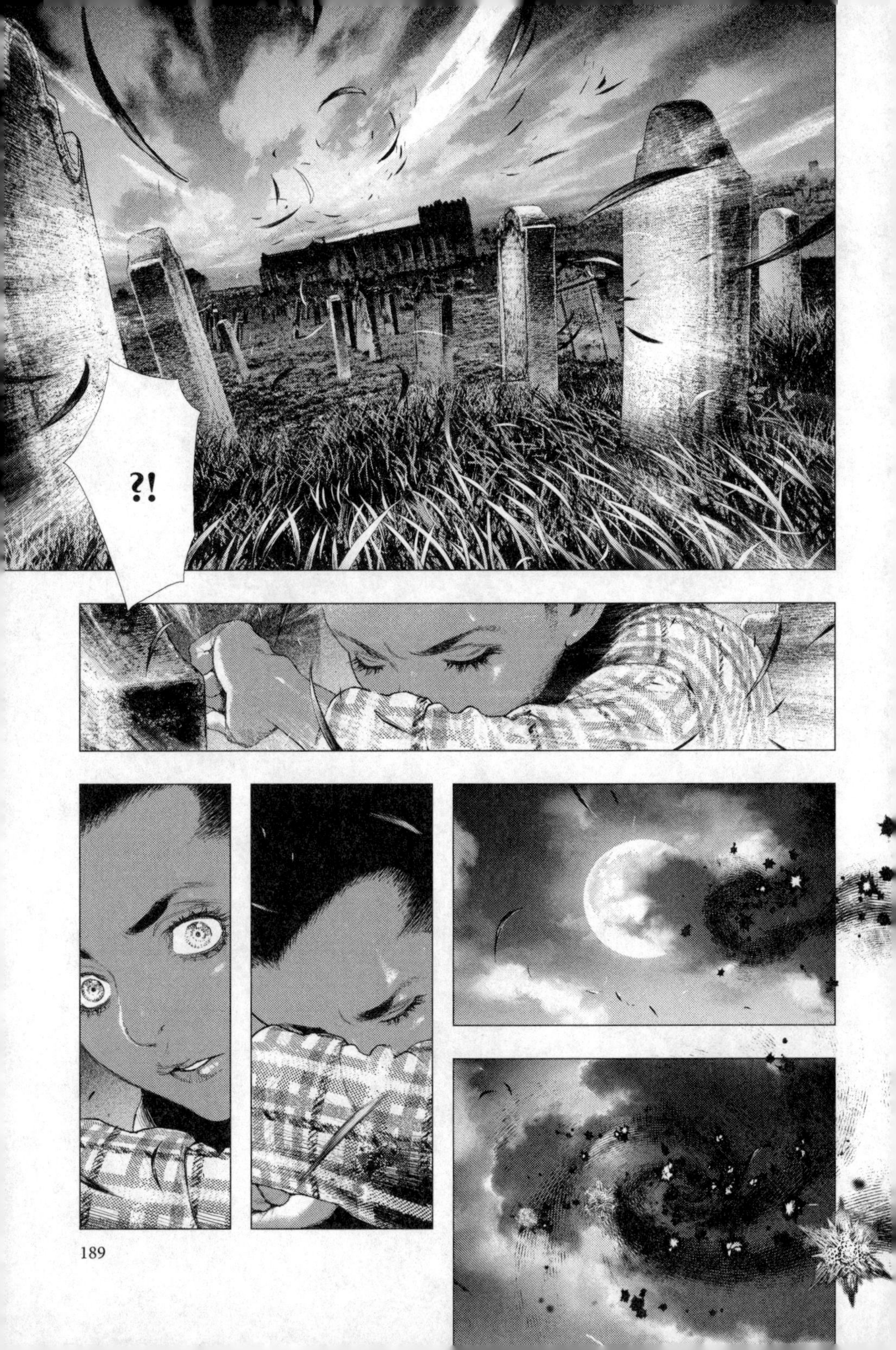

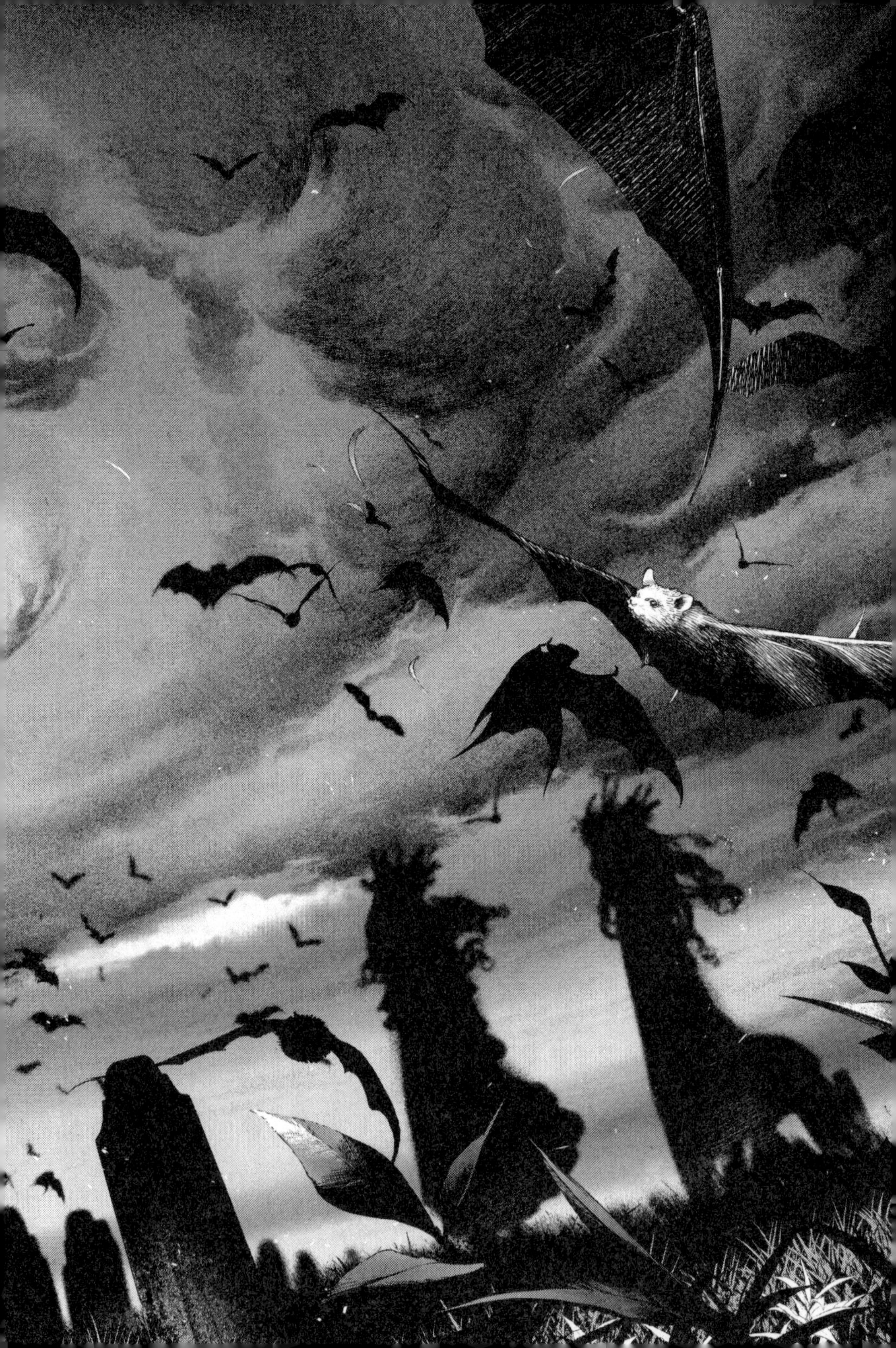

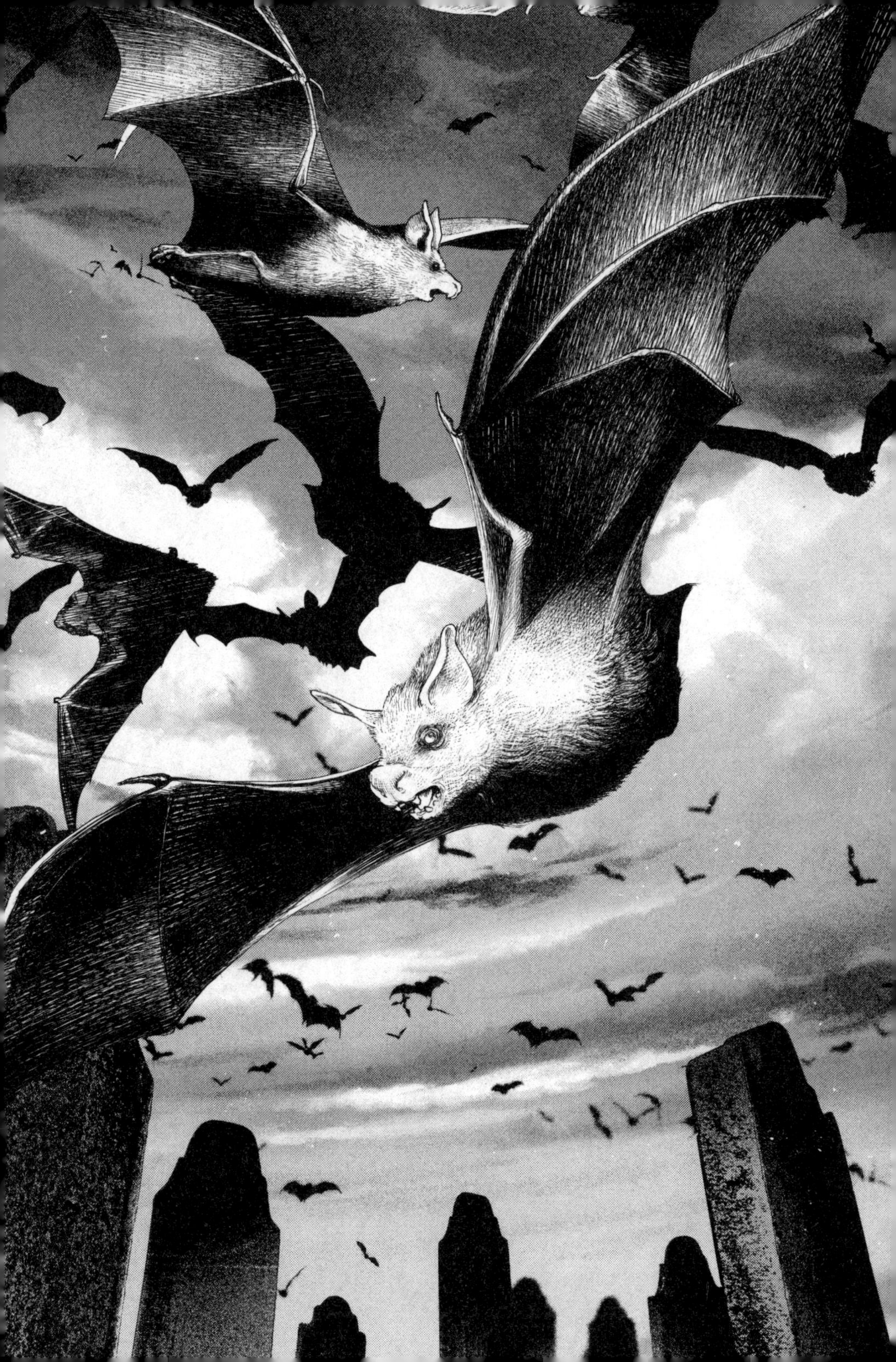

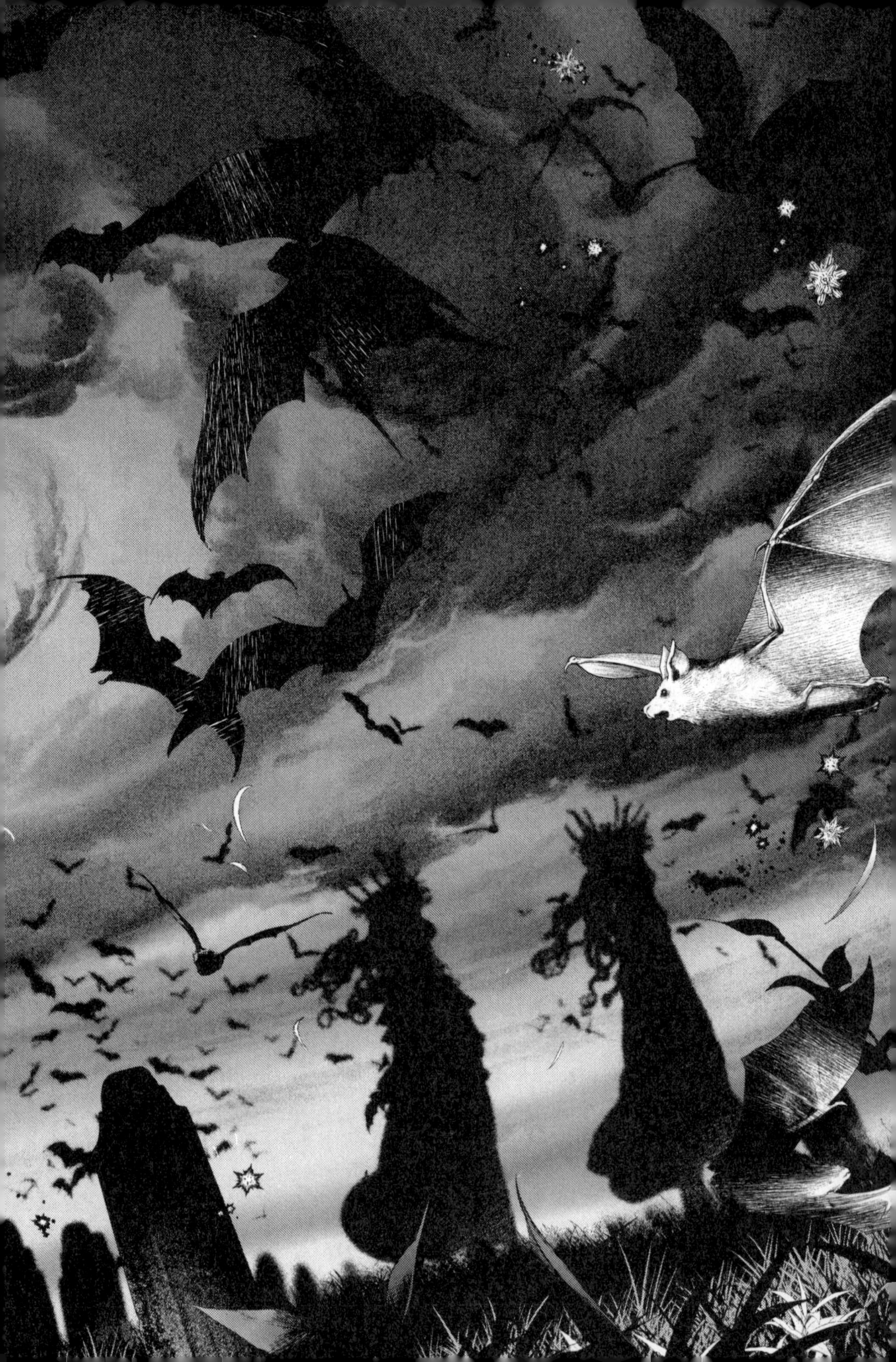

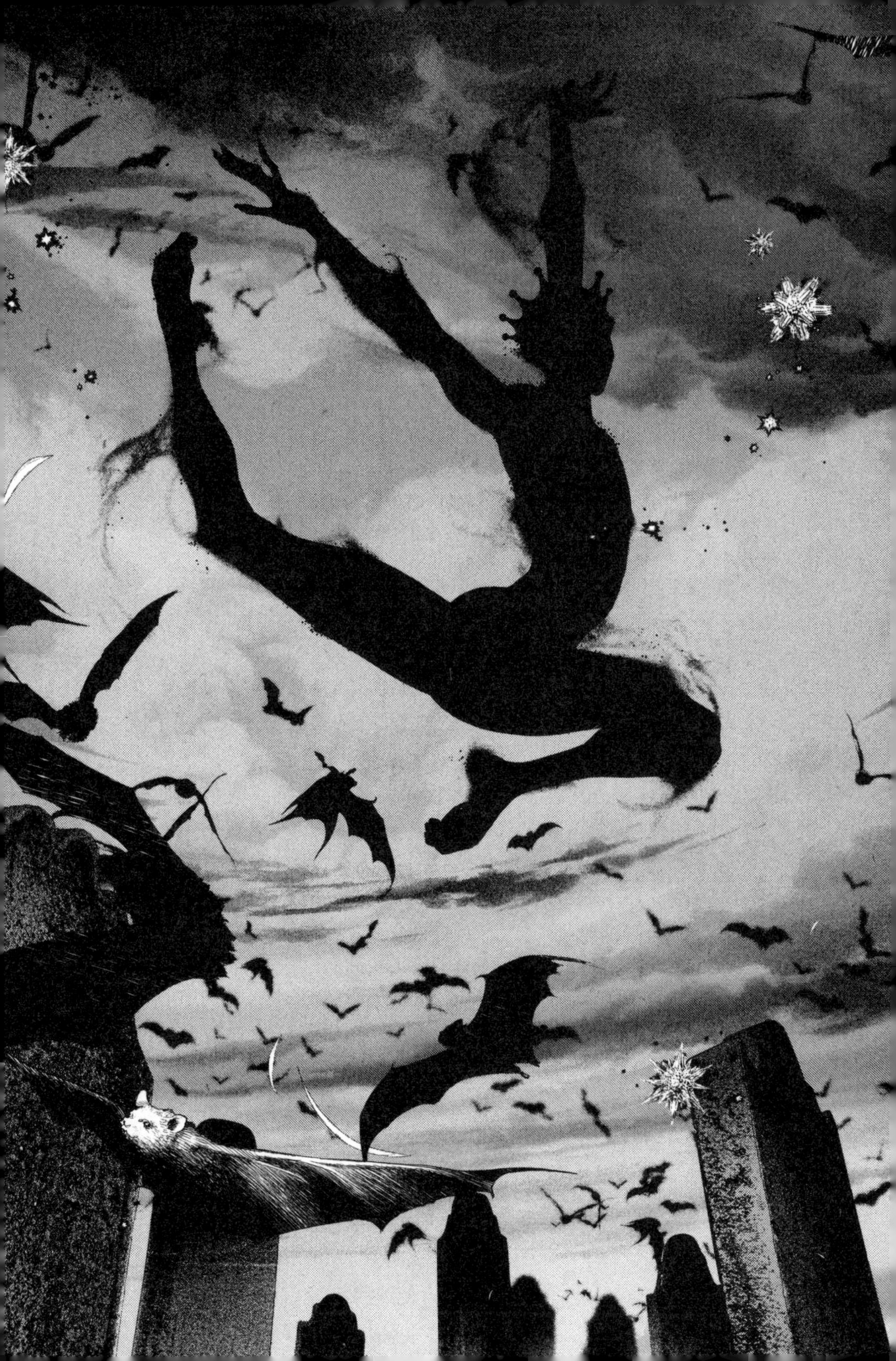

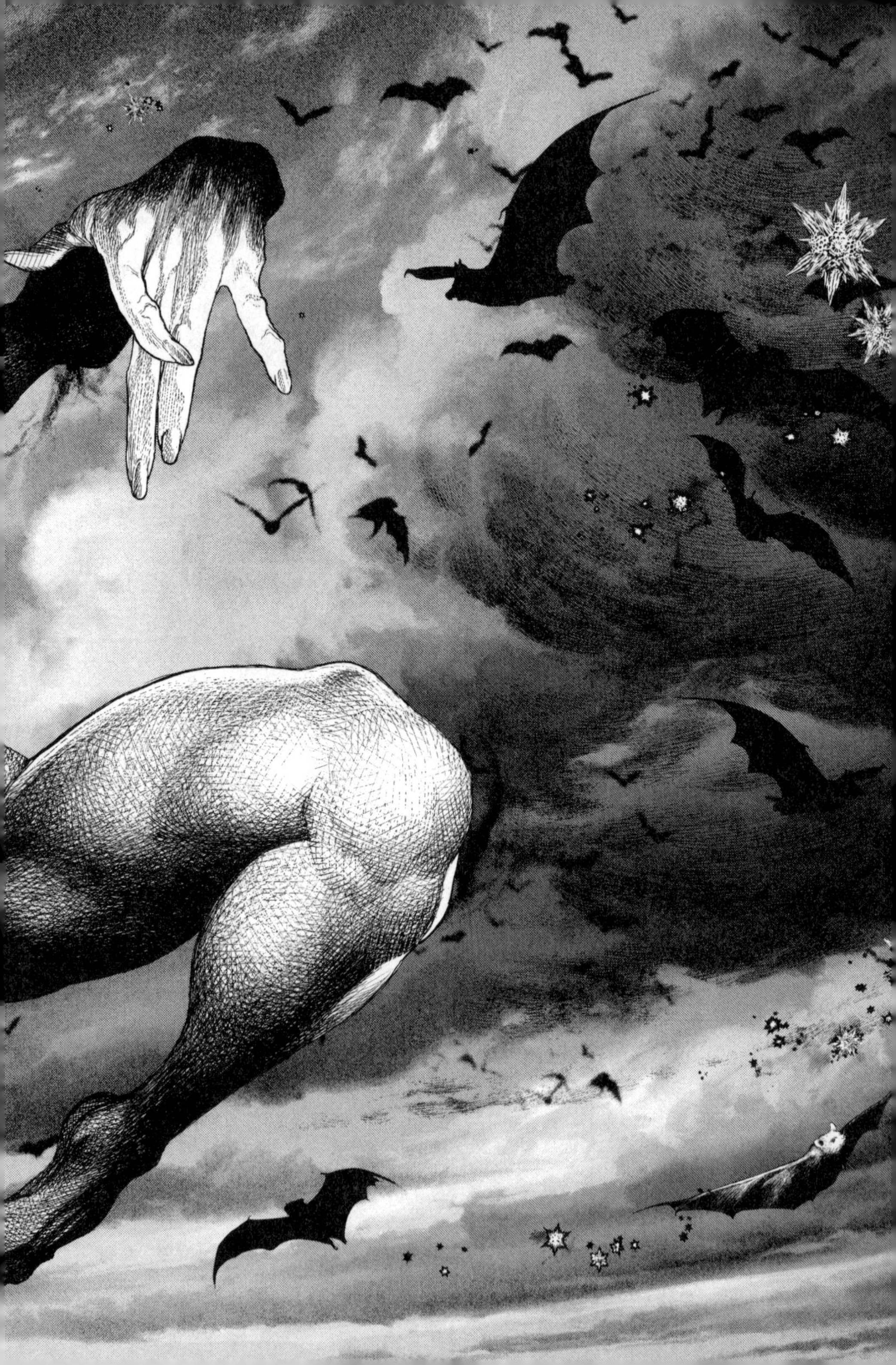

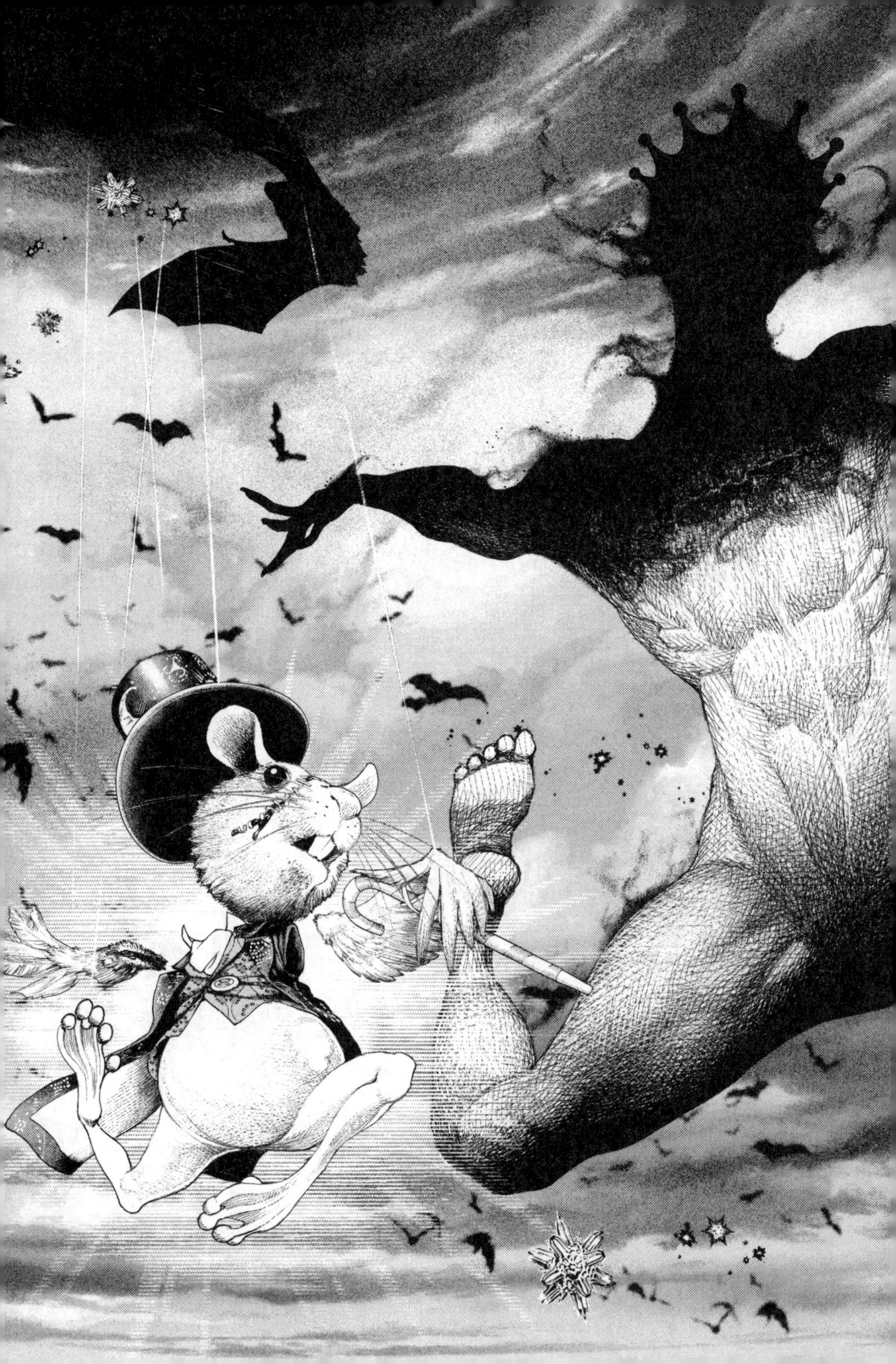

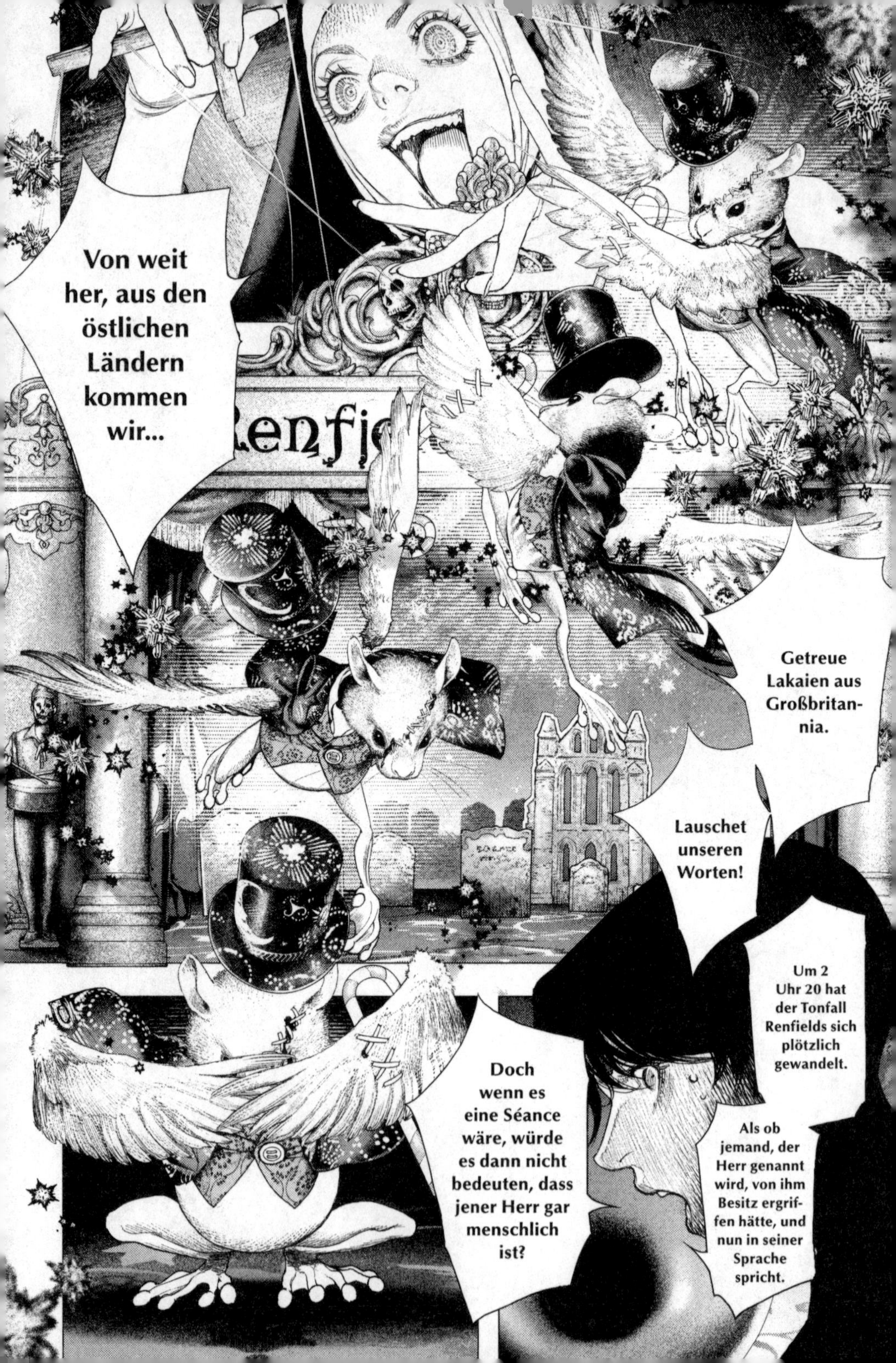
Von weit her, aus den östlichen Ländern kommen wir...
Getreue Lakaien aus Großbritannia.
Lauschet unseren Worten!
Um 2 Uhr 20 hat der Tonfall Renfields sich plötzlich gewandelt.
Als ob jemand, der Herr genannt wird, von ihm Besitz ergriffen hätte, und nun in seiner Sprache spricht.
Doch wenn es eine Séance wäre, würde es dann nicht bedeuten, dass jener Herr gar menschlich ist?

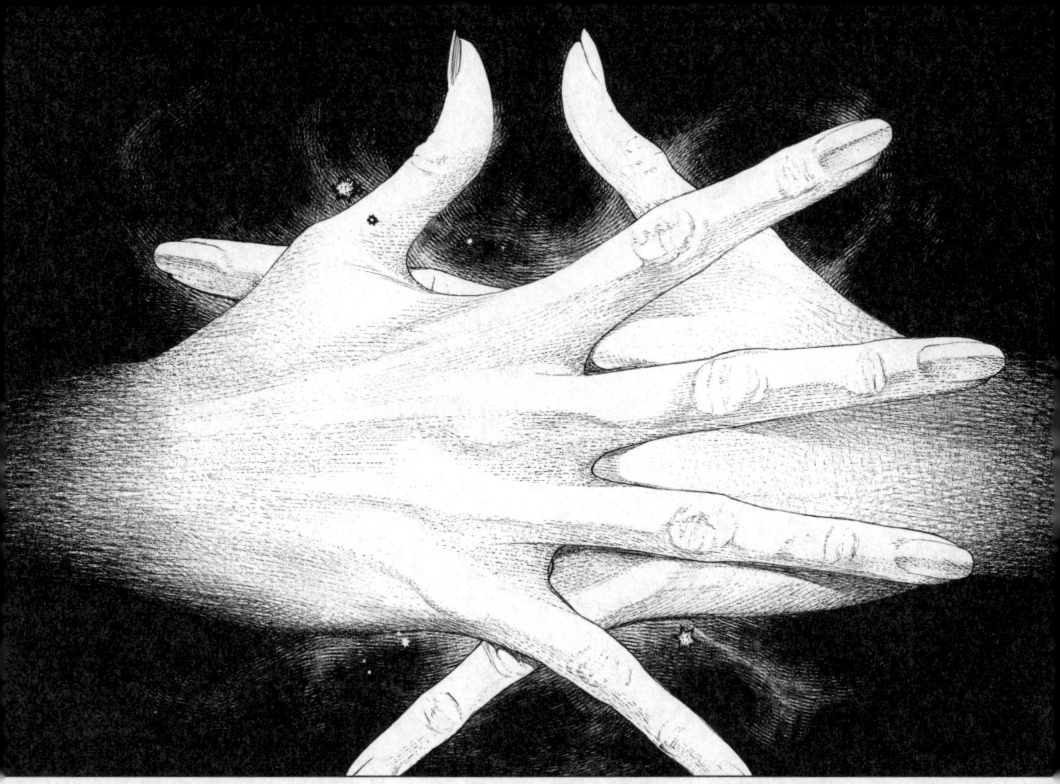
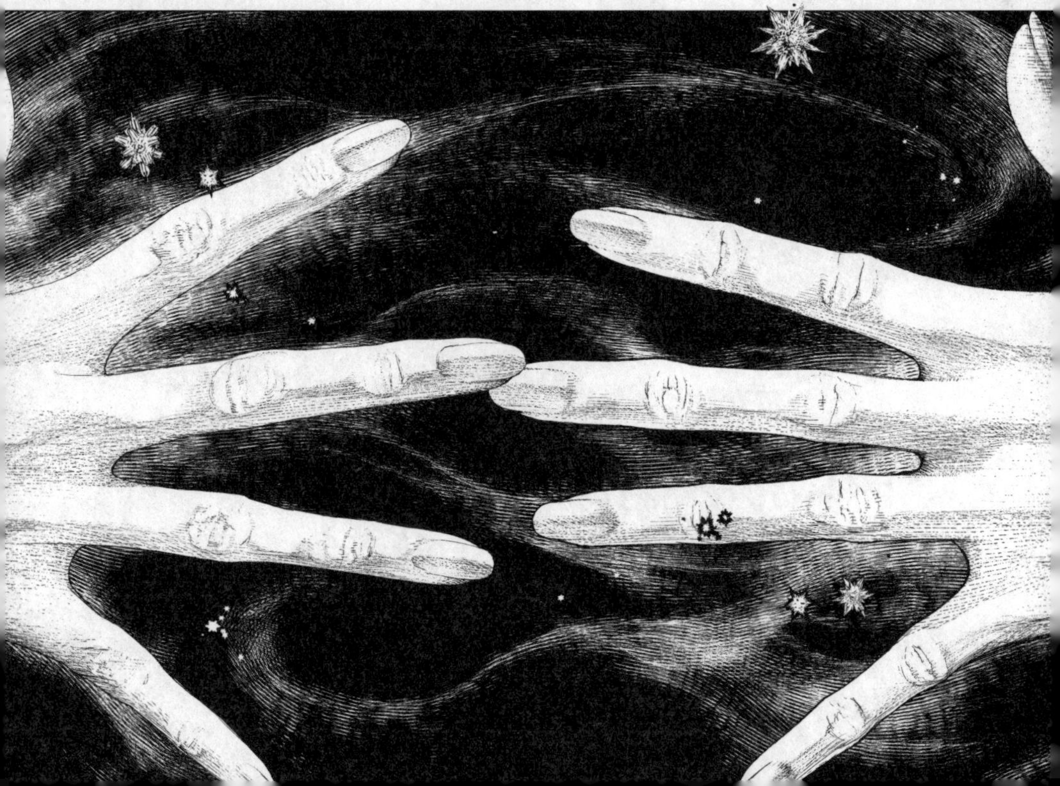

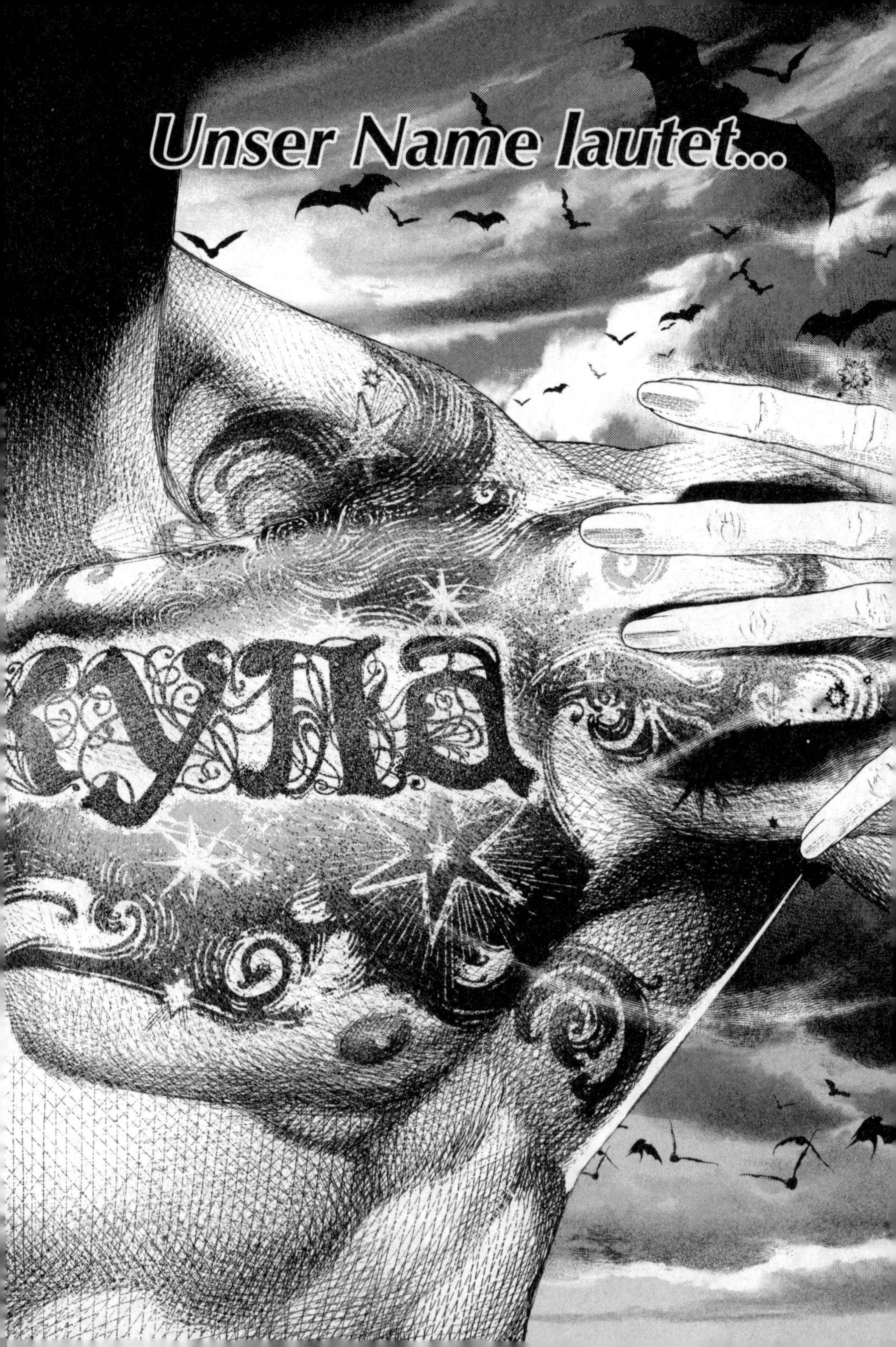
Unser Name lautet...

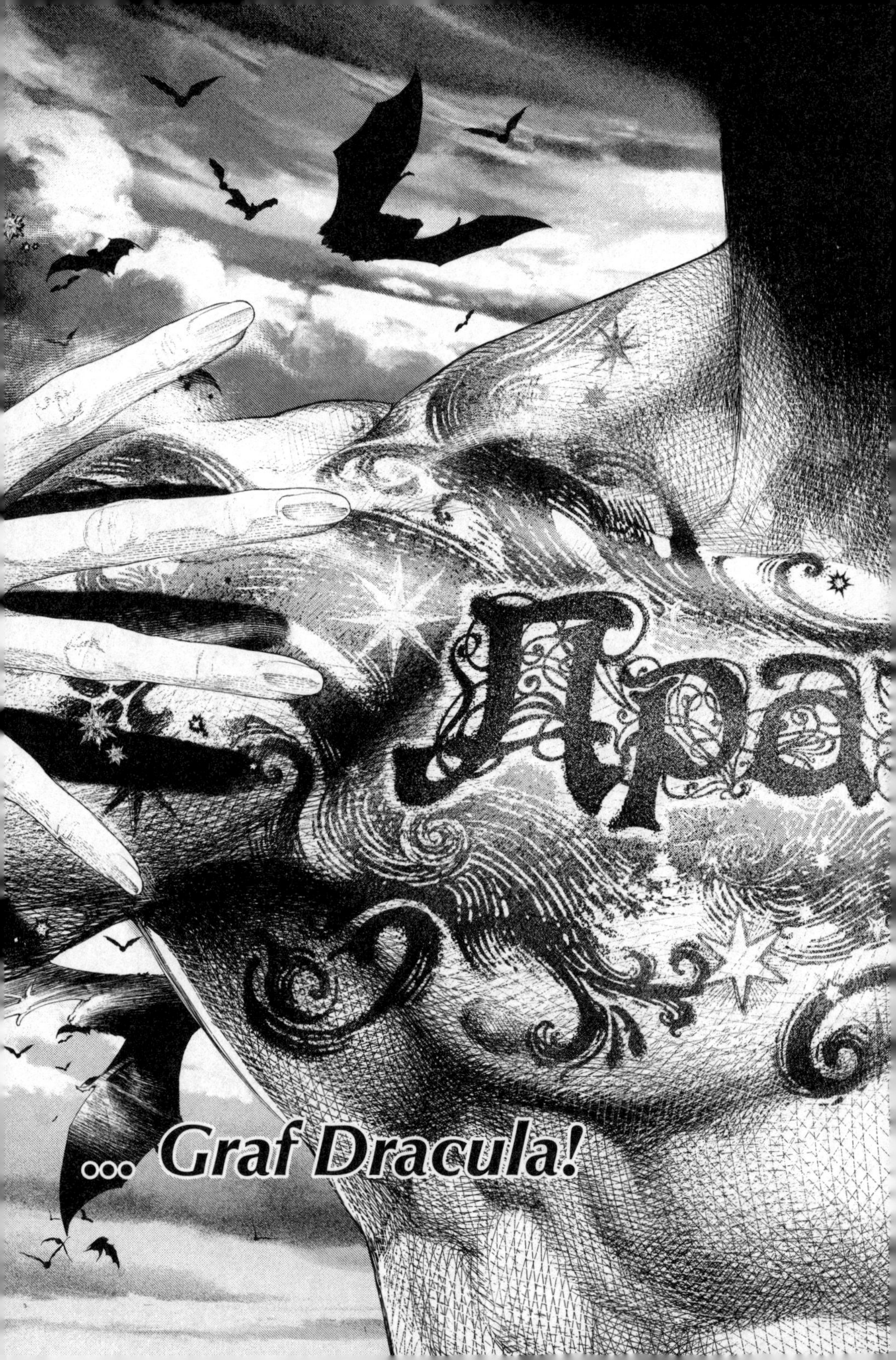
... Graf Dracula!

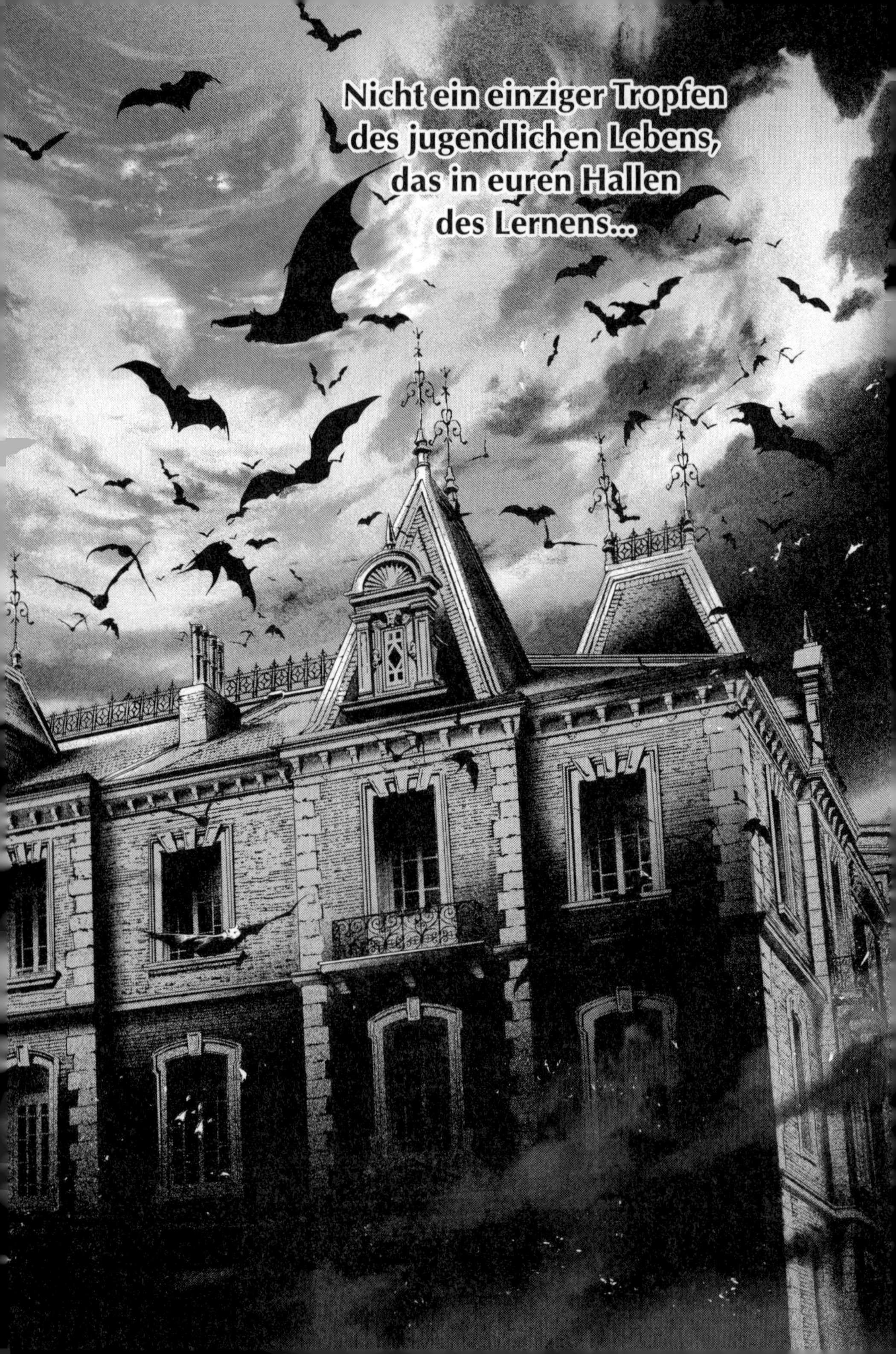
Nicht ein einziger Tropfen des jugendlichen Lebens, das in euren Hallen des Lernens...

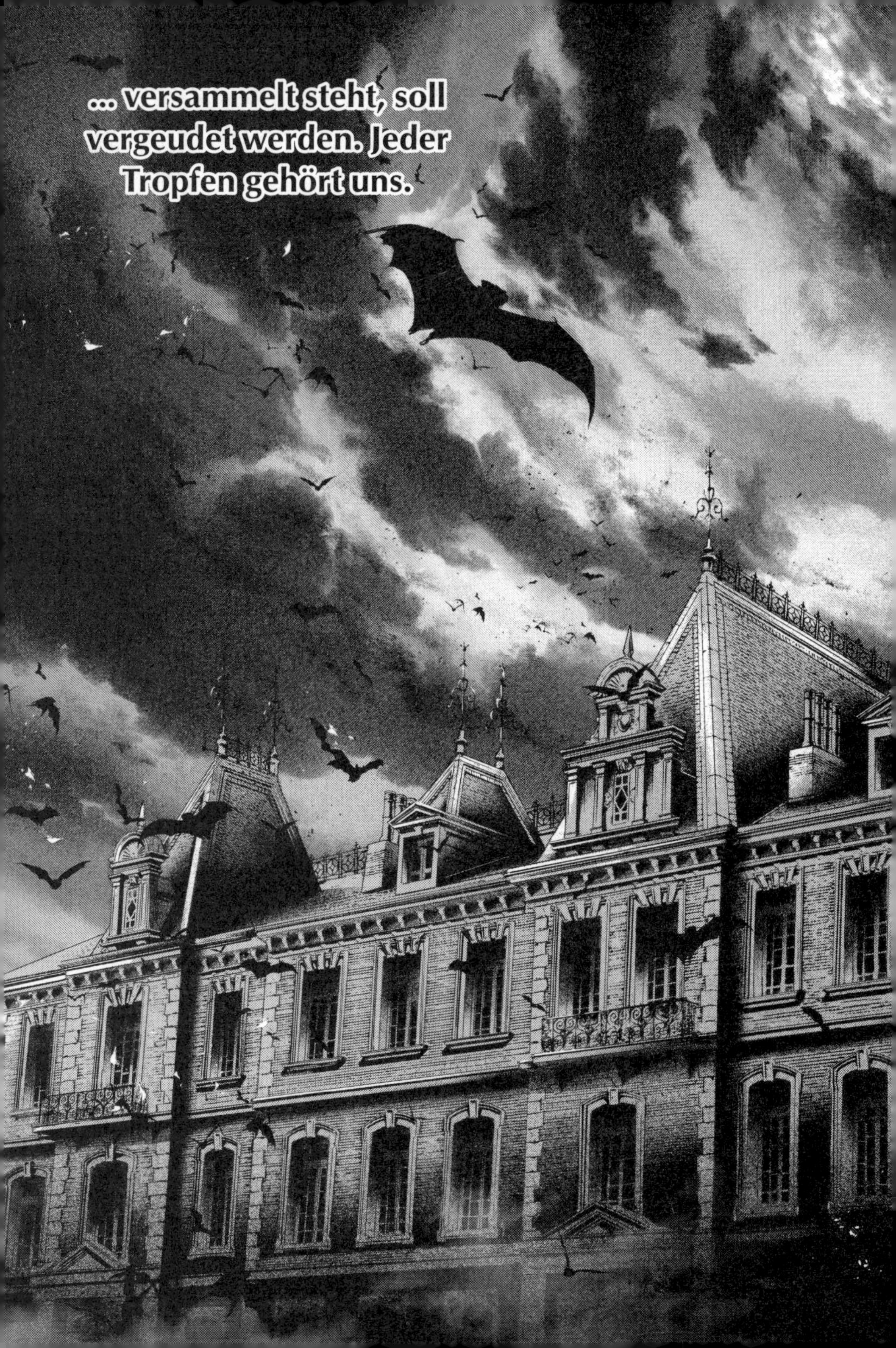
... versammelt steht, soll vergeudet werden. Jeder Tropfen gehört uns.

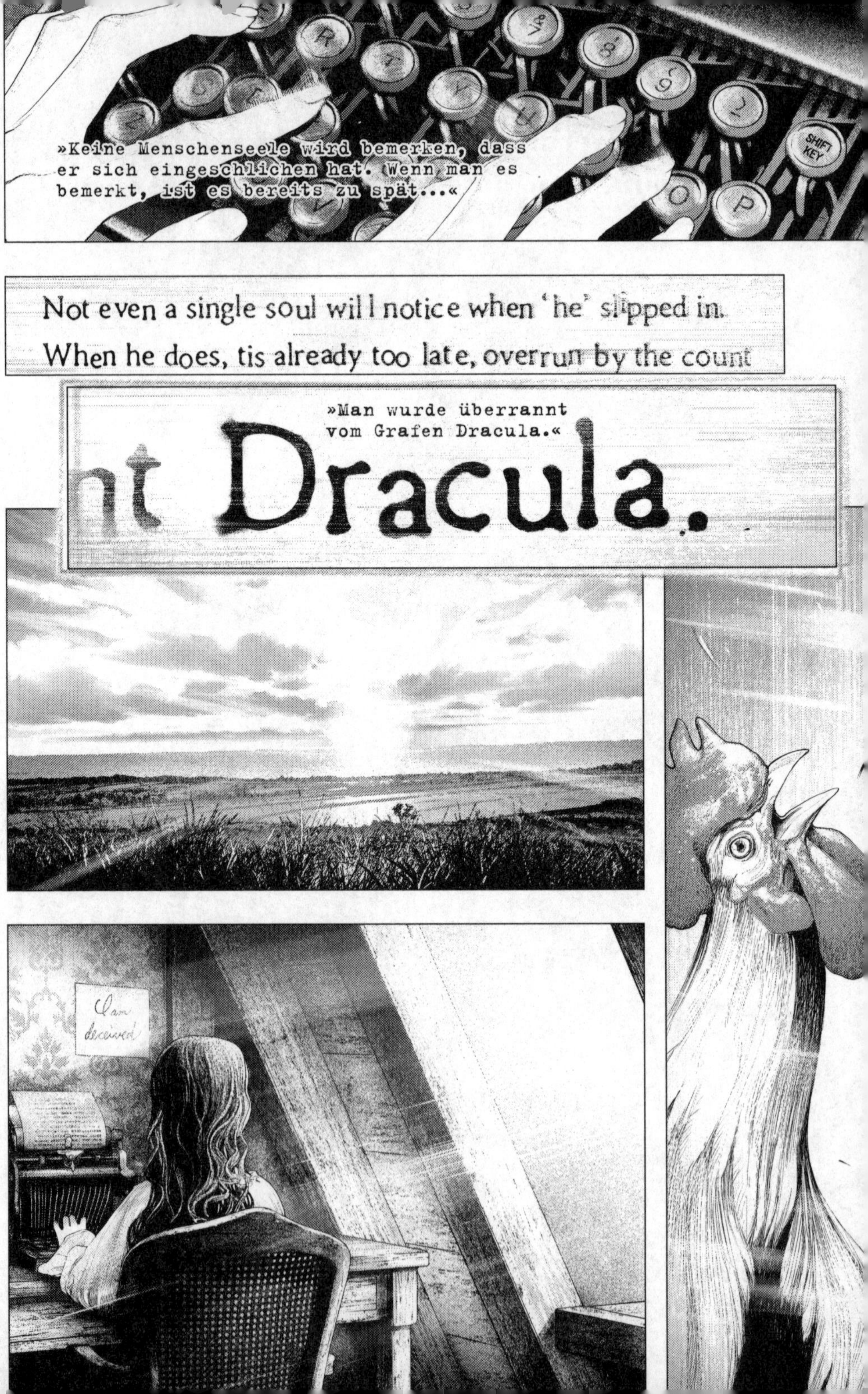
»Keine Menschenseele wird bemerken, dass er sich eingeschlichen hat. Wenn man es bemerkt, ist es bereits zu spät...«
Not even a single soul will notice when 'he' slipped in.
When he does, tis already too late, overrun by the count
»Man wurde überrannt vom Grafen Dracula.«
nt Dracula.
I am deceived

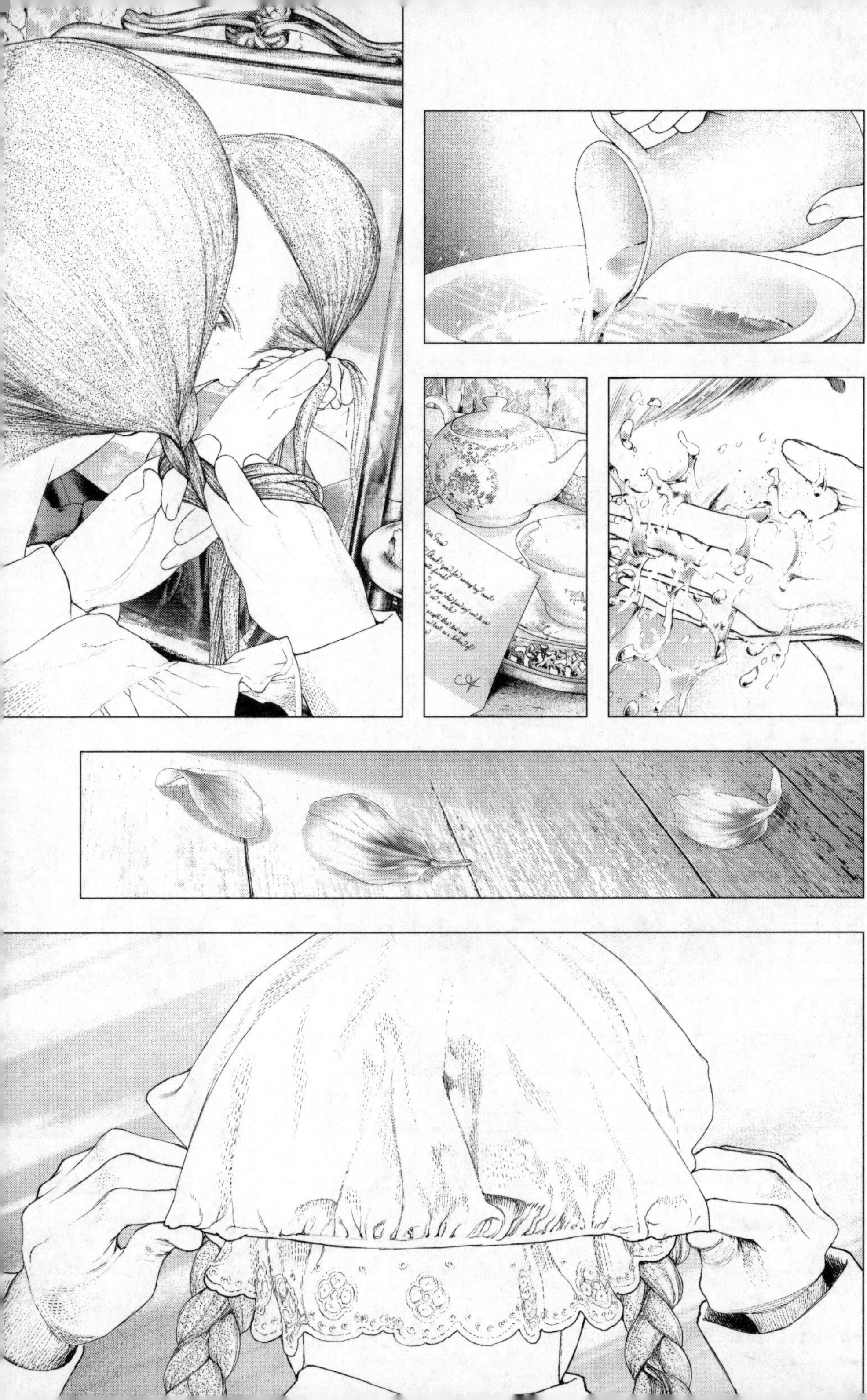

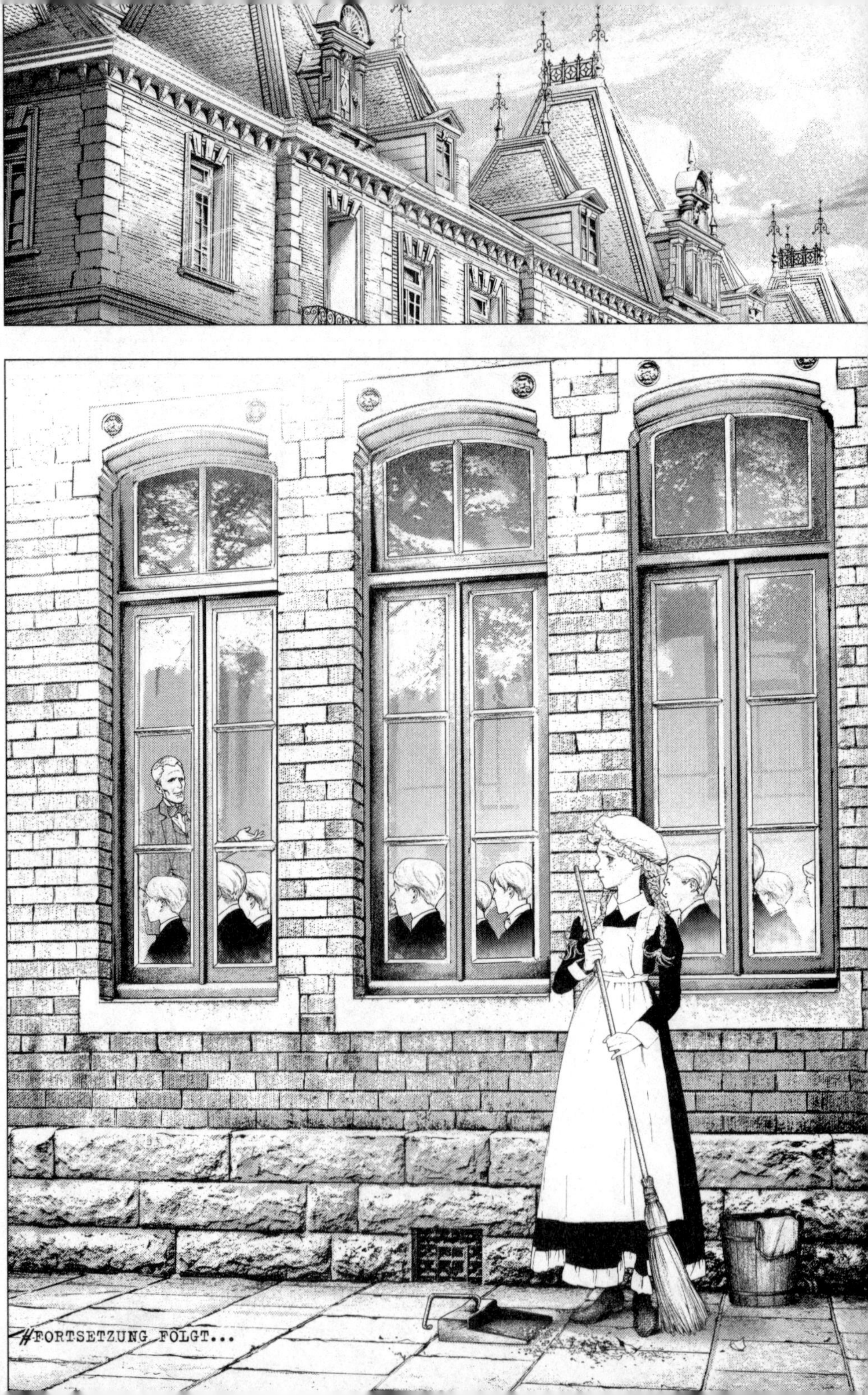
FORTSETZUNG FOLGT...

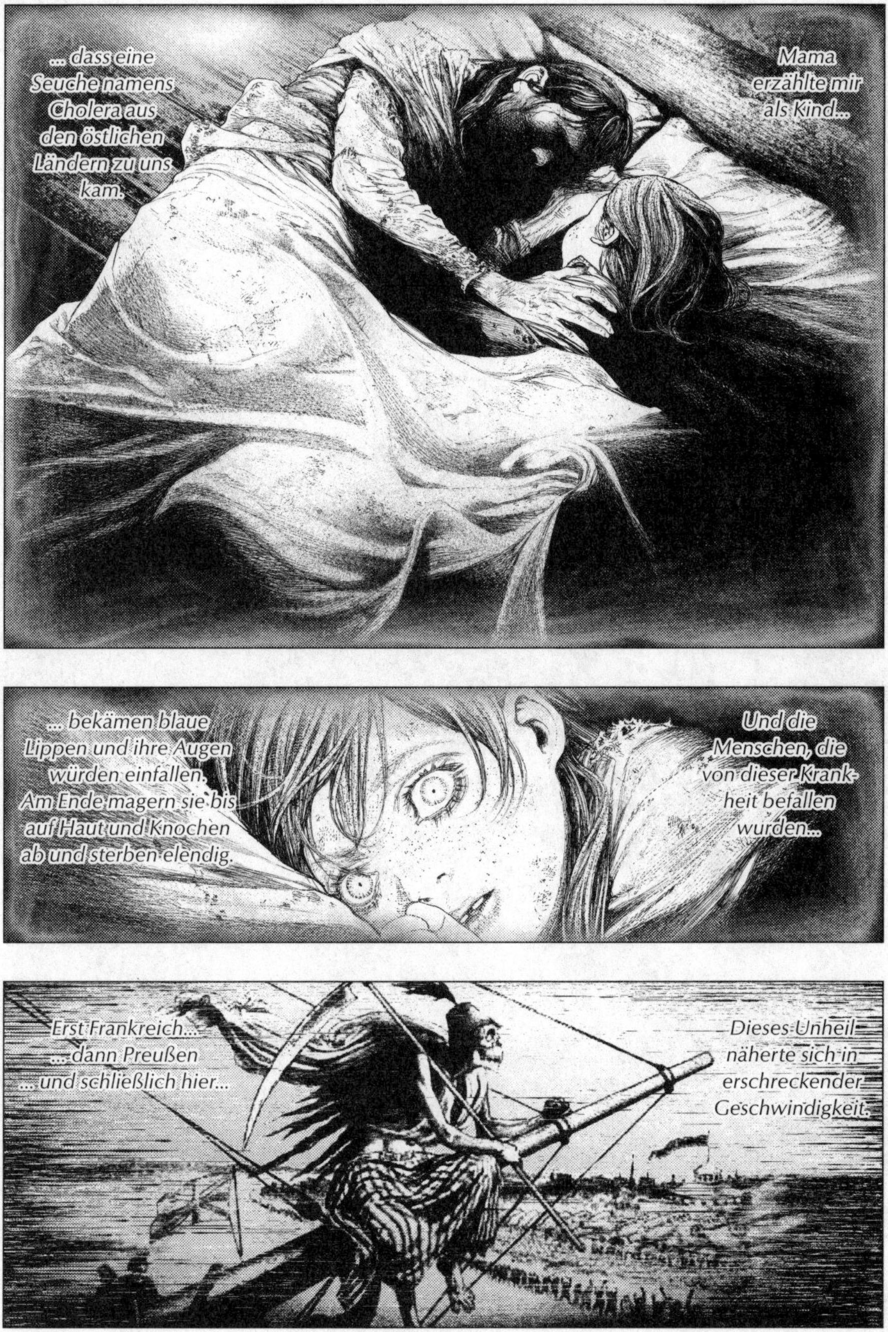
Mama erzählte mir als Kind...
... dass eine Seuche namens Cholera aus den östlichen Ländern zu uns kam.
Und die Menschen, die von dieser Krankheit befallen wurden...
... bekämen blaue Lippen und ihre Augen würden einfallen. Am Ende magern sie bis auf Haut und Knochen ab und sterben elendig.
Dieses Unheil näherte sich in erschreckender Geschwindigkeit.
Erst Frankreich... ... dann Preußen ... und schließlich hier...

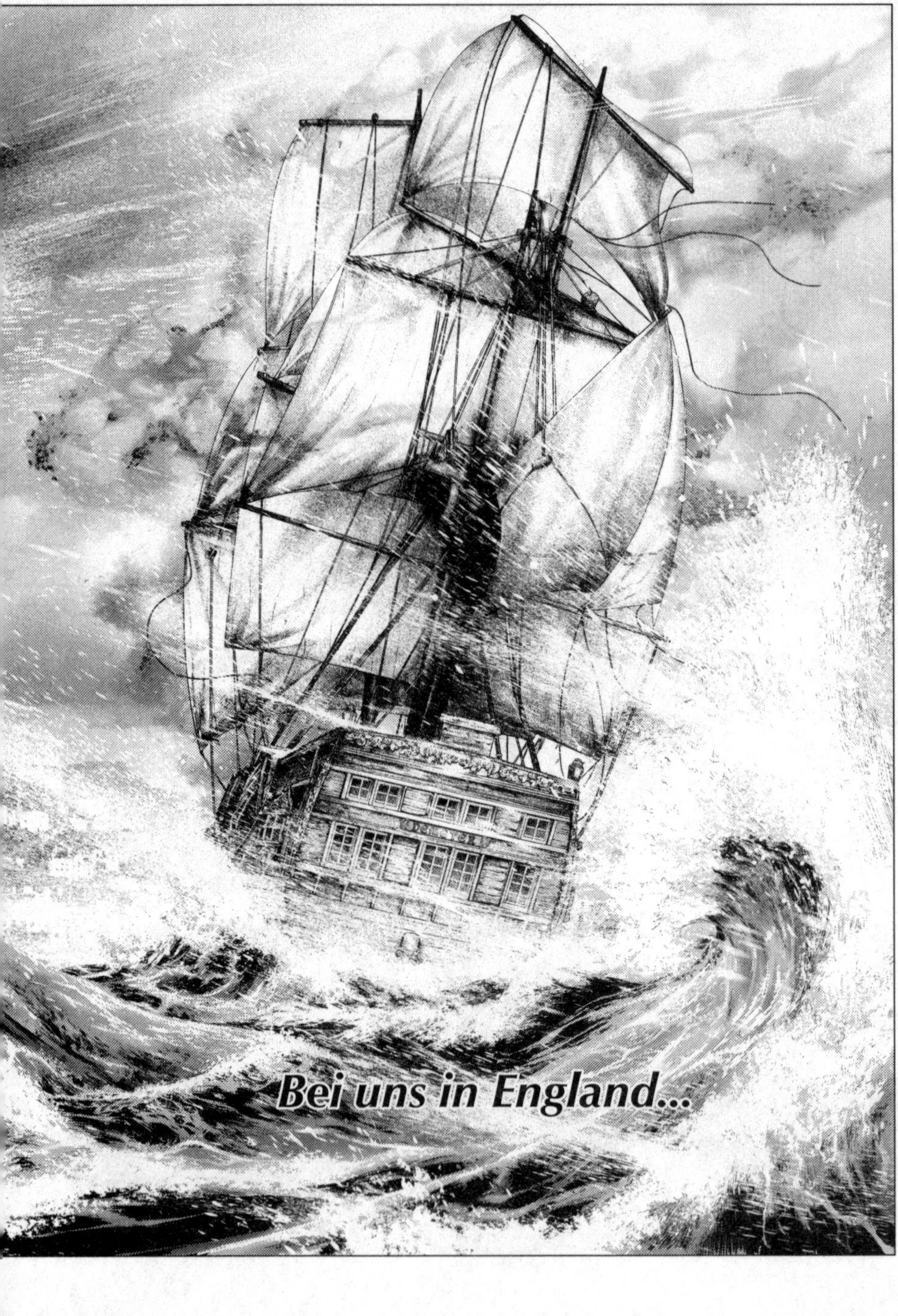
Bei uns in England...

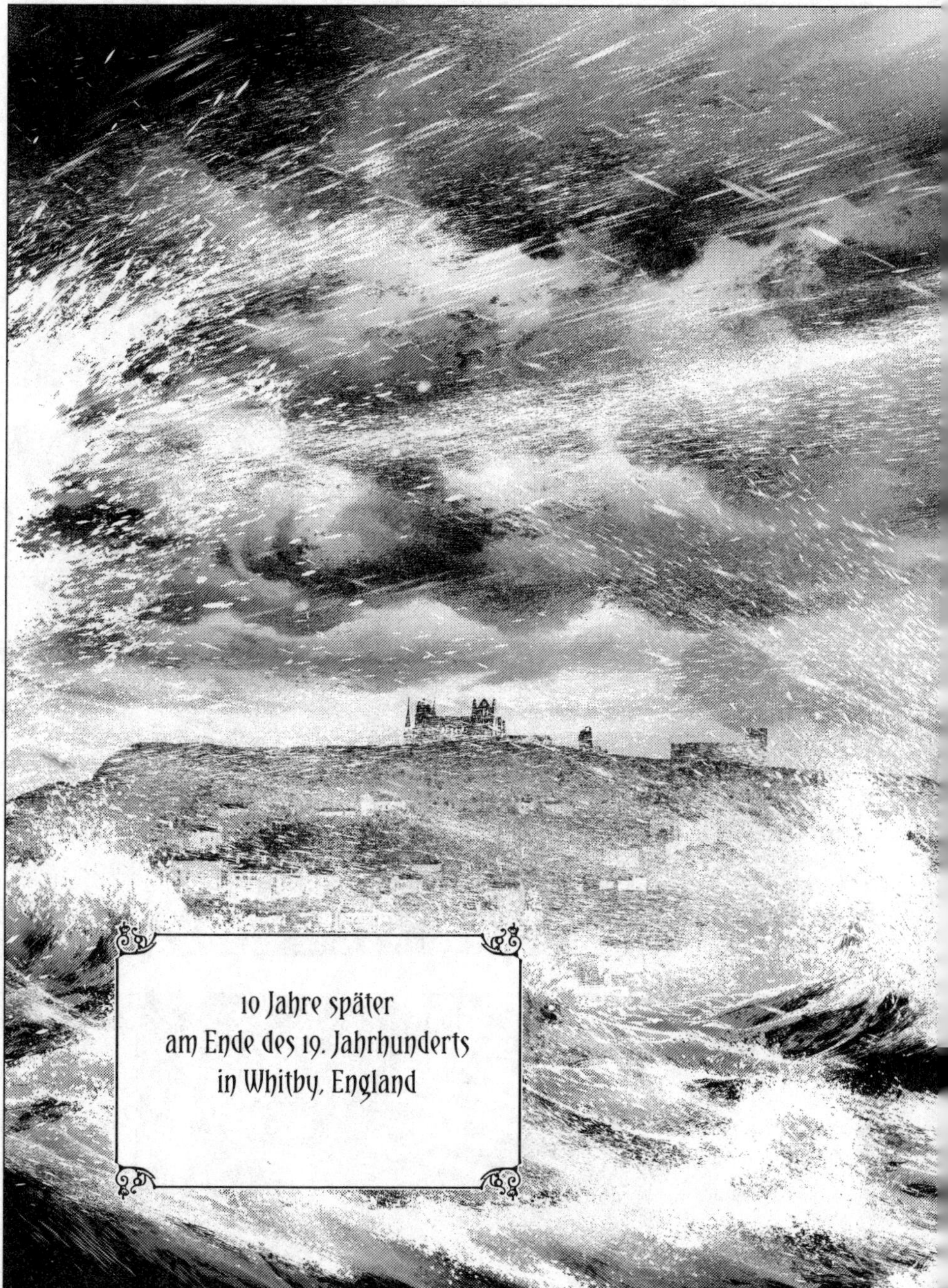
10 Jahre später
am Ende des 19. Jahrhunderts
in Whitby, England

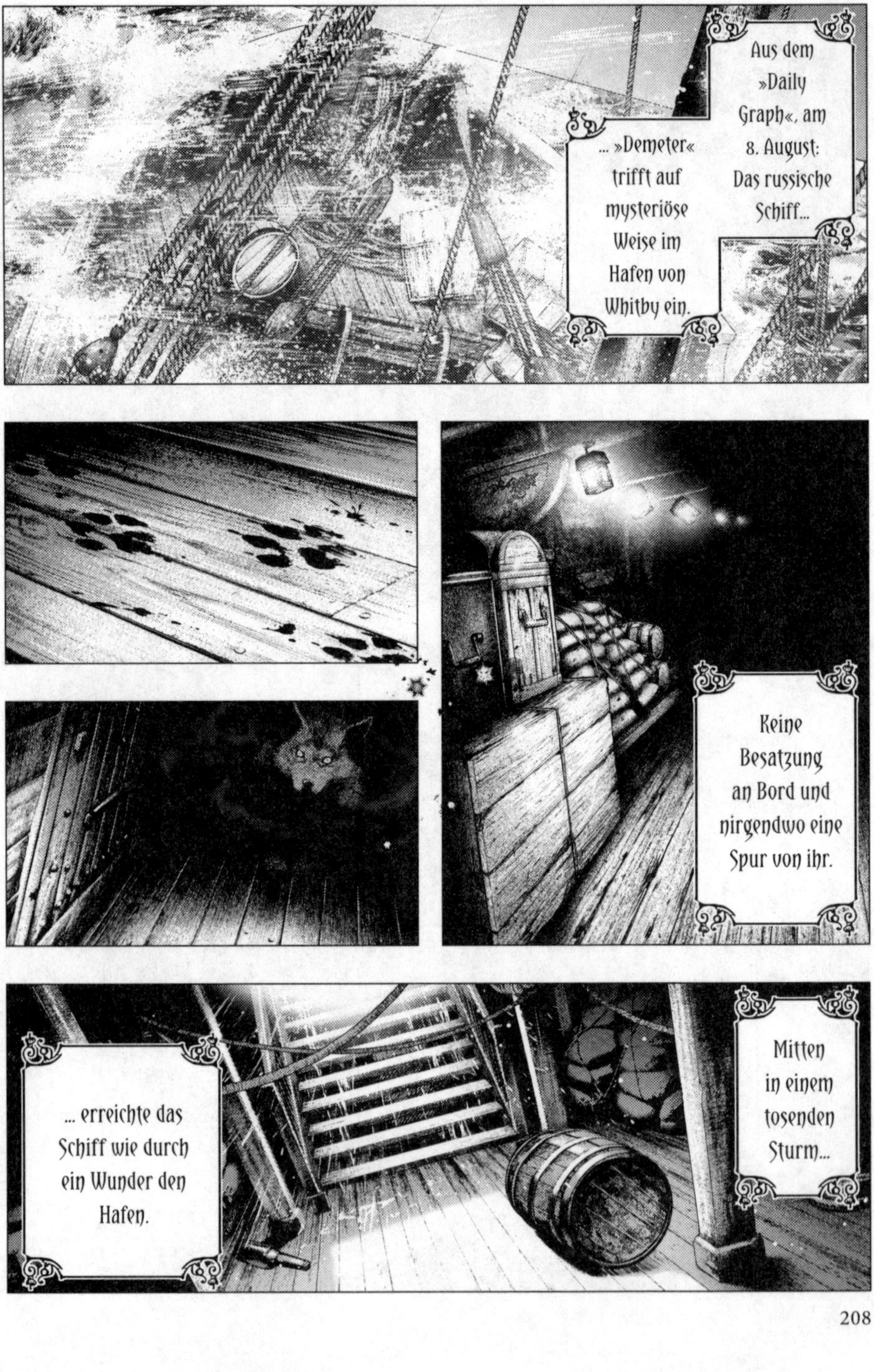
Aus dem »Daily Graph«, am 8. August: Das russische Schiff…
… »Demeter« trifft auf mysteriöse Weise im Hafen von Whitby ein.
Keine Besatzung an Bord und nirgendwo eine Spur von ihr.
Mitten in einem tosenden Sturm…
… erreichte das Schiff wie durch ein Wunder den Hafen.

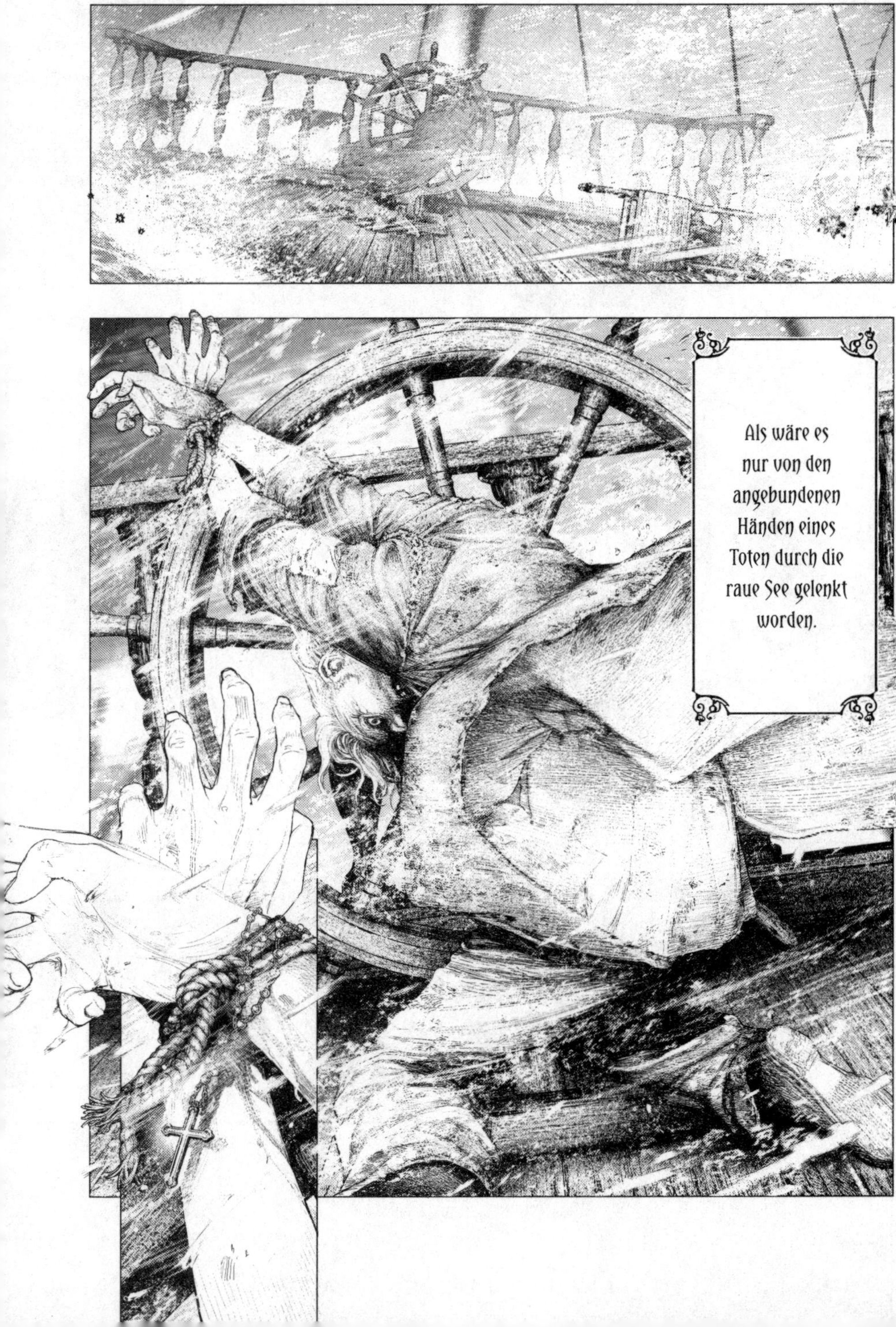
Als wäre es
nur von den
angebundenen
Händen eines
Toten durch die
raue See gelenkt
worden.

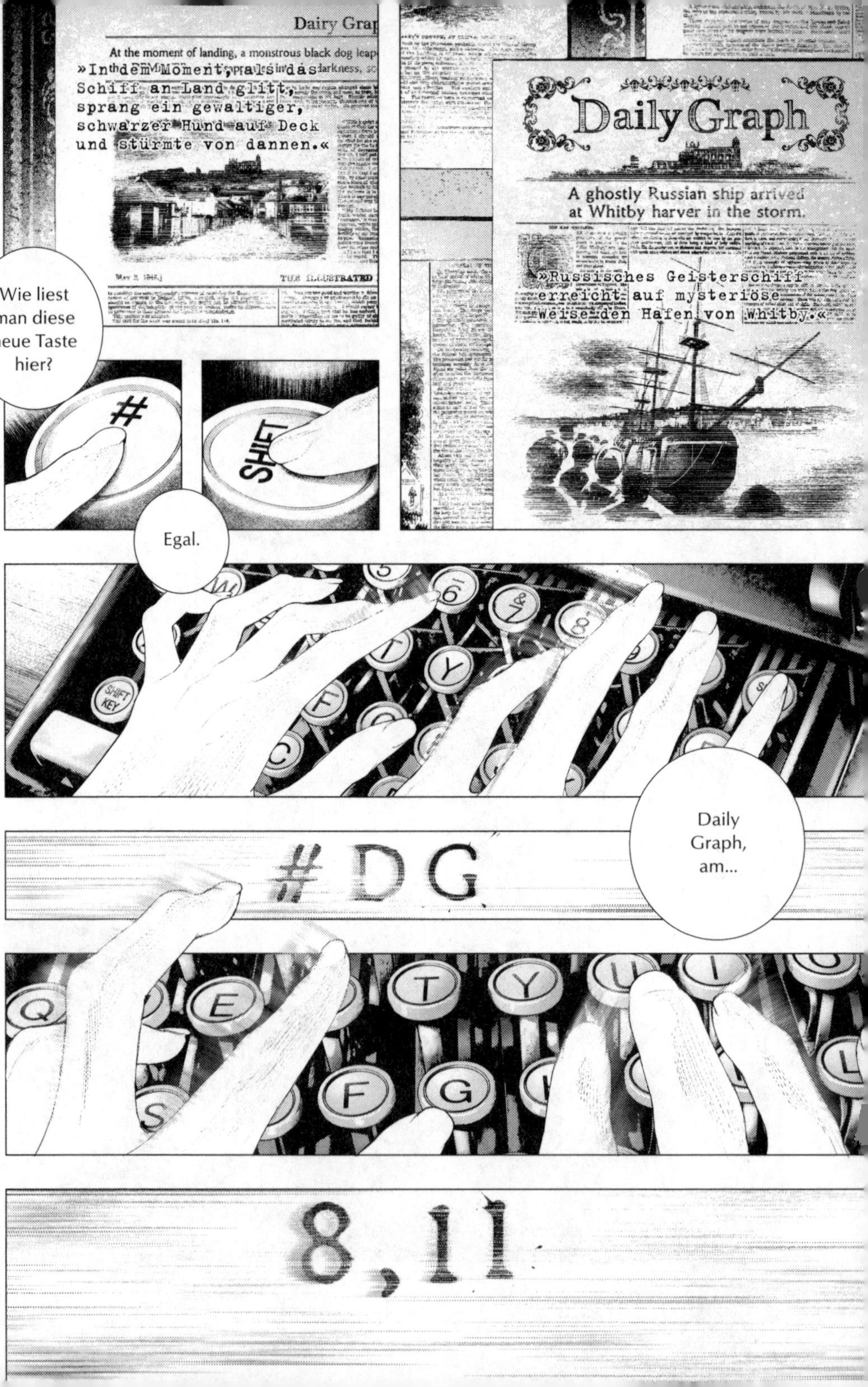
Dairy Grap
At the moment of landing, a monstrous black dog leap
»In dem Moment, als das Schiff an Land glitt, sprang ein gewaltiger, schwarzer Hund auf Deck und stürmte von dannen.«
Daily Graph
A ghostly Russian ship arrived at Whitby harver in the storm.
»Russisches Geisterschiff erreicht auf mysteriöse Weise den Hafen von Whitby.«
Wie liest man diese neue Taste hier?
#
SHIFT
Egal.
SHIFT KEY
Daily Graph, am...
#DG
8,11

»11. August«
»# Mina Murrays Tagebuch«

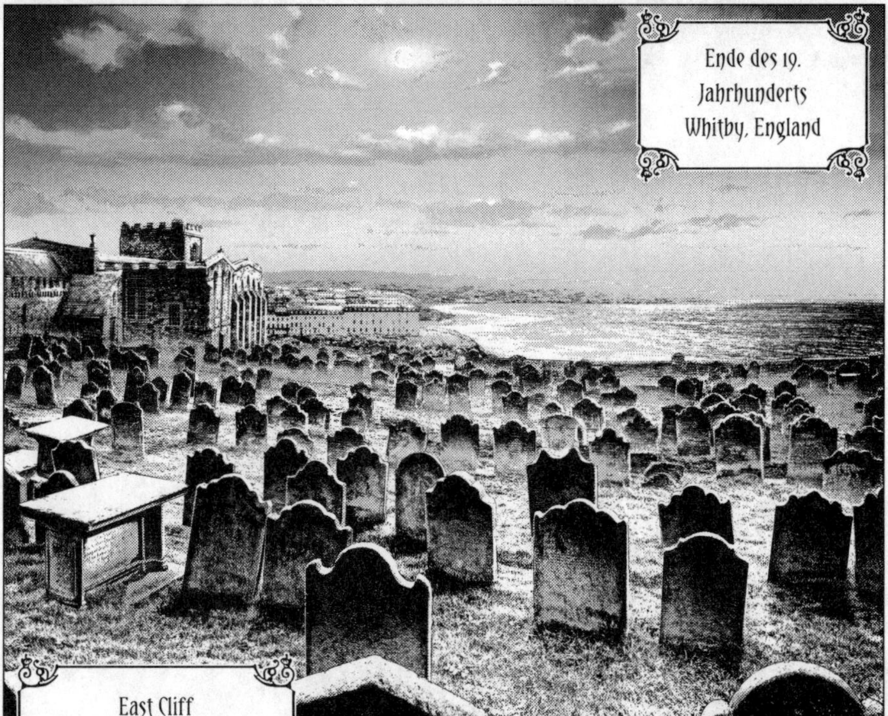

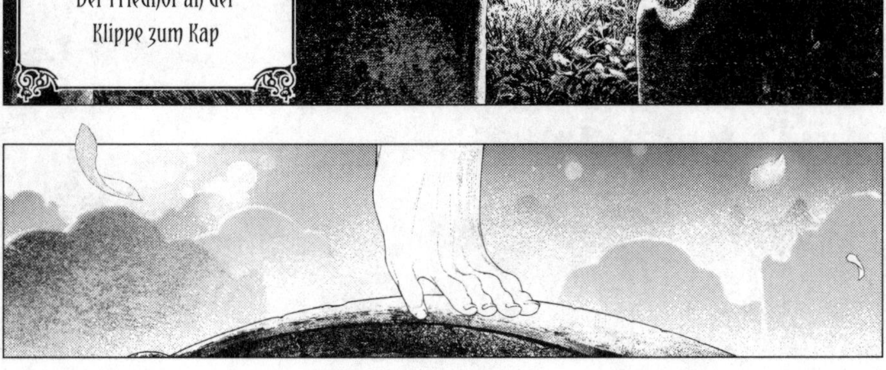

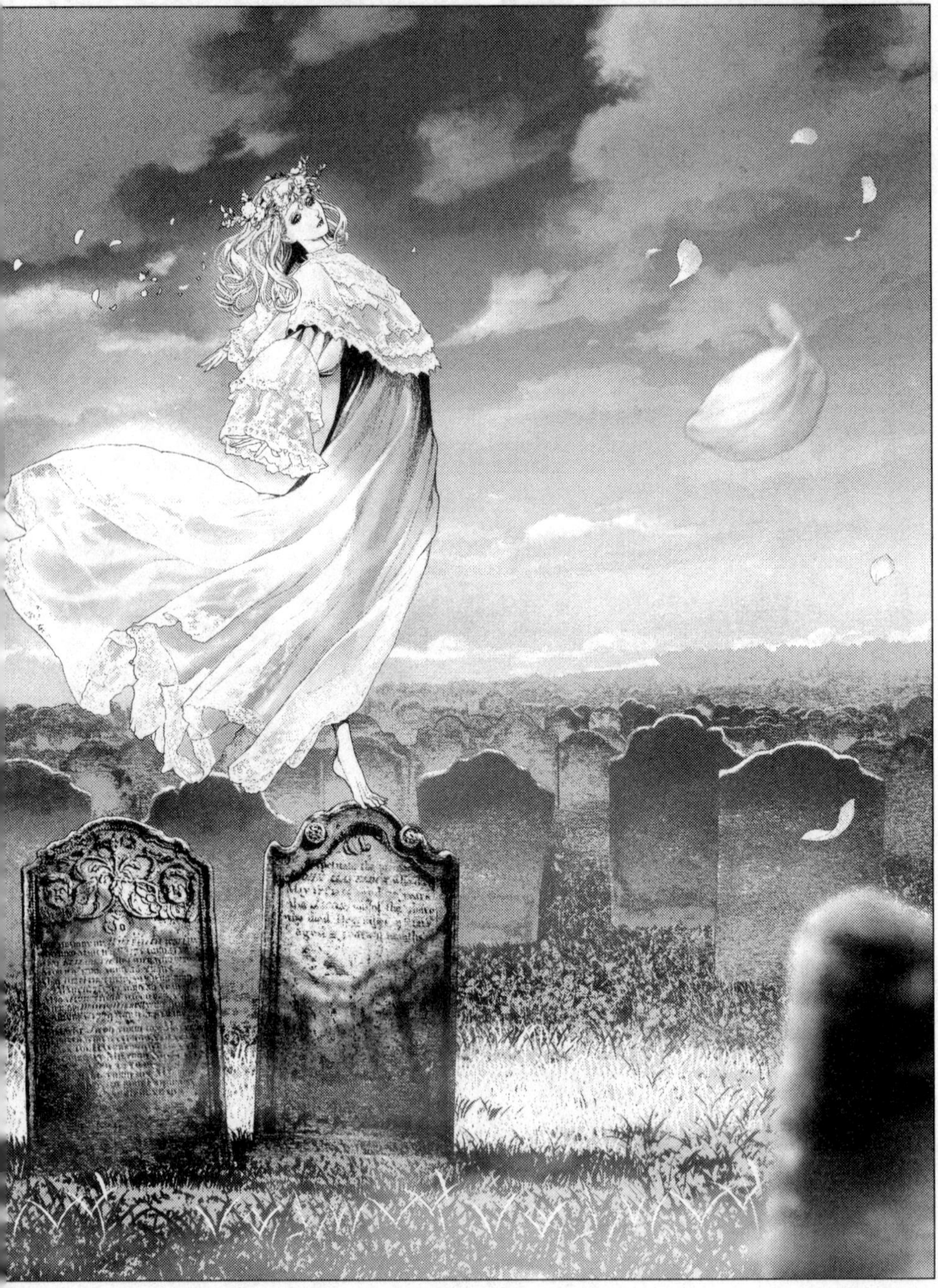

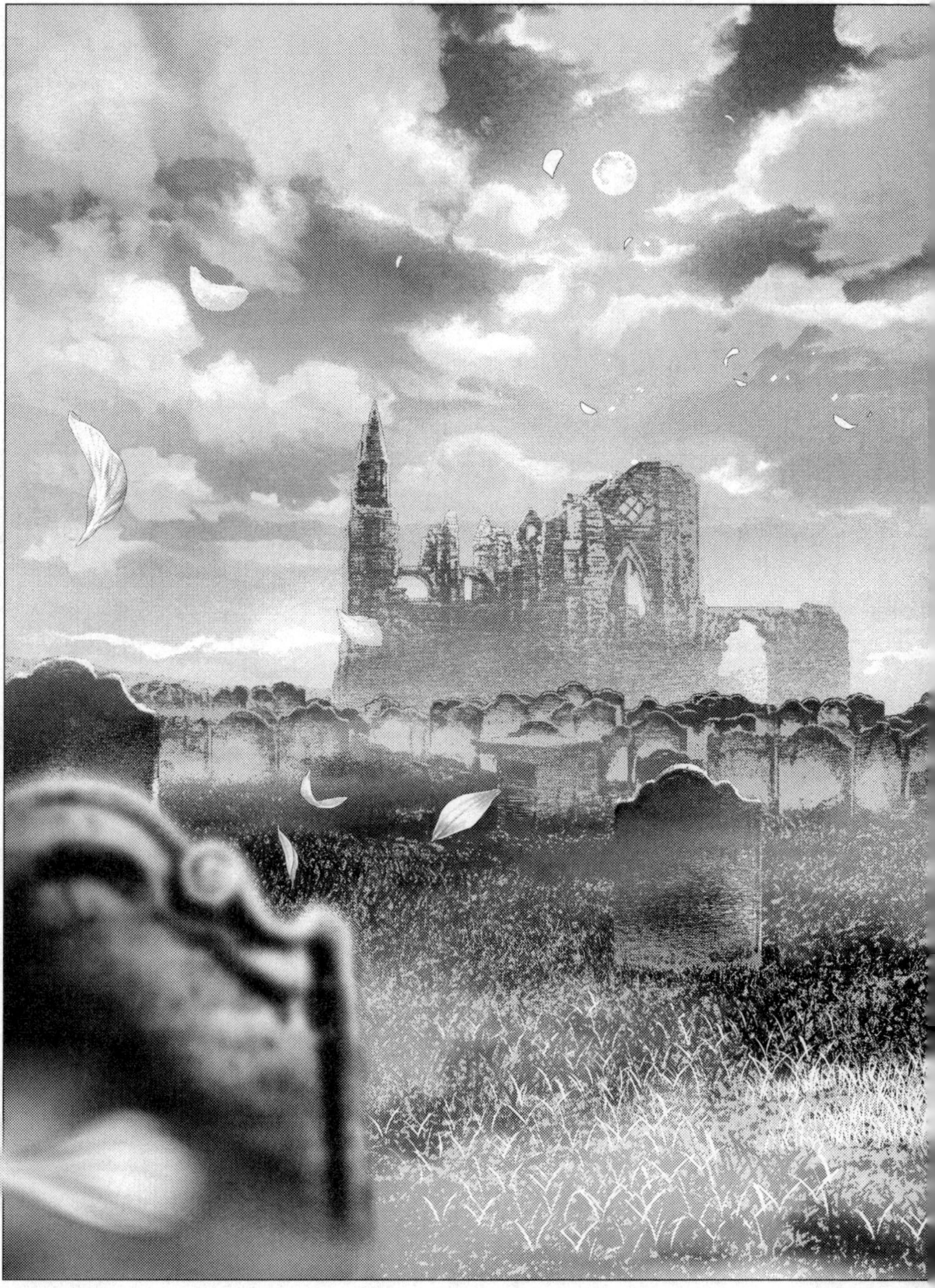

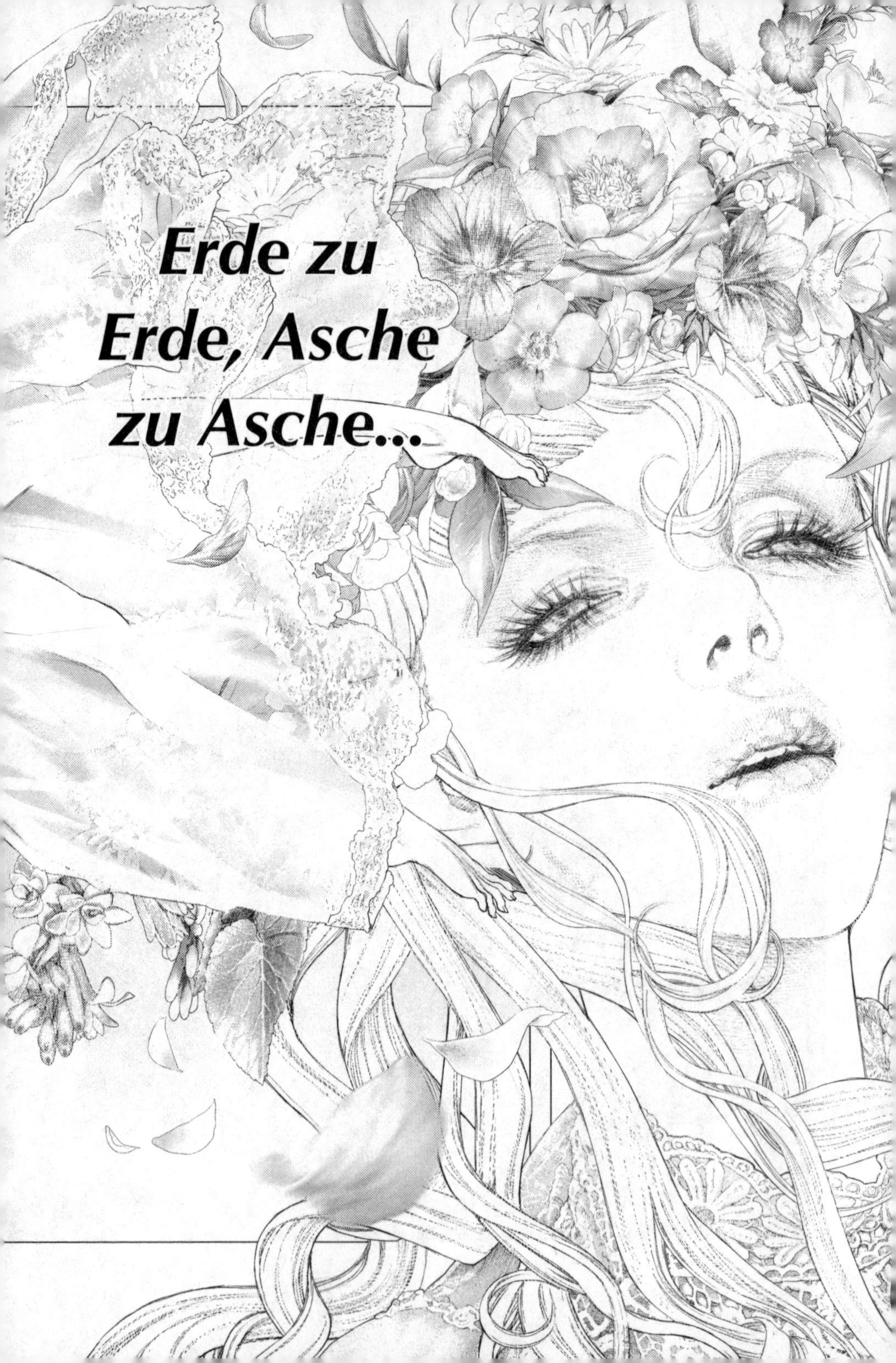
Erde zu
Erde, Asche
zu Asche...

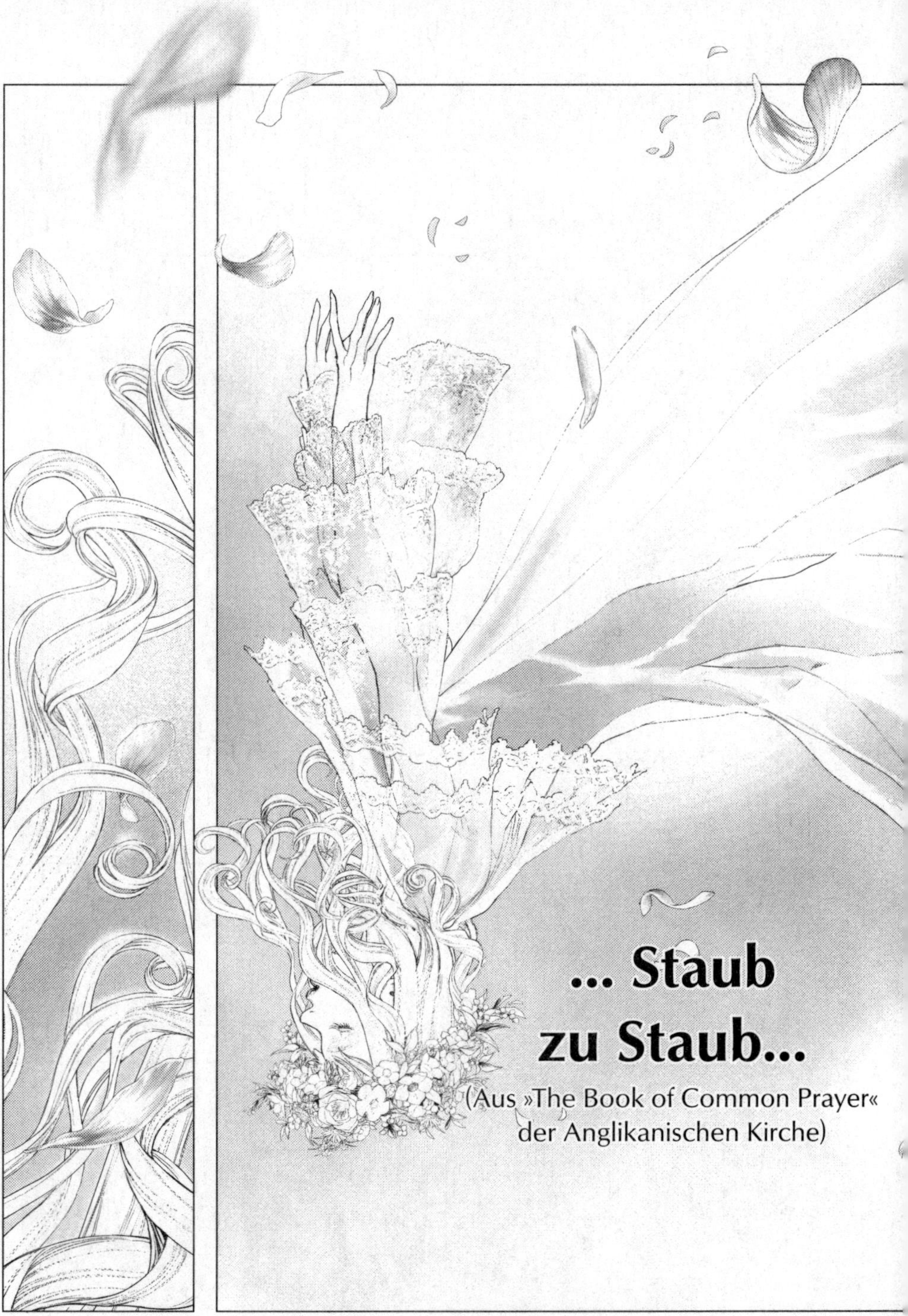
... Staub
zu Staub...
(Aus »The Book of Common Prayer«
der Anglikanischen Kirche)

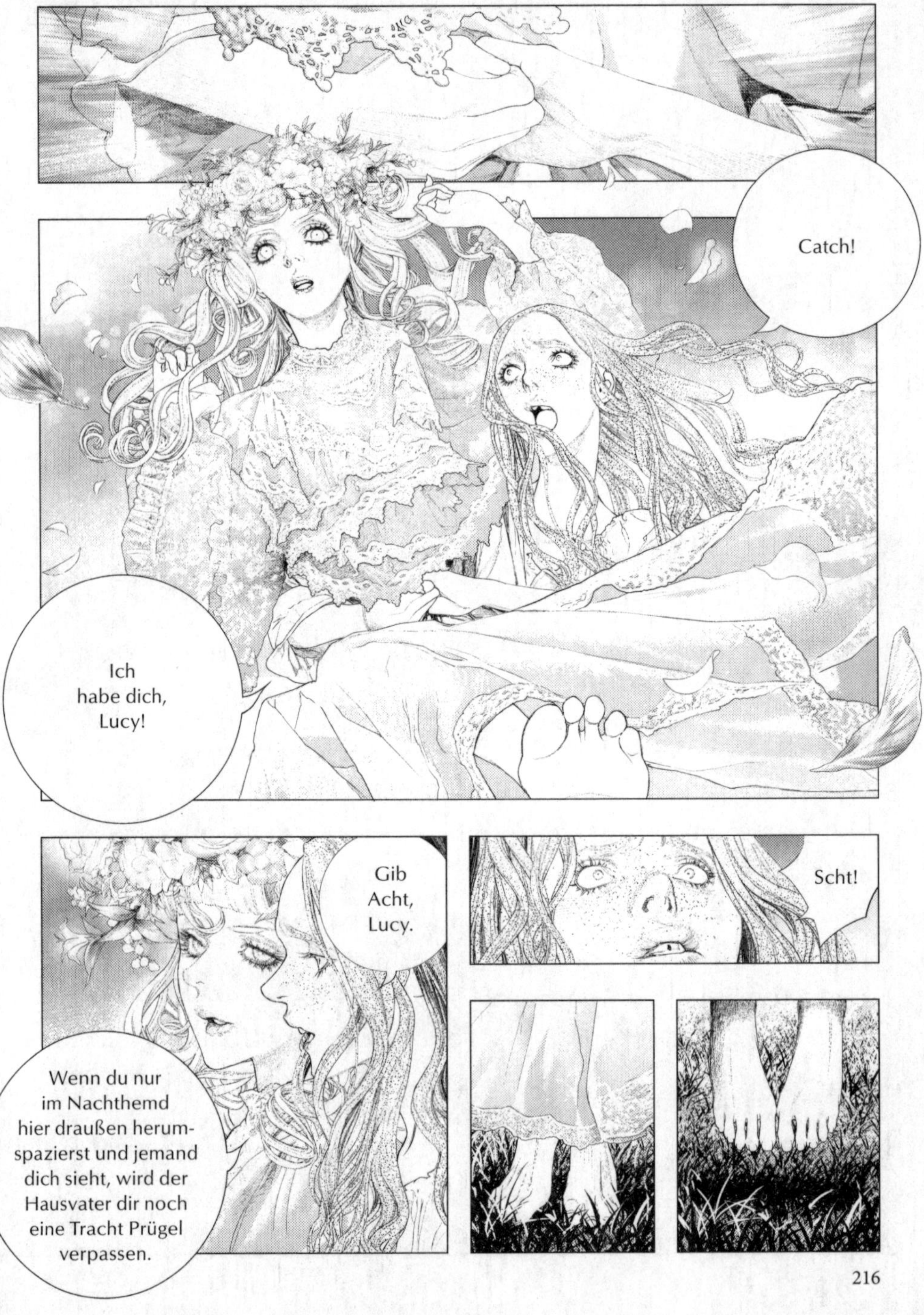
Catch!
Ich habe dich, Lucy!
Gib Acht, Lucy.
Wenn du nur im Nachthemd hier draußen herumspazierst und jemand dich sieht, wird der Hausvater dir noch eine Tracht Prügel verpassen.
Scht!

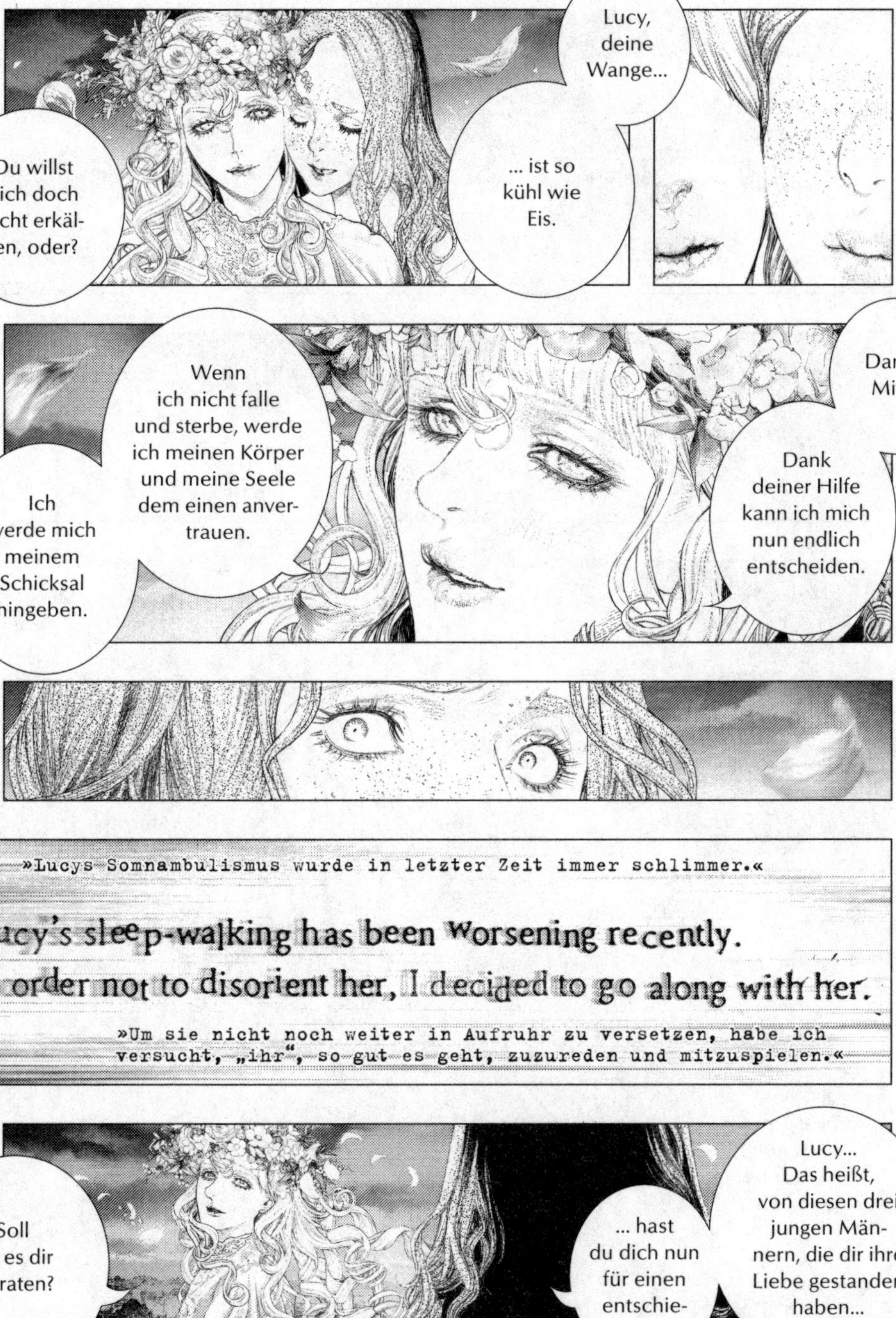
Lucy, deine Wange...
... ist so kühl wie Eis.
Du willst dich doch nicht erkälten, oder?
Danke, Mina.
Dank deiner Hilfe kann ich mich nun endlich entscheiden.
Wenn ich nicht falle und sterbe, werde ich meinen Körper und meine Seele dem einen anvertrauen.
Ich werde mich meinem Schicksal hingeben.
»Lucys Somnambulismus wurde in letzter Zeit immer schlimmer.«
Lucy's sleep-walking has been worsening recently.
In order not to disorient her, I decided to go along with her.
»Um sie nicht noch weiter in Aufruhr zu versetzen, habe ich versucht, „ihr“, so gut es geht, zuzureden und mitzuspielen.«
Lucy... Das heißt, von diesen drei jungen Männern, die dir ihre Liebe gestanden haben...
... hast du dich nun für einen entschieden?
Soll ich es dir verraten?

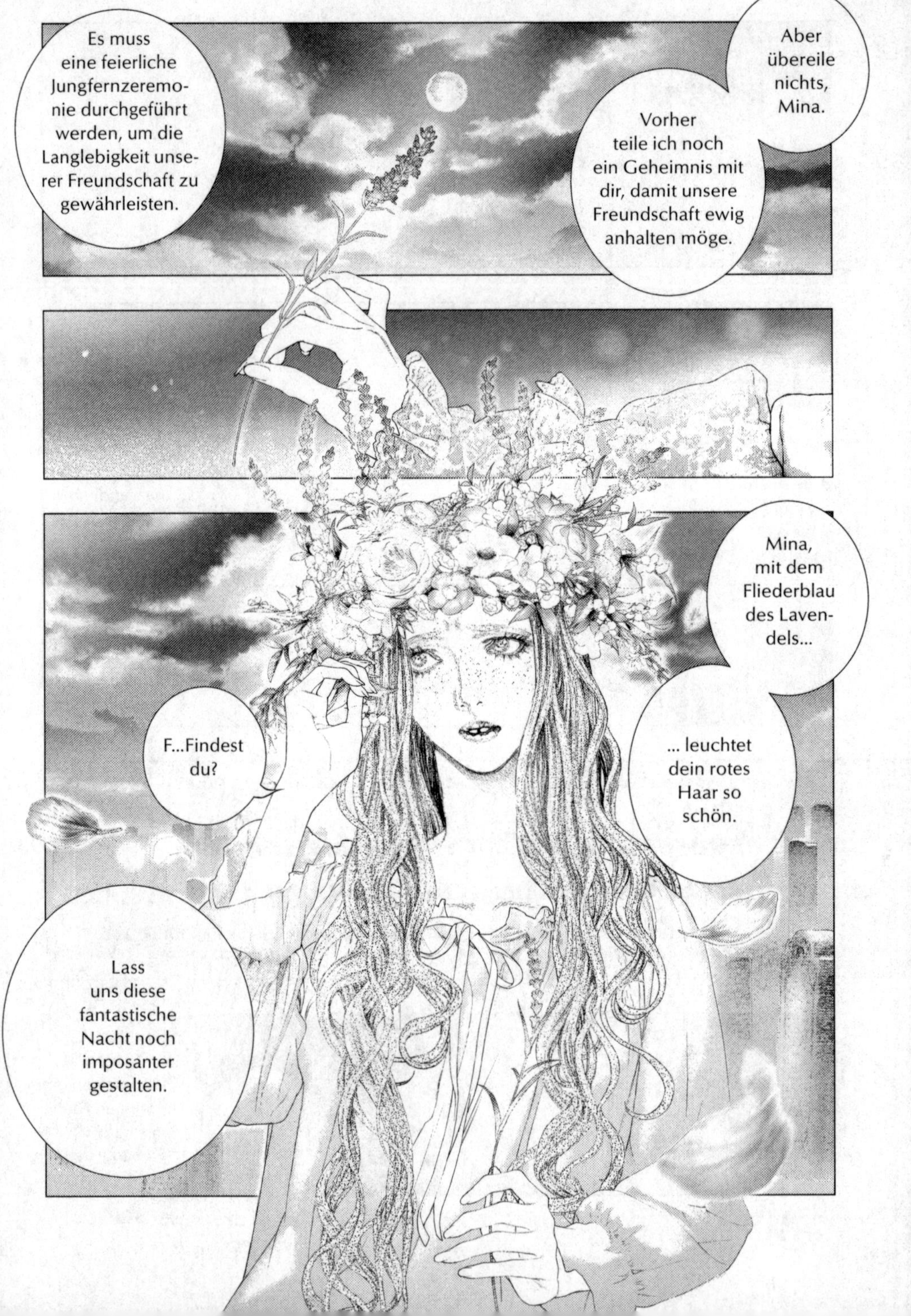
Aber übereile nichts, Mina.
Vorher teile ich noch ein Geheimnis mit dir, damit unsere Freundschaft ewig anhalten möge.
Es muss eine feierliche Jungfernzeremonie durchgeführt werden, um die Langlebigkeit unserer Freundschaft zu gewährleisten.
Mina, mit dem Fliederblau des Lavendels...
... leuchtet dein rotes Haar so schön.
F...Findest du?
Lass uns diese fantastische Nacht noch imposanter gestalten.

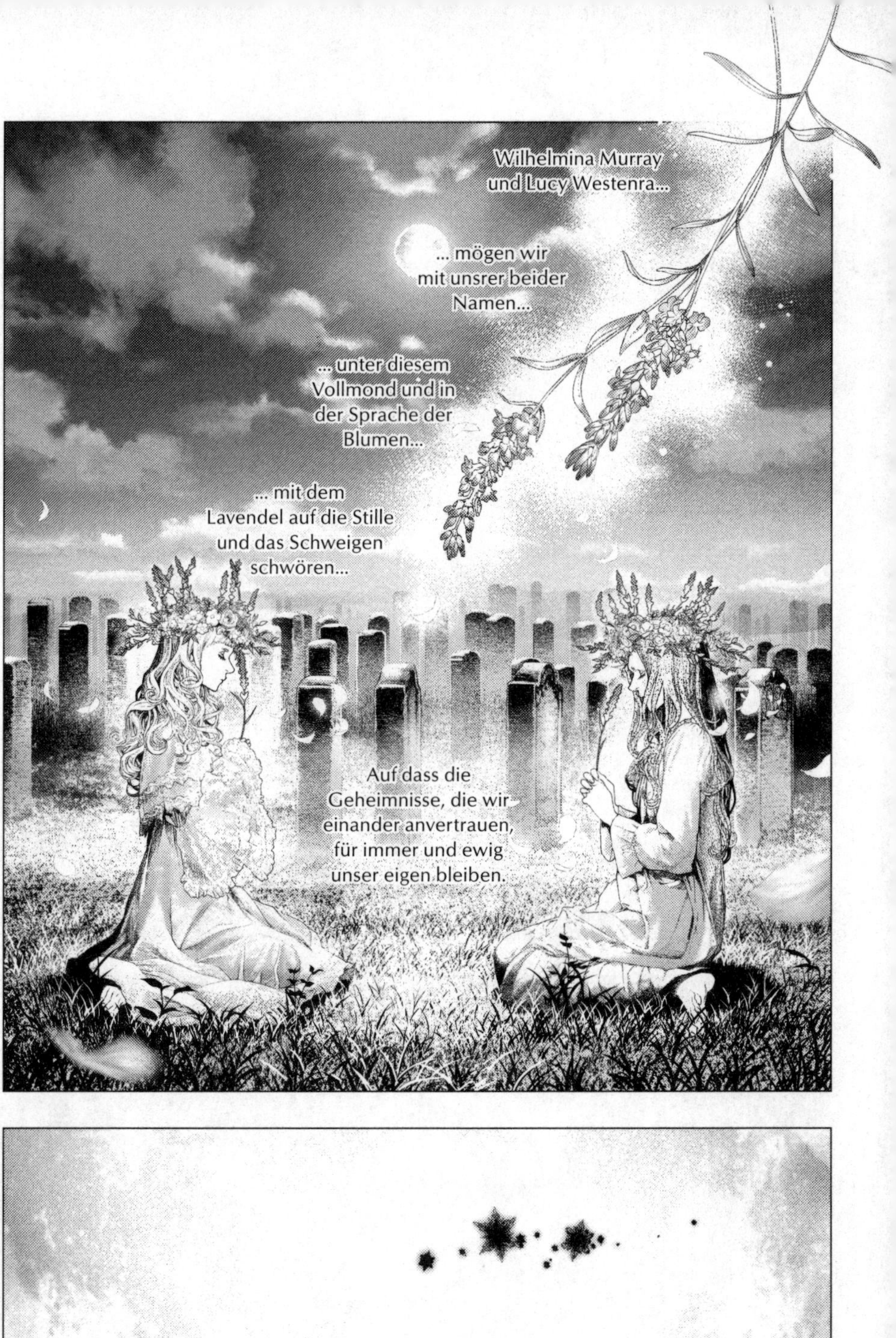
Wilhelmina Murray und Lucy Westenra...
... mögen wir mit unsrer beider Namen...
... unter diesem Vollmond und in der Sprache der Blumen...
... mit dem Lavendel auf die Stille und das Schweigen schwören...
Auf dass die Geheimnisse, die wir einander anvertrauen, für immer und ewig unser eigen bleiben.

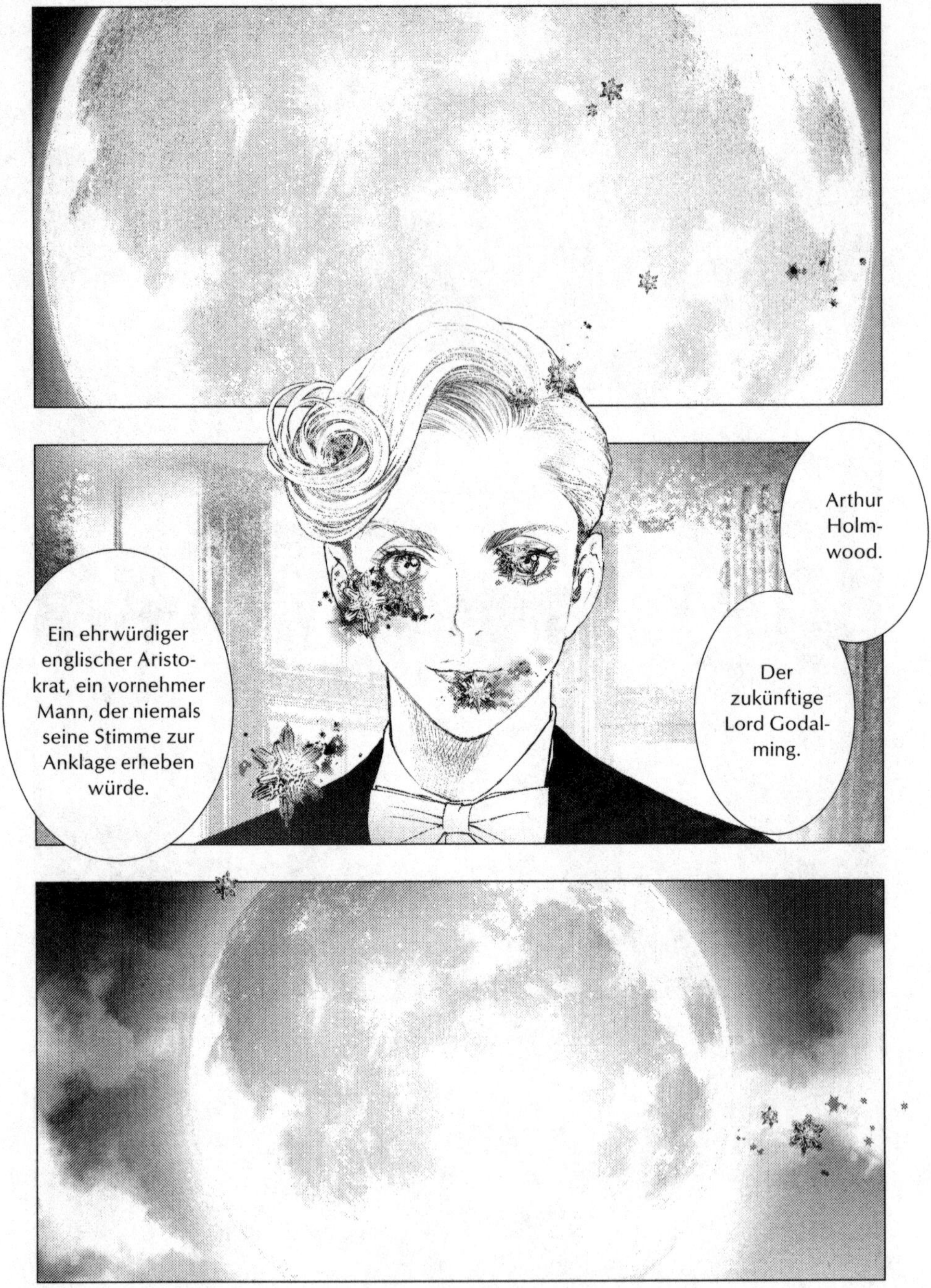
Arthur Holmwood.
Der zukünftige Lord Godalming.
Ein ehrwürdiger englischer Aristokrat, ein vornehmer Mann, der niemals seine Stimme zur Anklage erheben würde.

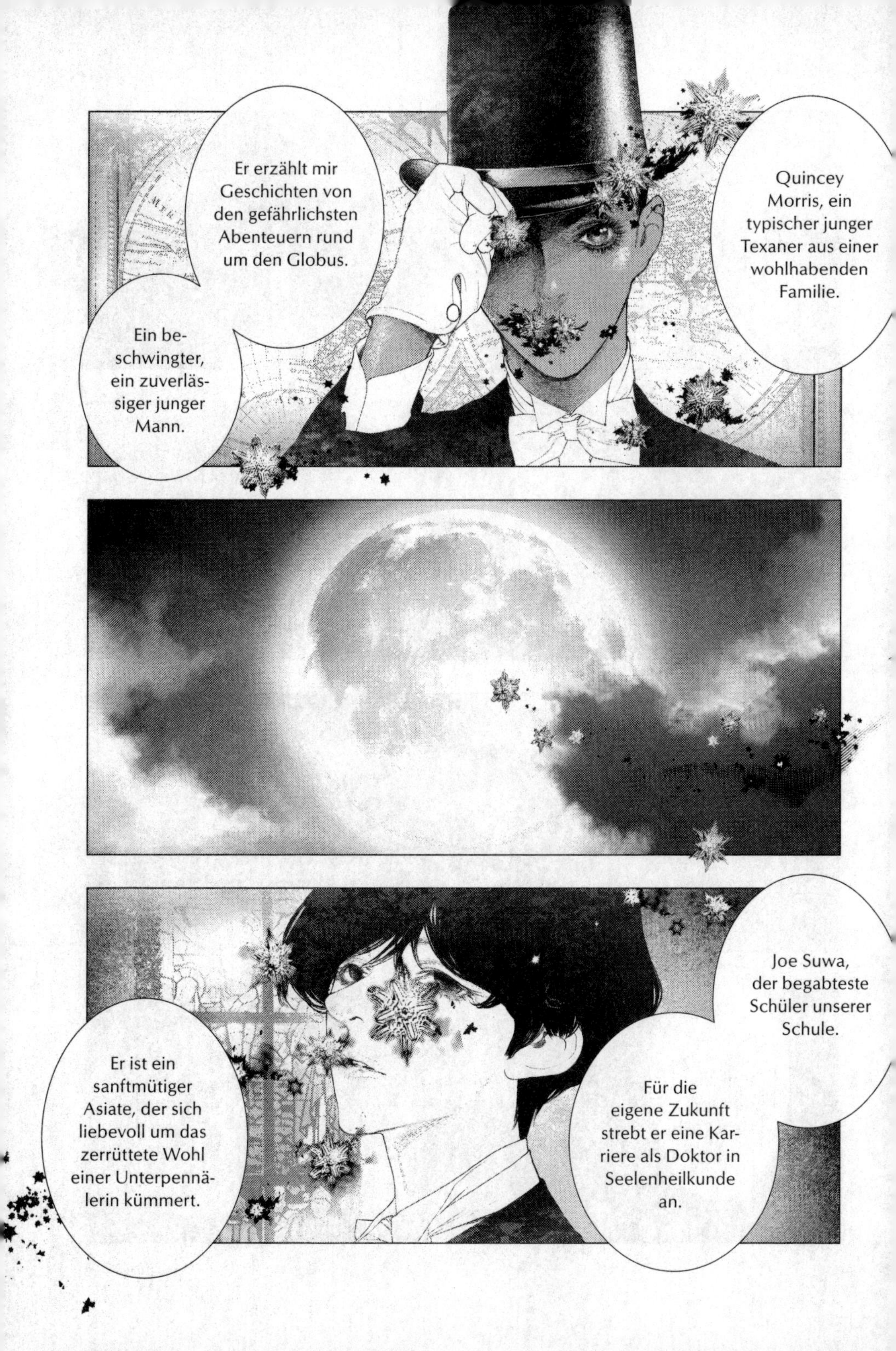
Quincey Morris, ein typischer junger Texaner aus einer wohlhabenden Familie.
Er erzählt mir Geschichten von den gefährlichsten Abenteuern rund um den Globus.
Ein beschwingter, ein zuverlässiger junger Mann.
Joe Suwa, der begabteste Schüler unserer Schule.
Für die eigene Zukunft strebt er eine Karriere als Doktor in Seelenheilkunde an.
Er ist ein sanftmütiger Asiate, der sich liebevoll um das zerrüttete Wohl einer Unterpennälerin kümmert.

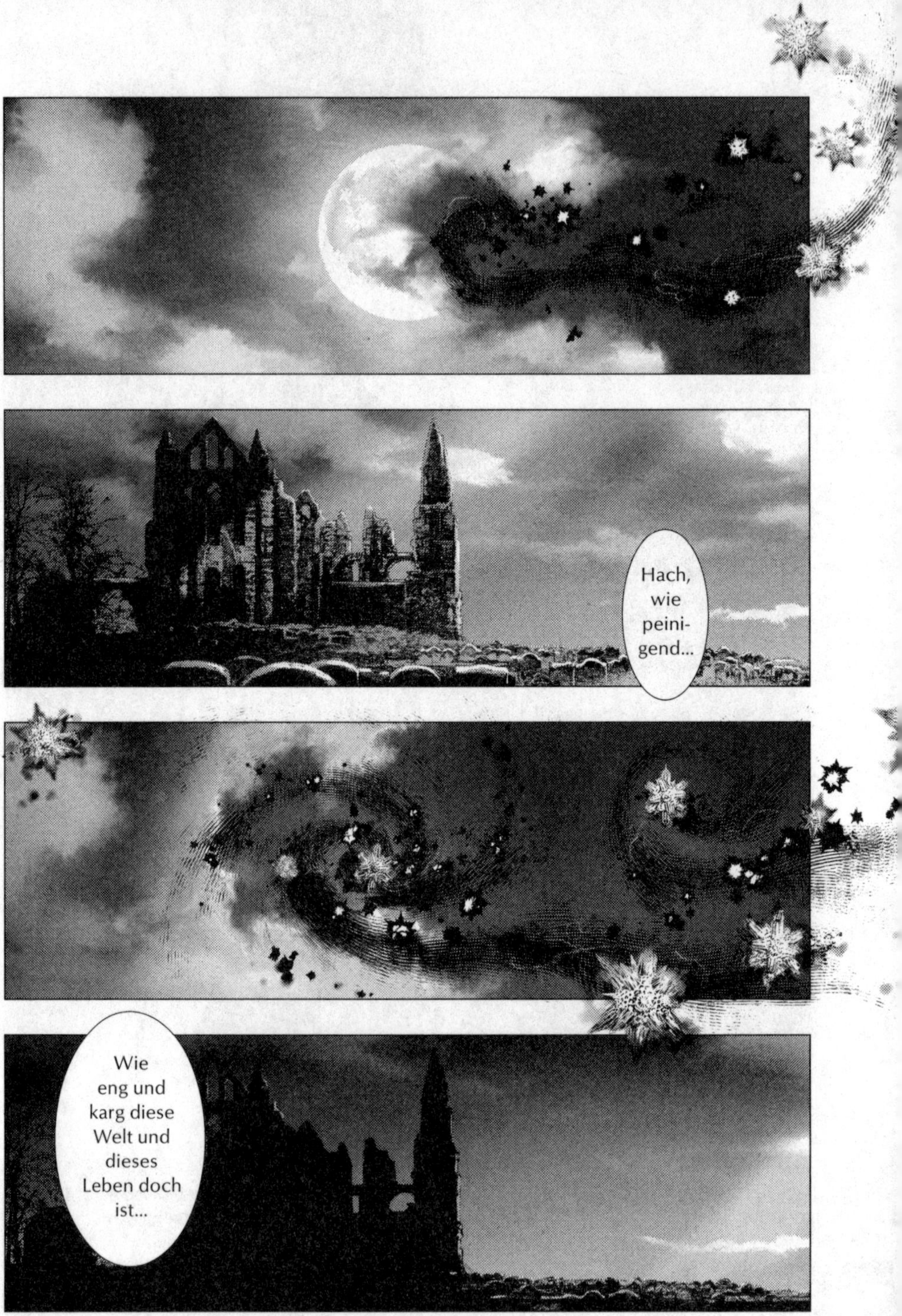
Hach, wie peini-gend...
Wie eng und karg diese Welt und dieses Leben doch ist...

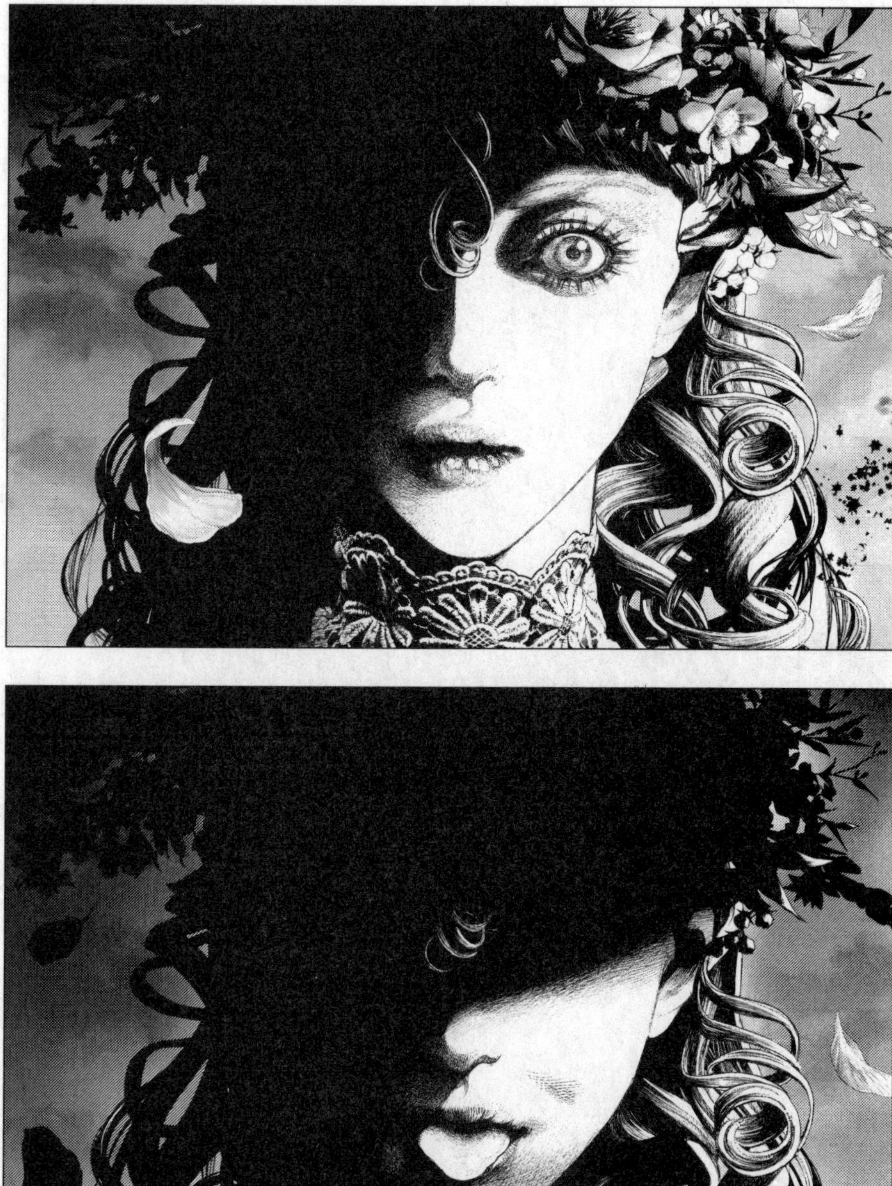

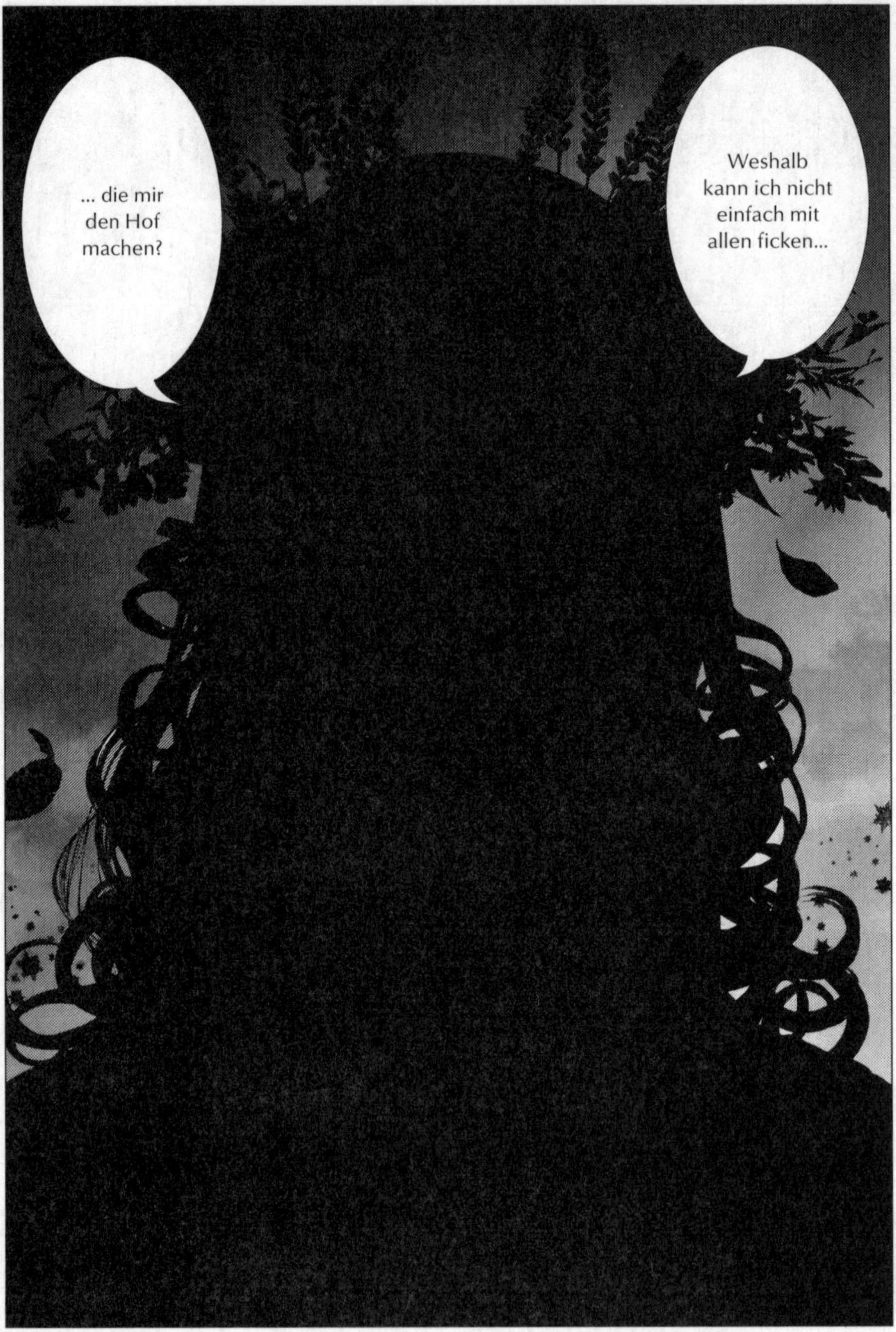
Weshalb kann ich nicht einfach mit allen ficken...
... die mir den Hof machen?

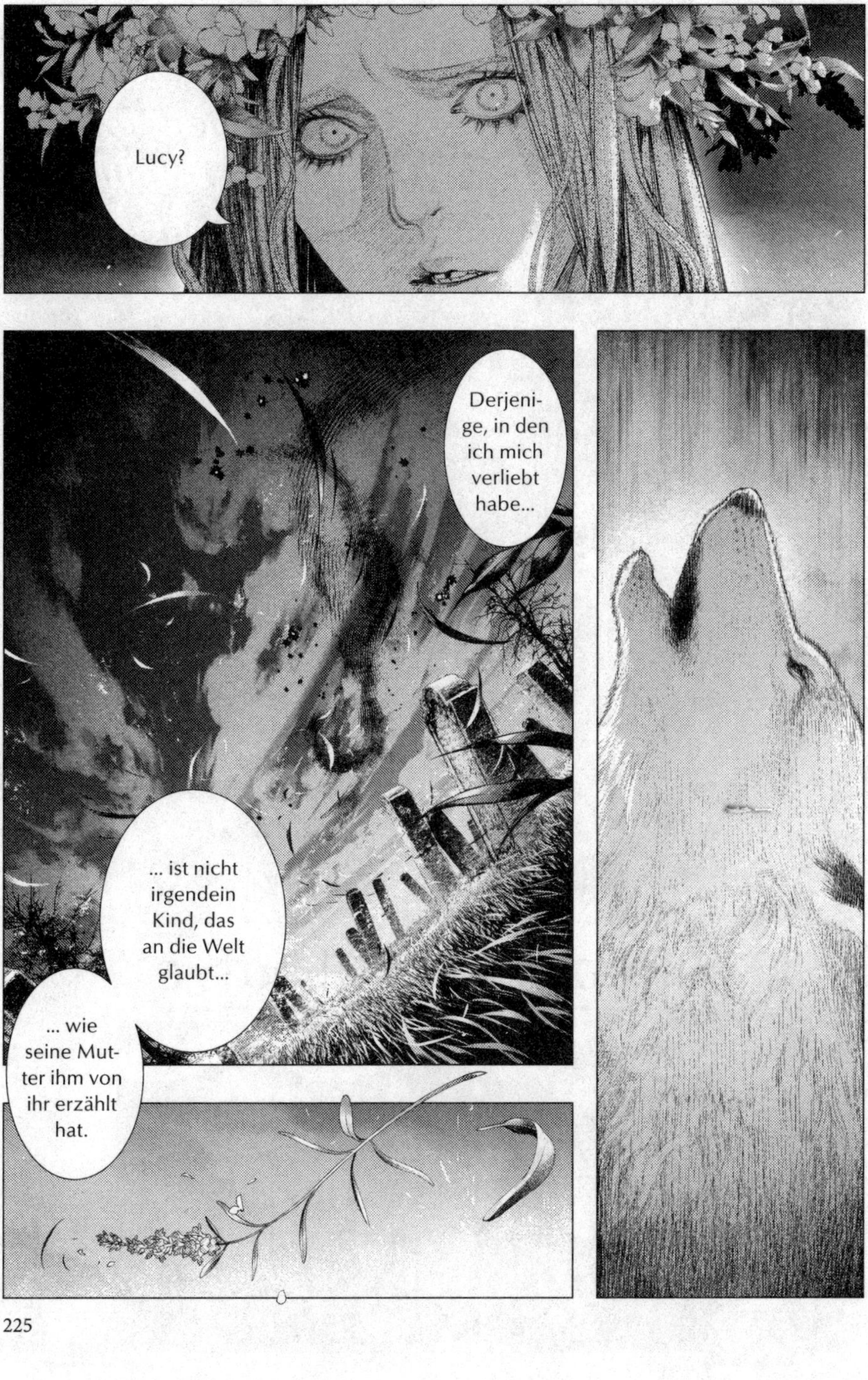
Lucy?
Derjenige, in den ich mich verliebt habe...
... ist nicht irgendein Kind, das an die Welt glaubt...
... wie seine Mutter ihm von ihr erzählt hat.

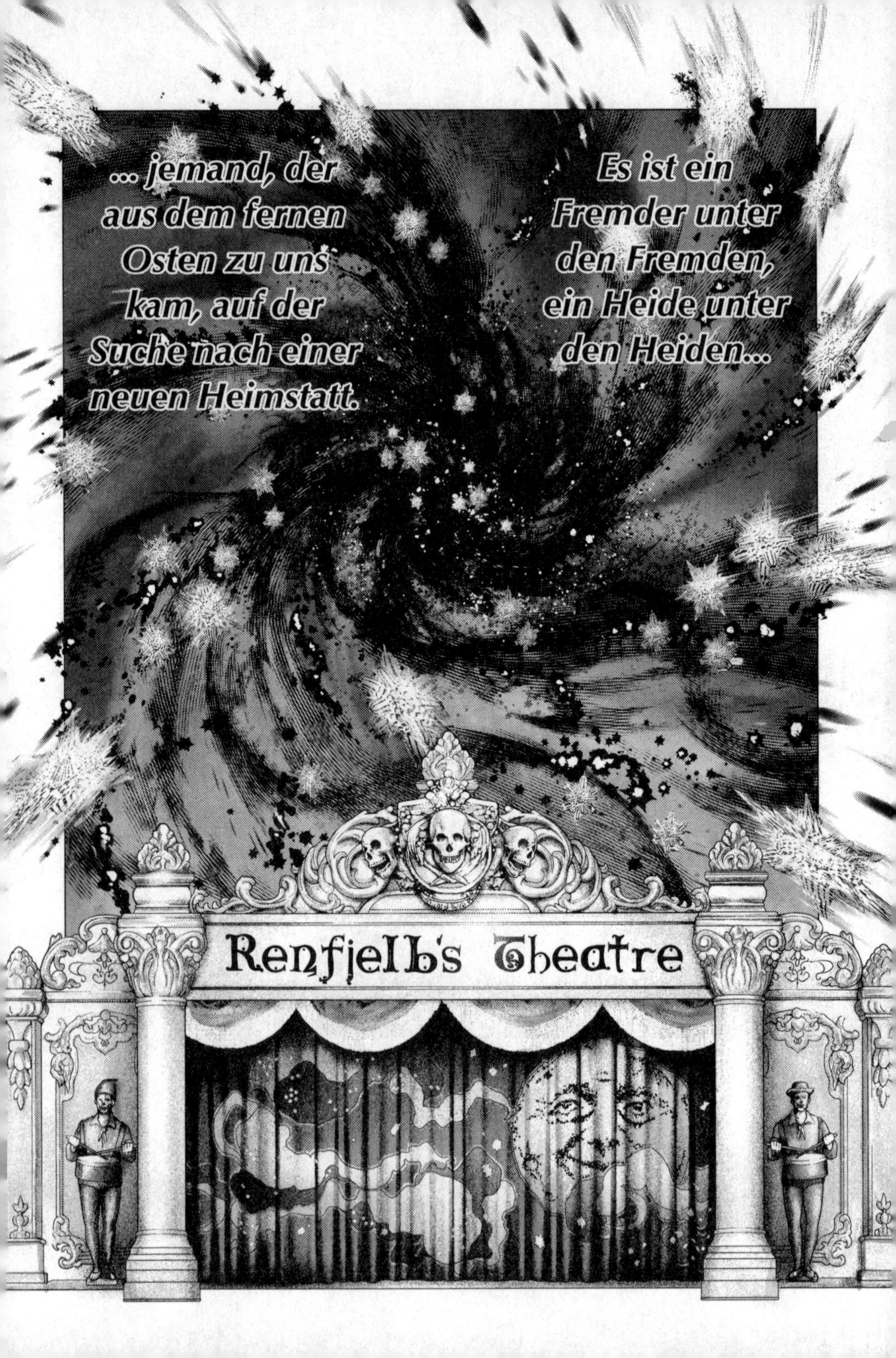
Es ist ein Fremder unter den Fremden, ein Heide unter den Heiden...
... jemand, der aus dem fernen Osten zu uns kam, auf der Suche nach einer neuen Heimstatt.
Renfield's Theatre

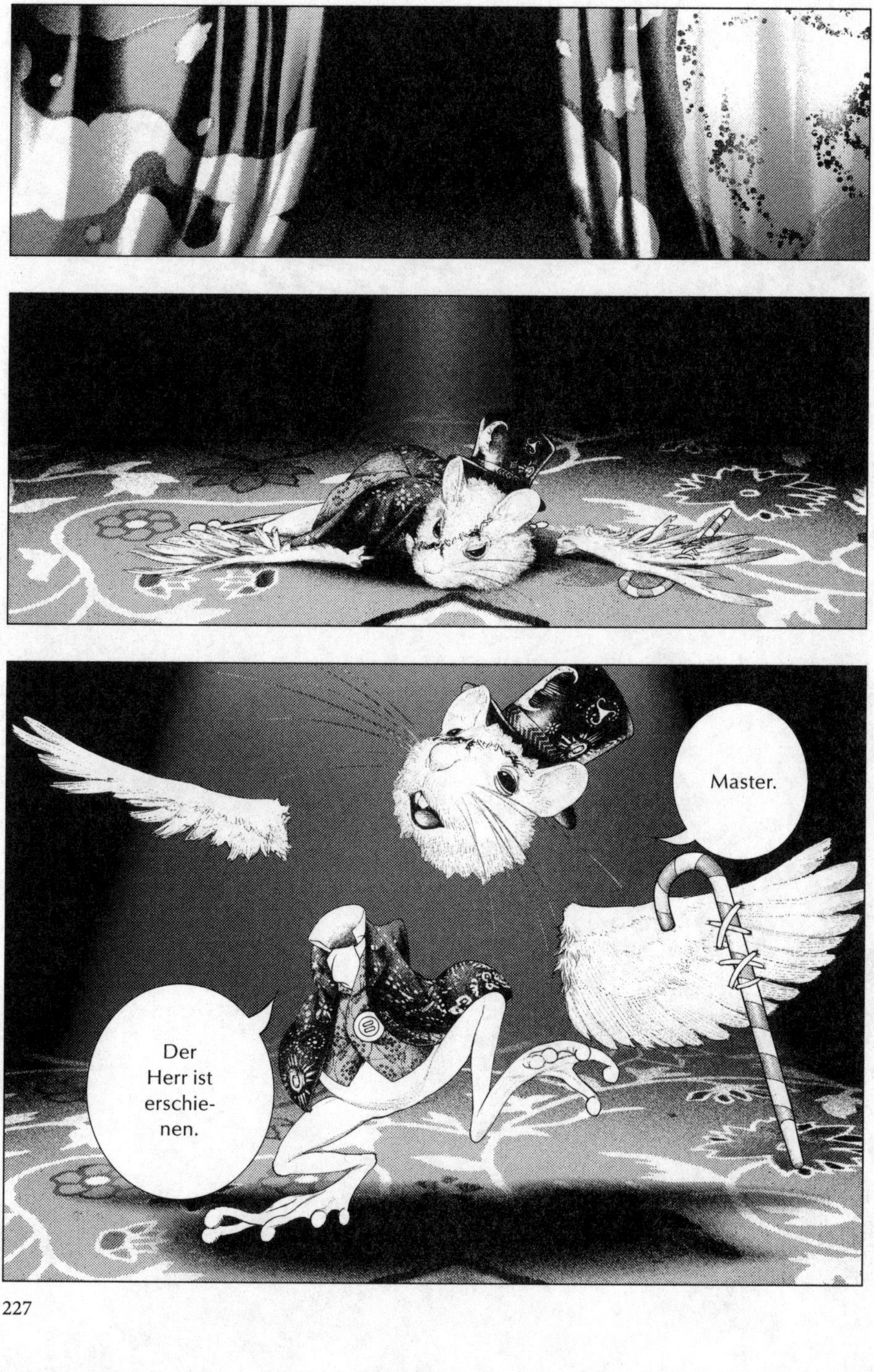
Master.
Der Herr ist erschienen.

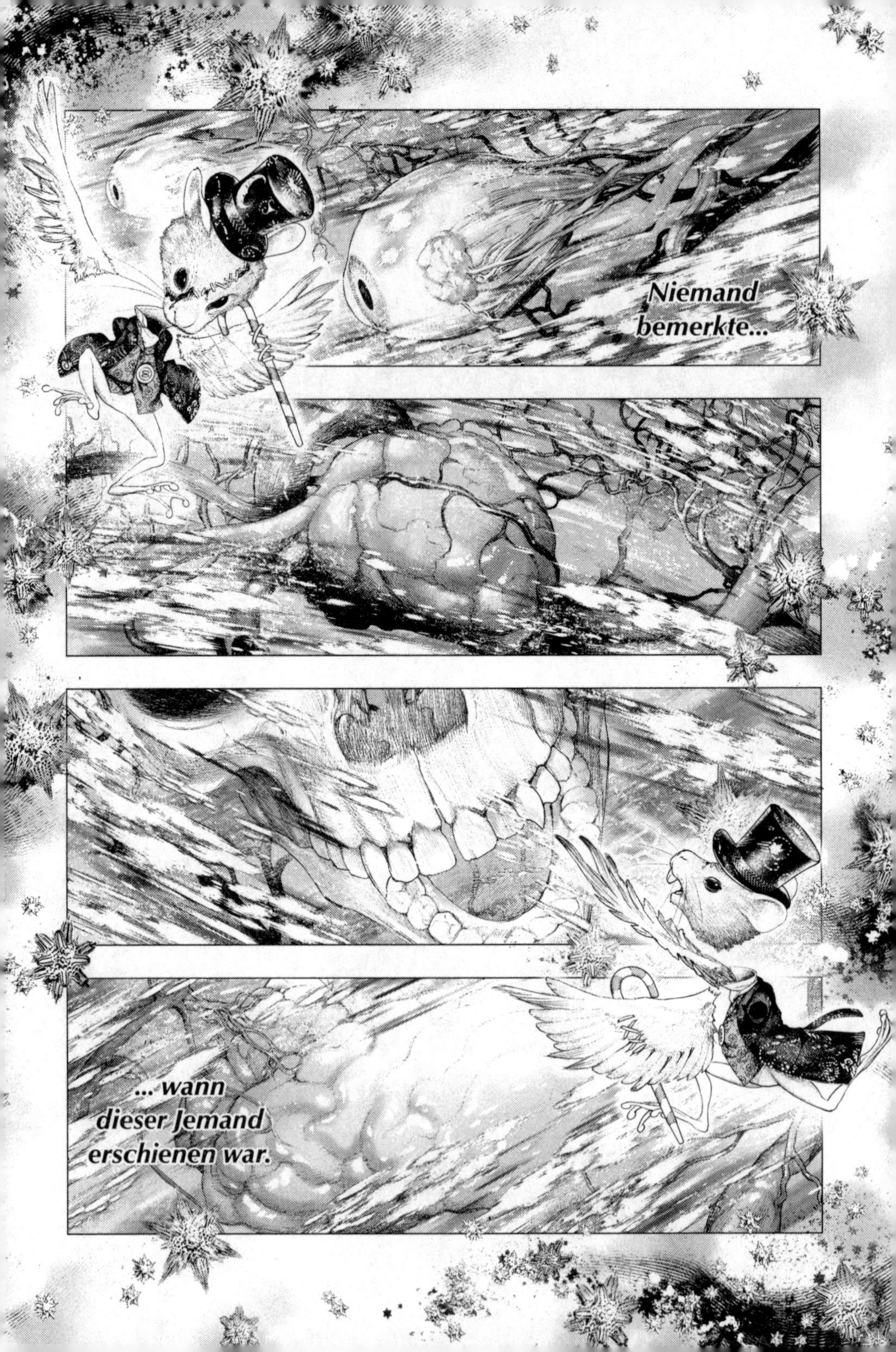
Niemand bemerkte...
... wann dieser Jemand erschienen war.

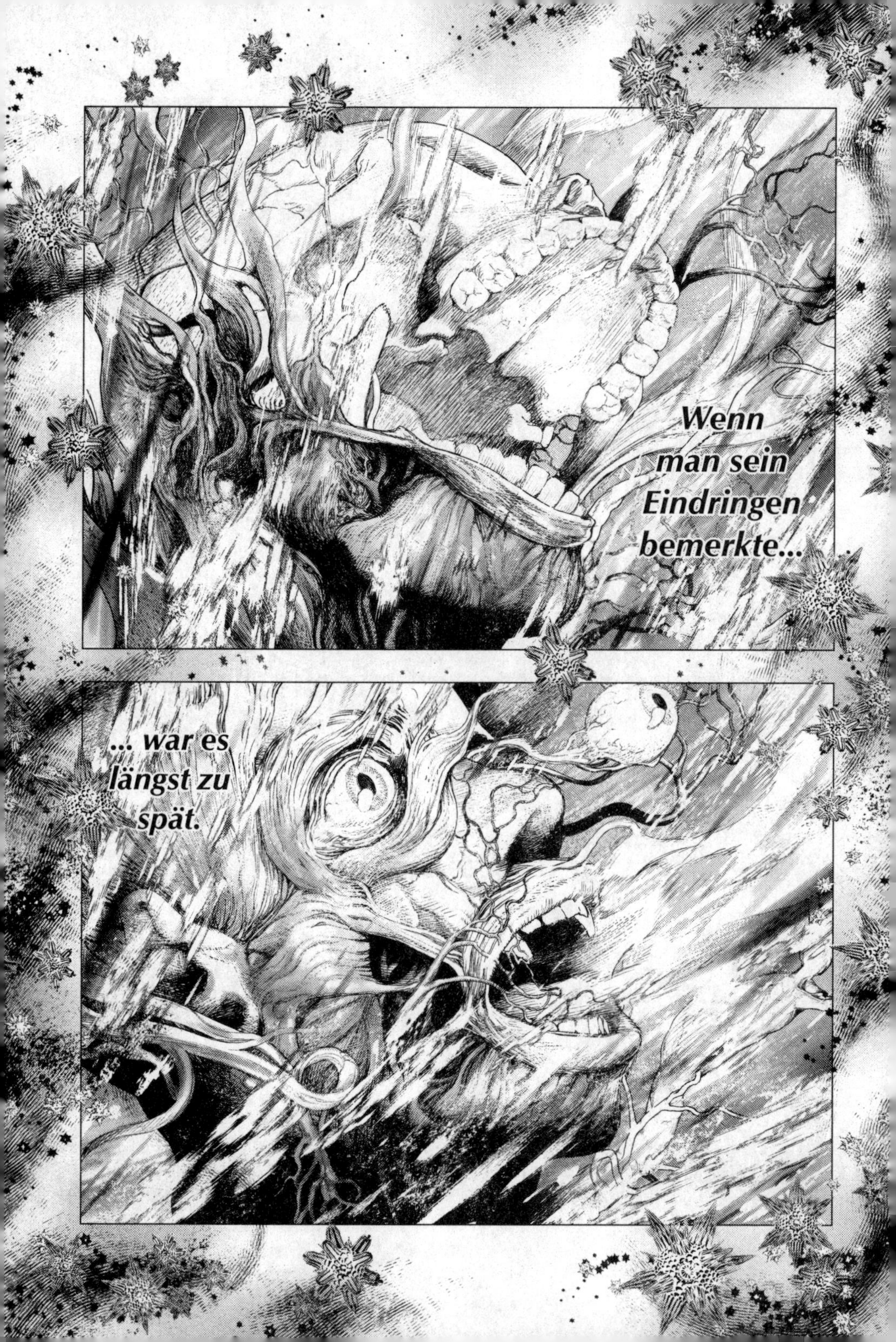
Wenn man sein Eindringen bemerkte...
... war es längst zu spät.

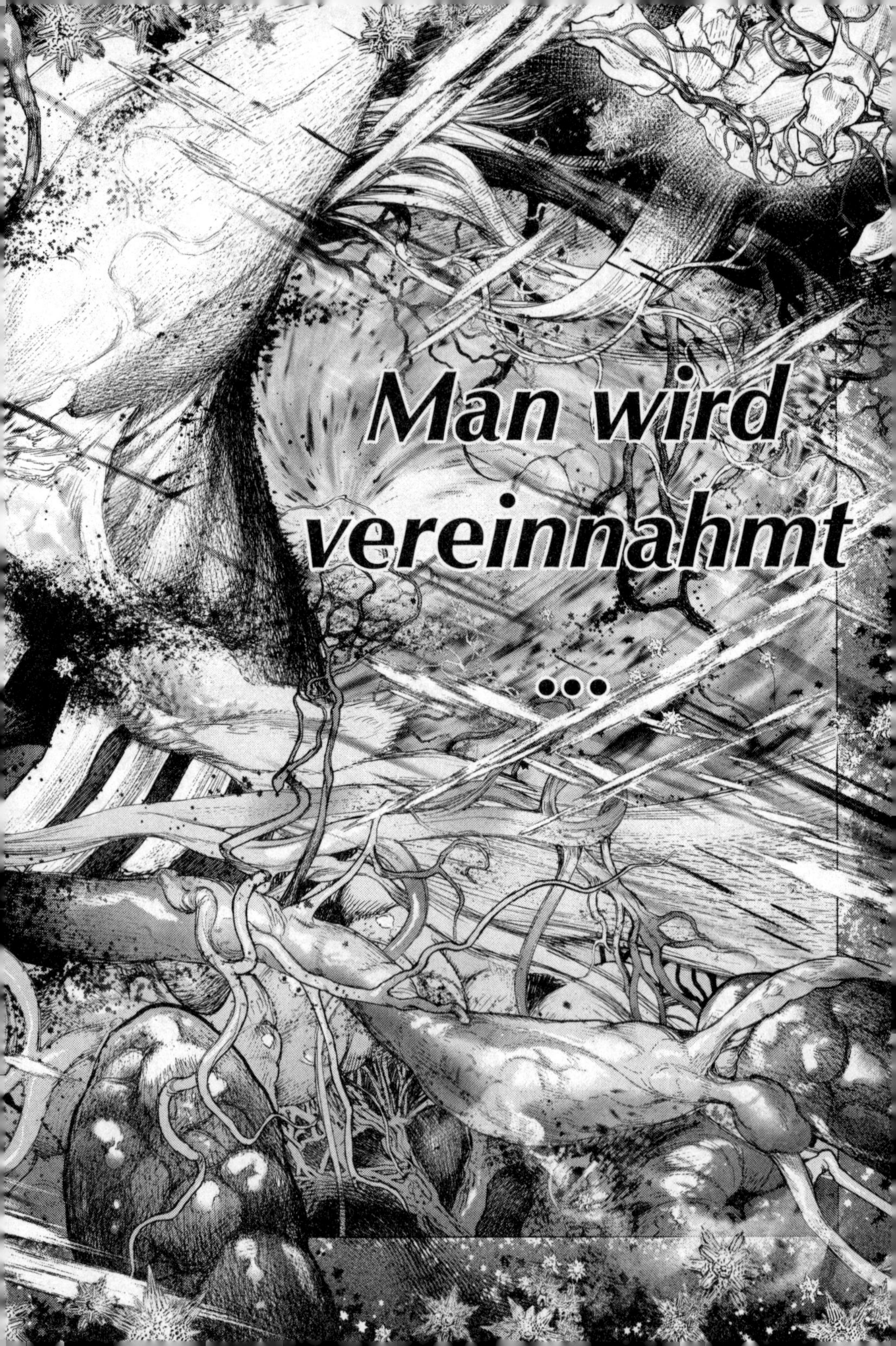
Man wird vereinnahmt
...

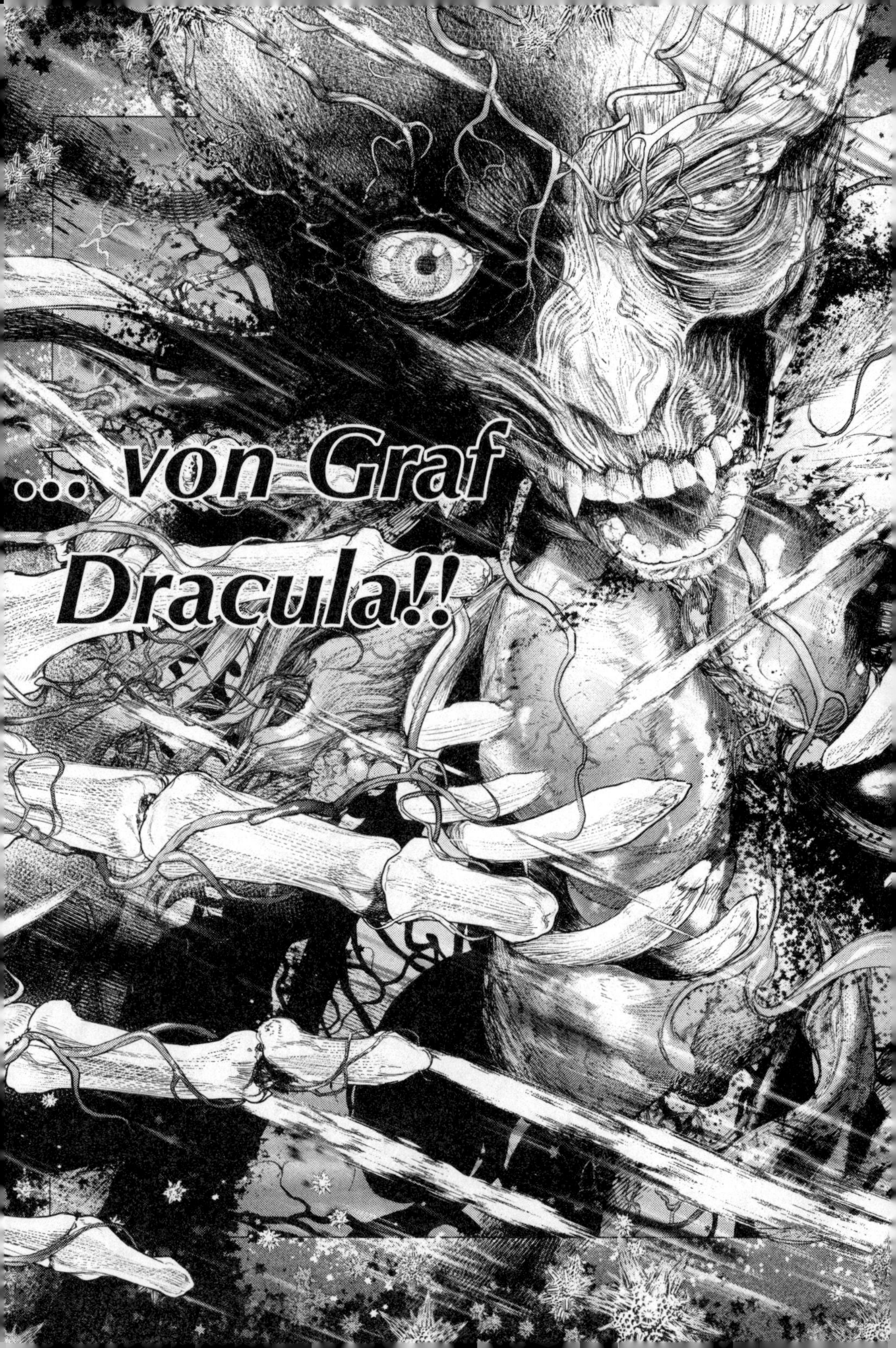
... von Graf
Dracula!!

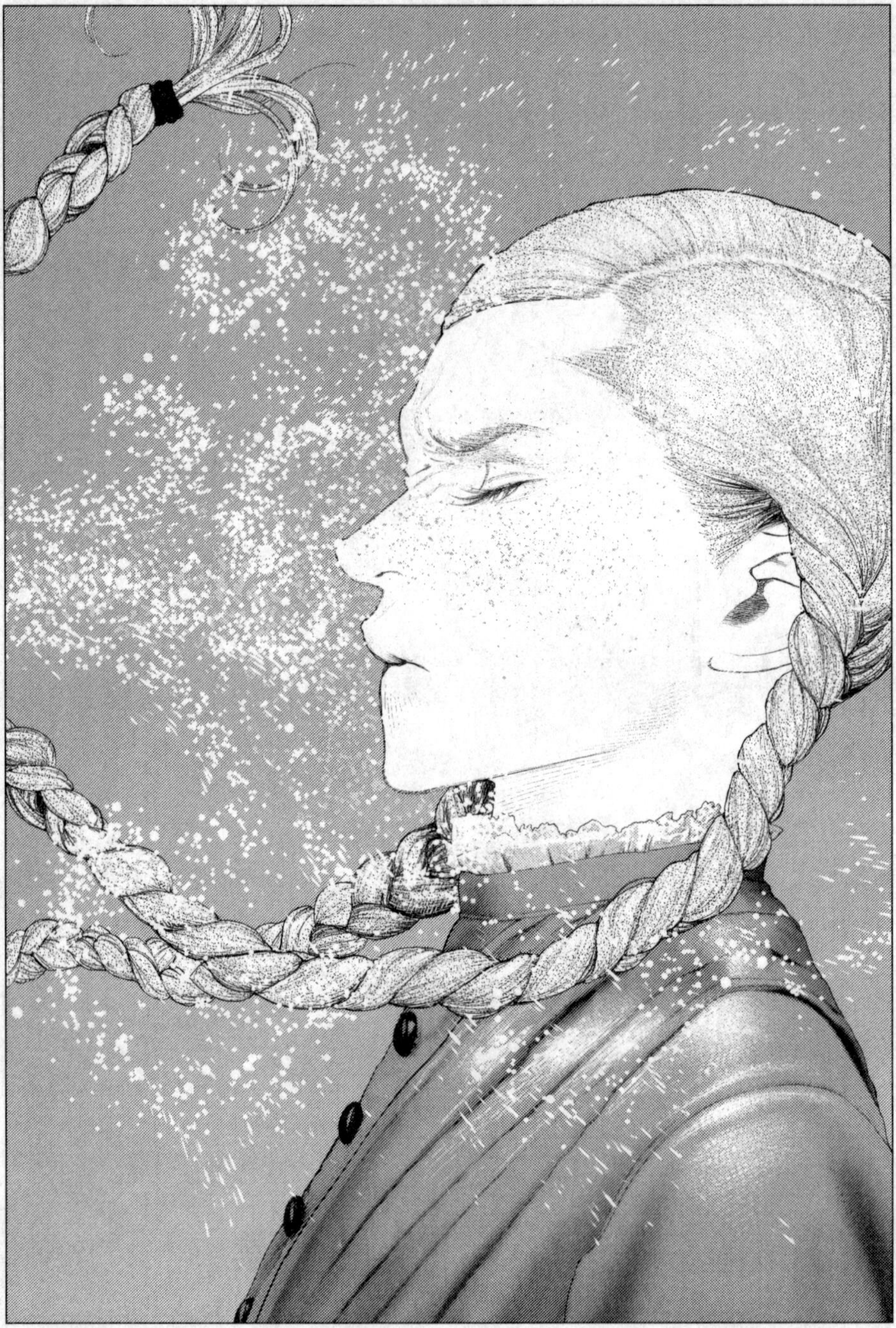

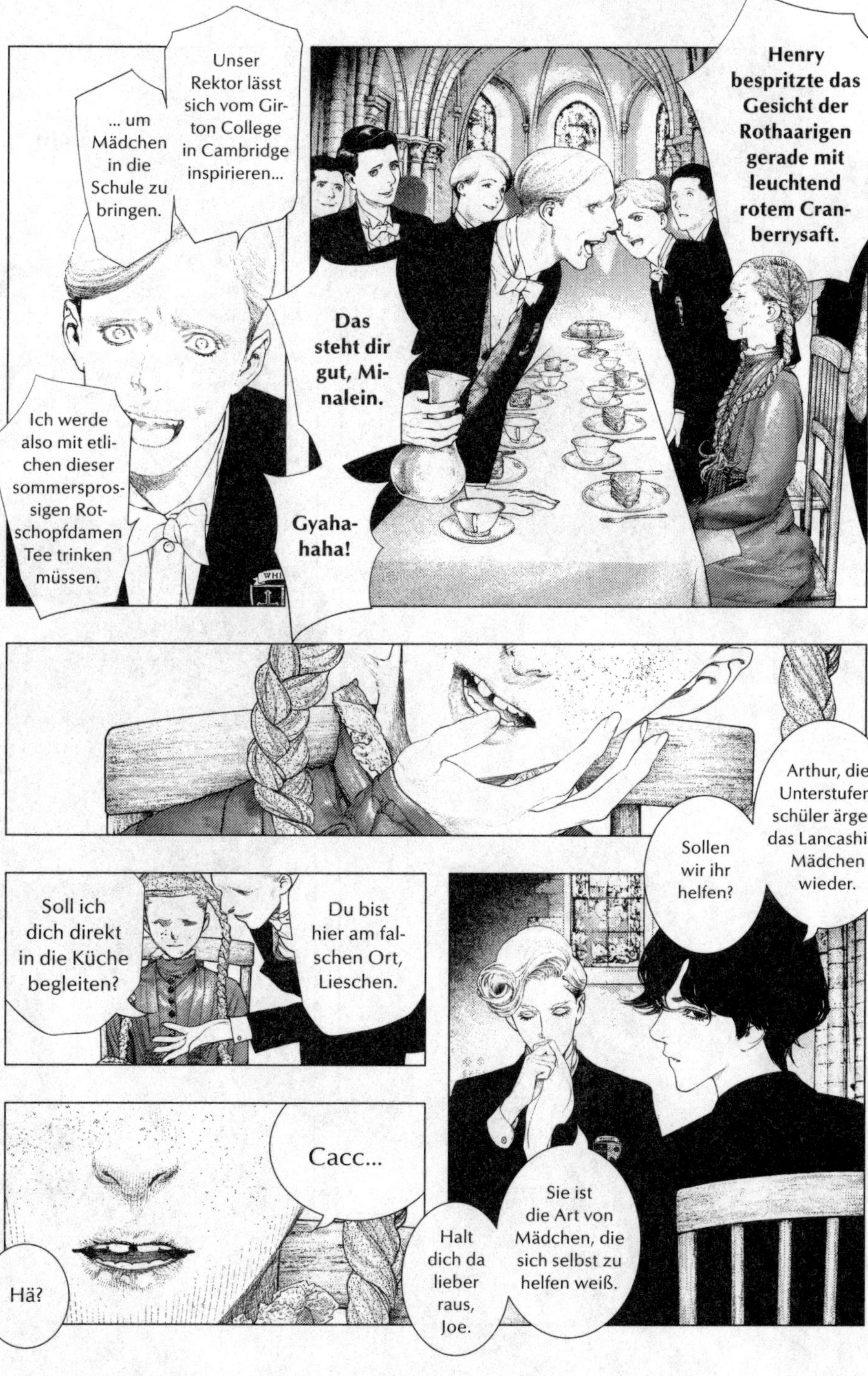
Henry bespritzte das Gesicht der Rothaarigen gerade mit leuchtend rotem Cranberrysaft.
Das steht dir gut, Minalein.
Gyahahaha!
Unser Rektor lässt sich vom Girton College in Cambridge inspirieren...
... um Mädchen in die Schule zu bringen.
Ich werde also mit etlichen dieser sommersprossigen Rotschopfdamen Tee trinken müssen.
Arthur, die Unterstufenschüler ärgern das Lancashire-Mädchen wieder.
Sollen wir ihr helfen?
Sie ist die Art von Mädchen, die sich selbst zu helfen weiß.
Halt dich da lieber raus, Joe.
Du bist hier am falschen Ort, Lieschen.
Soll ich dich direkt in die Küche begleiten?
Cacc...
Hä?

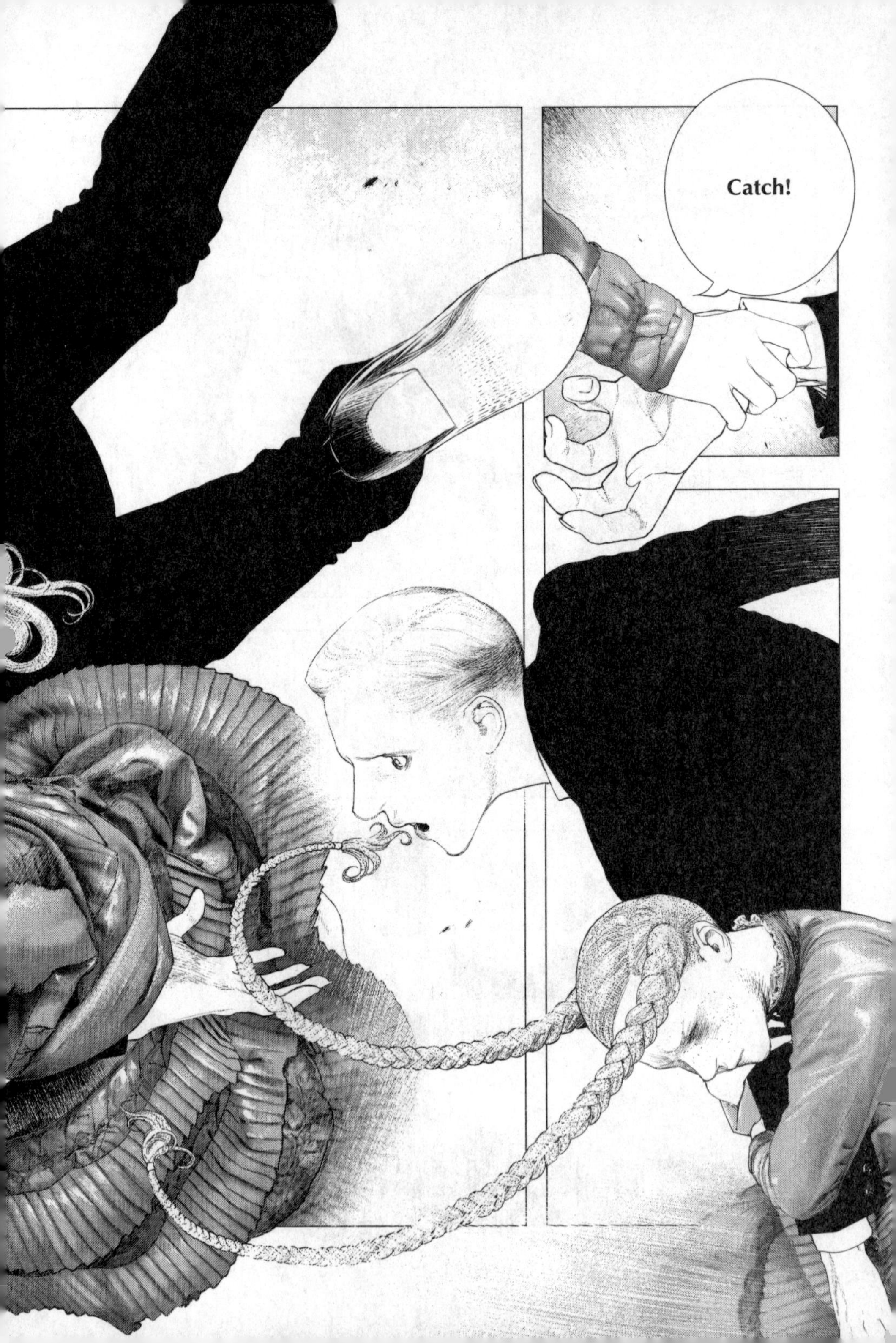
Catch!

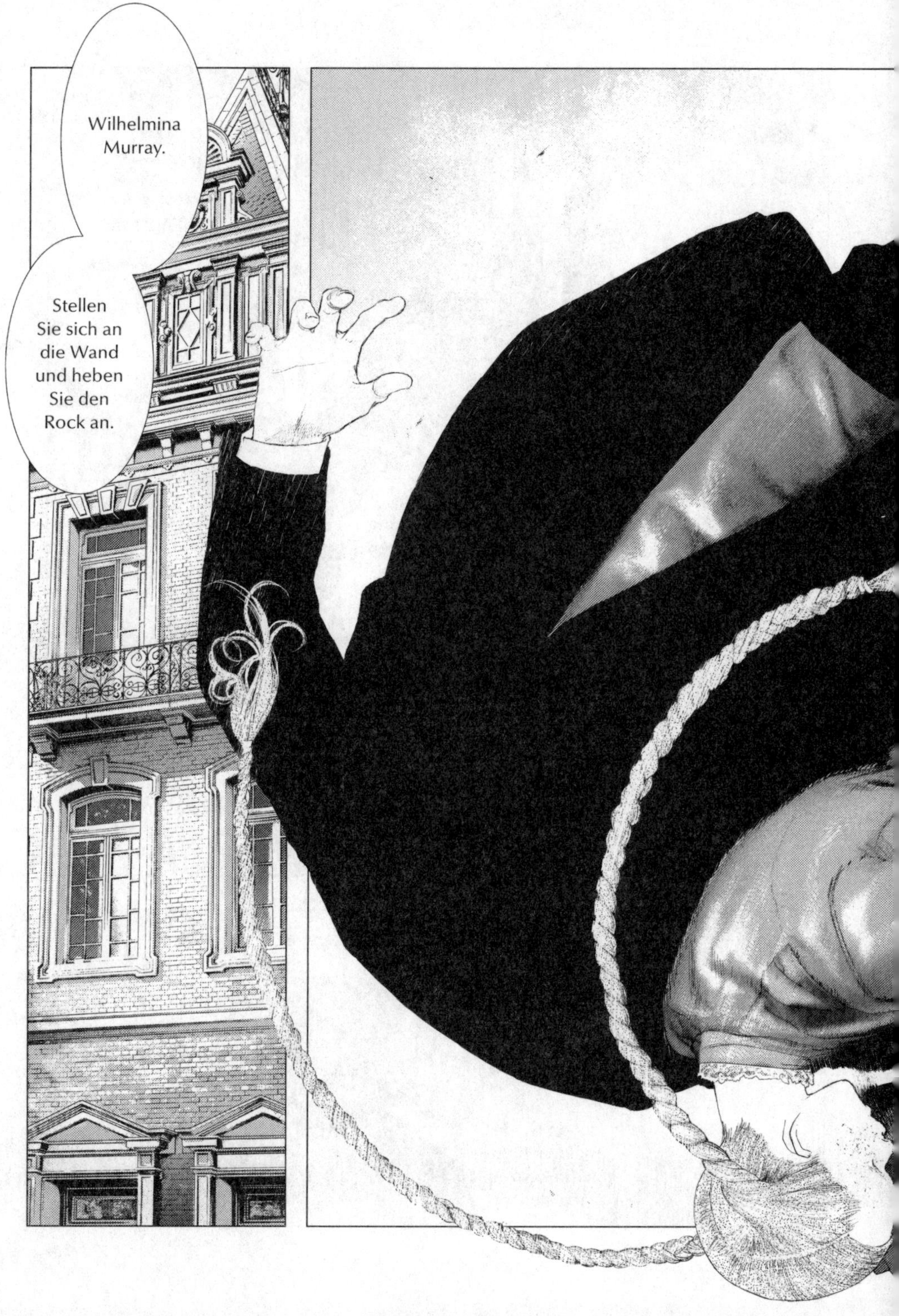
Wilhelmina Murray.
Stellen Sie sich an die Wand und heben Sie den Rock an.

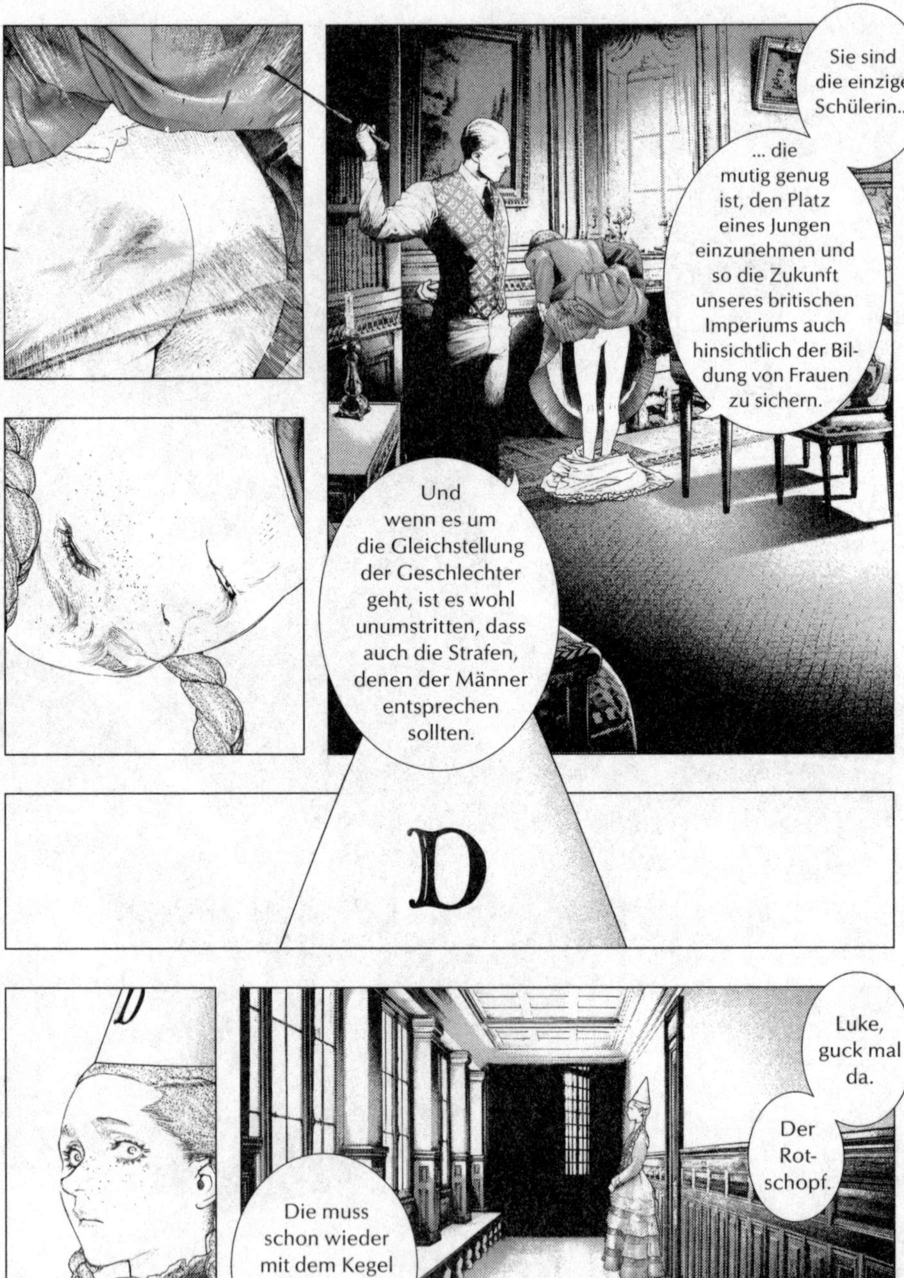
Sie sind die einzige Schülerin...
... die mutig genug ist, den Platz eines Jungen einzunehmen und so die Zukunft unseres britischen Imperiums auch hinsichtlich der Bildung von Frauen zu sichern.
Und wenn es um die Gleichstellung der Geschlechter geht, ist es wohl unumstritten, dass auch die Strafen, denen der Männer entsprechen sollten.
D
Luke, guck mal da.
Der Rotschopf.
Die muss schon wieder mit dem Kegel aufm Kopf im Flur stehen.

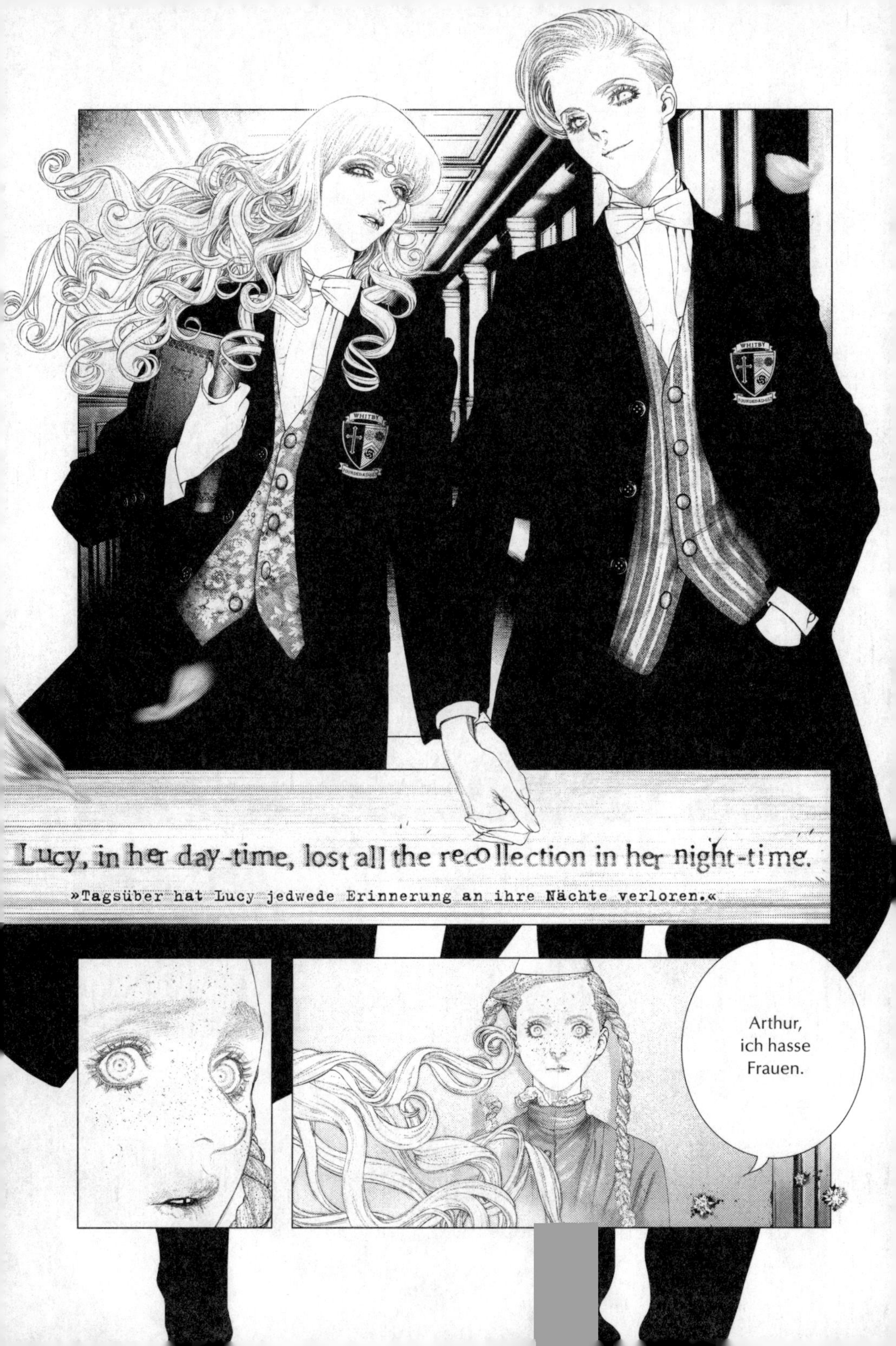
Lucy, in her day-time, lost all the recollection in her night-time.
»Tagsüber hat Lucy jedwede Erinnerung an ihre Nächte verloren.«
Arthur, ich hasse Frauen.

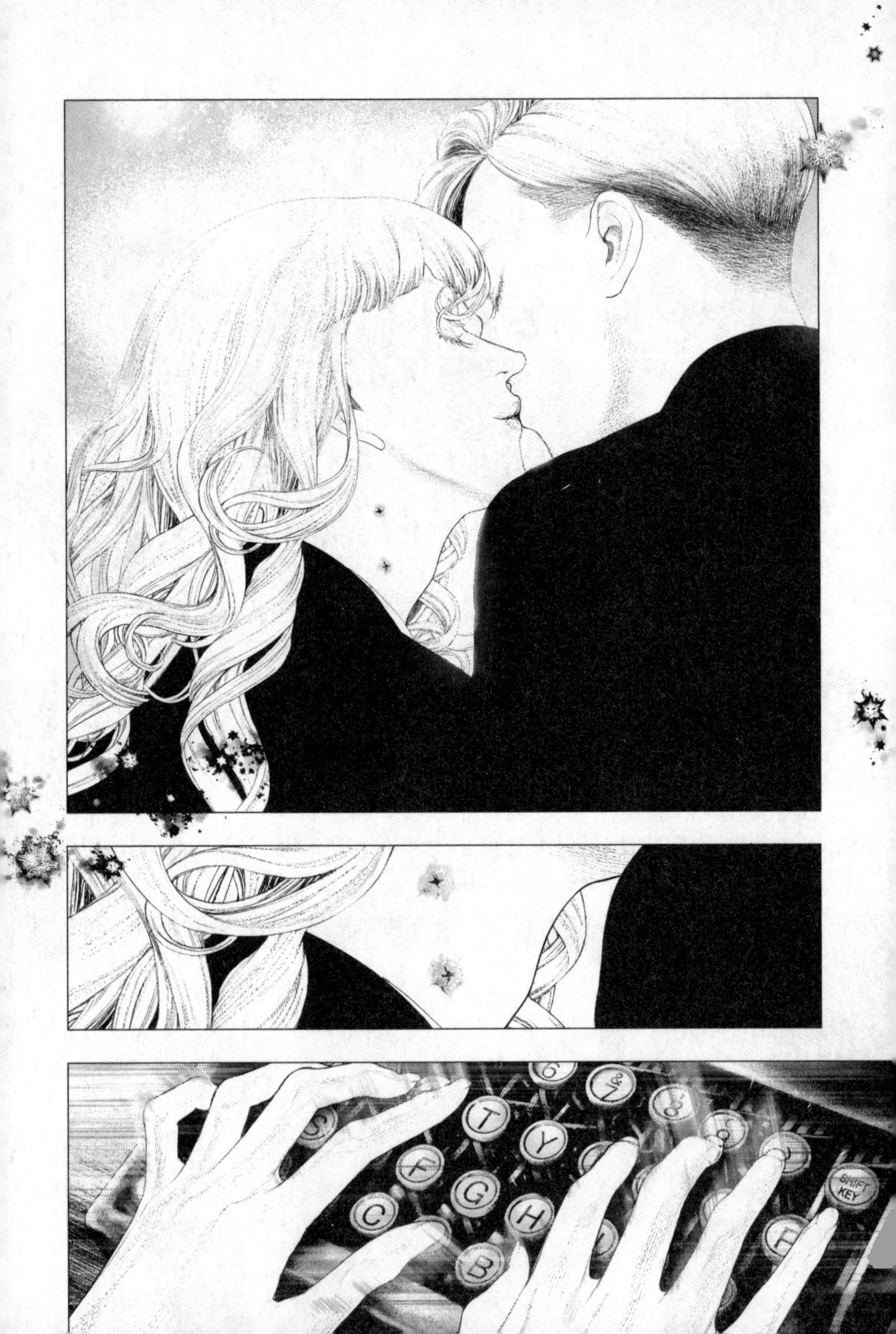
SHIFT KEY

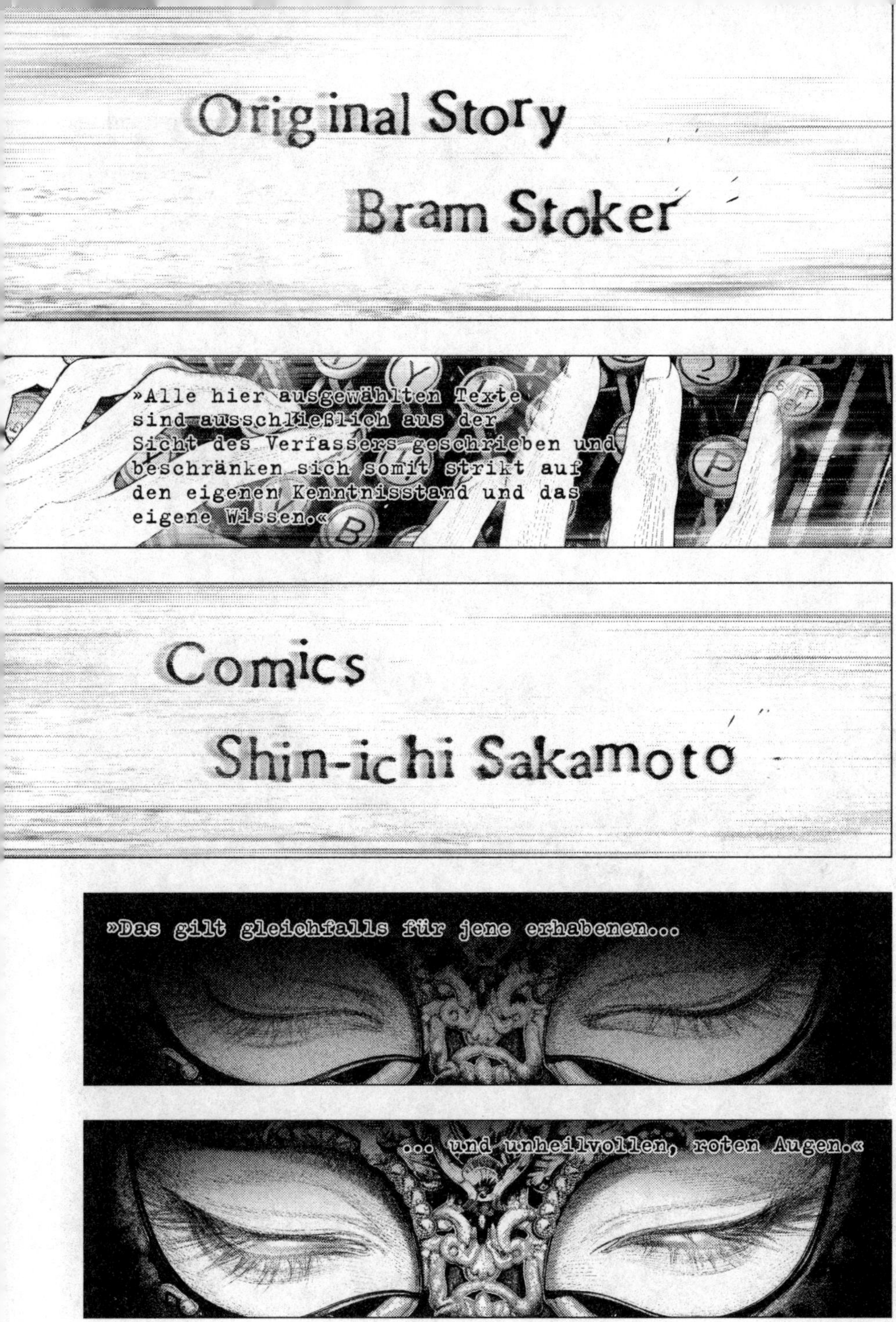
Original Story
Bram Stoker
»Alle hier ausgewählten Texte sind ausschließlich aus der Sicht des Verfassers geschrieben und beschränken sich somit strikt auf den eigenen Kenntnisstand und das eigene Wissen.«
Comics
Shin-ichi Sakamoto
»Das gilt gleichfalls für jene erhabenen...
... und unheilvollen, roten Augen.«

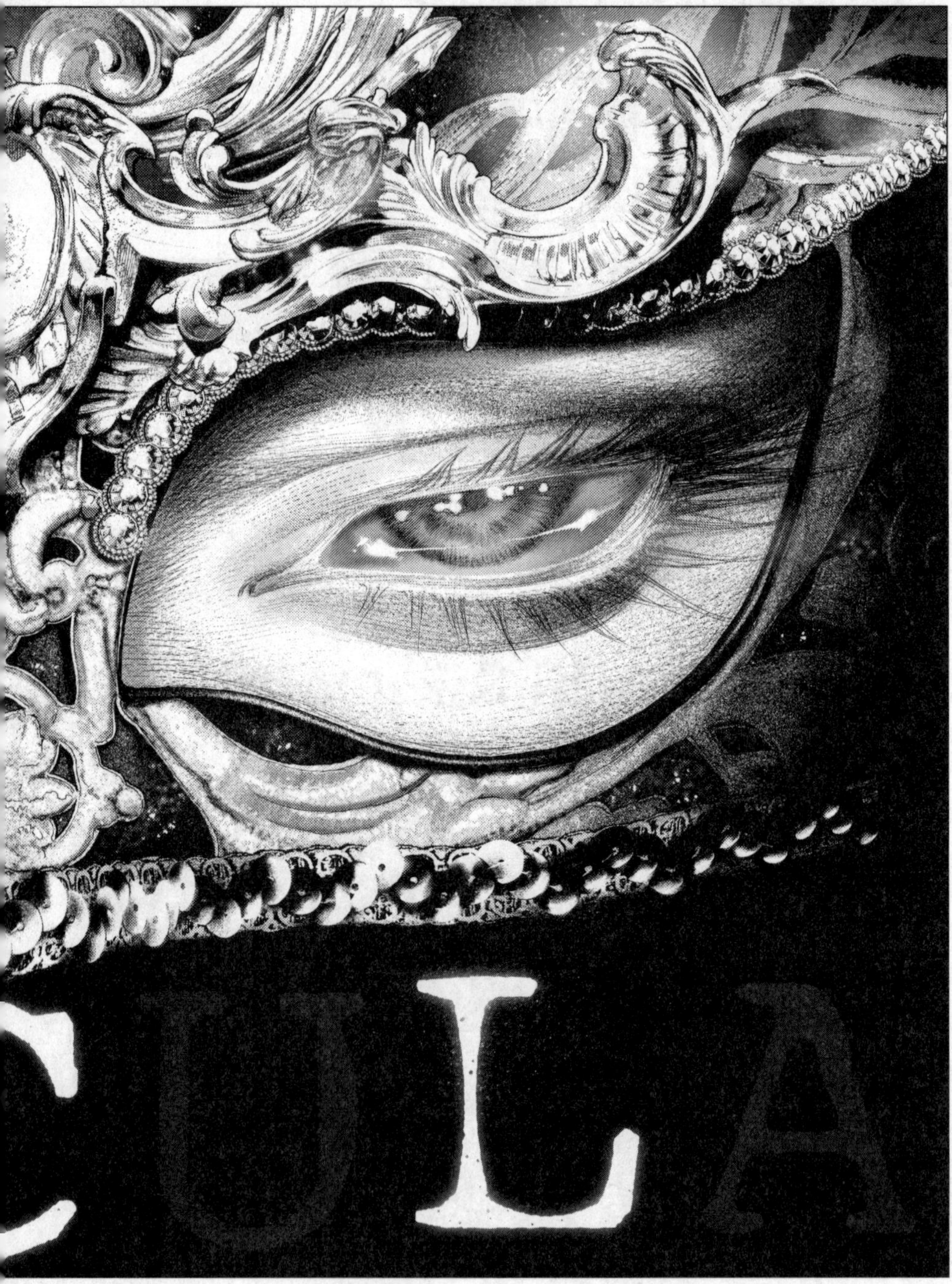

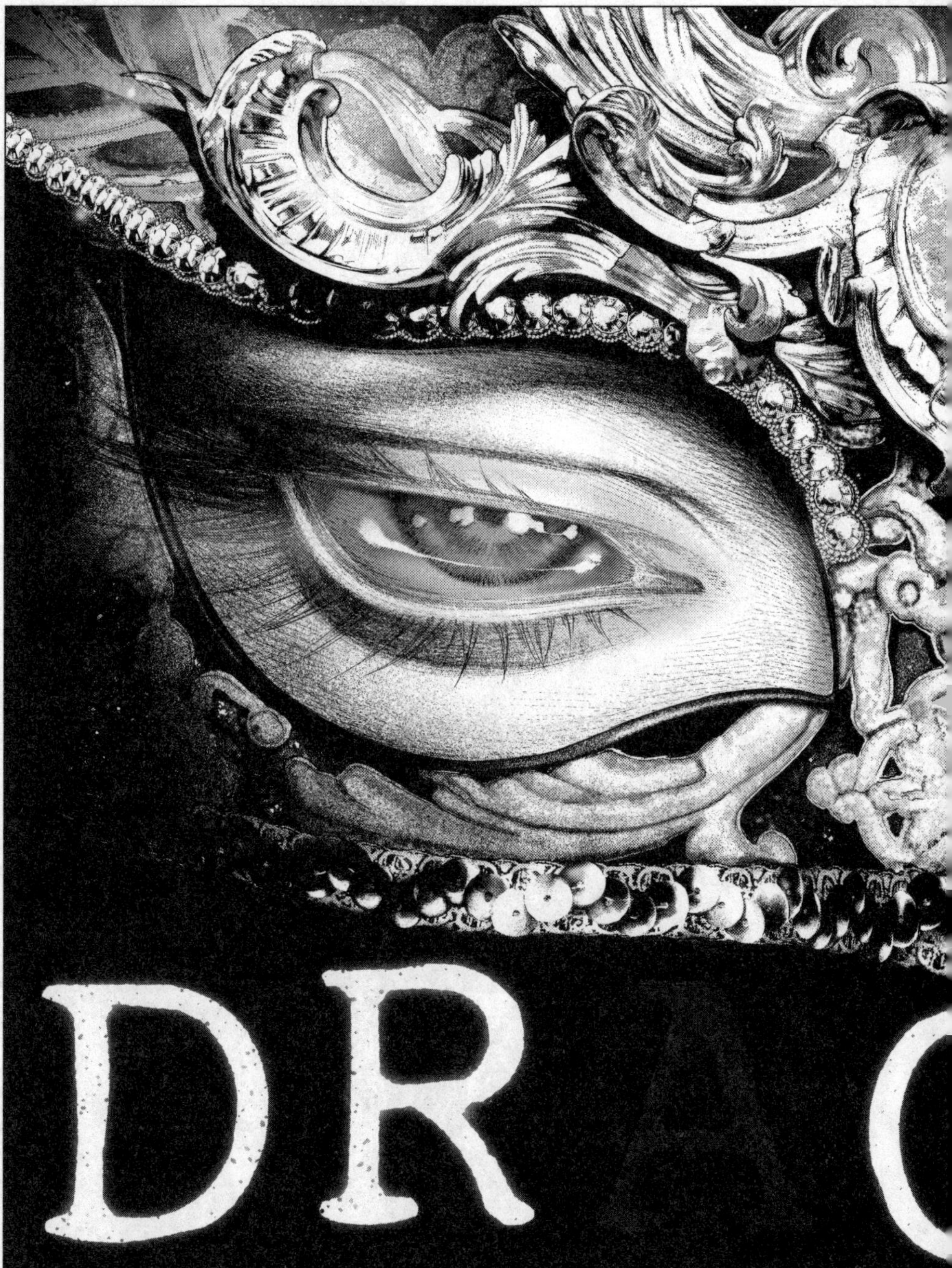

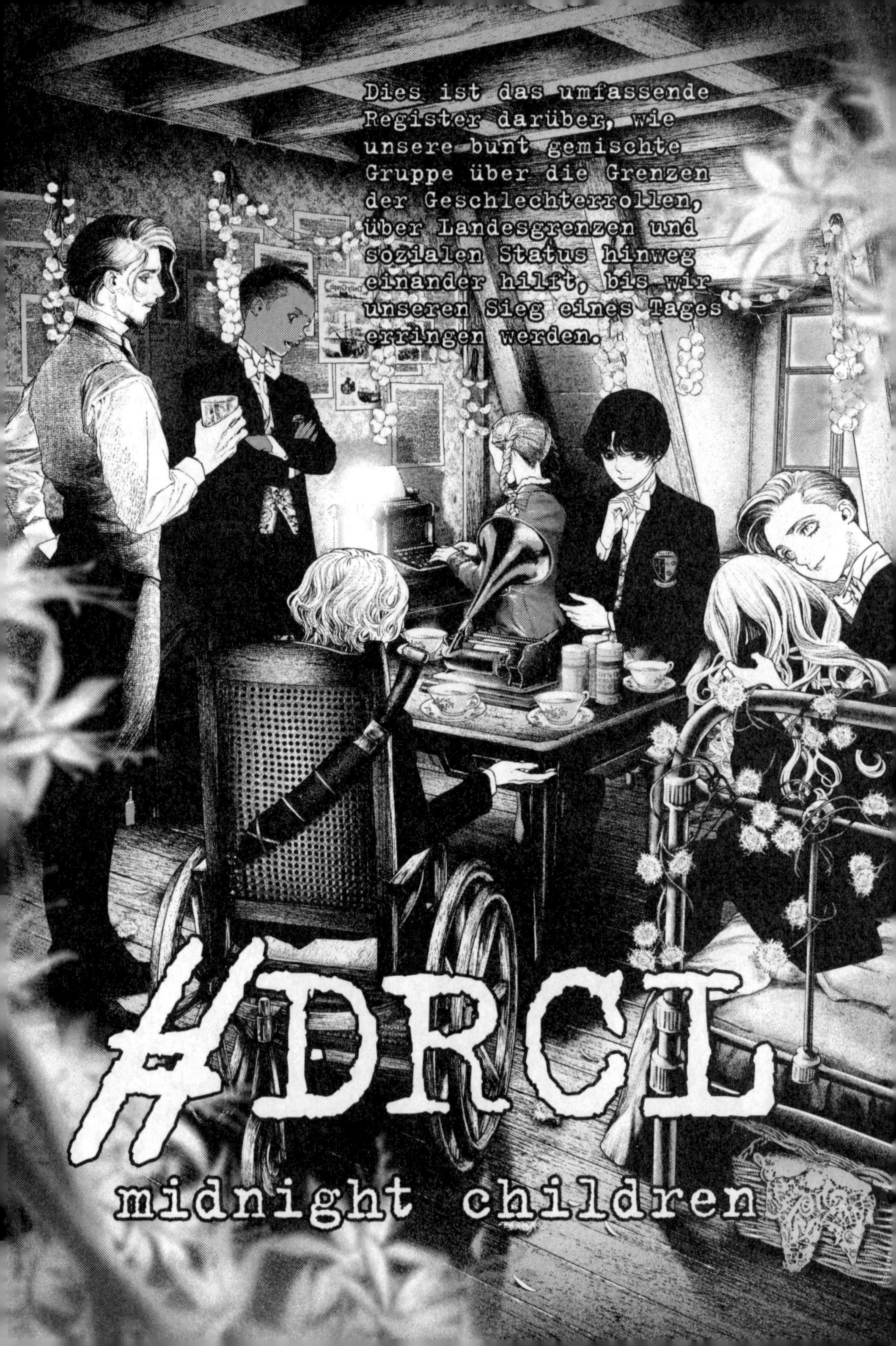
Dies ist das umfassende Register darüber, wie unsere bunt gemischte Gruppe über die Grenzen der Geschlechterrollen, über Landesgrenzen und sozialen Status hinweg einander hilft, bis wir unseren Sieg eines Tages erringen werden.
#DRCL
midnight children

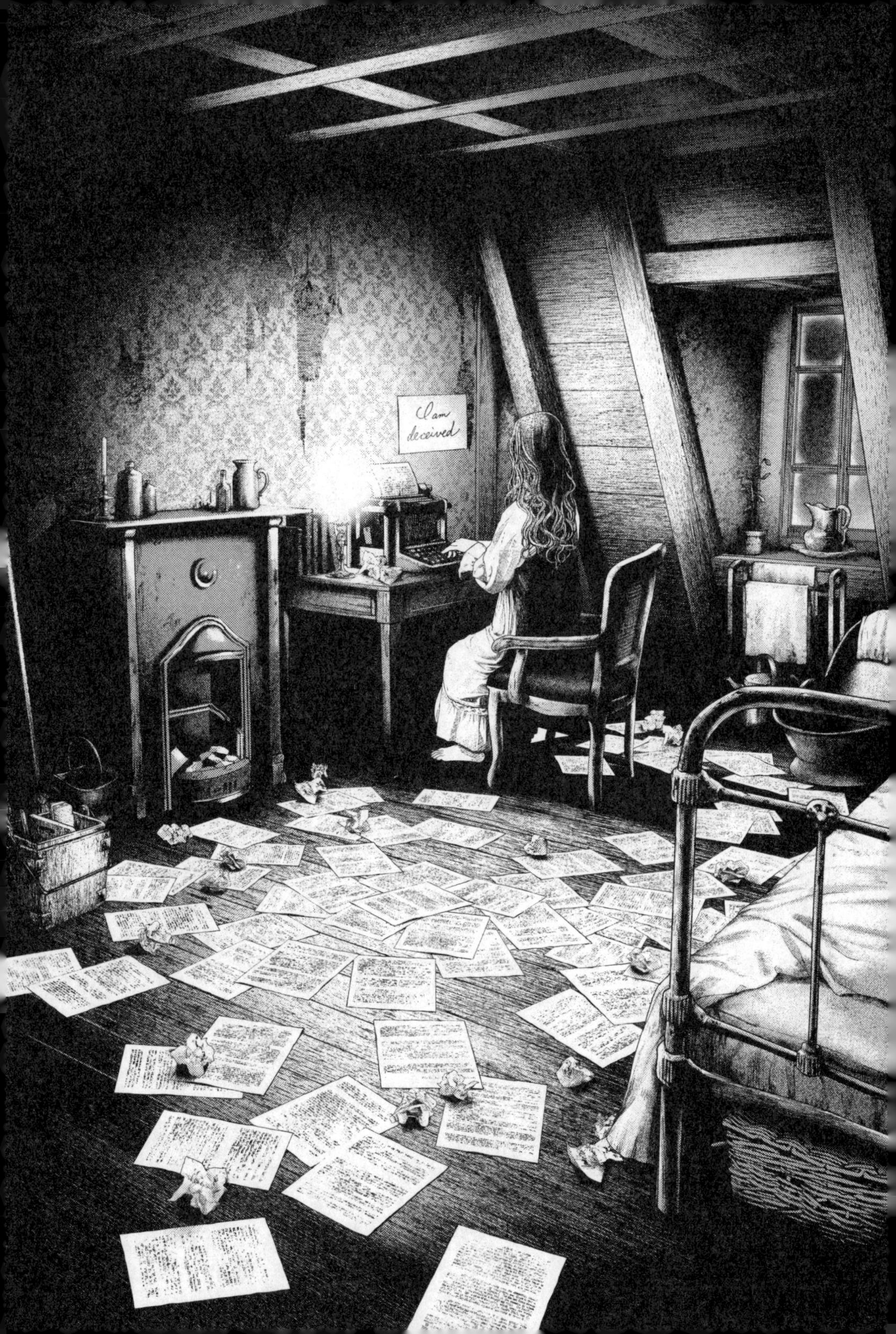
I am deceived

Shin-ichi Sakamoto

Original story Bram Stoker

staff (Drawing & Special effects) Sam Ishizuka
MARA

Special Thanks Takashi Yamaguchi

Advisor (Storyline) Tanaka Rika
Advisor (History) Ryuta Osada
Tailor Rica Tachibana
Costume, accessories Mariko Suzuki
Photographer Kiyoshi Takahashi
Russian translator Toshiyuki Aizawa
Book designer Mitsuru Kobayashi
(GENIALÒIDE)

Editor Yuji Furuya
(GRAND JUMP)

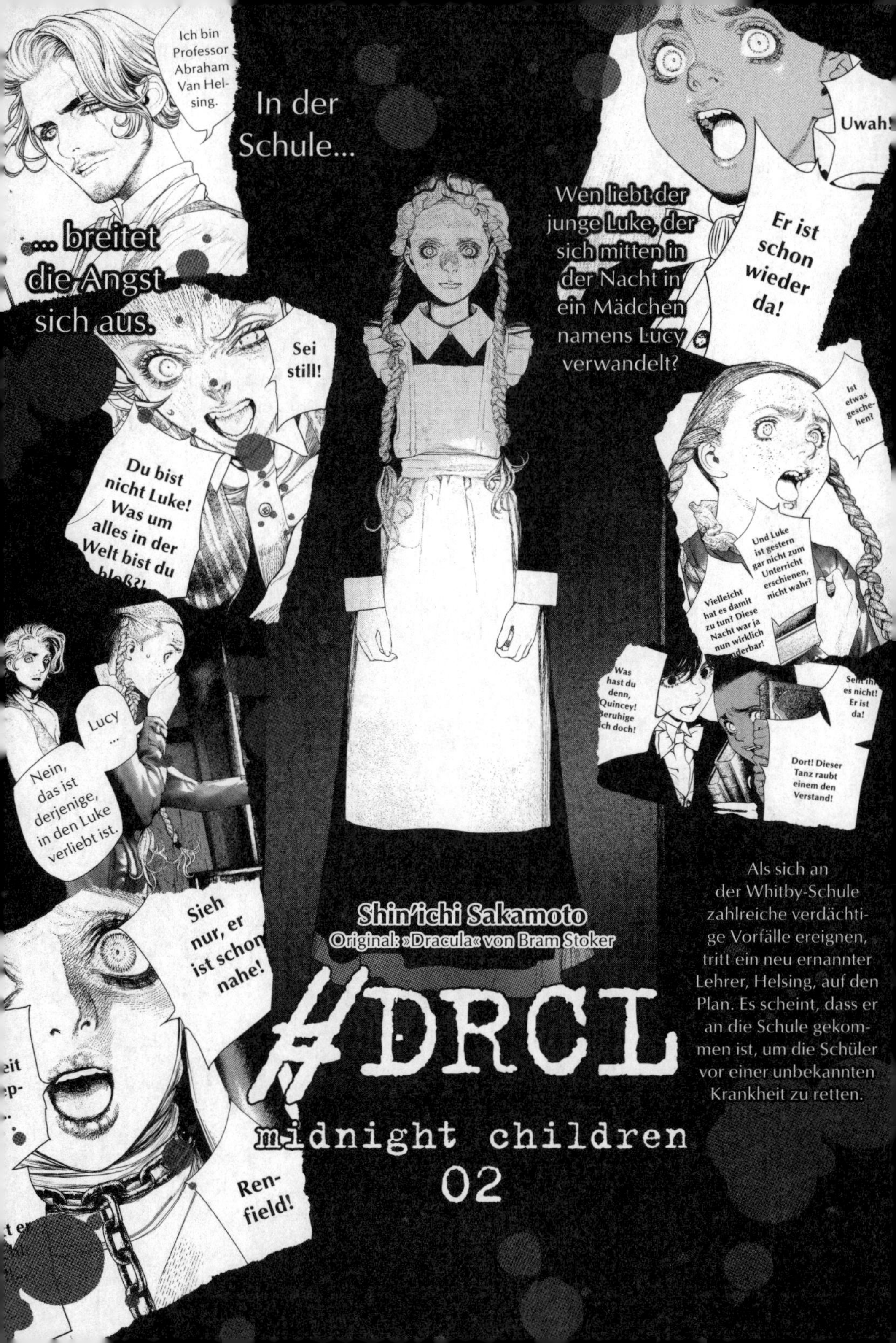

Shin'ichi Sakamoto

Original: »Dracula« von Bram Stoker

#DRCL

midnight children 02

Als sich an der Whitby-Schule zahlreiche verdächtige Vorfälle ereignen, tritt ein neu ernannter Lehrer, Helsing, auf den Plan. Es scheint, dass er an die Schule gekommen ist, um die Schüler vor einer unbekannten Krankheit zu retten.

#DRCL

ist eine japanische Serie, die originalgetreu von »hinten« nach »vorne« und von rechts nach links gelesen wird! Schlag das Buch also »hinten« auf und blättere Seite für Seite nach »vorne« weiter! Auch die Bilder und Sprechblasen werden von rechts oben nach links unten gelesen! HAYABUSA wünscht gute Unterhaltung!

HAYABUSA
2023 Carlsen Verlag GmbH, Völckersstraße 14-20, 22765 Hamburg
Aus dem Japanischen von Martin Gericke

First published in Japan 2021 by SHUEISHA Inc., Tokyo.
German translation rights in Germany, Austria, Luxembourg and German-speaking Switzerland arranged by SHUEISHA Inc. through VME PLB SAS, France.
Redaktion: Germann Bergmann
Herstellung: Maria Niemann

ISBN: 978-3-551-62422-2